实用重型货车线束图集

李自广 谢文龙 著

机械工业出版社

本书主要介绍解放 J6P（2016 领航版）博世 EDC17 国四电喷汽车、解放 JH6 锡柴博世 EDC17 国四电喷汽车、解放 JH6 潍柴自主国四电喷汽车、解放天 V 锡柴博世 EDC17 国四电喷汽车、解放悍 V 博世 EDC17 国四电喷汽车、解放悍 V 潍柴自主国四电喷汽车、解放龙 V 锡柴电装国四电喷牵引车系列车型的全车线束布局图和整车电路原理图，以及线束各分支插接器和连接件的对应名称和识别示意图，并详细说明了各车型线束导线端子的表象识别特征（如示意图、排列序号、线径、颜色等）和内涵定义属性（如电位、线路符号、作用、回路方向、连接去向等）。

本书是具有 30 年实践经验的老技师按照汽车电工特有的维修思维方式创作的线束图解手记，图文并茂、富有创意、客观实用，适合广大一线货车维修技工使用，也可作为汽车专业院校和职业学校的辅助教材。

图书在版编目（CIP）数据

实用重型货车线束图集 / 李自广，谢文龙著.—北京：机械工业出版社，2020.8
ISBN 978-7-111-66050-7

Ⅰ.①实… Ⅱ.①李… ②谢… Ⅲ.①载重汽车 – 电气设备 – 图集 Ⅳ.① U469.203-64

中国版本图书馆 CIP 数据核字（2020）第 121443 号

机械工业出版社（北京市百万庄大街 22 号　邮政编码 100037）
策划编辑：连景岩　　　　　责任编辑：连景岩
责任校对：肖　琳　　　　　封面设计：张　静
责任印制：常天培
北京虎彩文化传播有限公司印刷
2020 年 9 月第 1 版第 1 次印刷
184mm×260mm・13.5 印张・328 千字
0 001—1 500 册
标准书号：ISBN 978-7-111-66050-7
定价：99.00 元

电话服务　　　　　　　　网络服务
客服电话：010-88361066　机　工　官　网：www.cmpbook.com
　　　　　010-88379833　机　工　官　博：weibo.com/cmp1952
　　　　　010-68326294　金　　书　　网：www.golden-book.com
封底无防伪标均为盗版　机工教育服务网：www.cmpedu.com

前　言

我国的汽车工业发展迅猛，车型在不断地变化，质量在不断地提高，技术在不断地更新。这给广大一线汽车维修技工带来新的挑战，他们迫切需要全面反映新技术、新变化的维修技术资料。

乘用车系列由于历史的积淀，都有规范化的管理，有成熟的维修课题研究机构，有特约维修店，有比较齐全的维修技术资料，有经过专业培训的维修技工，相应的修理难度不太大。乘用车方面的维修技术资料在网上搜索很容易查到。而现在的国产货车系列维修技术资料却不易查到，相关维修课题研究没有同步发展起来，特别是电器电路没有尽善尽美地表现出来，这就给汽车电器电路维修带来一定的难度。

汽车维修技工都有这样的体会：当客户找我们修车查电路故障时，在听取客户反映故障情况之后，面对各类车型的具体电路，我们首先要做的是"想图"和"读图"，这是在寻求解决问题的切入点。如果对这个车型电路比较熟悉有经验，一"想图"就知道该如何下手，这样处理情况就会得心应手。如果不熟悉就要"读图"，即参阅相关电路图资料，但大部分都是读随车说明书中的电路原理图，而说明书中的电路原理图有些过于简单，有些则是线条弯弯，云山雾罩，读起来与实际相对照也非易事。即使是一些图书或期刊中比较全面的汽车电路原理图（非线束图解类），也与实际有一定距离，不能做到一步到位，读起来就要看各位技工的理解能力了。各类车型电路同样系统的原理不出其右，就那么几种电路组成模式，可以触类旁通，只是线束和电器的布局不同，导线标识颜色的不同，电路维修的难度也就在这一点上。

现在每年都有新车型上市，但是这些新车型随车资料中没有电路原理图，这给汽车维修技工出了大难题。求图、索图已成汽车维修技工心中的一件大事，不然修起车来，总是费工误时甚至束手无策。

读图也罢，求图也罢，与其临渊羡鱼，不如退而结网。因此，我们萌发了研究一种在查找汽车电路故障参阅时既方便准确，又不走弯路的实用汽车电路图。

我们在长期的汽车维修一线工作中，善观慎思，独辟蹊径，从汽车线束和各种相关电器设备等实物着手，将汽车线束各个分支和每根导线及电器设备的工作原理等解析之后形成经验手记，再经过深思熟虑，解析演绎，最后以贴近实际、直观实用的原则，用自己总结的一套电路原理表达方式——线束图解和线路表达符（简称线路符）成书。所创作的线束图解和线路符，不仅可以看出相关电器设备在汽车上的安装位置，而且还附有整车电路原理图和各种插接件上所连接线路的用途、走向及所通过电流的方向和信号类型。线束图解和线路符是在汽车电路基本原理的基础上融合了技工的维修思维，从而进一步扩展了汽车电路图的应用价值，简化了辨别电路分析思考的过程，更直观，更实用，更贴近实际，更接近读者。本书使电路维修有的放矢、一步到位、快捷准确、省工省时，可以极大地提高工作效率，也特别有利于新学员参考线束图解通过自学尽快提高技能。

虽然汽车电路图的画法有多种多样，但我们研究的这种画法，自1995年以来通过在《汽车电器》杂志的发表，受到了业界有关专家和广大读者的一致好评和肯定。他们认为参考我们的画法，对查找线路故障，既方便又准确，查故障一步到位。因此，为了使更多的同行享受我们的研究成果，特借助出版社这个平台公开出版，以满足大家在工作中的实际需求。

由于水平有限，再加上时间仓促，书中难免有错误之处，还望读者提出宝贵意见。

李自广　谢文龙

2020年7月于河南长垣

使用说明

1. 线束图解的组成

1）线束布局图：依据各种汽车线束的实体分布，画出其全车线束布局图，图中标出线束各分支所连接电器和开关的对应名称。就线束本身而言，其各分支也应标出"插座""插头"等，但这样比较繁杂，因此略之。

2）线束剖析表：表中依次给出线束各支路插接器或连接件的识别示意图，并进一步准确、详尽地解析每个分支、每根导线端子的排列序号、线径、颜色、功用、线路符号及按回路原则所连接的电器等。未注端子为空或备用。

3）整车电路原理图：结合实际线束的剖析手记，重新解读整车电路原理图。

2. 线束剖析表部件名称及部分插接器示意图序号的标注规则

1）一般先按照电器总成上的序号或代号对应标注。

2）电器总成上无序号或代号的，按照插接器护套上的序号对应标注。

3）插接器护套上也无序号的，则按照一般的排列规律标注，即按插座顺时针方向标注，插头逆时针方向标注（从插接器端面观察）。

各汽车厂家的线束标注规则差异较大，很难统一，因此标注规则作者酌情选用，读者在使用时以本书的标注规则为准。据作者观察，同一品牌、同一型号的车辆，其线路导线的颜色和线径可能略有不同。作者在解析线束时，仅凭眼观手触，也易有误差，请读者谅解。

运用线束图解时，首先根据电路故障现象，结合电路原理图和线束布局图，分析与故障相关的电器或开关等，再从线束剖析表中查出与故障相关的导线及相关线路属性，继而凭借维修经验和相应的诊断方法迅速诊断出汽车电路电器故障的产生原因。

3. 线路的三种形式

根据电位理论和回路原则，整个电路系统中的线路可分为三种：

1）正极供电线路：即与蓄电池正极电位一致（相对一致）的线路，由蓄电池正极直接或者经其他相关电器装置（开关、熔断器等不损耗能量的电器）到用电器（负载）输入端之间的线路，简称"正路"。

2）负极回路线路：即与蓄电池负极电位一致的线路，由用电器（负载）输出端直接或者经其他相关电器装置（开关、熔断器等不损耗能量的电器）到蓄电池负极之间的线路，简称"负路"。

3）特殊线路：与蓄电池正极和负极电位都不一致的线路，即"正路"和"负路"之外的其他线路，如仪表与传感器之间的线路、鼓风机与调速电阻之间的线路、电子控制系统中的信号线路等。

4. 线路表达的基本符号

1）"+"表示正极供电线路，即"正路"。

2）"-"表示负极回路线路，即"负路"。

3）"→"表示线路的回路方向。在正路中，箭头标注在线路表达符号的下方，在"负路"中，箭头标注在线路表达符号的上方。

4）"（）"表示不与蓄电池或者用电器（负载）连接的线路。括号也可以用其他形式。

5）"○"表示用电器（负载）。其他几何图形或者字母符号也可表示不同类型的用电器（负载），使用时再进行具体的意义说明。

6）"⊓"表示脉冲信号。脉冲符号只在电喷控制系统的线路中标注，而刮水系统的间歇线路和转向信号线路虽含有脉冲信号，但无实际检测意义，不另标注。

7）"∽"表示交流信号。

8）"Ҟ"表示线路由电子类开关控制通断。线路的通断控制开关有两种类型：一种为机械触点类开关，一种为电子类开关。这两种开关在线路检测方法上是有区别的，机械触点类开关可用传统检测法，如导线跨接法检测，而电子类开关不能随意使用传统检测法。

5. 线路表达符号

电路系统中的线路以电器装置接点间的连接来划分属性，所连接的电器以蓄电池和用电器（负载）为主，再按照回路法则逐段归类，这样，整个电路系统中的线路可以归纳为九种基本方式，用线路的几种基本符号相互组合成九种形式的线路表达符号（线路符号），如下：

1）正路始段：符号为"⊥"，表示在正极供电线路中，与蓄电池正极直接连接或者经连接件、导线与蓄电池正极间接连接，并具有一定回路方向的线路。

2）负路末段：符号为"→"，表示在负极回路线路中，与蓄电池负极直接连接或者经连接件、导线与蓄电池负极间接连接，并具有一定回路方向的线路。

3）正路中段：符号为"⊕"，表示在正极供电线路中，不与蓄电池正极和用电器（负载）直接连接，也不经连接件、导线与蓄电池正极间接连接，并具有一定回路方向的线路。

4）负路中段：符号为"↦"，表示在负极回路线路中，不与蓄电池负极和用电器（负载）直接连接，也不经连接件、导线与蓄电池负极间接连接，并具有一定回路方向的线路。

5）用电器正段：符号为"⊕"，表示在正极供电线路中，与用电器（负载）直接连接或者经连接件、导线与用电器（负载）间接连接，并具有一定回路方向的线路。

6）用电器负段：符号为"↦"，表示在负极回路线路中，与用电器（负载）直接连接或者经连接件、导线与用电器（负载）间接连接，并具有一定回路方向的线路。

另外："⊖Ҟ"表示由电子类开关控制的用电器负段符号。

"⊖⊓"表示传输脉冲信号的用电器负段符号。

"⊓Ҟ"表示由电子类开关控制并传输脉冲信号的用电器负段符号。

7）正路直通：符号为"+○"，表示在正极供电线路中，蓄电池正极与用电器（负载）直接连接或者经连接件、导线相互连接，并具有一定回路方向的线路。

8）负路直通：符号为"○→"，表示在负极回路线路中，蓄电池负极与用电器（负载）直接连接或者经连接件、导线相互连接，并具有一定回路方向的线路。

9）特殊分段：符号为"○"，表示在特殊线路中，用电器（负载）之间直接或者经连接件、导线连接，并具有一定回路方向的线路。特殊分段根据需要可以标注具体电位数值，作为检测参数。对于电子控制系统中不同形式的信号线路，再用特定的符号进行具体表达。

另外，"⊓"表示传输脉冲信号的特殊分段符号；"⇌"表示传输正反向脉冲信号的特殊分段符号。

在线路表达符号中，单实线无箭头指向，如"⊖"或"⊕"等符号，表示线路只有电位而不构成回路,"—"表示意义不确定。

线路表达符号的表达范围是以一个电器到另一个电器(连接件除外)之间同一回路的连接作为一个线路分段,不论这条线路由多少根导线串联连接,都共用一个线路表达符号,另外熔断器作为电器元件考虑。线路表达符号的形象意义如下图所示:

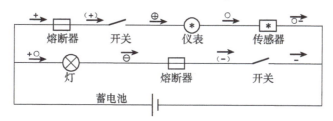

线路符号表达示意简图

线束图解和线路表达符号是在汽车电路基本原理的基础上融入了技工的维修思维,从而进一步扩展了汽车电路图的应用价值,简化了电路分析思考的过程,更直观,更实用,更贴近实际,更接近读者,使电路维修有的放矢,一步到位、快捷准确、省工省时,极大地提高工作效率,也特别便于汽车维修新手参考线束图解提高技艺。

目 录

前言

使用说明

一、解放 J6P（2016 领航版）博世 EDC17 国四电喷汽车 ··················1

  图 1-1 解放 J6P（2016 领航版）博世 EDC17 国四电喷汽车线束布局图 ················1

  表 1-1 解放 J6P（2016 领航版）博世 EDC17 国四电喷汽车线束剖析表 ················2

  图 1-2 解放 J6P（2016 领航版）博世 EDC17 国四电喷汽车尿素电器盒图 ················18

  图 1-3 解放 J6P（2016 领航版）博世 EDC17 国四电喷汽车电路原理图 ················19

  图 1-4 解放 J6P（2016 领航版）博世 EDC17 国四电喷汽车中央集电盒原理图 ·········29

  图 1-5 解放 J6P（2016 领航版）博世 EDC17 国四电喷汽车底盘电器盒原理图 ·········30

二、解放 JH6 锡柴博世 EDC17 国四电喷汽车 ··················31

  图 2-1 解放 JH6 锡柴博世 EDC17 国四电喷汽车线束布局图 ················31

  表 2-1 解放 JH6 锡柴博世 EDC17 国四电喷汽车线束剖析表 ················32

  图 2-2 解放 JH6 锡柴博世 EDC17 国四电喷汽车尿素电器盒图 ················48

  图 2-3 解放 JH6 锡柴博世 EDC17 国四电喷汽车电路原理图 ················49

  图 2-4 解放 JH6 锡柴博世 EDC17 国四电喷汽车中央集电盒原理图 ················59

  图 2-5 解放 JH6 锡柴博世 EDC17 国四电喷汽车底盘电器盒原理图 ················60

三、解放 JH6 潍柴自主国四电喷汽车 ··················61

  图 3-1 解放 JH6 潍柴自主国四电喷汽车线束布局图 ················61

  表 3-1 解放 JH6 潍柴自主国四电喷汽车线束剖析表 ················62

  图 3-2 解放 JH6 潍柴自主国四电喷汽车尿素电器盒图 ················80

  图 3-3 解放 JH6 潍柴自主国四电喷汽车电路原理图 ················81

  图 3-4 解放 JH6 潍柴自主国四电喷汽车中央集电盒原理图 ················93

  图 3-5 解放 JH6 潍柴自主国四电喷汽车底盘电器盒原理图 ················94

四、解放天 V 锡柴博世 EDC17 国四电喷汽车 ··················95

  图 4-1 解放天 V 锡柴博世 EDC17 国四电喷汽车线束布局图 ················95

  表 4-1 解放天 V 锡柴博世 EDC17 国四电喷系列汽车线束剖析表 ················96

  图 4-2 解放天 V 锡柴博世 EDC17 国四电喷汽车电路原理图 ················110

  图 4-3 解放天 V 锡柴博世 EDC17 国四电喷汽车中央集电盒原理图 ················119

图 4-4　解放天 V 锡柴博世 EDC17 国四电喷汽车底盘电器盒原理图 ············· 120

五、解放悍 V 博世 EDC17 国四电喷汽车 ·· 121

图 5-1　解放悍 V 博世 EDC17 国四电喷汽车线束布局图 ························· 121
表 5-1　解放悍 V 博世 EDC17 国四电喷系列汽车线束剖析表 ················· 122
图 5-2　解放悍 V 博世 EDC17 国四电喷汽车电路原理图 ························· 136
图 5-3　解放悍 V 博世 EDC17 国四电喷汽车底中央集电盒原理图 ············· 145
图 5-4　解放悍 V 博世 EDC17 国四电喷汽车底盘电器盒原理图 ················· 146

六、解放悍 V 潍柴自主国四电喷汽车 ·· 147

图 6-1　解放悍 V 潍柴自主国四电喷汽车线束布局图 ······························ 147
表 6-1　解放悍 V 潍柴自主国四电喷汽车线束剖析表 ···························· 148
图 6-2　解放悍 V 潍柴自主国四电喷汽车左门线束布局图 ························ 167
图 6-3　解放悍 V 潍柴自主国四电喷汽车右门线束布局图 ························ 167
图 6-4　解放悍 V 潍柴自主国四电喷汽车尿素电器盒图 ··························· 167
图 6-5　解放悍 V 潍柴自主国四电喷汽车电路原理图 ······························ 168
图 6-6　解放悍 V 潍柴自主国四电喷汽车中央集电盒原理图 ····················· 180
图 6-7　解放悍 V 潍柴自主国四电喷汽车底盘电器盒原理图 ····················· 181

七、解放龙 V 锡柴电装国四电喷牵引车 ·· 182

图 7-1　解放龙 V 锡柴电装国四电喷牵引车线束布局图 ··························· 182
表 7-1　解放龙 V 锡柴电装国四电喷牵引车线束剖析表 ························· 183
图 7-2　解放龙 V 锡柴电装国四电喷牵引车电路原理图 ··························· 194
图 7-3　解放龙 V 锡柴电装国四电喷牵引车中央集电盒原理图（正面） ······· 202
图 7-4　解放龙 V 锡柴电装国四电喷牵引车中央集电盒原理图（背面） ······· 203

一、解放 J6P（2016 领航版）博世 EDC17 国四电喷汽车

线束布局图见图 1-1，线束剖析表见表 1-1，尿素电器盒图见图 1-2，电路原理图见图 1-3，中央集电盒原理图见图 1-4，底盘电器盒原理图见图 1-5。

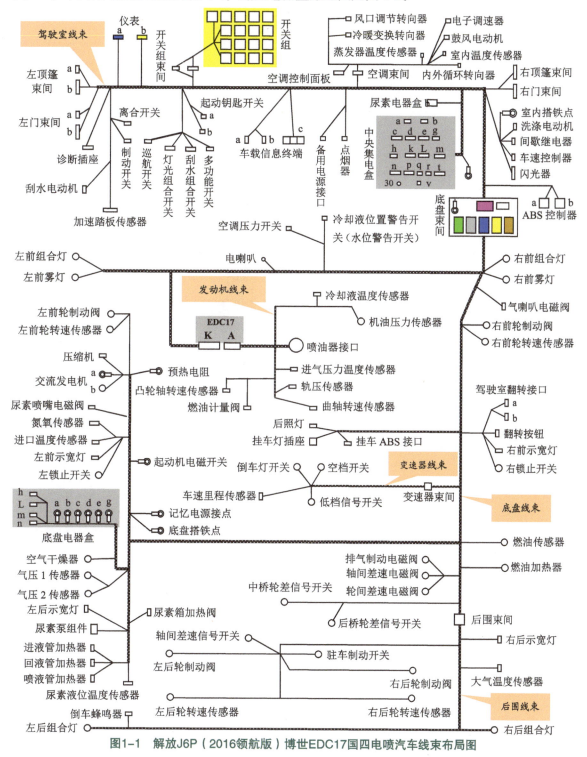

图 1-1　解放 J6P（2016 领航版）博世 EDC17 国四电喷汽车线束布局图

表1-1　解放J6P（2016领航版）博世EDC17国四电喷汽车线束剖析表

名　称	内　容	名　称	内　容

左顶篷束间a

- 3　0.8 灰 — 记录仪 a4，车载信息终端 c6（串行数据发送）（另一配置）
  — 顶篷内接行车记录仪 a4（选装）
- 4　0.8 黄 — 记录仪 a3，车载信息终端 c5（串行数据接收）（另一配置）
  — 顶篷内接行车记录仪 a3（选装）
- 5　0.8 红/灰 ⏚ 中央集电盒 n3（F46，近光）
  — 顶篷内接行车记录仪 b9（选装）
- 11　0.8 绿 — 记录仪 a2，车载信息终端 c2（串行数据 5V+）（另一配置）
  — 顶篷内接行车记录仪 a2（选装）
- 12　0.5 红/黄 ⏚ 中央集电盒 e3（F10，远光）
  — 顶篷内接行车记录仪 b8（选装）

左顶篷束间b

- 1　1.0 绿/红　左转 ⏚ 闪光器 8
  — 顶篷内接左侧转向灯及行车记录仪 b6
- 2　0.5 黑/白 左门束间 b11（踏步灯）
  — 顶篷内接左门控开关
- 3　0.5 黑/蓝 右顶篷束间 3（右门控开关）
  — 顶篷内接右车内灯
- 4　0.8 红 ⏚ 中央集电盒 d2（F18）
  — 顶篷内接左、右卧铺灯
- 5　0.8 白 ⏚ 中央集电盒 g1（F4）
  — 顶篷内接左、右车内灯
- 6　0.8 红/绿 ⏚ 中央集电盒 n2（F47）
  — 顶篷内接示高灯
- 7　0.5 蓝 收放机 b7，车载信息终端 b7（另一配置）
  — 顶篷内接左前扬声器
- 8　0.5 蓝/黑 收放机 b8，车载信息终端 b8（另一配置）
  — 顶篷内接左前扬声器
- 9　1.0 绿/黑　右转 ⏚ 闪光器 8
  — 顶篷内接行车记录仪 b7
- 10　0.8 黑　搭铁 中央集电盒搭铁点
  — 顶篷内接各个电器搭铁
- 11　0.5 绿 收放机 b5，车载信息终端 b5
  — 顶篷内接左后扬声器
- 12　0.5 绿/黑 收放机 b6，车载信息终端 b6
  — 顶篷内接左后扬声器
- 13　0.5 红 — 诊断插座 3，底盘束间紫 1（ECU/K54，通信 CAN+）
  — 顶篷内接行车记录仪 b19（选装）
- 14　0.5 绿 — 诊断插座 11，底盘束间紫 2（ECU/K54，通信 CAN-）
  — 顶篷内接行车记录仪 b20（选装）

- 15　0.8 红 — 仪表 b24（另一配置）
  — 顶篷内接行车记录仪 b19（选装）
- 17　0.8 红 — 仪表 b25（另一配置）
  — 顶篷内接行车记录仪 b20（选装）
- 18　0.8 橙 ⏚ 中央集电盒 p1（F44）
  — 顶篷内接行车记录仪 b2（选装）
- 19　0.5 黄 ⏚ 制动开关 1
  — 顶篷内接行车记录仪 b4（选装）
- 20　0.5 蓝 仪表 a23（车速信号）
  — 顶篷内接行车记录仪 b5（选装）

左门束间a

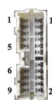

- 1　2.5 黑　搭铁 中央集电盒搭铁点
  — 左门内接各个电器搭铁
- 2　2.5 红/黄 ⏚ 中央集电盒 d4（F16）
  — 左门内接附件控制器 35（电动窗电源）

左门束间b

- 2　0.5 红/棕 ⏚ 中央集电盒 q2（F38）
  — 左门内接附件控制器 25
- 3　0.8 红　踏步灯 ⏚ 中央集电盒 d2（F18）
  — 左门内接左门踏步灯
- 5　0.5 红/绿 ⏚ 中央集电盒 n2（F47）
  — 左门内接电动窗开关（照明）
- 6　1.0 蓝 / 右门束间 6（右电动窗）
  — 左门内接附件控制器 16
- 7　1.0 白 ⏚ / 右门束间 7（右电动窗）
  — 左门内接附件控制器 17
- 8　0.5 绿 / 右门束间 8（闭锁/开锁）
  — 左门内接附件控制器 1
- 9　0.5 黄 ⏚ / 右门束间 9（闭锁/开锁）
  — 左门内接附件控制器 19
- 11　0.5 黑/白 左顶篷束间 b2（左门开关）
  — 左门内接左门踏步灯
- 12　1.5 红/白 ⏚ 中央集电盒 d3（F17）
  — 左门内接附件控制器 34（中控锁电源）
- 16　0.8 蓝 / ⏚ 右门束间 16（右镜公共端）
  — 左门内接附件控制器 21
- 17　0.8 紫/绿 ⏚ / 右门束间 17（左动/右动）
  — 左门内接附件控制器 4
- 18　0.8 紫/蓝 ⏚ / 右门束间 18（下动/上动）
  — 左门内接附件控制器 22
- 19　0.5 红/绿 右门束间 19（右电动窗开关）
  — 左门内接附件控制器 29（降控制）
- 20　0.5 黑/黄 右门束间 20（右电动窗开关）
  — 左门内接附件控制器 30（升控制）

诊断插座

- 3　0.5 红 — 仪表 b24,底盘束间紫1,（ECU/K54,通信 CAN 高端，2.5～3.5V）

一、解放J6P（2016领航版）博世EDC17图四电喷汽车

(续)

名称	内容	名称	内容
	4　0.8 黑　搭铁→中央集电盒搭铁点 5　0.8 黑　搭铁→中央集电盒搭铁点 6　0.5 灰 — 底盘束间紫 4（ECU/K75，诊断刷写 CAN 高端，2.5~3.5V） 7　0.8 紫/绿 — ABS 控制器 a10，底盘束间紫 3（ECU/K59，K 线） 11　0.5 绿 — 仪表 b25，底盘束间紫 2（ECU/K76，通信 CAN 低端 1.5~2.5V） 14　0.5 蓝 — 底盘束间紫 5（ECU/K53，诊断刷写 CAN 低端 1.5~2.5V） 15　0.8 黄 — ABS 控制器 a11 16　0.8 红/棕→中央集电盒 t2（F28）		9　0.5 绿/白→车速控制器 1 12　0.5 黄→底盘束间蓝 26（燃油），开关组 a9（双燃油配置） 14　0.5 灰/蓝→底盘束间棕 20（轴间差速信号） 15　0.5 黄/红→ABS 控制器 a15 16　0.8 蓝/红→底盘束间紫 13（挂车 ABS） 21　0.5 白/黑→底盘束间棕 10（低档信号） 23　0.5 蓝→左顶篷束间 b20，记录仪 b5（车速信号，车载信息终端 a3（另一配置） 25　0.5 蓝/灰→底盘束间棕 8（气压 1 信号） 26　0.5 蓝→底盘束间棕 6（气压 2 信号）
离合开关 	1　0.8 蓝/白→底盘束间紫 10（ECU/K15） 2　0.8 紫/黄→底盘束间紫 8（ECU/K68）	仪表 b 	1　0.8 黄/棕→底盘束间紫 12（ECU/K69，排放） 2　0.8 紫/黄→底盘束间紫 8（ECU/K68，预热灯供电） 3　0.5 黄/棕→底盘束间紫 11（ECU/K48，预热灯） 4　0.5 紫/黄→底盘束间紫 8（ECU/K68，排放灯供电） 7　0.5 红/黄　远光→中央集电盒 e3（F10） 10　0.5 红→底盘束间棕 15（车速电源 12V+） 11　0.5 蓝/绿→底盘束间棕 7（气压 5V+电源） 12　0.5 红/白→中央集电盒 p8（F40，ON 电源） 13　0.5 红→中央集电盒 e1（F12，记忆电源） 14　0.5 蓝/红→闪光器 2（主车右转） 15　0.5 蓝/白→闪光器 1（主车左转） 16　0.5 蓝/棕→闪光器 7（挂车右转） 17　0.5 蓝/绿→闪光器 13（挂车左转） 18　0.5 黑/紫→底盘束间绿 31（驾驶室锁止） 21　0.5 黄/紫→底盘束间棕 9（气压感应负电） 22　0.5 红/绿　照明→中央集电盒 n2（F47） 24　0.5 红 — 诊断插座 3，底盘束间紫 1（ECU/K54，通信 CAN 高端，左顶篷束间 b15（另一配置） 25　0.5 绿 — 诊断插座 11，底盘束间紫 2（ECU/K76，通信 CAN 低端，左顶篷束间 b17（另一配置） 26　0.8 黑→底盘束间黑 1
制动开关 	1　0.75 黄→左顶篷束间 b19，记录仪 b4，中央集电盒 m9（制动灯继电器 J2/86），底盘束间紫 9（ECU/K41） 2　0.75 紫/黄→底盘束间紫 8（ECU/K68）		
加速踏板传感器 	1　0.75 白/灰→底盘束间紫 13（ECU/K45，油门 1 电源，5V+） 2　0.75 红/紫→底盘束间紫 14[ECU/K61，油门 1 信号，参数电压（0.75±0.05）~（3.84±0.3）V] 3　0.75 绿/棕→底盘束间紫 15（ECU/K62，油门 1 负电） 4　0.75 棕/灰→底盘束间紫 18（ECU/K84，油门 2 负电） 5　0.75 黑/棕→底盘束间紫 17[ECU/K83 油门 2 信号，参数电压（0.38±0.05）~（1.92±0.3）V] 6　0.75 灰/蓝→底盘束间紫 16（ECU/K44 油门 2 电源，5V+）		
刮水电动机 	1　0.8 蓝/黑　低速→中央集电盒 m6（J8/87a） 2　0.8 黑　搭铁→底盘搭铁点 3　0.8 蓝　供电→中央集电盒 m1（F30） 4　0.8 蓝/红　高速→中央集电盒 m5（J8/87） 5　0.8 蓝/黄→/→中央集电盒 m2（J9/87a，复位时/复位后）		注：仪表上的冷却液温度、机油压力、转速等信号均通过端子 24、25CAN 总线由 ECU 提供
仪表 a	1　0.5 白/红→底盘束间蓝 17（充电 D+） 2　0.5 红→底盘束间蓝 27（水位） 3　0.5 绿→底盘束间蓝 28（驻车制动） 4　0.5 白/绿→底盘束间棕 21（轮间差速信号） 6　0.5 白/红→底盘束间紫 19（ECU/K65，闪码灯） 8　0.5 黄/蓝→底盘束间紫 20（ECU/K70，闪码灯供电）	起动钥匙开关 灯光组合开关	a1　4.0 白/红　ON 档→中央集电盒 a1 a2　4.0 红/绿→底盘束间小接口 1（FA2） b1　0.8 黑/蓝　起动档→底盘束间紫 7（ECU/K35） b2　2.5 蓝/黑　ACC 档→中央集电盒 b3 （灯光、转向） 1　0.5 红/黄→中央集电盒 h1（J7/85，远光控

(续)

名 称	内 容	名 称	内 容
	制)		8 0.8 红/黑 ← 中央集电盒 k3（J5/85，燃油加热控制）
	2 0.5 绿 → 中央集电盒 h2（J14/85，小灯控制）		9 0.5 黄 ← 仪表 a12（双燃油配置）
	3 0.5 绿/紫 → 闪光器 5（左转控制）		10 0.8 蓝/红 ← 中央集电盒 r4（F32，轴间差速供电）
	5 0.5 红/白 ← 中央集电盒 p7（J13/85，近光控制）		11 0.5 灰 → 底盘束间 12（轴间差速电磁阀）
	6 0.8 黑 → 中央集电盒搭铁点		12 0.8 黑/紫 ← 中央集电盒 e6（F7，翻转供电）
	7 0.5 绿/棕 → 闪光器 6（右转控制）		1 0.5 蓝/红 → 多态节油开关 1
刮水组合开关	（刮水、洗涤、排气制动、喇叭按钮）		2 0.5 红/蓝 → 前雾灯开关 3，后照灯开关 3（显示灯）
	3 0.5 黄/白 → 底盘束间紫 34（ECU/K87，排气制动开关负电）		3 0.8 灰/黄 → 轮间差速开关 5
	4 0.8 蓝/棕 → 间歇继电器 6（间歇洗涤，洗涤电动机 1）		4 0.8 紫/白 → 轮间差速开关 6
			5 0.8 白 → 驾驶室翻转开关 5
	7 0.5 绿/白 → 底盘束间紫 35（ECU/K16，排气制动请求）		6 0.5 蓝/黑 → 多态节油开关 5
	8 0.8 蓝/红 → 中央集电盒 m3（J9/85，低速控制）		7 0.5 红/棕 → 后照灯开关 5
	9 0.8 蓝/白 → 中央集电盒 m4（J8/85，高速控制）		8 0.5 红/黑 → 燃油加热开关 5
	10 0.8 黄 → 间歇继电器 3（间歇控制）		9 0.5 黄 → 燃油变换开关 4
	11 0.5 黑/蓝 喇叭按钮 ← 开关组束间 b9		10 0.8 蓝/红 → 轴间差速开关 6
	12 0.8 黑 → 中央集电盒搭铁点		11 0.8 灰 → 轴间差速开关 5
巡航开关	（取消、恢复、加速、减速）		12 0.8 黑/紫 → 驾驶室翻转开关 6，燃油加热开关 3
	1 0.8 紫/黄 → 底盘束间紫 8（ECU/K68）	**开关组束间 b**	（插座为驾驶室线束，插头为开关组线束）
	2 0.5 紫/蓝 → 底盘束间棕 3（ECU/K32，巡航恢复）		1 1.0 红/蓝 → 中央集电盒 k6（J11/87，后雾灯供电）
	3 0.5 灰/黄 → 底盘束间棕 1（ECU/K12，巡航取消）		2 0.5 绿 → 中央集电盒 h2（J14/85，小灯控制）
			3 0.5 绿/棕 → 闪光器 6（右转控制）
	4 0.5 棕 → 底盘束间棕 4（ECU/K37，减速）		4 0.5 红 → 中央集电盒 e1（F12）
	5 0.5 绿/黄 → 底盘束间棕 2（ECU/K18，巡航加速）		5 0.5 红/绿 照明 ← 中央集电盒 n2（F47）
多功能开关	（选装）		6 1.0 蓝/黄 → 底盘束间蓝 36（后雾灯）
	1 0.5 黑/蓝 喇叭按钮 ← 开关组束间 b9		7 0.5 红/白 → 中央集电盒 k7（J11/85，前雾灯控制）
	2 0.8 黑 → 车载信息终端 c8（负电）		8 0.5 蓝 → 中央集电盒 k8（J12/85，电喇叭控制）
	3 0.8 绿 → 车载信息终端 c7		9 0.5 黑/蓝 → 刮水组合开关 11（喇叭按钮），**多功能开关 1（另一配置）**
	4 0.5 红/绿 照明 ← 中央集电盒 n2（F47）		10 0.5 蓝 → 底盘束间 32（气喇叭电磁阀）
	5 0.8 黑 → 中央集电盒搭铁点		11 0.5 绿/紫 → 闪光器 5（左转控制）
开关组束间 a	（插座为驾驶室线束，插头为开关组线束）		12 0.8 黑 → 中央集电盒搭铁点
	1 0.8 蓝/红 → 底盘束间紫 33（ECU/K79，多态信号）		1 0.5 红 → 后雾灯开关 6
	2 0.5 黄 → 中央集电盒 d1（F19）		2 0.5 绿 → 前雾灯开关 5（小灯控制）
	3 0.5 灰/黄 → 底盘束间棕 19（轮间差速阀）		3 0.5 绿/棕 → 危险警告开关 5（右转控制）
	0.8 绿/白 → 底盘束间黑 10（双燃油配置）		4 0.5 红 → 危险警告开关 2
	4 0.8 紫/白 → 中央集电盒 r3（F35，轮间差速供电）		5 0.75 红/黄 照明 → 危险警告开关 1，前雾灯开关 1，后照灯开关 1，喇叭变换开关 1，驾驶室翻转开关 1，轴间差速开关 1，轮间差速开关 1，燃油加热开关 1，燃油变换开关 1
	0.8 绿/白 → 底盘束间黑 11（双燃油配置）		
	5 0.8 紫 → 底盘束间棕 14（驾驶室翻转）		
	6 0.8 蓝/黑 → 底盘束间紫 32（ECU/K59，多态负电）		6 0.5 红 → 后雾灯开关 5
	7 0.5 红/棕 → 中央集电盒 k4（J6/85，后照灯控制）		7 0.5 红/白 → 前雾灯开关 4（前雾灯控制）

(续)

名　称	内　容	名　称	内　容
	8 0.5 蓝　喇叭变换开关 5（电喇叭控制） 9 0.5 黑/蓝　喇叭变换开关 4 10 0.5 绿　喇叭变换开关 3（气喇叭控制） 11 0.5 绿/紫　危险警告开关 4（左转控制） 12 0.8 黑　搭铁	轮间差速开关 	1 0.5 红/黄　照明　开关组束间 b5 2 0.5 黑　搭铁　开关组束间 b12 3 0.5 黑　搭铁　开关组束间 b12 5 0.8 灰/黄　开关组束间 a3 6 0.8 紫/白　开关组束间 a4（F35）
危险警告开关 	1 0.8 红/绿　照明　开关组束间 b5 2 0.5 红　显示灯　开关组束间 b4（F12） 4 0.5 绿/紫　左转控制　开关组束间 b11 5 0.5 绿/棕　右转控制　开关组束间 b3 6 0.5 黑　搭铁　开关组束间 b12	多态节油开关 	1 0.5 蓝/红　开关组束间 a1（ECU/K79） 5 0.5 蓝/黑　开关组束间 a6（ECU/K74）
前雾灯开关 	1 0.8 红/黄　照明　开关组束间 b5 2 0.8 黑　搭铁　开关组束间 b12 3 0.5 红/蓝　显示灯　开关组束间 a2（F19） 4 0.5 红/白　前雾灯控制　开关组束间 b7 5 0.5 绿　小灯控制　开关组束间 b2 6 0.5 黑　搭铁　开关组束间 b12	燃油加热开关 	1 0.8 红/黄　照明　开关组束间 b5 2 0.8 黑　搭铁　开关组束间 b12 3 0.8 黑/紫　开关组束间 a12（F7） 4 0.8 红/黑　开关组束间 a8（燃油加热器） 6 0.5 黑　搭铁　开关组束间 b12
后雾灯开关 	1 0.8 红/黄　照明　开关组束间 b5 2 0.8 黑　搭铁　开关组束间 b12 3 0.5 黑　搭铁　开关组束间 b12 5 0.5 红/白　开关组束间 b6 6 0.5 红　开关组束间 b1	燃油变换开关　（选装） 	1 0.8 红/黄　照明　开关组束间 b5 2 0.8 黑　搭铁　开关组束间 b12 3 0.8 绿/黑　开关组束间 a4（副油箱） 4 0.5 黄　开关组束间 a9（仪表） 5 0.8 绿/白　开关组束间 a3（主油箱）
后照灯开关 	1 0.8 红/黄　照明　开关组束间 b5 2 0.8 黑　搭铁　开关组束间 b12 3 0.5 红/蓝　显示灯　开关组束间 a2（F19） 4 0.5 红/棕　开关组束间 a7 6 0.5 黑　搭铁　开关组束间 b12	收放机 a b	a3 1.0 蓝/红　中央集电盒 e5（F8） a6 0.8 红/绿　照明　中央集电盒 n2（F47） a7 0.8 蓝/红　中央集电盒 d6（F14，记忆） a8 0.8 黑　中央集电盒搭铁点 b1 0.5 白　右顶篷束间 1 b2 0.5 白/黑　右顶篷束间 2 b3 0.5 黄　右顶篷束间 4 b4 0.5 黄/黑　右顶篷束间 5 b5 0.5 绿　左顶篷束间 11 b6 0.5 绿/黑　左顶篷束间 12 b7 0.5 蓝　左顶篷束间 7 b8 0.5 黑/黑　左顶篷束间 8
喇叭变换开关 	1 0.8 红/黄　照明　开关组束间 b5 2 0.8 黑　搭铁　开关组束间 b12 3 0.5 绿　气喇叭　开关组束间 b10 4 0.5 黑/蓝　开关组束间 b9 5 0.5 蓝　电喇叭控制　开关组束间 b8	记录仪　（带 GPS 及打印功能） a 　b	a2 0.8 绿　左顶篷束间 a11（串行数据 5V+） a3 0.8 黄　左顶篷束间 a4（串行数据接收） a4 0.8 灰　左顶篷束间 a3（串行数据 5 发送） b1 0.5 红　中央集电盒 d2（F18） b2 0.8 橙　中央集电盒 p1（F44） b3 0.8 黑　中央集电盒搭铁点 b4 0.5 黄　制动开关 1 b5 0.5 蓝　仪表 a23（车速信号） b6 1.0 绿/红　闪光器 8（左转） b7 1.0 绿/黑　闪光器 9（右转） b8 0.5 红/黄　中央集电盒 e3（F10，远光） b9 1.5 红/灰　中央集电盒 n3（F46，近光） b17 0.8 红/绿　照明　中央集电盒 n2（F47）
驾驶室翻转开关 	1 0.8 红/黄　照明　开关组束间 b5 2 0.5 黑　搭铁　开关组束间 b12 3 0.5 黑　搭铁　开关组束间 b12 5 0.8 白　开关组束间 a5 6 0.8 黑/紫　开关组束间 a12（F7）		
轴间差速开关 	1 0.8 红/黄　照明　开关组束间 b5 2 0.5 黑　搭铁　开关组束间 b12 3 0.5 黑　搭铁　开关组束间 b12 5 0.8 灰　开关组束间 a11 6 0.8 蓝/红　开关组束间 a10（F32）		

（续）

名 称	内 容	名 称	内 容
数据信息终端 a	b19　0.5 红 — 底盘束间蓝 1（ECU/K54，CAN） b20　0.5 绿 — 底盘束间蓝 2（ECU/K76，CAN） （另一配置） a2　0.8 红 ⏚ 底盘束间棕 26（倒车信号） a3　0.5 蓝 → 仪表 a23（车速信号） a4　1.0 蓝/红 ⏚ 中央集电盒 e5（F8） a6　0.8 红/绿　照明 ⏚ 中央集电盒 n2（F47） a7　0.8 蓝/红　记忆电源 ⏚ 中央集电盒 d6（F14） a8　0.8 黑 ⏚ 中央集电盒搭铁点 b1　0.5 白 ∩ 右顶篷束间 1 b2　0.5 白/黑 ∩ 右顶篷束间 2 b3　0.5 黄 ∩ 右顶篷束间 4 b4　0.5 黄/黑 ∩ 右顶篷束间 5 b5　0.5 绿 ∩ 左顶篷束间 11 b6　0.5 绿/黑 ∩ 左顶篷束间 12 b7　0.5 蓝 ∩ 左顶篷束间 7 b8　0.5 蓝/黑 ∩ 左顶篷束间 8 c1　0.5 红 — 底盘束间紫 1（ECUK54，CAN） c2　0.8 绿 — 右顶篷束间 a11（5V+） c4　0.5 绿 — 底盘束间紫 2（ECUK76，CAN） c5　0.8 黄 — 左顶篷束间 a4（串行数据发送） c6　0.8 灰 — 左顶篷束间 a3（串行数据接收） c7　0.8 绿 — 多功能开关 3 c8　0.8 黑 — 多功能开关 2（负电）	12　0.5 绿/白 → 风口调节转向器 3（脚部反馈信号） 13　0.5 白 ⏚ 冷暖变换转向器 4（电动机） 14　0.5 红/绿 ⏚ 风口调节转向器 1（电动机） 15　0.5 蓝 ⏚ 内外循环转向器 7（电动机） 18　0.5 黑 ⏚ 空调束间 9（搭铁） 19　0.5 红 ⏚ 冷暖变换转向器 3（5V+） 20　0.5 黑 ← 冷暖变换转向器 2 21　0.5 红/白 → 蒸发器温度传感器 2 22　0.5 绿 ⏚ 室内温度传感器 2 23　0.8 红 ← 空调束间 3（F9） 24　0.5 红/黄 → 风口调节转向器 6（除霜反馈信号）
空调束间 	1　1.5 黑 ⏚ 中央集电盒搭铁点 3　1.5 蓝 ⏚ 中央集电盒 e4（F9） 4　1.5 蓝 ⏚ 中央集电盒 r1（F34） 6　0.8 红/绿　照明 ⏚ 中央集电盒 n2（F47） 7　0.8 蓝/红 ⏚ 中央集电盒 m10（J1/85） 9　0.8 黑 → ⏚ 中央集电盒搭铁点	冷暖变换转向器 　1　0.5 蓝/红 → 空调控制面板 1 　2　0.5 黑 → 空调控制面板 20 　3　0.8 红 ⏚ 空调控制面板 19（5V+） 　4　0.5 白 ⏚ 空调控制面板 13 　6　0.5 黄 ⏚ / ← 空调控制面板 10（冷凝反馈信号）
	1　0.8 黑 ← 电子调速器 3 3　0.8 红 ⏚ 空调控制面板 23 4　1.5 白 ⏚ 电子调速器 2，鼓风电动机 2 6　0.5 黄/白 → 空调控制面板 5（照明） 7　0.5 黄/蓝 → 空调控制面板 7（压缩控制） 9　1.5 黑 ← ⏚ 空调控制面板 18，风口调节转向器 2，蒸发器温度传感器 1，室内温度传感器 1	风口调节转向器 　1　0.5 红/绿 ⏚ 空调控制面板 14 　2　0.5 黑 → 空调束间 9 　3　0.5 绿/白 ← 空调控制面板 12（脚部信号） 　5　0.5 绿/黑 ⏚ 空调控制面板 2 　6　0.5 红/黄 ⏚ 空调控制面板 24（除霜信号） 　8　0.5 黄 ⏚ 空调控制面板 11（面部信号）
空调控制面板 	1　0.5 蓝/红 ⏚ 冷暖变换转向器 1（电动机） 2　0.5 绿/黑 ⏚ 风口调节转向器 5（电动机） 3　0.5 棕 ⏚ 内外循环转向器 5（电动机） 5　0.5 黄/白　照明 ⏚ 空调束间 6 7　0.5 黄/蓝 ⏚ 空调束间 7（压缩控制） 9　0.8 蓝 ⏚ 电子调速器 4 10　0.5 黄 ⏚ / ← 冷暖变换转向器 6（冷凝反馈信号） 11　0.5 黄 ⏚ 风口调节转向器 8（面部反馈信号）	蒸发器温度传感器 　1　0.5 黑 ⏚ 空调束间 9 　2　0.5 红/白 ⏚ 空调束间 21 室内温度传感器 　1　0.5 黑 ⏚ 空调束间 9 　2　0.5 绿 ⏚ 空调控制面板 22 内外循环转向器 　5　0.5 棕 ⏚ 空调控制面板 3 　7　0.5 蓝 ⏚ 空调控制面板 15 鼓风电动机 　1　1.5 白 ⏚ 电子调速器 1 　2　1.5 红 ⏚ 空调束间 4（F34） 电子调速器 　1　1.5 白 ⏚ 鼓风电动机 1 　2　1.5 红 ⏚ 空调束间 4（F34） 　　　1.5 红 ⏚ 鼓风电动机 2 　3　0.8 黑 ⏚ 空调束间 1 　4　0.8 蓝 ⏚ 空调控制面板 9 点烟器 　1　1.0 黑 ⏚ 中央集电盒搭铁点 　2　1.0 蓝/红 ⏚ 中央集电盒 e5（F8） 　　　0.5 红/绿　照明 ⏚ 中央集电盒 n2（F47）

（续）

名 称		内 容	名 称		内 容
备用电源接口	1	1.0 黑 ⟶ 中央集电盒搭铁点	中央集电盒 e	1	0.5 红 ⊕ 仪表 b13（记忆电源），开关组 b4
	2	1.0 蓝 ⟶ 中央集电盒 t5（F25）		—	中央集电盒内接熔断器 F12（输出）
中央集电盒搭铁点（与中央集电盒内部无连接）	6.0 黑 ⟶ 底盘束间小接口 5			3	0.5 红/黄 ⟶ 左顶篷束间 a12，仪表 b7（远光指示灯），记录仪 b8
	2.5 黑×2 ⟵ …			—	中央集电盒内接熔断器 F10（输出）
中央集电盒 30 接点		10.0 白 ⊕ 底盘束间 30 接点（FA8）		4	0.8 蓝/白 ⊕ 空调束间 3
	—	中央集电盒内接熔断器 F1~F6、F21~F22、F25~F37、远光继电器 J7/30、近光继电器 J13/30、小灯继电器 J14/30		—	中央集电盒内接熔断器 F9（输出）
				5	1.0 蓝/红 ⟶ 点烟器 2，收放机 a3，数据信息终端 a4（另一配置）
中央集电盒 a	1	4.0 白/红 ⊕ ⟵ 起动钥匙开关 a1（ON 档）		—	中央集电盒内接熔断器 F8（输出）
	—	中央集电盒内接熔断器 F19~F20、后照灯继电器 J6/86、远光继电器 J7/86、刮水高速继电器 J8/86、刮水低速继电器 J9/86、制动灯继电器 J10/86、前雾灯继电器 J11/86、电喇叭继电器 J12/86、近光继电器 J13/86、小灯继电器 J14/86		6	0.8 黑/紫 ⟶ 开关组束间 a12（翻转供电），中央集电盒 m12（压缩机继电器 J1/86），中央集电盒 k2（燃油加热继电器 J5/86），右顶篷束间 14（逆变器 ACC 电源）
				—	中央集电盒内接熔断器 F7（输出）
			中央集电盒 g	1	0.8 白 ⊕ 左顶篷束间 b5（车内灯），底盘束间蓝 33（气喇叭电磁阀供电）
	2	4.0 红 ⟵ 底盘束间小接口 2（FA7）		—	中央集电盒内接熔断器 F4（输出）
	—	中央集电盒内接熔断器 F12~F18		4	0.8 红/蓝 ⟶ 车速控制器 4
中央集电盒 b	2	1.5 红/白 ⟶ 中央集电盒 c4（F24）		—	中央集电盒内接熔断器 F2（输出）
	—	中央集电盒内接熔断器 F10（输入）	中央集电盒 h	1	0.5 红/黄 ⟶ 灯光组合开关 1（远光控制）
	3	2.5 蓝/黑 ⟵ 起动钥匙开关 b2（ACC 档）		—	中央集电盒内接远光继电器 J7/85
	—	中央集电盒内接熔断器 F7~F9（输入）		2	0.5 绿 ⟶ 灯光组合开关 2（小灯控制），开关组束间 b2（前雾灯开关 5）
中央集电盒 c	4	1.5 红/白 ⟶ 底盘束间蓝 21（右远光），中央集电盒 b2（F10，远光指示灯供电）		—	中央集电盒内接小灯继电器 J14/85
	—	中央集电盒内接熔断器 F24（输出）		3	0.8 黑/绿 ⟶ 底盘束间绿 35（干燥及氧传感）
	5	1.5 红/黑 ⟶ 底盘束间绿 20（左远光）		—	中央集电盒内接熔断器 F20（输出）
	—	中央集电盒内接熔断器 F23（输出）		4	0.8 红/黑 ⟶ 底盘束间棕 12（后照灯）
中央集电盒 d	1	0.8 黄 ⊕ ⟶ 开关组束间 a2（开关显示灯），底盘束间紫 17（底盘电器盒 ON 继电器 K5/86）		—	中央集电盒内接后照灯继电器 J6/87
			中央集电盒 k	2	0.8 黑/紫 ⟵ 中央集电盒 e6（F7）
	—	中央集电盒内接熔断器 F19（输出）		—	中央集电盒内接燃油加热继电器 J5/86
	2	0.8 红 ⟶ 左顶篷束间 b4，左门束间 b3（左门踏步灯），记录仪 b1，右门束间 3（右门踏步灯）		3	0.8 红/黑 ⟶ 开关组 a8（燃油加热开关 5）
				—	中央集电盒内接燃油加热继电器 J5/85
	—	中央集电盒内接熔断器 F18（输出）		4	0.5 红/棕 ⟶ 开关组束间 a7（后照灯开关）
	3	1.5 红/白 ⟶ 左门束间 b12（中控锁供电）		—	中央集电盒内接后照灯继电器 J6/85
	—	中央集电盒内接熔断器 F17（输出）		5	1.5 红/黄 ⊕ 底盘束间黑 25（燃油加热器）
	4	2.5 红/黄 ⟶ 左门束间 a2（电动窗供电）		6	1.0 红/蓝 ⊕ ⊕ 开关组束间 b1（后雾灯开关供电），底盘束间蓝 23（前雾灯）
	—	中央集电盒内接熔断器 F16（输出）		—	中央集电盒内接前雾灯继电器 J11/87
	5	1.5 红 ⊕ ⊕ 闪光器 10		7	0.5 红/白 ⟶ 开关组束间 b7（前雾灯开关）
	—	中央集电盒内接熔断器 F15（输出）		—	中央集电盒内接前雾灯继电器 J11/85
	6	0.8 蓝/红 ⟶ 收放机 a7，数据信息终端 a6（另一配置）		8	0.5 蓝 ⟶ 开关组束间 b8（喇叭变换开关）
	—	中央集电盒内接熔断器 F14（输出）		—	中央集电盒内接电喇叭继电器 J12/85
				10	0.8 绿/黑 ⟶ 底盘束间蓝 34（电喇叭）

(续)

名　称	内　容	名　称	内　容
中央集电盒 m	— 中央集电盒内接电喇叭继电器 J12/87 1　0.8 蓝⊕→⏛刮水电动机 3，间歇继电器 5 — 中央集电盒内接熔断器 F30（输出） 2　0.8 蓝/黄⊕/⏛刮水电动机 5（复位时/复位后） — 中央集电盒内接刮水低速继电器 J9/87a 3　0.5 蓝/红⏛刮水组合开关 8，间歇继电器 4 — 中央集电盒内接刮水低速继电器 J9/85 4　0.8 蓝/白⏛刮水组合开关 9（高速控制） — 中央集电盒内接刮水高速继电器 J8/85 5　0.8 蓝/红→刮水电动机 4（高速） — 中央集电盒内接刮水高速继电器 J8/87 6　0.8 蓝/黑→刮水电动机 1（低速） — 中央集电盒内接刮水高速继电器 J8/87a 7　0.5 黑⏛中央集电盒搭铁点 — 中央集电盒内接制动灯继电器 J2/85 8　0.8 黄⊕→底盘束间蓝 29（制动灯） — 中央集电盒内接制动灯继电器 J2/87 9　0.5 黄⊕制动开关 1 — 中央集电盒内接制动继电器 J2/86 10　0.8 蓝/红⏛空调束间 7 — 中央集电盒内接压缩继电器 J1/85 11　0.8 红/白→底盘束间蓝 30（空调压力开关） — 中央集电盒内接压缩继电器 J1/87 12　0.8 黑/紫→中央集电盒 e6（F7） — 中央集电盒内接压缩继电器 J1/86	中央集电盒 q 中央集电盒 r 中央集电盒 t	4　1.5 红/黑⊕→ABS 控制器 a7 — 中央集电盒内接熔断器 F41（输出） 7　0.5 红/白⏛灯光组合开关 5（近光控制） — 中央集电盒内接近光继电器 J13/85 8　0.5 红/白→⊕仪表 b12（ON 电源） — 中央集电盒内接熔断器 F40（输出） 1　0.8 红/绿→闪光器 3 — 中央集电盒内接熔断器 F39（输出） 2　0.5 红/棕⊕→左门束间 b2，洗涤电动机 2 — 中央集电盒内接熔断器 F38（输出） 1　1.5 蓝⊕→空调束间 4（鼓风供电） — 中央集电盒内接熔断器 F34（输出） 2　1.5 白→尿素电器盒 b1（尿素主继电器供电） — 中央集电盒内接熔断器 F33（输出） 3　0.8 紫/白⊕→开关组束间 a4（轮间差速供电） — 中央集电盒内接熔断器 F35（输出） 4　0.8 蓝/红→开关组束间 a10（轴间差速供电） — 中央集电盒内接熔断器 F32（输出） 2　0.8 红/棕⊕→诊断插座 16 — 中央集电盒内接熔断器 F28（输出） 4　2.5 红/黄→ABS 控制器 a8（30 电源） — 中央集电盒内接熔断器 F26（输出） 5　1.0 蓝⊕→备用电源接口 2 — 中央集电盒内接熔断器 F25（输出）
中央集电盒 n	1　1.5 红/黄⊕→底盘束间蓝 22（前后小灯） — 中央集电盒内接熔断器 F48（输出） 2　0.8 红/绿　照明→左顶篷束间 b6（示高灯），左门束间 b5，仪表 b22，多功能开关 4，开关组束间 b5，收放机 a6，记录仪 b17，数据信息终端 a6（另一配置），空调束间 6，点烟器，右顶篷束间 10，右门束间 5 — 中央集电盒内接熔断器 F47（输出） 3　1.5 红/灰⊕→左顶篷束间 a5，记录仪 b9，底盘束间蓝 19（右近光） — 中央集电盒内接熔断器 F46（输出） 4　1.5 红/绿⊕→底盘束间蓝 18（左近光） — 中央集电盒内接熔断器 F45（输出）	中央集电盒 v 尿素电器盒 a b	6.0 黄⊕→底盘束间小接口 4（底盘电器盒 ON 继电器 K5/87） — 中央集电盒内接熔断器 F38～F44（输入） a2　6.0 红⊕→底盘束间小接口 2（FA7） — 尿素电器盒内接熔断器 F54（输入） b1　1.5 白⊕中央集电盒 r2（F33） — 尿素电器盒内接尿素主继电器 J19/3 b2　1.5 红⊕→右顶篷束间 13（逆变器电源） — 尿素电器盒内接熔断器 F54（输出） b3　1.0 棕/黄⊕→底盘束间紫 30（ECU/K33，尿素泵加热） — 尿素电器盒内接熔断器 F52 b6　0.8 橙/蓝⏛底盘束间紫 28（ECU/K20，进液管加热器） — 尿素电器盒内接熔断器 F51 b7　0.5 红/棕⏛底盘束间紫 29（ECU/K26，进液管加热控制） — 尿素电器盒内接进液管加热继电器 J17/2 b8　1.5 绿⊕→底盘束间黑 18（尿素管加热供电） — 尿素电器盒内接尿素主继电器 J19/5
中央集电盒 p	1　0.8 橙⊕→左顶篷束间 b18，记录仪 b2 — 中央集电盒内接熔断器 F44（输出） 2　0.8 棕/蓝→⊕底盘束间紫 6（ECU/K88，唤醒电源） — 中央集电盒内接熔断器 F43（输出） 3　1.5 红/绿⊕→底盘束间棕 11（挂车 ABS） — 中央集电盒内接熔断器 F42（输出）		

(续)

名 称	内 容
	b9 0.8 黄/绿 ← 底盘束间紫 26（ECU/K36，回液管加热器）
	— 尿素电器盒内接熔断器 F50
	b10 0.5 黑/红 ← 底盘束间紫 27（ECU/K50，回液管加热控制）
	— 尿素电器盒内接回液管加热继电器 J16/2
	b11 0.8 蓝/黄 ← 底盘束间紫 23（ECU/K94，尿素主继电器控制）
	— 尿素电器盒内接尿素主继电器 J19/2
	b12 0.5 红/绿 ← 底盘束间紫 23（ECU/K58，喷液管加热）
	— 尿素电器盒内接熔断器 F49
	b13 0.5 红/黑 ← 底盘束间紫 25（ECU/K92，喷液管加热控制）
	— 尿素电器盒内接喷液管加热继电器 J15/2
	b14 0.8 白/黑 ← 底盘束间紫 31（ECU/K25，尿素泵加热控制）
	— 尿素电器盒内接尿素泵加热继电器 J18/2
	b16 0.8 白/紫 ← 底盘束间紫 22（ECU/K90）
	— 尿素电器盒内接喷液管加热继电器 J15/1、回液管加热继电器 J16/1、进液管加热继电器 J17/1、尿素泵加热继电器 J18/1、尿素主继电器 J19/1
	b18 2.5 黑 → 中央集电盒搭铁点
	— 尿素电器盒内接熔断器 F53

独立暖风接口

1	6.0 黑 ← 底盘束间小接口 3
2	6.0 红 ← 底盘束间小接口 2（FA7）

右门束间

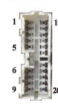

3	0.8 红 踏步灯 ← 中央继电器 d2（F18）
—	右门内接右门踏步灯
5	0.8 红/绿 照明 ← 中央集电盒 n2（F47）
—	右门内接右电动窗开关
6	1.0 蓝 →/← 左门束间 b6（升/降）
—	右门内接右电动窗电动机
7	1.0 白 ←/← 左门束间 b7（升/降）
—	右门内接右电动窗电动机
8	0.5 绿 →/← 左门束间 b8（开锁/闭锁）
—	右门内接右门中控锁
9	0.5 黄 →/← 左门束间 b9（开锁/闭锁）
—	右门内接右门中控锁
10	0.8 黑 → 中央集电盒搭铁点
—	右门内接右电动窗开关（搭铁）
11	0.8 黑/蓝 → 右顶篷束间 3（右门控开关）
—	右门内接右门踏步灯
16	0.8 蓝 →/ ← 左门束间 16（右镜公共端）
—	右门内接后视镜
17	0.8 紫/绿 ← / → 左门束间 17（左动/右动）
—	右门内接后视镜

名 称	内 容
	18 0.8 紫/蓝 ← / → 左门束间 18（下动/上动）
	— 右门内接后视镜
	19 0.5 红/绿 ← 左门束间 b19
	— 右门内接右电动窗开关（降控制）
	20 0.5 黑/黄 ← 左门束间 b20
	— 右门内接右电动窗开关（升控制）

右顶篷束间

1	0.5 白 ∩ 收放机 b1，数据信息终端 b1（另一配置）
—	右顶篷内接右前扬声器
2	0.5 白/黑 ∩ 收放机 b2，数据信息终端 b2（另一配置）
—	右顶篷内接右前扬声器
3	0.8 黑/蓝 ← 右门束间 11（踏步灯），左顶篷束间 3（右车内灯）
—	右顶篷内接右门控开关
4	0.5 黄 ∩ 收放机 b3，数据信息终端 b3（另一配置）
—	右顶篷内接右后扬声器
5	0.5 黄/黑 ∩ 收放机 b4，数据信息终端 b4（另一配置）
—	右顶篷内接右后扬声器
9	1.0 绿/黑 右转 ← 闪光器 9
—	右顶篷内接右侧转向灯
10	0.8 红/绿 ← 中央集电盒 n2（F47）
—	右顶篷内接示高灯
11	0.8 黑 → 中央集电盒搭铁点
—	右顶篷内接各个电器搭铁
12	0.8 黑 → 中央集电盒搭铁点
—	右顶篷内接逆变器接口
13	1.5 红 ← 尿素电器盒 b2（F54）
—	右顶篷内接逆变器接口

闪光器

1	0.5 蓝/白 → 仪表 b15（主车左转指示）
2	0.5 蓝/红 → 仪表 b14（主车右转指示）
3	0.8 红/绿 ← 中央集电盒 q1（F39）
4	0.8 黑 → 中央集电盒搭铁点
5	0.5 绿/紫 左转控制 → 灯光组合开关 3，开关组束间 b11（危险警告开关）
6	0.5 绿/棕 右转控制 → 灯光组合开关 7，开关组束间 b3（危险警告开关）
7	0.5 蓝/棕 → 仪表 b16（挂车右转指示）
8	1.0 绿/红 左转 → 左顶篷束间 b1，记录仪 b6，底盘束间蓝 25（左前后转向灯）
9	1.0 绿/黑 右转 → 左顶篷束间 b9，右顶篷束间 9，记录仪 b7，底盘束间蓝 24（右前后转向灯）
10	1.5 红 ← 中央集电盒 d5（F15）
11	1.0 黄/红 → 底盘束间棕 24（挂车左转）

(续)

名 称		内 容	名 称		内 容
间歇继电器 	12	1.0 黄/黑 ⊕► 底盘束间棕 25（挂车右转）		2	6.0 红 ⊕► 中央集电盒 a2，尿素电器盒 a2
	13	0.5 蓝/绿 ⊕► 仪表 b17（挂车左转指示）		3	6.0 黑 ◄ 独立暖风接口 1
	1	0.8 黑 搭铁 ⊐► 中央集电盒搭铁点		4	6.0 黄 ⊕► 中央集电盒 v（F38～F44）
	2	0.8 黑 搭铁 ⊐► 中央集电盒搭铁点		5	6.0 黑 ◄ ⊐◄ 中央集电盒搭铁点
	3	0.8 黄 间歇控制 ◄ 刮水组合开关 10	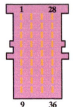	1	4.0 红/绿 ⊐► 底盘电器盒 h5（FA2）
	4	0.8 蓝/红 间歇低速 ◄ 中央集电盒 m3		2	4.0 红 ⊕► 底盘电器盒 m1（FA7）
	5	0.8 蓝 ⊕► 中央集电盒 m1（F30）		3	6.0 黑 ⊐► 底盘搭铁点
	6	0.8 蓝/棕 间歇洗涤 ⊐► 刮水组合开关 4		4	6.0 黄 ⊕► 底盘电器盒 m2（ON 电源继电器 K2/87）
车速控制器 	1	0.5 绿/白 ◄⊐ 仪表 a9		5	6.0 黑 ⊐► 底盘搭铁点
	3	0.5 绿 ⊐► 底盘束间棕 16（车速里程传感器）	底盘束间紫	（插头为驾驶室线束，插座为底盘线束）	
	4	0.8 红/蓝 ◄⊐ 中央集电盒 g4（F2）		1	0.5 红 — 左顶篷束间 b13，诊断插座 3，仪表 b24（通信 CAN），记录仪 b19，数据信息终端 c1（另一配置）
	7	0.8 黑 搭铁 ⊐► 中央集电盒搭铁点		2	0.5 绿 — 左顶篷束间 b14，诊断插座 11，仪表 b25（通信 CAN），记录仪 b20，数据信息终端 c4（另一配置）
车内搭铁点 		2.5 黑 ⊐► 中央集电盒搭铁点		3	0.8 紫/绿 — 诊断插座 7（K 线）
洗涤电动机 	1	0.8 蓝/棕 ⊐► 刮水组合开关 4		4	0.5 灰 — 诊断插座 6（诊断刷写 CAN 高端）
	2	0.5 红/棕 ⊐► 中央集电盒 q2（F38）		5	0.5 蓝 — 诊断插座 14（诊断刷写 CAN 低端）
ABS 控制器 a 	4	2.5 黑 搭铁 ⊐► 底盘束间黑 19		6	0.5 棕/蓝 ⊕► 中央集电盒 p2（F43，ECU 唤醒电源）
	7	1.5 红/黑 15 电源 ⊕► 中央集电盒 p4（F41）		7	0.8 黑/蓝 ⊕► 起动钥匙开关 b1（起动档）
	8	2.5 红/黄 30 电源 ◄⊕ 中央集电盒 t4（F26）		8	0.8 紫/黄 ⊕► 制动开关 2，离合开关 2，仪表 b2、b4，巡航开关 1
	9	0.8 黑 搭铁 ⊐► 底盘束间黑 2		9	0.5 黄 ECU 制动 ◄⊕ 制动开关 1
	10	0.8 紫/绿 K 线 — 诊断插座 7		10	0.5 蓝/白 ⊕► 离合开关 1
	11	0.8 黄 L 线 — 诊断插座 15		11	0.5 蓝/棕 ⊐► 仪表 b3（预热灯）
	15	0.5 黄/红 ◄⊐ 仪表 a15		12	0.5 黄/棕 ⊐► 仪表 b1（排放灯）
ABS 控制器 b	1	1.0 棕 ⊕► 底盘束间蓝 1（右前轮阀加压）		13	0.8 白/灰 ⊕► 加速踏板传感器 1（油门 1 电源）
	2	1.0 棕 ⊕► 底盘束间蓝 14（左后轮阀加压）		14	0.8 红/紫 ⊕► 加速踏板传感器 2（油门 1 信号）
	3	1.0 棕 ⊕► 底盘束间蓝 5（左前轮阀加压）		15	0.8 绿/棕 ⊕◄ 加速踏板传感器 3（油门 1 负电）
	4	1.0 蓝 ⊕► 底盘束间蓝 2（右前轮阀泄压）		16	0.8 灰/蓝 ⊕► 加速踏板传感器 6（油门 2 电源）
	5	1.0 蓝 ⊕► 底盘束间蓝 13（左后轮阀泄压）		17	0.8 黑/棕 ⊕► 加速踏板传感器 5（油门 2 信号）
	6	1.0 蓝 ⊕► 底盘束间蓝 6（左前轮阀泄压）		18	0.8 棕/灰 ◄⊕ 加速踏板传感器 4（油门 2 负电）
	8	1.0 棕 ⊕► 底盘束间蓝 10（右后轮阀加压）		19	0.5 白/红 ◄⊐ 仪表 a6（闪码灯）
	9	1.0 棕 ⊕► 底盘束间蓝 9（右后轮阀泄压）		20	0.5 黄/蓝 ⊕► 仪表 a8（闪码灯）
	10	0.8 棕 ～ 底盘束间蓝 4（右前轮车速信号）		22	0.8 白/紫 ⊕► 尿素电器盒 b16（尿素各继电器电源）
	11	0.8 黑 ～ 底盘束间蓝 16（左后轮车速信号）		23	0.8 蓝/黄 ⊐◄ 尿素电器盒 b11（尿素主继电器控制）
	12	0.8 棕 ～ 底盘束间蓝 8（左前轮车速信号）		24	0.5 红/绿 ⊐► 尿素电器盒 b12（喷液管加热）
	13	0.8 黑 ～ 底盘束间蓝 3（右前轮车速信号）		25	0.5 红/黑 ⊐◄ 尿素电器盒 b13（喷液加热控制）
	14	0.8 棕 ～ 底盘束间蓝 15（左后轮车速信号）		26	0.8 黄/绿 ⊐► 尿素电器盒 b9（回液管加热）
	15	0.8 黑 ～ 底盘束间蓝 7（左前轮车速信号）		27	0.5 黑/红 ⊐◄ 尿素电器盒 b10（回液加热控制）
	17	0.8 黑 ～ 底盘束间蓝 12（右后轮车速信号）		28	0.8 橙/蓝 ⊐► 尿素电器盒 b6（进液加热）
	18	0.8 棕 ～ 底盘束间蓝 11（右后轮车速信号）		29	0.5 红/棕 ⊐◄ 尿素电器盒 b7（进液管加热控制）
底盘 30 电源接点 		10.0 白 ⊕► 中央集电盒 30 接点		30	1.0 棕/黄 ⊐► 尿素电器盒 b3（尿素泵加热）
		10.0 白 ⊕► 底盘电器盒 d（FA8）		31	0.8 白/黑 ⊐◄ 尿素电器盒 b14（尿素泵加热控制）
底盘束间小接口	（插头为驾驶室线束，插座为底盘线束）			32	0.8 蓝/黑 ◄⊐ 开关组束间 a6（多态负电）
	1	4.0 红/绿 ⊐► 起动钥匙开关 a2			

一、解放J6P（2016领航版）博世EDC17国四电喷汽车

（续）

名称	内容	名称	内容
33	0.8 蓝/红 ⌒ 开关组束间 a1（多态信号）	11	1.5 红/绿 ⏚ 中央集电盒 p3（F42）
34	0.5 黄/白 ⇐ 刮水组合开关 3（排气制动开关负电）	12	0.8 红/黑 中央集电盒 h4（J6/87，后照灯）
35	0.5 绿/白 ⇒ 刮水组合开关 7（排气制动）	13	0.8 蓝/红 — 仪表 a16（挂车 ABS）
1	0.5 红 — ECU/K54（通信 CAN 高端）	14	0.8 白 ⇒ 开关组束间 a5（驾驶室翻转开关）
2	0.5 绿 — ECU/K76（通信 CAN 低端）	15	0.5 红 ⇐ 仪表 b10（车速里程电源）
3	0.8 紫/绿 — ECU/K59（K 线）	16	0.5 绿 ⇐ 车速控制器 3（车速里程信号）
4	0.5 灰 — ECU/K75（诊断刷写 CAN 高端）	17	0.5 黄 ⏚ 中央集电盒 d1（F19）
5	0.5 蓝 — ECU/K53（诊断刷写 CAN 低端）	18	0.5 灰 ⇒ 开关组束间 a11（轴间差速）
6	0.5 棕/蓝 ⏚ ECU/K88（唤醒电源）	19	0.5 灰/黄 ⇒ 开关组束间 a3 轮间差速阀
7	0.8 黑/蓝 ⏚ ECU/K35（起动请求）	20	0.5 灰/蓝 ⇐ 仪表 a14（轴间差速信号）
8	0.8 紫/黄 ⏚ ⇐ ECU/K68（输出电源）	21	0.5 绿/白 ⇐ 仪表 a4（轮间差速信号）
9	0.5 黄 ⏚ ECU/K41（制动信号）	24	1.0 黄/红 ⏚ 闪光器 11（挂车左转）
10	0.5 蓝/白 ⏚ ECU/K15（离合信号）	25	1.0 黄/黑 ⏚ 闪光器 12（挂车右转）
11	0.5 蓝/棕 ⇗ ECU/K48（预热灯）	26	0.8 红 ⏚ 数据信息终端 a2（倒车信号，另一配置）
12	0.5 黄/棕 ⇗ ECU/K69（排放灯）	1	0.5 灰/黄 ⏚ ECU/K12（巡航取消）
13	0.5 白/灰 ⇐ ECU/K45（油门 1 电源）	2	0.5 绿/黄 ⏚ ECU/K18（巡航加速）
14	0.5 红/紫 ⇐ ECU/K61（油门 1 信号）	3	0.5 紫/蓝 ⏚ ECU/K32（巡航恢复）
15	0.5 绿/棕 ⇒ ECU/K62（油门 1 负电）	4	0.5 棕 ⏚ ECU/K37（巡航减速）
16	0.5 灰/蓝 ⇐ ECU/K44（油门 2 电源）	6	0.8 蓝/白 ⌒ 气压 2 传感器 2（信号）
17	0.5 黑/棕 ⇐ ECU/K83（油门 2 信号）	7	0.8 蓝/绿 5V+ ⌒ 气压 1 传感器 3，气压 2 传感器 3
18	0.5 棕/灰 ⇒ ECU/K84（油门 2 负电）	8	0.8 蓝/灰 ⌒ 气压 1 传感器 2（信号）
19	0.5 白 ⇒ ECU/K65（闪码灯）	9	0.8 蓝/紫 ⇐ 气压 1 传感器 1（负电），气压 2 传感器 1（负电）
20	0.8 黄/蓝 ⏚ ECU/K70（闪码灯）	10	0.5 白/黑 ⇒ 变速器束间 10（低档信号开关）
22	0.8 白/紫 ⏚ ECU/K90（尿素各继电器电源）	11	1.5 红/绿 ⏚ 挂车 ABS 接口 3
23	0.8 蓝/黄 ⇒ ECU/K94（尿素主继电器控制）	12	0.8 红/黑 ⏚ 后照灯 1
24	1.0 红/绿 ⇐ ECU/K58（喷液管加热器 2）	13	0.8 蓝/红 — 挂车 ABS 接口 2
25	0.5 红/黑 ⇒ ECU/K92（喷液管加热控制）	14	0.8 白 ⏚ 驾驶室翻转接口 a1
26	1.0 黄/绿 ⇐ ECU/K36，回液管加热器 2	15	0.5 黄/绿 ⌒ 变速器束间 5（车速里程电源）
27	0.5 黑/红 ⇒ ECU/K50（回液管加热控制）	16	0.5 绿 ⏚ 变速器束间 3（车速里程信号）
28	1.0 橙/蓝 ⇐ ECU/K20，进液管加热器 2	17	0.5 黄 ⏚ 底盘电器盒 L2（ON 继电器 K2/86）
29	0.5 红/棕 ⇒ ECU/K26（进液管加热控制）	18	0.8 灰 ⏚ 轴间差速电磁阀 1
30	0.8 棕/黄 ⇐ ECU/K33，尿素泵组件 12（尿素泵加热）	19	0.8 灰/黄 ⏚ 轮间差速电磁阀 1
31	0.8 白/黑 ⇒ ECU/K25（尿素泵加热控制）	20	0.8 灰/蓝 ⇒ 后围束间 15（轴间差速信号）
32	0.5 蓝/黑 ⇒ ECU/K74（多态负电）	21	0.8 绿/黄 ⇒ 中桥轮差信号开关 1，后桥轮差信号开关 1
33	0.5 蓝/红 ⌒ ECU/K79（多态信号）	24	1.0 黄/红 ⏚ 挂车灯插座 2（挂车左转）
34	0.5 黄/白 ⇒ ECU/K87（负电）	25	1.0 黄/黑 ⏚ 挂车灯插座 8（挂车右转）
35	0.5 绿/白 ⇐ ECU/K16（排气制动请求）	26	0.8 红 ⏚ 变速器束间 9（倒车，另一配置）

底盘束间棕（插头为驾驶室线束，插座为底盘线束）

1	0.5 灰/黄 ⏚ 巡航开关 3（巡航取消）
2	0.5 绿/黄 ⏚ 巡航开关 5（巡航加速）
3	0.5 紫/蓝 ⏚ 巡航开关 2（巡航恢复）
4	0.5 棕 ⏚ 巡航开关 4（巡航减速）
6	0.5 蓝/白 ⏚ 仪表 a26（气压 2 信号）
7	0.5 蓝/绿 ⌒ 仪表 b11（气压传感 5V+电源）
8	0.5 蓝/灰 ⌒ 仪表 a25（气压 1 信号）
9	0.5 蓝/紫 ⇒ 仪表 b21（气压传感负电）
10	0.5 白/黑 ⇐ 仪表 a21（低档信号）

底盘束间蓝（插头为驾驶室线束，插座为底盘线束）

1	1.0 棕 ⏛ ABS 控制器 b1（右前阀加压）
2	1.0 蓝 ⏛ ABS 控制器 b4（右前阀泄压）
3	0.8 黑 ⌒ ABS 控制器 b13（右前轮车速信号）
4	0.8 棕 ⌒ ABS 控制器 b10（右前轮车速信号）
5	1.0 棕 ⏛ ABS 控制器 b3（左前阀加压）
6	1.0 蓝 ⏛ ABS 控制器 b6（左前阀泄压）
7	0.8 黑 ⌒ ABS 控制器 b15（左前轮车速信号）

名 称	内 容
8	0.8 棕 ⌒ ABS 控制器 b 12（左前轮车速信号）
9	1.0 蓝 ⌒ ABS 控制器 b 9（右后轮阀泄压）
10	1.0 棕 ⌒ ABS 控制器 b 8（右后轮阀加压）
11	0.8 棕 ⌒ ABS 控制器 b18（右后轮车速信号）
12	0.8 黑 ⌒ ABS 控制器 b17（右后轮车速信号）
13	1.0 蓝 ⌒ ABS 控制器 b5（左后轮阀泄压）
14	1.0 棕 ⌒ ABS 控制器 b2（左后轮阀加压）
15	0.8 棕 ⌒ ABS 控制器 b14（左后轮车速信号）
16	0.8 黑 ⌒ ABS 控制器 b11（左后轮车速信号）
17	0.5 白/红 ⌒ 仪表 a1（充电）
18	1.5 红/绿　左近光 ⌒ 中央集电盒 n4（F45）
19	1.5 红/灰　右近光 ⌒ 中央集电盒 n3（F46）
20	1.5 红/黑　左远光 ⌒ 中央集电盒 c5（F23）
21	1.5 红/白　右远光 ⌒ 中央集电盒 c4（F24）
22	1.5 红/黄　小灯 ⌒ 中央集电盒 n1（F48）
23	1.0 红/蓝　前雾灯 ⌒ 中央集电盒 k6
24	1.0 绿/黑　右转 ⌒ 闪光器 9
25	1.0 绿/红　左转 ⌒ 闪光器 8
26	0.5 黄　燃油 ⌒ 仪表 a12
27	0.5 红　水位 ⌒ 仪表 a2
28	0.5 绿　驻车制动 ⌒ 仪表 a3
29	0.8 黄 ⌒ 中央集电盒 m8（J2/87，制动）
30	0.8 红/白　低压 ⌒ 中央集电盒 m11（J1/87）
31	0.5 黑/紫 ⌒ 仪表 b18（驾驶室锁止）
32	0.5 蓝　气喇叭 ⌒ 开关组束间 b10
33	0.8 白　气喇叭 ⌒ 中央集电盒 g1（F4）
34	0.8 绿/黑　电喇叭 ⌒ 中央集电盒 k10
35	0.8 黑/绿　干燥 ⌒ 中央集电盒 h3（F20）
36	1.0 蓝/黄 ⌒ 开关组束间 b6（后雾灯开关）
1	1.0 棕 ⌒ 右前轮制动阀 3（加压）
2	1.0 蓝 ⌒ 右前轮制动阀 1（泄压）
3	0.8 黑 ⌒ 右前轮转速传感器 2
4	0.8 棕 ⌒ 右前轮转速传感器 1
5	1.0 棕 ⌒ 左前轮制动阀 3（加压）
6	1.0 蓝 ⌒ 左前轮制动阀 1（泄压）
7	0.8 黑 ⌒ 左前轮转速传感器 2
8	0.8 棕 ⌒ 左前轮转速传感器 1
9	1.0 蓝 ⌒ 后围束间 23（右后轮制动阀泄压）
10	1.0 棕 ⌒ 后围束间 18（右后轮制动阀加压）
11	0.8 棕 ⌒ 后围束间 12（右后轮转速传感器 2）
12	0.8 黑 ⌒ 后围束间 17（右后轮转速传感器 1）
13	1.0 蓝 ⌒ 后围束间 10（左后轮制动阀泄压）
14	1.0 棕 ⌒ 后围束间 5（左后轮制动阀加压）
15	0.8 棕 ⌒ 后围束间 11（左后轮转速传感器 2）
16	0.8 黑 ⌒ 后围束间 16（左后轮转速传感器 1）
17	0.8 白/红 ⌒ 交流发电机 b1（充电 D+）
18	1.5 红/绿 ⌒ 左前组合灯 4（左近光）
19	1.5 灰 ⌒ 右前组合灯 4（右近光）
20	1.5 红/黑 ⌒ 左前雾灯 3（辅助远光），左前组合灯 5（左远光）
21	1.5 红/白 ⌒ 右前雾灯 3（辅助远光），右前组合灯 5（右远光）
22	1.5 红/黄　小灯 ⌒ 左前组合灯 1，左前组合灯 1，右前示宽灯 1，左前示宽灯 1，左后示宽灯 1，挂车灯插座 3，后围束间 4（后小灯）
23	1.0 红/蓝 ⌒ 左前雾灯 1，右前雾灯 1
24	1.0 绿/黑　右转 ⌒ 右前组合灯 3，后围束间 20（右后组合灯 2）
25	1.0 绿/红　左转 ⌒ 左前组合灯 3，后围束间 15（左后组合灯 2）
26	0.8 黄 ⌒ 燃油传感器 1
27	0.8 红 ⌒ 水位警告开关 2
28	0.8 绿 ⌒ 后围束间 9（驻车制动开关 1）
29	0.8 黄　制动灯 ⌒ 挂车灯插座 1，后围束间 22（右后组合灯 5，左后组合灯 5）
30	0.8 黑/黄 ⌒ 空调压力开关 2
31	0.8 黑/紫 ⌒ 右锁止开关 1，左锁止开关 1
32	0.8 蓝 ⌒ 气喇叭电磁阀 2
33	0.8 白 ⌒ 气喇叭电磁阀 1
34	0.8 绿/黑 ⌒ 电喇叭
35	0.8 黑/绿 ⌒ 空气干燥器 1，氮氧传感器 1
36	1.0 蓝/黄　后雾灯 ⌒ 挂车灯插座 6，后围束间 19（右后组合灯 1，左后组合灯 1）

底盘束间黑（插头为驾驶室线束，插座为底盘线束）

1	0.8 黑 ⌒ 仪表 b26
2	0.8 黑 ⌒ ABS 控制器 a9
10	0.8 绿/白 ⌒ 开关组束间 b3（燃油变换开关）
11	0.8 绿/黑 ⌒ 开关组束间 b4（燃油变换开关）
18	1.5 绿 ⌒ 尿素电器盒 b8（尿素管加热供电）
19	2.5 黑 ⌒ ABS 控制器 a4
25	1.5 红/黄 ⌒ 中央集电盒 k5（J5/87，燃油加热）
1	0.8 黑 ⌒ 底盘搭铁点
2	0.8 黑 ⌒ 底盘搭铁点
10	0.8 绿/白 ⌒ 主燃油传感器
11	0.8 绿/黑 ⌒ 副燃油传感器
18	1.5 绿 ⌒ 尿素泵组件 11（尿素泵加热器，进液管加热器，回液管加热器 1，喷液管加热器 1
19	2.5 黑 ⌒ 底盘搭铁点
25	1.5 红/黄 ⌒ 燃油加热器 2

气喇叭电磁阀

1	0.8 白 ⌒ 底盘束间蓝 33（F4）
2	0.8 蓝 ⌒ 底盘束间蓝 32

右前组合灯

1	1.0 红/黄　小灯 ⌒ 底盘束间蓝 22（F48）
2	1.5 黑　搭铁 ⌒ 底盘搭铁点
3	1.0 绿/黑　右转 ⌒ 底盘束间蓝 24

一、解放J6P（2016领航版）博世EDC17国四电喷汽车

(续)

名称		内容		名称	内容
	4	1.0 灰　近光⏚底盘束间蓝19（F46）		32	0.5 紫/蓝⏚底盘束间紫棕3（巡航恢复）
	5	1.0 红/白　远光⏚底盘束间蓝21（F24）		33	0.8 棕/黄 底盘束间紫30（尿素泵加热信号）
右前雾灯	1	1.0 红/蓝　前雾灯⏚底盘束间黄7		35	0.8 黑/蓝⏚底盘束间紫7（起动请求）
	2	1.5 黑　搭铁⏚底盘搭铁点		36	0.8 黄/绿 底盘束间紫26（回液加热信号）
	3	1.5 红/白　辅助远光⏚底盘束间蓝21（F24）		37	0.5 棕 底盘束间棕4（巡航减速）
空调压力开关	1	0.8 黄⏚压缩机1		39	0.8 蓝/灰 后围束间13（大气温度传感器）
	2	0.8 黑/黄 底盘束间蓝30		41	0.5 黄⏚底盘束间紫9（制动信号）
水位警告开关	1	0.8 黑　搭铁 底盘搭铁点		44	0.5 灰/蓝 底盘束间紫16（油门2电源）
	2	0.8 红 底盘束间蓝27（仪表a2）		45	0.5 白/灰 底盘束间紫13（油门1电源）
电喇叭		0.8 绿/黑⏚底盘束间蓝34		47	0.8 红/灰 排气制动电磁阀2
左前雾灯	1	1.0 红/蓝　前雾灯⏚底盘束间黄7		48	0.5 蓝/棕 底盘束间紫11（预热灯）
	2	1.5 黑　搭铁 底盘搭铁点		50	0.5 黑/红 底盘束间紫27（回液加热控制）
	3	1.5 红/黑　辅助远光⏚底盘束间蓝20（F23）		52	0.8 红/紫 尿素液位温度传感器2（液位负电）
左前组合灯	1	1.0 红/黄　小灯⏚底盘束间蓝22（F48）		53	0.5 蓝　— 底盘束间紫5（诊断刷写CAN低端）
	2	1.5 黑　搭铁 底盘搭铁点		54	0.5 红　— 底盘束间紫1（通信CAN高端），氮氧传感器4
	3	1.0 绿/红　左转⏚底盘束间蓝25		57	0.8 红/蓝 尿素液位温度传感器1（液位信号）
	4	1.5 红/绿　近光⏚底盘束间蓝18（F45）		58	0.5 红/绿 底盘束间紫24（喷液加热信号）
	5	1.5 红/黑　远光⏚底盘束间蓝20（F23）		59	0.8 紫/绿　— 底盘束间紫3（K线）
发动机ECU/K（简称ECU/K）	1	2.5 红⏚底盘电器盒h1（FA10，主电源）		60	0.8 棕/红 后围束间8（大气温度传感器2）
	2	2.5 黑 底盘搭铁点		61	0.5 红/紫 底盘束间紫14（油门1信号）
	3	2.5 红⏚底盘电器盒h1（FA10，主电源）		62	0.5 绿/棕 底盘束间紫15（油门1负电）
	4	2.5 黑 底盘搭铁点		64	0.8 白/黄 尿素液位温度传感器4（温度负电）
	5	2.5 红⏚底盘电器盒h1（FA10，主电源）		65	0.5 白/红 底盘束间紫19（闪码灯）
	6	2.5 黑 底盘搭铁点		68	0.8 紫/黄⏚底盘束间紫8（离合、仪表预热灯、排放灯等供电），变速器束间2（空档开关供电），底盘电器盒L7（预热继电器）
	7	0.8 粉红 尿素泵组件4（尿素泵负电）		69	0.5 黄/棕 底盘束间紫12（排放灯）
	8	0.8 紫 尿素泵组件6（尿素泵换向阀）		70	0.8 黄/蓝 底盘束间紫20（闪码灯）
	9	0.8 白 尿素喷嘴电磁阀1		71	0.8 蓝/绿 底盘电器盒L3（起动继电器）
	10	0.8 黑⏚尿素喷嘴电磁阀2		72	0.8 棕/绿 底盘电器盒L8（预热继电器）
	12	0.5 灰/黄 底盘束间棕1（巡航取消）		73	0.8 灰/红⏚尿素泵组件3（尿素泵供电）
	15	0.5 蓝/白 底盘束间紫10（离合信号）		74	0.5 蓝/黑 底盘束间紫32（多态负电）
	16	0.5 绿/白 底盘束间紫35（排气制动请求）		75	0.5 灰　— 底盘束间紫4（诊断刷写CAN高端）
	18	0.5 绿/黄 底盘束间棕2（巡航加速）		76	0.5 绿　— 底盘束间紫2（通信CAN低端），氮氧传感器3
	19	0.5 紫/白 变速器束间1（空档开关）		77	0.8 绿/蓝 尿素泵组件8（压力传感器）
	20	0.5 橙/蓝 底盘束间紫28（进液加热信号）		78	0.8 白/绿 尿素泵组件9（压力信号）
	24	0.8 红/黄 尿素泵组件10（压力传感5V+）		79	0.5 蓝/红 底盘束间紫33（多态信号）
	25	0.8 白/黑 底盘束间紫31（尿素泵加热控制）		80	0.5 黑/白 尿素液位温度传感器3（温度信号）
	26	0.5 红/棕 底盘束间紫29（进液加热控制）		81	0.8 黑/紫 进口温度传感器1
	28	0.8 灰/黑 尿素箱加热阀1		82	0.8 蓝/紫 进口温度传感器2
	29	0.8 棕/黑 底盘电器盒 L4（起动继电器K1/86），排气制动电磁阀1		83	0.5 黑/棕 底盘束间紫17（油门2信号）
	30	0.8 黄/黑⏚尿素泵组件5（尿素泵换向阀）		84	0.5 棕/灰 底盘束间紫18（油门2负电）

(续)

名 称	内 容	名 称	内 容

		冷却液温度传感器	
87	0.5 黄/白 ← 底盘束间紫 34（排气制动开关负电）	1	0.8 灰 信号 ECU/A28
		2	0.8 棕/白 负电 ECU/A29
88	0.5 棕/蓝 底盘束间紫 6（F43，唤醒电源）	喷油器接口	
89	0.8 橙/黑 尿素箱加热阀 2	1	1.5 棕 1 缸 ECU/A33
90	0.8 白/紫 底盘束间紫 22（各尿素加热继电器线圈供电）	2	1.5 蓝/白 1 缸 ECU/A16
		3	1.5 灰 2 缸 ECU/A18
92	0.5 红/黑 底盘束间紫 25（喷液加热控制）	4	1.5 黄/红 2 缸 ECU/A48
93	0.8 橙 — 尿素泵组件 2（尿素泵信号）	5	1.5 蓝 3 缸 ECU/A47
94	0.8 蓝/黄 底盘束间紫 23（尿素主继电器控制）	6	0.8 白 电磁风扇 ECU/A45
		7	0.8 白/绿 电磁风扇 ECU/A15
发动机 ECU/A（简称 ECU/A）		8	0.8 白/黑 4 缸 ECU/A3
1	1.5 绿/红 喷油器接口 10（5 缸低端）	9	1.5 白 5 缸 ECUA/31
2	1.5 红/黑 喷油器接口 12（6 缸低端）	10	1.5 绿/红 5 缸 ECU/A1
3	1.5 白/黑 喷油器接口 8（4 缸低端）	11	1.5 绿 6 缸 ECU/A32
4	1.5 白/红 燃油计量阀 1（24～48V）	12	1.5 红/黑 6 缸 ECU/A2
5	1.5 绿/白 燃油计量阀 2	13	1.5 棕/白 3 缸 ECU/A17
7	0.8 棕 轨压传感器 3（5V+）	14	1.5 黄 4 缸 ECU/A46
9	0.8 蓝/白 进气压力温度传感器 3（5V+）	燃油计量阀	
15	0.8 白/绿 喷油器接口 7（电磁风扇）	1	1.5 白/红 ECU/A4（24～48V）
16	1.5 蓝/白 喷油器接口 2（1 缸低端）	2	1.5 绿/白 ECU/A5
17	1.5 棕/白 喷油器接口 13（3 缸低端）	进气压力温度传感器	
18	1.5 灰 喷油器接口 3（2 缸低端）	1	0.8 黄/红 负电 ECU/A42
24	0.8 红/白 机油压力传感器 1（5V+）	2	0.8 红/黑 温度 ECU/A27
25	0.8 白 轨压传感器 1（负电）	3	0.8 蓝/白 5V+ ECU/A9
26	0.8 蓝 轨压传感器 2（信号，1～4.2V）	4	0.8 白/黑 压力 ECU/A43
27	0.8 红/黑 进气压力温度传感器 2（温度）	凸轮轴转速传感器	
28	0.8 灰 冷却液温度传感器 1（信号）	1	0.8 绿 负端 ECU/A52
29	0.8 棕/白 冷却液温度传感器 2（负电）	2	0.8 白 正端 ECU/A37
31	1.5 白 喷油器接口 9（5 缸高端）	轨压传感器	
32	1.5 绿 喷油器接口 11（6 缸高端）	1	0.8 白 负电 ECU/A25
33	1.5 棕 喷油器接口 1（1 缸高端）	2	0.8 蓝 信号 ECU/A26
37	0.8 白 凸轮轴传感器 2（正端）	3	0.8 棕 5V+ ECU/A7
38	0.8 黑/白 曲轴传感器屏蔽	曲轴转速传感器	
39	0.8 绿/白 曲轴传感器 1（正端）	1	0.8 绿/白 正端 ECU/A39
42	0.8 黄/红 进气压力温度传感器 1（负电）	2	0.8 白/红 负端 ECU/A54
43	0.8 白/黑 进气压力温度传感器 4（压力）	右前轮制动阀	
44	0.8 绿 机油压力传感器 3（信号）	1	1.0 蓝 底盘束间蓝 2（泄压）
45	0.8 白 喷油器接口 6（电磁风扇）	2	1.0 黑 底盘搭铁点
46	1.5 黄 喷油器接口 14（4 缸高端）	3	1.0 棕 底盘束间蓝 1（加压）
47	1.5 蓝 喷油器接口 5（3 缸高端）	右前轮转速传感器	
48	1.5 黄/红 喷油器接口 4（2 缸高端）	1	0.8 棕 底盘束间蓝 4
52	0.8 绿 凸轮轴传感器 1（负端）	2	0.8 黑 底盘束间蓝 3
53	0.8 白 凸轮轴传感器屏蔽	右前示宽灯	
54	0.8 白/红 曲轴传感器 2（负端）	1	0.8 红/黄 底盘束间蓝 22（F48）
57	0.8 白/黑 机油压力传感器 2（负电）	2	0.8 黑 底盘搭铁点
机油压力传感器		驾驶室翻转按钮	
1	0.8 红/白 5V+ ECU/A24	1	0.8 蓝 驾驶室翻转接口 a2
2	0.8 白/黑 负电 ECU/A57	2	0.8 黑 底盘搭铁点
3	0.8 绿 信号 ECU/A44		

名 称	内 容	名 称	内 容
驾驶室翻转接口	a1　0.8 白 ⏚ 底盘束间棕 14 a2　0.8 蓝 ⊐ 翻转按钮 1 b1　2.5 黑/紫 ⏚ 底盘电器盒 h4（FA1） b2　2.5 黑 ⊐ 底盘搭铁点	空档开关	1　0.5 蓝 ⏚ 变速器束间 1（ECU/K19） 4　0.8 红/白 ⏚ 变速器束间 2（ECU/K68）
右锁止开关	1　0.8 黑/紫 ⏚ 底盘束间蓝 31 2　0.5 黑 ⊐ 底盘搭铁点	车速里程传感器	1　0.5 黄/绿 ⏚ 变速器束间 5（12V 电源） 2　0.8 黑 ⏚ 变速器束间 7（搭铁） 3　0.5 绿 ⏚ 变速器束间 3（信号）
挂车 ABS 接口	1　1.5 黑 ⊐ 底盘搭铁点 2　0.8 蓝/红 — 底盘束间棕 13（仪表 a16） 3　1.5 红/绿 ⏚ 底盘束间棕 11（F42） 5　4.0 黑 ⊐ 底盘搭铁点 6　4.0 红/灰 ⏚ 底盘电器盒 h3（FA12）	低档信号开关	1　0.5 白/黑 ⏚ 变速器束间 10 2　0.8 黑 ⏚ 变速器束间 7（搭铁）
后照灯	1　0.8 红/黑 ⏚ 底盘束间棕 12（J6/87） 2　0.8 黑 ⊐ 底盘搭铁点	燃油传感器	（单燃油配置） 1　0.8 黄 ⏚ 底盘束间蓝 26 2　0.8 黑 ⊐ 底盘搭铁点 注：燃油传感器参数： 　1 刻度　（8±1.5）Ω 　1/2 刻度（38±3）Ω 　0 刻度　（107±6）Ω
挂车灯插座	1　0.8 黄　制动 ⏚ 底盘束间灰 10（J10/87） 2　1.0 黄/红　左转 ⏚ 底盘束间棕 24 3　1.5 红/黄　小灯 ⏚ 底盘束间黄 6（F48） 4　1.0 黑　搭铁 ⊐ 底盘搭铁点 6　1.0 蓝/黄　后雾灯 ⏚ 底盘束间蓝 36 7　0.8 红　倒车 ⏚ 变速器束间 9（倒车灯开关） 8　1.0 黄/黑　右转 ⏚ 底盘束间棕 25	主燃油传感器	（双燃油配置） 1　0.8 绿/白 ⏚ 底盘束间黑 10 2　0.8 黑 ⊐ 底盘搭铁点
变速器束间	（空档开关、倒车灯开关、低档开关、车速里程） 1　0.5 紫/白 ⏚ ECU/K19（空档信号） 2　0.5 紫/黄 ⏚ ECU/K68（空档开关供电） 3　0.5 绿 ⏚ 底盘束间棕 16（车速里程信号） 5　0.5 黄/绿 ⏚ 底盘束间棕 15（车速里程电源） 7　0.8 黑 ⊐ 底盘搭铁点 8　0.8 红/蓝　倒车开关 ⏚ 底盘电器盒 h6(FA3) 9　0.8 红　倒车开关 ⏚ 底盘束间棕 26（数据信息终端，另一配置），挂车灯插座 7，后围束间 21（右后组合灯 4，倒车蜂鸣器 2，左后组合灯 4） 10　0.5 白/黑　低档开关 ⏚ 底盘束间棕 10	副燃油传感器	（双燃油配置） 1　0.8 绿/黑 ⏚ 底盘束间黑 11 2　0.8 黑 ⊐ 底盘搭铁点
		燃油加热器	1　1.5 黑 ⊐ 底盘搭铁点 2　1.5 红/黄 ⏚ 底盘束间蓝 26
		交流发电机	a　10.0 红　B+ ⏚ 底盘电器盒 a（FA9） b1　0.8 白/红　D+ ⏚ 底盘束间蓝 17 b4　1.0 黑 ⊐ 底盘搭铁点
		压缩机	1　0.8 黄 ⏚ 空调压力开关 1 2　0.8 黑 ⊐ 底盘搭铁点
		预热电阻	16.0 黄 ⏚ 底盘电器盒 b（预热继电器 K4/87）
		左前轮制动阀	1　1.0 蓝 ⏚ 底盘束间蓝 6（泄压） 2　1.0 黑 ⊐ 底盘搭铁点 3　1.0 棕 ⏚ 底盘束间蓝 5（加压）
倒车开关	1　0.5 红 ⏚ 变速器束间 9 2　0.5 红/蓝 ⏚ 变速器束间 8（FA3）	左前轮转速传感器	1　0.8 棕 ∩ 底盘束间蓝 8 2　0.8 黑 ∩ 底盘束间蓝 7
		起动机电磁开关	1.5 棕 ⏚ 底盘电器盒 L5（K1/87）

（续）

15

一、解放J6P（2016领航版）博世EDC17国四电喷汽车

(续)

名称	内容	名称	内容
尿素喷嘴电磁阀	1 0.8 白⊕ECU/K9 2 0.8 黑⊖ECU/K10		— 底盘电器盒内接预热继电器 K4/86 L8 0.8 棕/绿⊖ECU/K72 — 底盘电器盒内接预热继电器 K4/85
左前示宽灯	1 0.8 红/黄⊕底盘束间蓝 22（F48） 2 0.8 黑⊖底盘搭铁点	h	h1 4.0 红⊕ECU/K1、K3、K5（主电源） — 底盘电器盒内接熔断器 FA10（输出） h3 4.0 红/灰⊕挂车 ABS 接口 6 — 底盘电器盒内接熔断器 FA12（输出） h4 2.5 黑/紫⊕驾驶室翻转接口 b1 — 底盘电器盒内接熔断器 FA1（输出） h5 4.0 红/绿⊕底盘束间白 3（起动钥匙开关） — 底盘电器盒内接熔断器 FA2（输出） h6 0.8 红/蓝⊕变速器束间 8（倒车灯开关） — 底盘电器盒内接熔断器 FA3（输出）
左锁止开关	1 0.8 黑/紫⊕底盘束间蓝 31 2 0.5 黑⊖底盘搭铁点		
进口温度传感器	1 0.8 黑/紫⊕ECU/K81 2 0.8 蓝/紫⊖ECU/K82		
氮氧传感器	1 0.8 黑/绿⊕底盘束间蓝 35（F20） 2 0.8 黑⊖底盘搭铁点 3 0.5 绿 — ECU/K76（通信 CAN） 4 0.5 红 — ECU/K54（通信 CAN）	气压 1 传感器	1 0.8 蓝/紫⊖底盘束间棕 9（仪表 b21，负电） 2 0.8 蓝/灰⊕底盘束间棕 8（仪表 a25，信号） 3 0.8 蓝/绿⊕底盘束间棕 7（仪表 b11，5V+）
记忆电源接点（接电源总开关输入端）	10.0 红/黄⊕底盘电器盒 c（FA7,FA10～FA13）	气压 2 传感器	1 0.8 蓝/紫⊖底盘束间棕 9（仪表 b21，负电） 2 0.8 蓝/白⊕底盘束间棕 6（仪表 a26，信号） 3 0.8 蓝/绿⊕底盘束间棕 7（仪表 b11，5V+）
底盘搭铁点	4.0 黑×3 2.5 黑×2 1.5 黑 1.0 黑 0.8 黑×3	空气干燥器	1 0.8 黑/绿 底盘束间蓝 35（F20） 2 0.8 黑⊖底盘搭铁点
底盘电器盒		左后示宽灯	1 0.8 红/黄⊕底盘束间蓝 22（F48） 2 0.8 黑⊖底盘搭铁点
a	a 10.0 红⊕交流发电机 a — 底盘电器盒内接熔断器 FA9	尿素泵组件	2 0.8 橙 — ECU/K93（尿素泵信号） 3 0.8 灰/红⊕ECU/K73（尿素泵供电） 4 0.8 粉红⊖ECU/K7（尿素泵负电） 5 0.8 黄/黑⊕ECU/K30（尿素泵回流阀） 6 0.8 紫⊖ECU/K8（尿素泵回流阀） 8 0.8 绿/蓝⊖ECU/K77（尿素压力负电） 9 0.8 白/绿⊕ECU/K78（尿素压力信号） 10 0.8 红/黄⊕ECU/K24（尿素压力 5V+） 11 1.5 绿⊕底盘束间黑 18（尿素泵加热供电） 12 0.8 棕/黄⊕底盘束间紫 9（尿素泵加热）
b	b 16.0 黄⊕预热电阻 — 底盘电器盒内接预热继电器 K4/87		
c	c 10.0 红/黄⊕记忆电源接点（蓄电池正极） — 底盘电器盒内接熔断器 FA7、FA10～FA13（输入）		
d	d 10.0 白⊕底盘 30 电源接点（中央集电盒） — 底盘电器盒内接熔断器 FA8（输出）		
m	m1 4.0 红⊕底盘束间小接口 2（中央集电盒 a2） — 底盘电器盒内接熔断器 FA7（输出） m2 6.0 黄⊕底盘束间白 4（中央集电盒 v） — 底盘电器盒内接 ON 继电器 K2/87		
L	L1 0.8 黑⊖底盘搭铁点 — 底盘电器盒内接 ON 电源继电器 K2/85 L2 0.5 黄⊕底盘束间棕 17（F19） — 底盘电器盒内接 ON 电源继电器 K2/86 L3 0.8 蓝/绿⊖ECU/K71 — 底盘电器盒内接起动继电器 K1/85 L4 0.8 棕/黑⊕ECU/K29 — 底盘电器盒内接起动继电器 K1/86 L5 1.5 棕⊕起动机电磁开关 — 底盘电器盒内接起动继电器 K1/87 L7 0.8 紫/黄⊕ECU/K68		尿素泵总成的接脚参数： 接脚 5、6 之间即回流阀电阻为 9Ω 接脚 11、12 之间即加热电阻为 11Ω 接脚 9 即尿素泵压力信号电压未建压时为 0.8V，建压后为 3V 接脚 2 即尿素泵信号建压时电压为 8～18.5V 接脚 6 即回流时电压为 19.5～25.5V
		尿素箱加热阀	1 0.8 灰/黑⊖ECU/K28 2 0.8 橙/黑⊕ECU/K89

(续)

名称	内容	名称	内容
进液管加热器	1　1.0 绿⊕底盘束间黑 18（尿素电器盒 b8） 2　1.0 橙/蓝⇥底盘束间紫 28（尿素电器盒 b6）		17　0.8 棕⌒底盘束间蓝 12（右后轮转速） 18　1.0 棕⌴底盘束间蓝 10（右后制动阀加压） 19　1.0 蓝/黄⌴底盘束间蓝 36（后雾灯） 20　1.0 绿/黑⌴底盘束间蓝 24（右转） 21　0.8 红⊕变速器束间 9（倒车） 22　0.8 黄⊕底盘束间蓝 29（制动灯） 23　1.0 蓝⌴底盘束间蓝 9（右后轮制动阀泄压）
回液管加热器	1　1.0 绿⊕底盘束间黑 18（尿素电器盒 b8） 2　1.0 黄/绿⇥底盘束间紫 26（尿素电器盒 b9）		1　1.0 黑⇤⇥右后示宽灯 2，驻车制动开关 2，轴间差速信号开关 2，右后组合灯 6，倒车蜂鸣器 1，左后组合灯 6 4　1.0 红/黄⊕右后示宽灯 1，右后组合灯 3，左后组合灯 3 5　1.0 棕⌴左后轮制动阀 3（加压） 6　1.0 黑⇤⇥左后轮制动阀 2（搭铁） 7　1.0 黑⇤⇥左后轮制动阀 2（搭铁） 8　0.8 棕/红⚬大气温度传感器 2 9　0.8 绿⇥驻车制动开关 1 10　1.0 棕⌴左后轮制动阀 1（泄压） 11　0.8 黑⌒左后轮转速传感器 1 12　0.8 黑⌒右后轮转速传感器 1 13　0.8 蓝/灰⇥ECU/K60（大气温度负电） 14　0.8 灰/蓝⇥轴间差速信号开关 1 15　1.0 绿/红⊕左后组合灯 2（左转） 16　0.8 棕⌒左后轮转速传感器 2 17　0.8 棕⌒右后轮转速传感器 2 18　1.0 棕⌴右后轮制动阀 3（加压） 19　1.0 蓝/黄⊕右、左后组合灯 1（后雾灯） 20　1.0 绿/黑⊕右后组合灯 2（右转） 21　0.8 红⊕右、左后组合灯 14（倒车灯），倒车蜂鸣器 2 22　0.8 黄⊕右、左后组合灯 5（制动灯） 23　1.0 蓝⌴右后轮制动阀 3（泄压）
喷液管加热器	1　1.0 绿⊕底盘束间黑 18（尿素电器盒 b8） 2　1.0 红/绿⇥底盘束间紫 24（尿素电器盒 b12）		
尿素液位温度传感器	1　0.8 红/蓝⚬ECU/K57（液位信号） 2　0.8 红/紫⇥ECU/K52（液位负电） 3　0.8 黑/白⚬ECU/K80（温度信号） 4　0.8 白/黄⇥ECU/K64（温度负电）		
排气制动电磁阀	1　0.8 棕/黑⊕ECU/K29 2　0.8 红/灰⇥ECU/K47		
轴间差速电磁阀 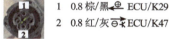	1　0.8 灰⊕底盘束间棕 18 2　0.8 黑⇥底盘搭铁点		
轮间差速电磁阀（选装）	1　0.8 灰/黄⊕底盘束间棕 19 2　0.8 黑⇥底盘搭铁点		
中桥轮差信号开关（选装）	1　0.8 绿/黄⌴底盘束间棕 21 2　0.8 黑⇥底盘搭铁点		
后桥轮差信号开关（选装） 	1　0.8 绿/黄⌴底盘束间棕 21 2　0.8 黑⇥底盘搭铁点	右后示宽灯	1　0.8 红/黄⊕后围束间 4（F48） 2　0.8 黑⇥后围束间 1（搭铁）
后围束间	1　1.0 黑⇥底盘搭铁点 4　1.0 红/黄⊕底盘束间蓝 22（F48，小灯） 5　1.0 棕⌴底盘束间蓝 14（左后轮制动阀加压） 6　1.0 黑⇥底盘搭铁点 7　1.0 黑⇥底盘搭铁点 8　0.8 棕/红⇥ECU/K60（大气温度负电） 9　0.8 绿⇥底盘束间蓝 28（驻车制动） 10　1.0 蓝⌴底盘束间蓝 13（左后轮制动阀泄压） 11　0.8 黑⌒底盘束间蓝 15（左后转速） 12　0.8 黑⌒底盘束间蓝 11（右后轮转速） 13　0.8 蓝/灰⇥ECU/K39（大气温度信号） 14　0.8 灰/蓝⇥底盘束间棕 20（轴间差速信号） 15　1.0 绿/红⊕底盘束间蓝 25（左转） 16　0.8 棕⌒底盘束间蓝 16（左后轮转速）	大气温度传感器	1　0.8 蓝/灰⚬底盘束间 13（ECU/K39，信号） 2　0.8 棕/红⇥底盘束间 8（ECU/K60，负电） 注：大气温度传感器阻值为 58Ω～45.3kΩ
		驻车制动开关	1　0.8 绿⇥后围束间 9 2　0.8 黑⇥后围束间 1（搭铁）
		轴间差速信号开关	1　0.8 灰/蓝⇥后围束间 14 2　0.8 黑⇥后围束间 1（搭铁）

(续)

名称	内容
左后轮制动阀	1　1.0 蓝　后围束间 10（泄压） 2　1.0 黑　后围束间 6（搭铁） 3　1.0 棕　后围束间 5（加压）
右后轮制动阀	1　1.0 蓝　后围束间 23（泄压） 2　1.0 黑　后围束间 7（搭铁） 3　1.0 棕　后围束间 18（加压）
左后轮转速传感器	 1　0.8 黑　后围束间 11 2　0.8 棕　后围束间 16
右后轮转速传感器	 1　0.8 黑　后围束间 12 2　0.8 棕　后围束间 17
右后组合灯	1　0.8 蓝/黄　后雾灯　后围束间 19 2　1.0 绿/黑　右转　后围束间 20 3　1.0 红/黄　小灯　后围束间 4（F48） 4　0.8 红　倒车　后围束间 21 5　0.8 黄　制动　后围束间 22 6　1.0 黑　后围束间 1（搭铁）
倒车蜂鸣器	 1　0.8 黑　后围束间 1（搭铁） 2　0.8 红　后围束间 21
左后组合灯	1　0.8 蓝/黄　后雾灯　后围束间 19 2　1.0 绿/红　左转　后围束间 15 3　1.0 红/黄　小灯　后围束间 4（F48） 4　0.8 红　倒车　后围束间 21 5　0.8 黄　制动　后围束间 22 6　1.0 黑　后围束间 1（搭铁）

名称	内容
	20A F54　20A F53　10A F52　5A F51　5A F50　10A F49 逆变器　加热总负路　尿素泵加热　进液加热　回液加热　喷液加热 J17 进液加热继电器　J16 回液加热继电器　J15 喷液加热继电器 J20 备用继电器　J19 尿素主继电器　J18 尿素泵加热继电器

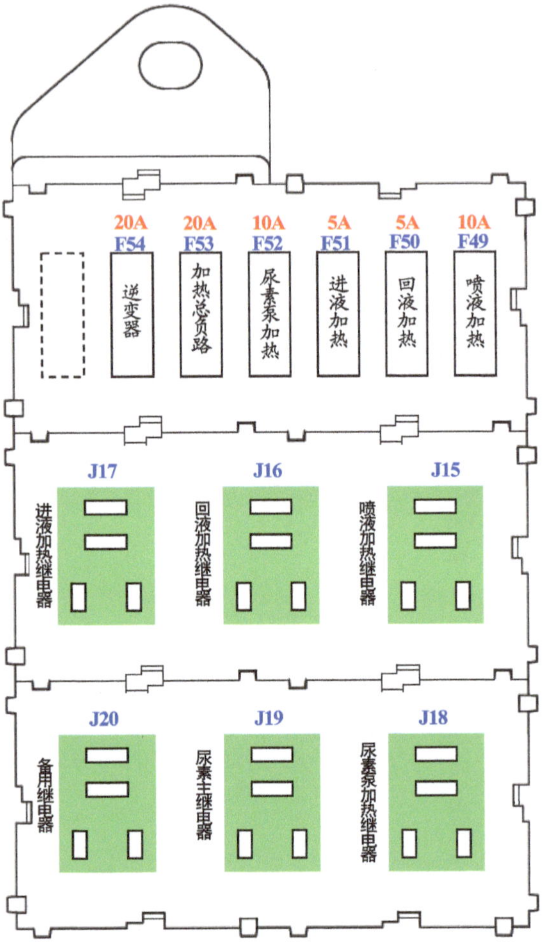

图1-2　解放J6P（2016 领航版）博世EDC17
国四电喷汽车尿素电器盒图

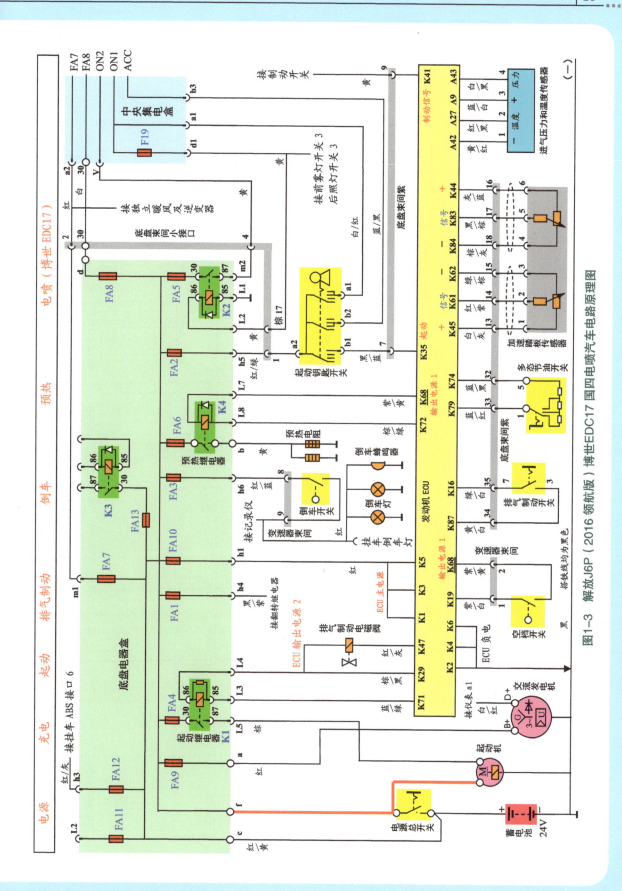

图1-3 解放J6P（2016领航版）博世EDC17国四电喷汽车电路原理图（一）

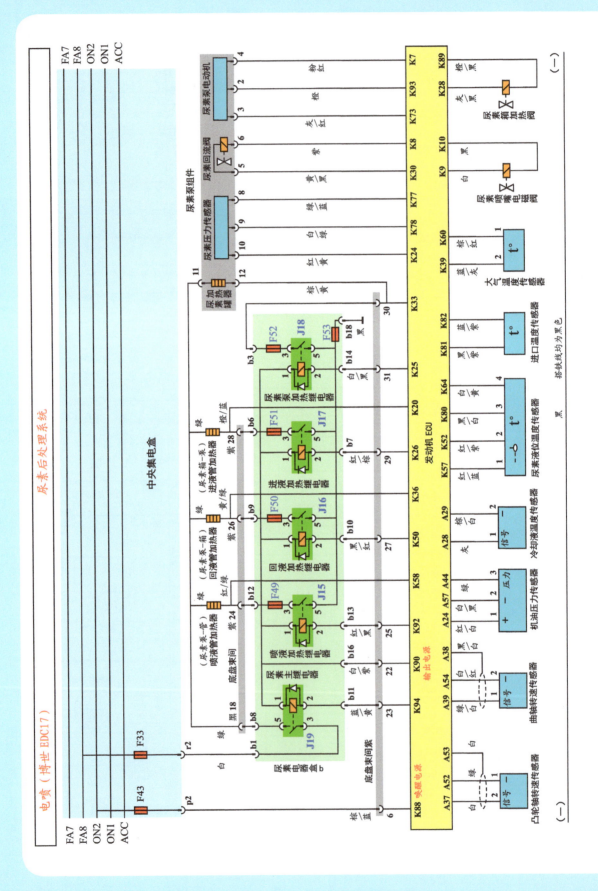

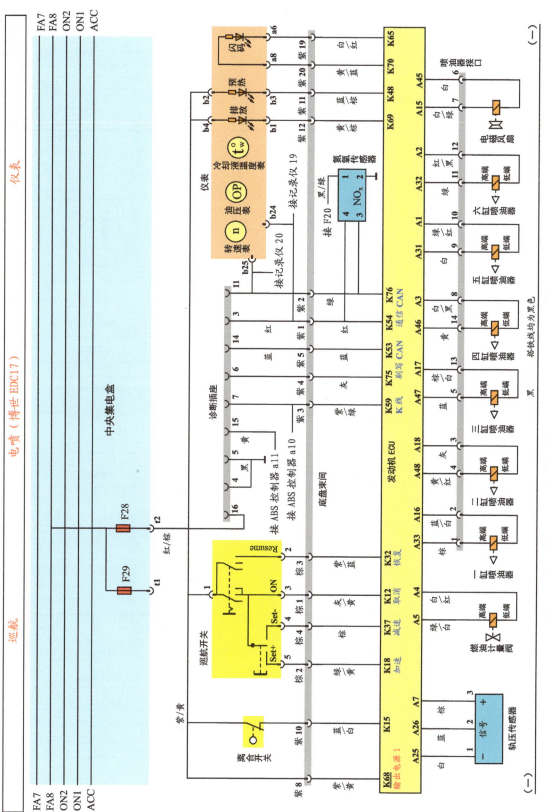

图1-3 解放J6P（2016领航版）博世EDC17国四电喷汽车电路原理图（续）

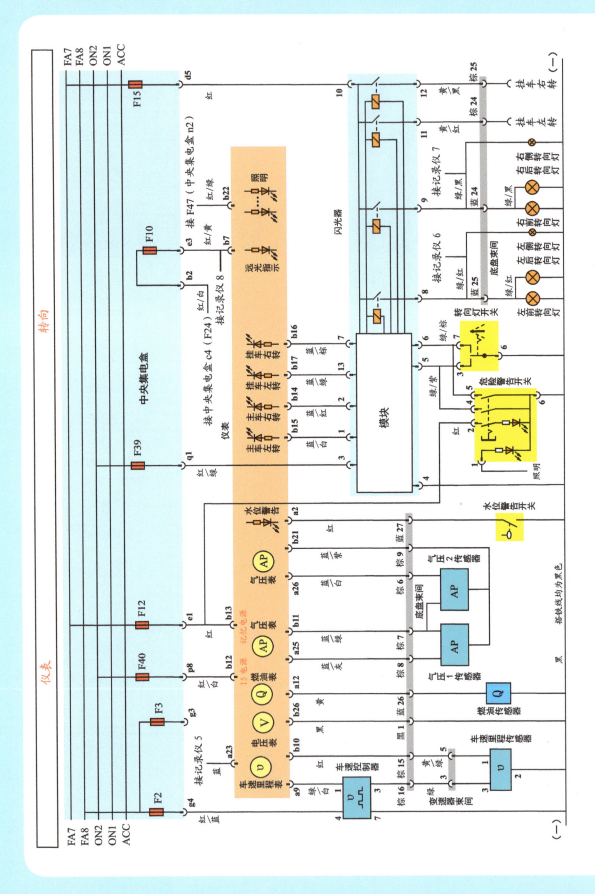

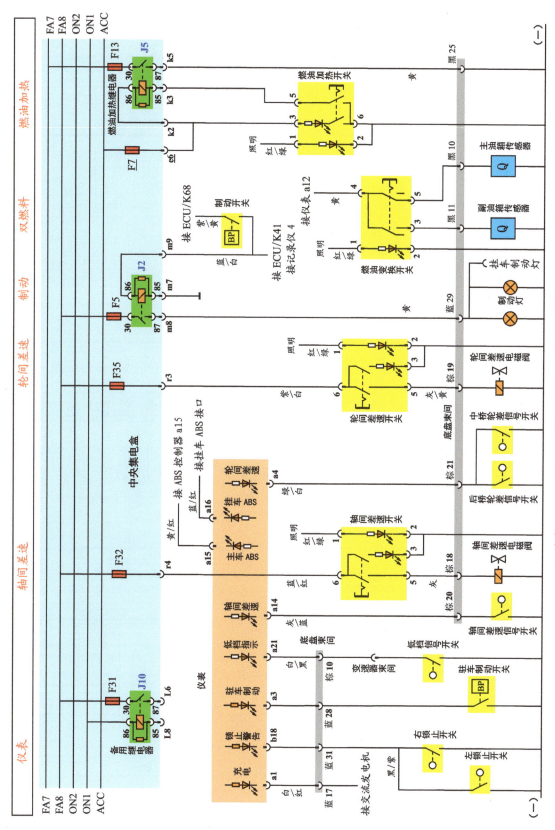

图1-3 解放J6P（2016领航版）博世EDC17国四电喷汽车电路原理图（续）

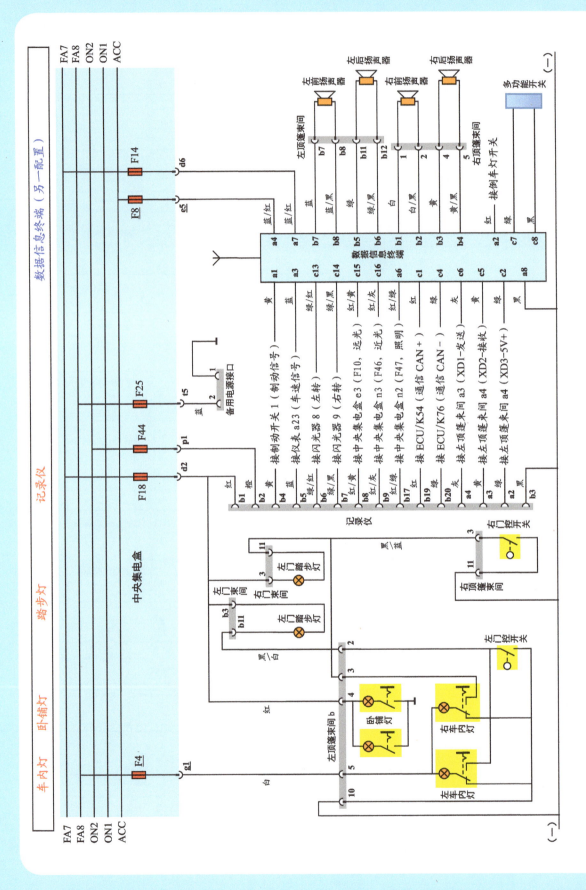

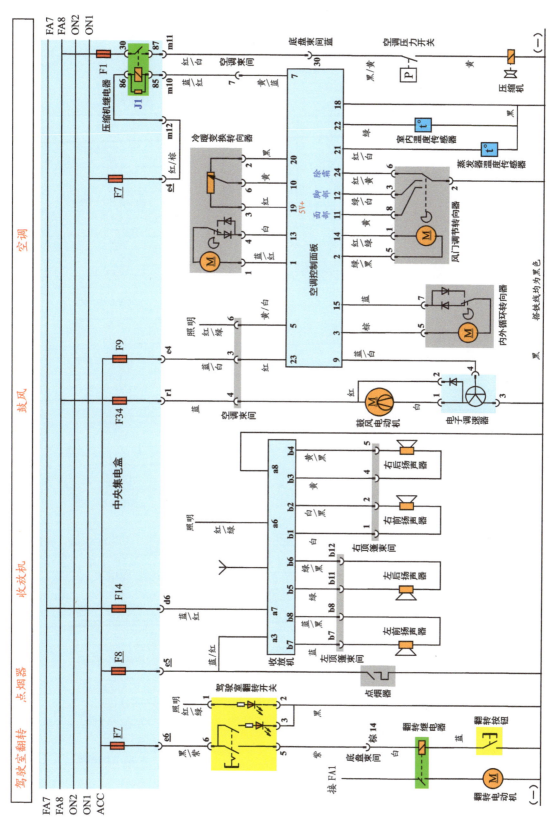

图1-3 解放J6P（2016领航版）博世EDC17国四电喷汽车电路原理图（续）

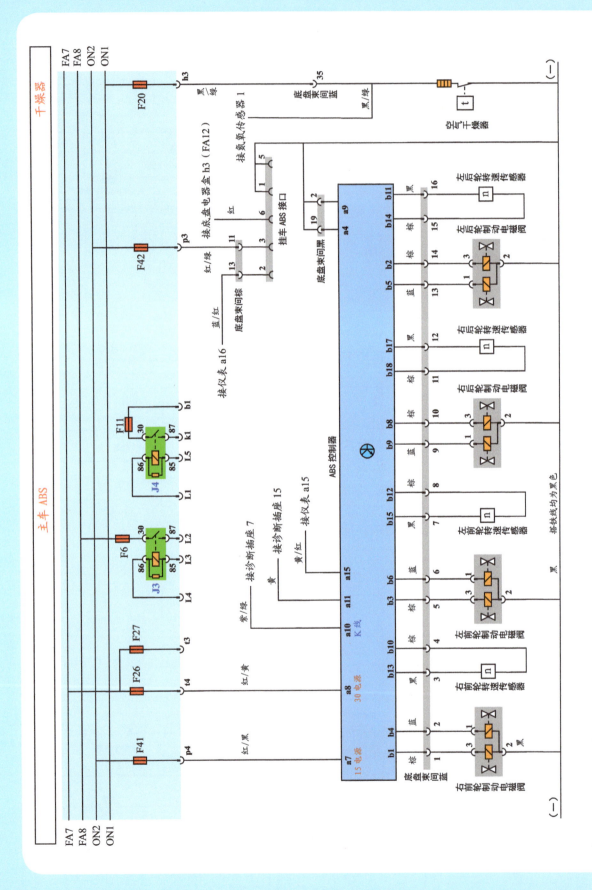

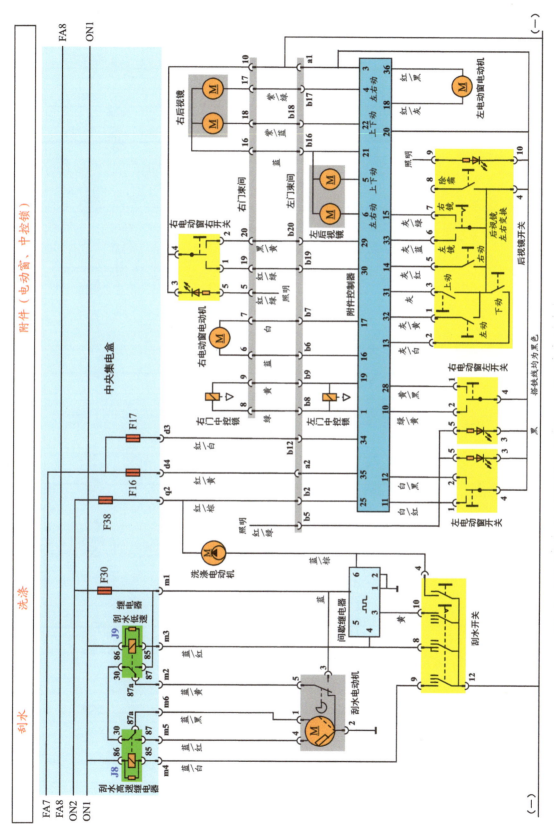

图1-3 解放J6P（2016领航版）博世EDC17 国四电喷汽车电路原理图（续）

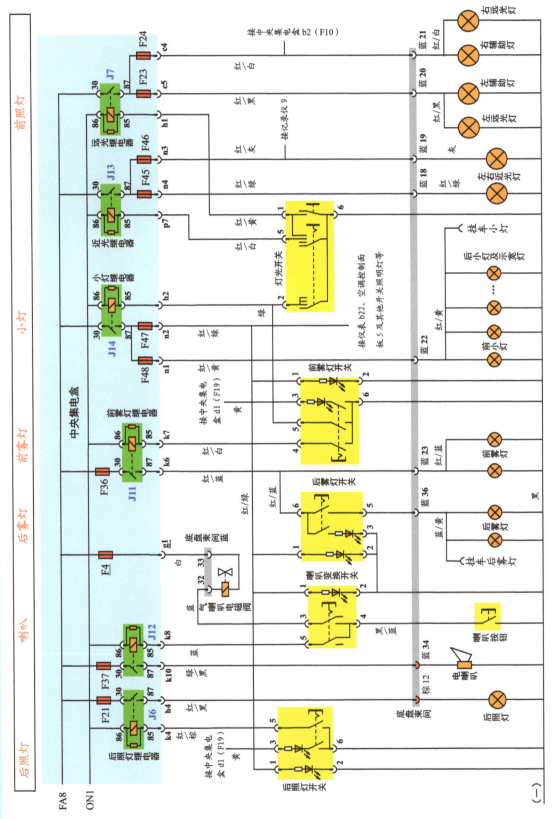

图1-3 解放J6P(2016领航版)博世EDC17 国四电喷汽车电路原理图(续)

图1-4 解放J6P（2016领航版）博世EDC17国四电喷汽车中央集电盒原理图

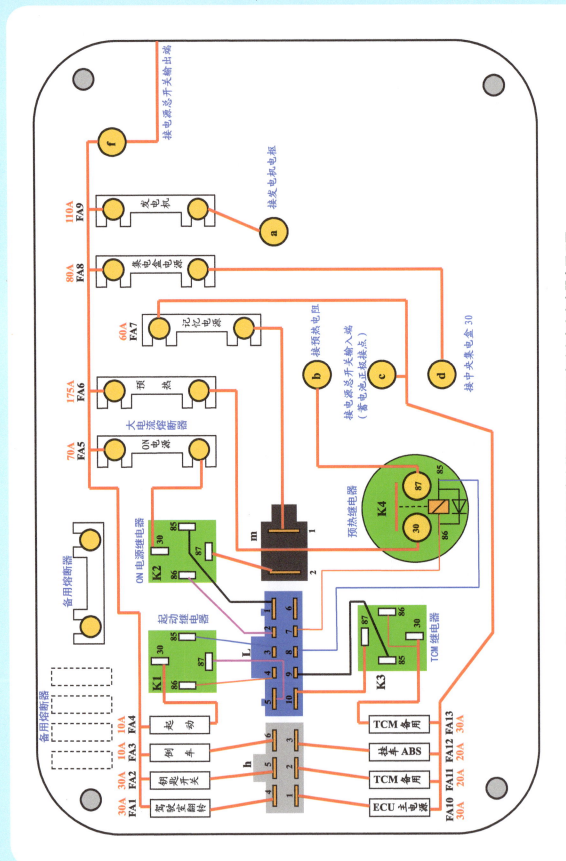

图1-5 解放J6P（2016领航版）博世EDC17 国四电喷汽车底盘电器盒原理图

二、解放 JH6 锡柴博世 EDC17 国四电喷汽车

线束布局图见图 2-1，线束剖析表见表 2-1，尿素电器盒图见图 2-2，电路原理图见图 2-3，中央集电盒原理图见图 2-4，底盘电器盒见图 2-5。

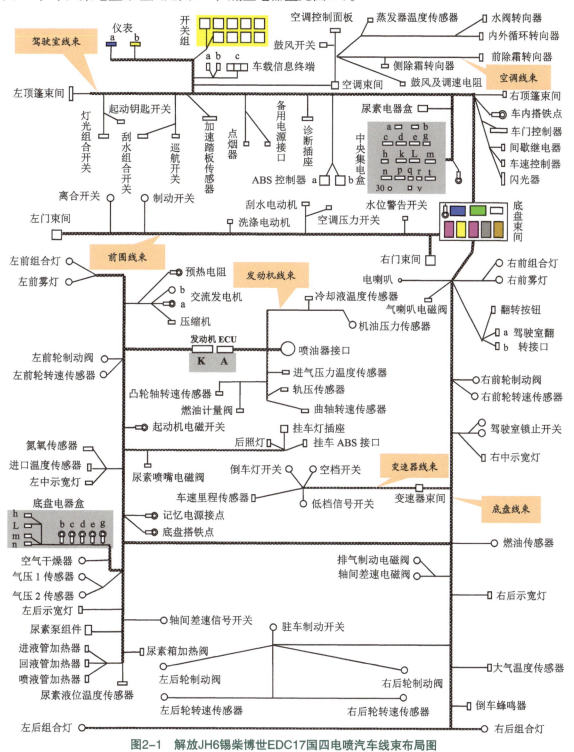

图 2-1　解放 JH6 锡柴博世 EDC17 国四电喷汽车线束布局图

表2-1　解放JH6锡柴博世EDC17国四电喷汽车线束剖析表

名称	内容	名称	内容
左顶篷束间 	1　0.5 绿/红　左转⇄闪光器8 　　— 顶篷内接左侧转向灯 2　0.5 黑/白⇄前围束间紫5（左门控开关） 　　— 顶篷内接左车内灯 3　0.5 黑/蓝⇄前围束间紫6（右门控开关） 　　— 顶篷内接右车内灯 4　0.8 红⇄中央集电盒c6（F22） 　　— 顶篷内接左、右车内灯 5　0.8 红/黄⇄中央集电盒n2（F47） 　　— 顶篷内接左示高灯 6　0.8 白⇄中央集电盒g1（F4） 　　— 顶篷内接左、右卧铺灯 7　0.8 黑⇄底盘束间白2（搭铁） 　　— 顶篷内接各个电器搭铁 8　0.8 白/红⇄顶灯开关5 　　— 顶篷内接左、右顶灯		3　0.5 绿⇄底盘束间蓝7（ECU/K87，排气制动开关负电） 4　0.5 蓝/棕⇄间歇继电器6（间歇洗涤，前围束间紫11（洗涤电动机1） 7　0.5 绿/白⇄底盘束间灰3（ECU/K16，排气制动请求） 8　0.5 蓝/红⇄中央集电盒m3（刮水低速继电器J9/85，低速控制） 9　0.5 蓝/白⇄中央集电盒m4（刮水高速继电器J8/85，高速控制） 10　0.5 黄⇄间歇继电器3（间歇控制） 11　0.5 黑/蓝　喇叭按钮⇄喇叭变换开关4 12　0.8 黑⇄底盘束间白2（搭铁）
起动钥匙开关 	1　4.0 红/白　ON2⇄中央集电盒b2（F10），中央集电盒v（F38～F44） 2　0.8 黑/蓝⇄底盘束间紫1（ECU/K35，起动） 3　4.0 红/绿⇄底盘束间白1（FA6） 4　4.0 红/绿⇄底盘束间白1（FA6） 5　4.0 蓝/黑　ACC档⇄中央集电盒b3 6　4.0 白/红　ON1⇄⇄中央集电盒a1	加速踏板传感器 	1　0.75 红⇄底盘束间灰14（ECU/K45，油门1电源，5V+） 2　0.75 绿⇄底盘束间灰18[ECU/K61，油门1信号，参数电压（0.75±0.05）～（3.84±0.3）V] 3　0.75 黑⇄底盘束间灰19（ECU/K62，油门1负电） 4　0.75 棕⇄底盘束间蓝6（ECU/K84，油门2负电） 5　0.75 黄⇄底盘束间蓝5[ECU/K83，油门2信号，参数电压（0.38±0.05）～（1.92±0.3）V] 6　0.75 黄⇄底盘束间灰13（ECU/K44，油门2电源，5V+）
灯光组合开关 （灯光、转向）	1　0.5 红/黄⇄中央集电盒h1（远光继电器J7/85，远光控制） 2　0.5 绿⇄中央集电盒h2（小灯继电器J14/85，小灯控制） 3　0.5 绿/紫⇄闪光器5（左转控制） 4　0.5 红/白⇄中央集电盒p7（近光继电器J13/85，近光控制） 5　0.8 黑⇄底盘束间白2（搭铁） 7　0.5 绿/棕⇄闪光器6（右转控制）	仪表a 	1　0.5 白/红⇄底盘束间紫2（充电D+） 2　0.5 红⇄前围束间紫3（水位警告开关） 3　0.5 绿⇄底盘束间紫14（驻车制动） 6　0.5 白/红⇄底盘束间灰20（ECU/K65，故障灯） 8　0.5 黄/蓝⇄底盘束间蓝2（ECU/K70，故障灯驱动） 9　0.5 绿/白⇄车速控制器1 12　0.5 黄⇄底盘束间紫12（燃油） 14　0.5 灰/蓝⇄底盘束间绿16（轴间差速信号） 15　0.5 黄/红⇄ABS控制器a15 16　1.5 黑/紫　底盘束间绿6（挂车ABS） 21　0.5 白/黑⇄底盘束间绿2（低档信号） 23　0.5 蓝⇄车载信息终端a3（车速信号） 25　0.5 蓝⇄底盘束间紫21（气压1信号） 26　0.5 蓝/白⇄底盘束间紫17（气压2信号）
巡航开关 （取消、恢复、加速、减速） 	1　0.8 红/白⇄底盘束间灰21（ECU/K68） 2　0.5 蓝/白⇄底盘束间灰8（ECU/K32，巡航恢复） 3　0.5 灰/黄⇄底盘束间灰1（ECU/K12，巡航取消） 4　0.5 棕⇄底盘束间灰11（ECU/K37，减速） 5　0.5 绿/黄⇄底盘束间灰4（ECU/K18，巡航加速）	仪表b	1　0.5 白⇄底盘束间蓝1（ECU/K69，排放） 2　0.5 红/白⇄底盘束间灰21（ECU/K68，预热灯供电）
刮水组合开关　（刮水、洗涤、排气制动、喇叭按钮）	1　0.5 红⇄底盘束间灰12（ECU/K42，发动机制动请求）		

二、解放JH6锡柴博世EDC17国四电喷汽车 (续)

名称	内容	名称	内容
	3 0.5 蓝/棕 → 底盘束间灰 15（ECU/K48，预热灯） 4 0.5 红/白 ⏚ 底盘束间灰 21（ECU/K68，排放灯供电） 7 0.8 红/白 远光 ← 中央集电盒 c4（F24） 10 0.5 红 ← 底盘束间绿 12（车速电源 12V+） 11 0.5 红/白 ← 底盘束间紫 16（气压 5V 电源） 12 0.8 红/白 ⏚ 中央集电盒 p8（F40，ON 电源） 13 0.5 红 ⏚ 中央集电盒 e1（F12，记忆电源） 14 0.5 蓝/红 ⏚ 闪光器 2（主车右转） 15 0.5 蓝/白 ⏚ 闪光器 1（主车左转） 16 0.5 蓝/棕 → 闪光器 7（挂车右转） 17 0.5 蓝/绿 → 闪光器 13（挂车左转） 18 0.5 黑/紫 → 底盘束间绿 3（驾驶室锁止） 21 0.5 黑 ← 底盘束间绿 20（气压传感负电） 22 0.8 红/黄 照明 ⏚ 中央集电盒 n2（F47） 24 0.5 红 — 诊断插座 3, 底盘束间蓝 20（ECU/K54，通信CAN 高端） 25 0.5 绿 — 诊断插座 11, 底盘束间蓝 19（ECU/K76，通信CAN 低端） 26 0.8 黑 → 底盘束间绿 20（搭铁） 注：仪表上的冷却液温度、机油压力、转速等信号均通过接脚 24、25CAN 总线由 ECU 提供	后雾灯开关 	6 0.8 黑 → 底盘束间白 2（搭铁） 1 0.8 红/黄 照明 ← 中央集电盒 n2（F47） 2 0.8 黑 → 底盘束间白 2（搭铁） 3 0.5 黑 → 底盘束间白 2（搭铁） 5 1.0 红/白 ⏚ 底盘束间绿 14（后雾灯） 6 1.0 红/白 ← 中央集电盒 k6（J11/87）
		喇叭变换开关 	1 0.8 红/黄 照明 ← 中央集电盒 n2（F47） 2 0.8 黑 → 底盘束间白 2（搭铁） 3 0.5 绿 ← 底盘束间绿 8（气喇叭电磁阀） 4 0.5 黑/蓝 → 刮水组合开关 11（喇叭按钮） 5 0.8 蓝 ⏚ 中央集电盒 k8（电喇叭继电器J12/85，电喇叭控制）
		轴间差速开关 	1 0.8 红/黄 ⏚ 中央集电盒 n2（F47） 2 0.5 黑 → 底盘束间白 2（搭铁） 3 0.5 黑 → 底盘束间白 2（搭铁） 5 1.0 灰 ⏚ 底盘束间绿 15（轴间差速电磁阀） 6 0.8 紫/白 ← 中央集电盒 r4（F32）
危险警告开关 	1 0.8 红/黄 照明 ← 中央集电盒 n2（F47） 2 1.0 红 显示灯 ⏚ 中央集电盒 d5（F15） 4 0.5 绿/紫 左转控制 ← 闪光器 5 5 0.5 绿/棕 右转控制 ← 闪光器 6 6 0.5 黑 → 底盘束间白 2（搭铁）	多态节油开关 	1 0.5 蓝/红 ⏚ 底盘束间蓝 4（ECU/K79） 3 0.5 蓝/黑 ⏚ 底盘束间蓝 3（ECU/K74）
顶灯开关 	1 0.5 红/黄 照明 ← 中央集电盒 n2（F47） 2 0.5 黑 → 底盘束间白 2（搭铁） 3 0.5 黑 → 底盘束间白 2（搭铁） 5 0.8 白/红 ⏚ 左顶篷束间 8（顶灯） 6 0.8 白 ← 中央集电盒 g1（F4）	后照灯开关 	1 0.8 红/黄 照明 ← 中央集电盒 n2（F47） 2 0.8 黑 → 底盘束间白 2（搭铁） 3 0.8 红/蓝 显示灯 ⏚ 中央集电盒 d1（F19） 5 0.5 红/棕 ← 中央集电盒 k4（后照灯继电器J6/85） 6 0.8 黑 → 底盘束间白 2（搭铁）
驾驶室翻转开关 	1 0.8 红/黄 照明 ← 中央集电盒 n2（F47） 2 0.5 黑 → 底盘束间白 2（搭铁） 3 0.5 黑 → 底盘束间白 2（搭铁） 5 0.8 白 ← 底盘束间绿 7 6 0.8 黑/紫 ← 中央集电盒 e6（F7）	车载信息终端 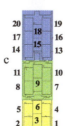	a1 0.8 黄/白 ⏚ 中央集电盒 m8（ECU 制动继电器 J2/87，制动信号） a2 0.5 红 ← 底盘束间紫 13（倒车开关） a3 0.5 蓝 ⏚ 仪表 a23（车速信号） a4 0.5 蓝/红 ⏚ 中央集电盒 e5（F8） a6 0.8 红/黄 照明 ← 中央集电盒 n2（F47） a7 0.8 红 ⏚ 中央集电盒 t1（F29） a8 0.8 黑 → 底盘束间绿 21（搭铁） b1 0.5 白 ∩ 前围束间紫 29（右门扬声器） b2 0.5 白/黑 ∩ 前围束间紫 30（右门扬声器） b7 0.5 蓝 ∩ 前围束间紫 27（左门扬声器） b8 0.5 蓝/黑 ∩ 前围束间紫 28（左门扬声器） c1 0.5 红 — 底盘束间蓝 20（ECU/K54, CAN） c2 0.5 灰 — 底盘束间蓝 17（ECU/K75, CAN） c4 0.5 绿 — 底盘束间蓝 19（ECU/K76, CAN） c5 0.5 蓝 — 底盘束间蓝 16（ECU/K53, CAN） c13 0.5 绿/红 ⏚ 闪光器 8（左转信号）
前雾灯开关 	1 0.8 红/黄 照明 ← 中央集电盒 n2（F47） 2 0.8 黑 → 底盘束间白 2（搭铁） 3 0.8 红/蓝 显示灯 ← 中央集电盒 d1（F19） 4 0.5 红/白 前雾灯控制 ← 中央集电盒 k7（雾灯继电器 J11/85，雾灯控制） 5 0.5 绿 小灯控制 ← 中央集电盒 h2（小灯继电器 J14/85，小灯控制）		

(续)

名称		内容
	c14	0.5 绿/黄 闪光器9（右转信号）
	c15	0.8 红/白 中央集电盒c4（F24，远光）
	c16	0.8 红/灰 中央集电盒n3（F46，近光）
空调束间	1	1.5 蓝 中央集电盒m11（鼓风继电器J1/87）
	2	1.5 黑 底盘束间棕19（搭铁）
	4	1.5 黑 底盘束间棕19（搭铁）
	5	1.5 黄/红 中央集电盒e3（F10）
	6	0.8 白 前围束间紫12（空调压力开关）
	7	0.8 红/黄 照明 中央集电盒n2（F47）
	8	0.8 蓝/红 中央集电盒m10（鼓风继电器J1/85）
	1	2.0 红 鼓风及调速电阻a（鼓风电动机）
	2	2.0 蓝 鼓风开关2（搭铁）
	4	0.5 黑 空调控制面板7（搭铁）
	5	0.5 红/黄 空调控制面板24（ON电源）
	6	0.5 蓝 空调控制面板23（压缩控制）
	7	0.5 红 空调控制面板12（照明）
	8	0.5 黄 鼓风开关3
鼓风开关	1	1.5 蓝/黄 鼓风及调速电阻b（调速电阻）
	2	2.0 蓝 空调束间2（搭铁）
	3	0.5 黄 空调束间8（鼓风继电器J1/85），空调控制面板17
	4	1.5 红/蓝 鼓风及调速电阻c（调速电阻）
	5	1.5 红/黄 鼓风及调速电阻d（调速电阻）
	6	2.0 蓝/白 鼓风及调速电阻e（调速电阻）
空调控制面板 	1	0.5 红/白 内外循环转向器1（电机）
	2	0.5 白/黄 内外循环转向器2（电机）
	3	0.5 红/黑 前除霜转向器5（电机）
	4	0.5 白/黑 前除霜转向器4（电机）
	5	0.5 白/绿 前除霜转向器3（信号）
	7	0.5 黑 空调束间4（搭铁）
	8	0.5 白/紫 蒸发器温度传感器1
	9	0.5 蓝/白 蒸发器温度传感器2
	10	0.5 红/蓝 前除霜转向器2，水阀转向器6
	11	0.5 白 前除霜转向器1，水阀转向器3
	12	0.5 红 照明 空调束间7（F47）
	13	0.5 红/绿 侧除霜转向器5（电机）
	14	0.5 白/橙 侧除霜转向器4（电机）
	15	0.5 白/红 水阀转向器2
	16	0.5 红/紫 水阀转向器5
	17	0.5 黄 鼓风开关3
	20	0.5 绿/白 水阀转向器4
	23	0.5 蓝/白 空调束间6（空调压力开关）
	24	0.5 红/黄 空调束间5（F10）
鼓风及调速电阻	a	2.0 红 空调束间1（鼓风继电器J1/87）

名称		内容
		一空调总成内接鼓风电动机
	b	1.5 蓝/黄 鼓风开关1
		一空调总成内接调速电阻
	c	1.5 红/蓝 鼓风开关4
		一空调总成内接调速电阻
	d	1.5 红/黄 鼓风开关5
		一空调总成内接调速电阻
	e	2.0 蓝 鼓风开关6
		一空调总成内接调速电阻
侧除霜转向器	4	0.5 白/橙 空调控制面板14
	5	0.5 红/绿 空调控制面板13
前除霜转向器	1	0.5 白 — 空调控制面板11
	2	0.5 红/蓝 — 空调控制面板10
	3	0.5 白/绿 — 空调控制面板5（信号）
	4	0.5 白/黑 — 空调控制面板4（电动机）
	5	0.5 红/黑 — 空调控制面板3（电动机）
蒸发器温度传感器	1	0.5 白/紫 — 空调束间8
	2	0.5 蓝/白 — 空调控制面板9
内外循环转向器	1	0.5 红/白 — 空调控制面板1
	2	0.5 白/黄 — 空调控制面板2
水阀转向器	2	0.5 白/红 — 空调控制面板15
	3	0.5 白 — 空调控制面板11
	4	0.5 绿/白 — 空调控制面板20
	5	0.5 红/紫 — 空调控制面板16
	6	0.5 红/蓝 — 空调控制面板10
点烟器	1	1.0 黑 底盘束间棕20
	2	1.0 蓝/红 中央集电盒e5（F8）
备用电源接口	1	1.0 黑 中央集电盒搭铁点
	2	1.0 蓝 中央集电盒t5（F25）
诊断插座 	3	0.5 红 — 仪表b24，底盘束间蓝20（ECU/K54，通信CAN高端）
	4	0.8 黑 底盘束间绿21（搭铁）
	5	0.8 黑 底盘束间绿21（搭铁）
	6	0.5 灰 — 底盘束间蓝17（ECU/K75，诊断刷写CAN高端）
	7	0.8 蓝 — ABS控制器a10，底盘束间棕17（ECU/K59，K线）
	11	0.5 绿 — 仪表b25，底盘束间蓝19（ECU/K76，通信CAN低端）
	14	0.5 蓝 — 底盘束间蓝16（ECU/K53，诊断刷写CAN低端）

(续)

名称	内容	名称	内容
	15　0.8 黄 — ABS 控制器 a11		— 尿素电器盒内接尿素主继电器 J19/2（85）
	16　0.8 红/棕 ⇄ 中央集电盒 t2（F28）		12　0.5 红/绿 ⇄ 底盘束间灰 17（ECU/K58，喷液加热器）
ABS 控制器 a	4　2.5 黑 ⇄ 底盘束间白 4（搭铁）		— 尿素电器盒内接熔断器 F49
	7　1.5 红/黑 ⇄ 中央集电盒 p4（F41，ON 电源）		13　0.5 红/黑 ⇄ 底盘束间蓝 9（ECU/K92，喷液管加热控制）
	8　2.5 红/黄 ⇄ 中央集电盒 t4（F26，30 电源）		— 尿素电器盒内接喷液加热继电器 J15/2（85）
	9　0.8 黑 ⇄ 底盘束间棕 21（搭铁）		14　0.8 棕 ⇄ 底盘束间灰 6（ECU/K25，尿素泵加热控制）
	10　0.8 蓝　K 线 — 诊断插座 7，底盘束间棕 17		— 尿素电器盒内接尿素泵加热继电器 J18/2（85）
	11　0.8 黄　L 线 — 诊断插座 15		16　0.8 灰 ⇄ 底盘束间蓝 8（ECU/K90）
	15　0.5 黄/红 ⇄ 仪表 a15		— 尿素电器盒内接喷液加热继电器 J15/1（86）、回液加热继电器 J16/1（86）、进液加热继电器 J17/1（86）、尿素泵加热继电器 J18/1（86）、尿素主继电器 J19/1（86）
ABS 控制器 b	1　1.0 棕 ⇄ 底盘束间棕 1（右前轮阀加压）		
	2　1.0 棕 ⇄ 底盘束间棕 14（左后轮阀加压）		
	3　1.0 棕 ⇄ 底盘束间棕 5（左前轮阀加压）		18　2.5 黑 ⇄ 底盘束间绿 21（搭铁）
	4　1.0 蓝 ⇄ 底盘束间棕 2（右前轮阀泄压）		— 尿素电器盒内接熔断器 F53
	5　1.0 蓝 ⇄ 底盘束间棕 13（左后轮阀泄压）	中央集电盒 30 接点	— 10.0 白 ⇄ 底盘束间 30 接点（FA8）
	6　1.0 蓝 ⇄ 底盘束间棕 6（左前轮阀泄压）		— 中央集电盒内接熔断器 F1~F6、F21~F22、F25~F37、远光继电器 J7/30、近光继电器 J13/30、小灯继电器 J14/30
	8　1.0 棕 ⇄ 底盘束间棕 10（右后轮阀加压）		
	9　1.0 蓝 ⇄ 底盘束间棕 9（右后轮阀泄压）	中央集电盒 a	1　4.0 白/红 ⇄ 起动钥匙开关 6（ON 档）
	10　0.8 棕 ⇄ 底盘束间棕 4（右前轮车速信号）		— 中央集电盒内接熔断器 F19~F20、后照灯继电器 J6/86、远光继电器 J7/86、刮水高速继电器 J8/86、刮水低速继电器 J9/86、制动灯继电器 J10/86、前雾灯继电器 J11/86、电喇叭继电器 J12/86、近光继电器 J13/86、小灯继电器 J14/86
	11　0.8 黑 ⇄ 底盘束间棕 16（左后轮车速信号）		
	12　0.8 棕 ⇄ 底盘束间棕 8（左前轮车速信号）		
	13　0.8 黑 ⇄ 底盘束间棕 3（右前轮车速信号）		
	14　0.8 棕 ⇄ 底盘束间棕 15（左后轮车速信号）		
	15　0.8 棕 ⇄ 底盘束间棕 7（右前轮车速信号）		2　4.0 红 ⇄ 底盘束间白 6（FA11）
	17　0.8 黑 ⇄ 底盘束间棕 12（右后轮车速信号）		— 中央集电盒内接熔断器 F12~F18
	18　0.8 棕 ⇄ 底盘束间棕 11（右后轮车速信号）	中央集电盒 b	1　0.8 红/白 ⇄ 中央集电盒 c4（F9）
尿素电器盒	1　2.5 白 ⇄ 中央集电盒 r2（F33）		— 中央集电盒内接熔断器 F11（输入）
	— 尿素电器盒内接尿素主继电器 J19/3（30）		2　4.0 红/白 ⇄ 起动钥匙开关 1（IG2）
	3　1.0 蓝 ⇄ 底盘束间灰 9（ECU/K33，尿素泵组件 6，加热）		— 中央集电盒内接熔断器 F10（输入）
	— 尿素电器盒内接熔断器 F52		3　4.0 蓝/黑 ⇄ 起动钥匙开关 5（ACC）
	6　0.8 红/白 ⇄ 底盘束间灰 5（ECU/K20，进液管加热器）		— 中央集电盒内接熔断器 F7~F9（输入）
	— 尿素电器盒内接熔断器 F51	中央集电盒 c	4　1.5 红/白 ⇄ 仪表 b7（远光指示灯），车载信息终端 c15，底盘束间紫 6（右远光）
	7　0.5 红/棕 ⇄ 底盘束间灰 7（ECU/K26，进液管加热控制）		
	— 尿素电器盒内接进液加热继电器 J17/2（85）		— 中央集电盒内接熔断器 F24（输出）
	8　1.5 绿 ⇄ 底盘束间蓝 14（尿素管加热供电）		5　1.5 红/棕 ⇄ 底盘束间紫 5（左远光）
	— 尿素电器盒内接尿素主继电器 J19/5（87）		— 中央集电盒内接熔断器 F23（输出）
	9　0.8 黄/绿 ⇄ 底盘束间灰 10（ECU/K36，回液管加热器）		6　0.8 红/棕 ⇄ 左顶篷束间 4（车内灯），前围束间紫 14（左右踏步灯）
	— 尿素电器盒内接熔断器 F50		
	10　0.5 黑/红 ⇄ 底盘束间灰 16（ECU/K50，回液管加热控制）		— 中央集电盒内接熔断器 F22（输出）
	— 尿素电器盒内接回液加热继电器 J16/2（85）	中央集电盒 d	1　0.8 红/蓝 ⇄ 前雾灯开关 3，后照灯开关 3
	11　0.8 灰 ⇄ 底盘束间蓝 10（ECU/K94，尿素主继电器控制）		

(续)

名 称	内 容	名 称	内 容
	— 中央集电盒内接熔断器 F19（输出） 3 1.0 红/黑 → 车门控制器 34（中控锁供电） — 中央集电盒内接熔断器 F17（输出） 4 2.5 红/紫 → 车门控制器 35（电动窗供电） — 中央集电盒内接熔断器 F16（输出） 5 1.0 红 → 危险警告开关 2，闪光器 10 — 中央集电盒内接熔断器 F15（输出）	中央集电盒 L 	— 中央集电盒内接电喇叭继电器 J12/87 1 0.8 黑 → 底盘束间绿 21（搭铁） — 中央集电盒内接压缩机继电器 J4/86 5 0.8 红/白 → 前围束间紫 13（空调压力开关） — 中央集电盒内接压缩机继电器 J4/85 6 0.8 黄 → 底盘束间紫 15（制动灯） — 中央集电盒内接制动灯继电器 J10/87 8 0.5 蓝/白 → 前围束间紫 4（制动开关） — 中央集电盒内接制动灯继电器 J10/85
中央集电盒 e 	1 0.5 红 → 仪表 b13（记忆电源） — 中央集电盒内接熔断器 F12（输出） 3 1.5 黄/红 → 空调束间 5（空调面板 24），中央集电盒 m12（鼓风继电器 J1/86） — 中央集电盒内接熔断器 F10（输出） 4 0.8 红/白 → 中央集电盒 b1（F11） — 中央集电盒内接熔断器 F9（输出） 5 1.0 蓝/红 → 车载信息终端 a4，点烟器 2 — 中央集电盒内接熔断器 F8（输出） 6 0.8 黑/紫 → 驾驶室翻转开关 6 — 中央集电盒内接熔断器 F7（输出）	中央集电盒 m 	1 0.8 蓝 → 间歇继电器 5，前围束间紫 7（刮水电动机 3，洗涤电动机 2） — 中央集电盒内接熔断器 F30（输出） 2 0.8 蓝/黄 → 前围束间紫 8（刮水复位时/复位后） — 中央集电盒内接刮水低速继电器 J9/87a 3 0.5 蓝/红 → 刮水组合开关 8，间歇继电器 4 — 中央集电盒内接刮水低速继电器 J9/85 4 0.8 蓝/白 → 刮水组合开关 9（高速控制） — 中央集电盒内接刮水高速继电器 J8/85 5 0.8 蓝/红 → 前围束间紫 9（刮水高速） — 中央集电盒内接刮水高速继电器 J8/87 6 0.8 蓝/黑 → 前围束间紫 10（刮水低速） — 中央集电盒内接刮水高速继电器 J8/87a 7 0.5 蓝 → 前围束间紫 4（制动开关） — 中央集电盒内接 ECU 制动继电器 J2/85 8 0.8 黄/白 → 车载信息终端 a1，底盘束间紫 18（ECU/K41） — 中央集电盒内接 ECU 制动灯继电器 J2/87 9 0.5 红/蓝 → 中央集电盒 p2（F43） — 中央集电盒内接 ECU 制动继电器 J2/86 10 0.8 蓝/红 → 空调束间 8（鼓风开关） — 中央集电盒内接鼓风继电器 J1/85 11 1.5 蓝 → 空调束间 1（鼓风电动机） — 中央集电盒内接鼓风继电器 J1/87 12 1.5 黄/红 → 中央集电盒 e3（F10） — 中央集电盒内接鼓风继电器 J1/86
中央集电盒 g 	1 0.8 白 → 左顶篷束间 6（卧铺灯），顶灯开关 6，底盘束间，绿 9（气喇叭电磁阀供电） — 中央集电盒内接熔断器 F4（输出） 4 0.8 红/蓝 → 车速控制器 4 — 中央集电盒内接熔断器 F2（输出）		
中央集电盒 h 	1 0.5 红/黄 → 灯光组合开关 1（远光控制） — 中央集电盒内接远光继电器 J7/85 2 0.5 绿 → 灯光组合开关 2（小灯控制，前雾灯开关 5） — 中央集电盒内接小灯继电器 J14/85 3 0.8 黑/绿 → 底盘束间紫 9（空气干燥器及氮氧传感器） — 中央集电盒内接熔断器 F20（输出） 4 1.0 红/黑 → 底盘束间 5（后照灯） — 中央集电盒内接后照灯继电器 J6/87	中央集电盒 n 	1 1.5 红/白 → 底盘束间紫 7（底盘前后小灯） — 中央集电盒内接熔断器 F48（输出） 2 1.5 红/黄 → 左顶篷束间 5（左示高灯），仪表 b22，危险警告开关 1，顶灯开关 1，驾驶室翻转开关 1，前雾灯开关 1，后雾灯开关 1，喇叭变换开关 1，轴间差速开关 1，后照灯开关 1，车载信息终端 a6，空调束间 7，右顶篷束间 4（右示高灯），前围束间黄 14（照明） — 中央集电盒内接熔断器 F47（输出）
中央集电盒 k 	1 0.8 红/白 → 底盘束间 1（压缩机） — 中央集电盒内接压缩机继电器 J4/87 4 0.5 红/棕 → 后照灯开关 5 — 中央集电盒内接后照灯继电器 J6/85 6 1.0 红/白 → 后雾灯开关 6，底盘束间紫 8（前雾灯） — 中央集电盒内接前雾灯继电器 J11/87 7 0.8 红/白 → 前雾灯开关 4 — 中央集电盒内接前雾灯继电器 J11/85 8 0.5 蓝 → 喇叭变换开关 5 — 中央集电盒内接喇叭继电器 J12/85 10 0.8 绿/黑 → 底盘束间绿 11（电喇叭）		

名称	内容	名称	内容
	3 1.5 红/灰 ⊕→车载信息终端 c16,底盘束间紫 4（右近光）	闪光器	2 0.8 黑 ⊥→底盘束间绿 19（搭铁）
	— 中央集电盒内接熔断器 F46（输出）		3 0.5 黄 间歇控制 刮水组合开关 10
	4 1.5 红/绿 ⊕→底盘束间紫 3（左近光）		4 0.5 蓝/红 间歇低速 中央集电盒 m3
	— 中央集电盒内接熔断器 F45（输出）		5 0.8 蓝 ⊕→中央集电盒 m1（F30）
中央集电盒 p	5 0.8 红/蓝 ⊕→中央集电盒 m9（ECU 制动继电器 J2/86），底盘束间蓝 13（ECU/K88，唤醒电源）		6 0.5 蓝/棕 间歇洗涤 刮水组合开关 4
			1 0.5 蓝/白 ⊕→仪表 b15（主车左转指示）
			2 0.5 蓝/红 ⊕→仪表 b14（主车右转指示）
	— 中央集电盒内接熔断器 F43（输出）		3 0.8 红/绿 ⊕→中央集电盒 q1（F39）
	3 1.5 红/绿 ⊕→底盘束间绿 4（挂车 ABS）		4 0.8 黑 ⊥→底盘束间绿 19（搭铁）
	— 中央集电盒内接熔断器 F42（输出）		5 0.5 绿/紫 左转控制 灯光组合开关 3，危险警告开关 4
	4 1.5 红/黑 ⊕→ABS 控制器 a7		6 0.5 绿/棕 右转控制 灯光组合开关 7，危险警告开关 5
	— 中央集电盒内接熔断器 F41（输出）		
	7 0.5 红/白 ⊐→灯光组合开关 5（近光控制）		7 0.5 蓝/棕 ⊕→仪表 b16（挂车右转指示）
	— 中央集电盒内接近光继电器 J13/85		8 0.8 绿/红 左转 ⊕→左顶篷束间 1，车载信息终端 c13，底盘束间紫 11（左前后转向灯）
	8 0.8 红/白 ⊕→仪表 b12（ON 电源）		
中央集电盒 q	— 中央集电盒内接熔断器 F40（输出）		9 0.8 绿/黑 右转 ⊕→车载信息终端 c14，右顶篷束间 1，底盘束间紫 10（右前后转向灯）
	1 0.8 红/绿 ⊕→闪光器 3		
	— 中央集电盒内接熔断器 F39（输出）		10 1.0 红 ⊕→中央集电盒 d5（F15）
	2 0.8 红/棕 ⊕→车门控制器 25（ON 电源）		11 1.0 黄/红 ⊕→底盘束间绿 17（挂车左转）
	— 中央集电盒内接熔断器 F38（输出）		12 1.0 黄/黑 ⊕→底盘束间绿 18（挂车右转）
中央集电盒 r	2 2.5 白 ⊕→尿素电器盒 1（尿素主继电器供电）		13 0.5 蓝/绿 ⊕→仪表 b17（挂车左转指示）
	— 中央集电盒内接熔断器 F33（输出）	车门控制器 	1 0.5 绿 ⊐/⊕→前围束间 18（开锁/闭锁）
	4 0.8 紫/白 ⊕→轴间差速开关 6		3 0.8 黑 ⊥→底盘束间白 2（搭铁）
	— 中央集电盒内接熔断器 F32（输出）		4 0.8 紫/绿 ⊕/⊐→前围束间黄 10（右后视镜，左动/右动）
中央集电盒 t	1 0.8 红 ⊕→车载信息终端 a7		5 0.8 紫/白 ⊐/⊕→前围束间黄 5（左后视镜，上动/下动）
	— 中央集电盒内接熔断器 F29（输出）		
	2 0.8 红/棕 ⊕→诊断插座 16		6 0.8 紫/黄 ⊕/⊐→前围束间黄 6（左后视镜，左动/右动）
	— 中央集电盒内接熔断器 F28（输出）		
	4 2.5 红/黄 ⊕→ABS 控制器 a8（30 电源）		10 0.5 蓝/白 ⊐→前围束间紫 21（左开关右窗升控制）
	— 中央集电盒内接熔断器 F26（输出）		
	5 1.0 蓝 ⊕→备用电源接口 2		11 0.5 白/绿 ⊐→前围束间紫 26（左窗降控制）
	— 中央集电盒内接熔断器 F25（输出）		12 0.5 黑/白 ⊐→前围束间紫 25（左窗升控制）
中央集电盒 v	4.0 红/白 ⇐→起动钥匙开关 1		13 0.8 灰/白 ⊐→前围束间黄 2（下动控制）
	— 中央集电盒内接熔断器 F38~F44（输入）		14 0.8 灰/红 ⊐→前围束间黄 4（右动控制）
车内搭铁点	2.5 黑 ⊐→底盘束间白 5（搭铁）		15 0.8 灰/绿 ⊐→前围束间黄 8（右后视镜变换）
车速控制器	1 0.5 绿/白 ⊏→仪表 a9		16 1.0 蓝 ⊐/⊕→前围束间黄 17（右窗升/右窗降）
	3 0.5 绿 ⊏→底盘束间绿 13（车速里程传感器）		17 1.0 白 ⊕→⊐→前围束间黄 16（右窗升/右窗降）
	4 0.8 红/蓝 ⊕→中央集电盒 g4（F2）		18 1.0 蓝/黑 ⊐/⊕→前围束间黄 19（左窗升/左窗降）
	7 0.8 黑 ⊐→底盘束间绿 19（搭铁）		19 0.5 黄 ⊕→⊐→前围束间紫 17（开锁/闭锁）
间歇继电器			20 1.0 黑 ⊐→底盘束间白 2（搭铁）
	1 0.8 黑 ⊐→底盘束间绿 19（搭铁）		21 0.8 蓝 ⇐/⊕→前围束间黄 12（后视镜公共端，左动或下动/右动或上动）

(续)

名称	内容	名称	内容
	22 0.8 紫/蓝 ⇐/➡ 前围束间黄 9（右后视镜，上动/下动）		6 1.5 黑/紫 — 仪表 a16（挂车 ABS）
	25 0.8 红/棕 ➡ 中央集电盒 q2（F38, ON 电源）		7 0.8 白 ➡ 驾驶室翻转开关 5
	28 0.5 红/绿 ➡ 前围束间紫 22（左开关右窗降控制）		8 0.5 绿 ⇐ 喇叭变换开关 3（气喇叭）
	29 0.5 红/绿 ➡ 前围束间紫 24（右窗降控制）		9 0.8 白 ➡ 中央集电盒 g1（F4, 气喇叭）
	30 0.5 黑/黄 ➡ 前围束间紫 23（右窗升控制）		11 0.8 绿/黑 ➡ 中央集电盒 k10（电喇叭继电器 J12/87）
	31 0.8 灰 ➡ 前围束间黄 1（上动控制）		12 0.5 红 ➡ 仪表 b10（车速里程电源）
	32 0.8 灰/黄 ➡ 前围束间黄 3（左动控制）		13 0.5 绿 ➡ 车速控制器 3（车速里程信号）
	33 0.8 灰/蓝 ➡ 前围束间黄 7（左后视镜变换）		14 1.0 红/白 ➡ 后雾灯开关 5
	34 1.0 红/黑 ➡ 中央集电盒 d3（F17, 后视镜及中控锁电源）		15 1.0 灰 ➡ 轴间差速开关 5
	35 2.5 红/紫 ⇐ 中央集电盒 d4（F16, 电动窗电源）		16 0.5 灰/蓝 ➡ 仪表 a14（轴间差速信号）
	36 1.0 白/红 ➡/⇐ 前围束间黄 18（左窗升/左窗降）		17 1.0 黄/红 ➡ 闪光器 11（挂车左转）
右顶篷束间			18 1.0 黄/黑 ➡ 闪光器 12（挂车右转）
	1 0.5 绿/黑 ➡ 闪光器 9 — 顶篷内接右侧转向灯		19 0.8 黑 ⇐ 闪光器 4, 间歇继电器 1、2, 车速控制器 7
	3 0.8 黑 ➡ 底盘束间白 2（搭铁） — 顶篷内接右侧转向灯及右示高灯		20 0.8 黑 ⇐ 仪表 b26（搭铁）
	4 0.8 红/黄 ➡ 中央集电盒 n2（F47） — 顶篷内接右示高灯		21 2.5 黑 ⇐ 车载信息终端 a8, 中央集电盒 L1（压缩机继电器 J4/86），诊断插座 4、5，尿素电器盒 18
底盘 30 电源接点			1 0.8 黄 ➡ 压缩机 1
	10.0 白 ➡ 中央集电盒 30 接点		2 0.5 白/黑 ➡ 变速器束间 10（低档信号开关）
	10.0 白 ➡ 底盘电器盒 b（FA8）		3 0.8 黑/黄 ➡ 驾驶室锁止开关 1（左右）
底盘束间白	（插头为驾驶室线束，插座为底盘线束）		4 1.5 红/绿 ➡ 挂车 ABS 接口 3
	1 4.0 红/绿 ➡ 起动钥匙开关 3、4		5 1.0 红/黑 ➡ 后照灯 1
	2 2.5 黑 ⇐ 左顶篷束间 7, 灯光组合开关 6, 刮水组合开关 12, 危险警告开关 6, 顶灯开关 2、3, 驾驶室翻转开关 2、3, 前雾灯开关 2、6, 后雾灯开关 2、3, 喇叭变换开关 2, 轴间差速开关 2、3, 后照灯开关 2、6, 车门控制器 3、20, 右顶篷束间 3, 前围束间黄 13		6 0.8 蓝/红 — 挂车 ABS 接口 2
			7 0.8 黑/绿 ➡ 驾驶室翻转接口 a1（翻转继电器线圈）
	4 2.5 黑 ⇐ ABS 控制器 a4		8 0.8 绿 ⇐ 气喇叭电磁阀 2
	5 2.5 黑 — 车内搭铁点		9 0.8 白 ➡ 气喇叭电磁阀 1
	6 4.0 红 ➡ 中央集电盒 a2		11 0.8 绿/黑 ➡ 电喇叭
	1 4.0 红/绿 ➡ 底盘电器盒 m4（FA6）		12 0.5 蓝 ➡ 变速器束间 5（车速里程电源）
	2 2.5 黑 ➡ 底盘搭铁点		13 0.5 绿/白 ➡ 变速器束间 3（车速里程信号）
	4 2.5 黑 ➡ 底盘搭铁点		14 1.0 红 后雾灯 ➡ 挂车灯插座 6, 右后组合灯 1, 左后组合灯 1
	5 2.5 黑 ➡ 底盘搭铁点		15 0.8 灰 ➡ 轴间差速电磁阀 1
	6 4.0 白/黄 ➡ 底盘电器盒 d（FA11）		16 0.8 灰/蓝 ➡ 轴间差速指示开关
底盘束间绿	（插头为驾驶室线束，插座为底盘线束）		17 1.0 黄/红 ➡ 挂车灯插座 2（挂车左转）
	1 0.8 红/白 ➡ 中央集电盒 k1（压缩机继电器 J4/87）		18 1.0 黄/黑 ➡ 挂车灯插座 8（挂车右转）
	2 0.8 白/黑 ⇐ 仪表 a21（低档信号）		19 2.5 黑 ➡ 底盘搭铁点
	3 0.5 黑/紫 ➡ 仪表 b18（驾驶室锁止）		20 0.8 黑 ➡ 底盘搭铁点
	4 1.5 红/绿 ➡ 中央集电盒 p3（F42）		21 1.0 黑 ➡ 底盘搭铁点
	5 1.0 红/黑 ➡ 中央集电盒 h4（J6/87, 后照灯）	**底盘束间蓝**	（插头为驾驶室线束，插座为底盘线束）
			1 0.5 白 ➡ 仪表 b1（排放灯）
			2 0.5 黄/蓝 ➡ 仪表 a8（故障灯驱动）
			3 0.5 蓝/黑 ⇐ 多态开关 5（负电）
			4 0.5 蓝/红 ➡ 多态开关 1（信号）
			5 0.5 黄 ➡ 加速踏板传感器 5（油门 2 信号）
			6 0.5 棕 ➡ 加速踏板传感器 4（油门 2 负电）
			7 0.5 绿 ⇐ 刮水组合开关 3（排气制动开关）

二、解放JH6锡柴博世EDC17国四电喷汽车

(续)

名称	内容
8	0.8 灰 尿素电器盒16（尿素各继电器线圈）
9	0.8 红/黑 尿素电器盒13（喷液加热控制）
10	0.8 灰 尿素电器盒11（尿素主继电器控制）
13	0.5 红/蓝 中央集电盒p2（F43，ECU唤醒电源）
14	1.5 绿 尿素电器盒8（尿素管加热供电）
16	0.5 蓝 — 车载信息终端c5，诊断插座14（诊断刷写CAN低端）
17	0.5 灰 — 车载信息终端c2，诊断插座6（诊断刷写CAN高端）
19	0.5 绿 — 仪表b25，车载信息终端c4，诊断插座11（通信CAN）
20	0.5 红 — 仪表b24，车载信息终端c1，诊断插座3（通信CAN）

名称	内容
1	0.5 白 ECU/K69（排放灯）
2	0.8 黄/蓝 ECU/K70（故障灯驱动）
3	0.5 蓝/黑 ECU/K74（多态负电）
4	0.5 蓝/红 ECU/K79（多态信号）
5	0.5 黄 ECU/K83（油门2信号）
6	0.5 棕 ECU/K84（油门2负电）
7	0.5 红/白 ECU/K87（负电）
8	0.8 白 ECU/K90（尿素各继电器线圈供电）
9	0.8 红/黑 ECU/K92（喷液加热控制）
10	0.8 黑 ECU/K94（尿素主继电器控制）
13	0.8 红/蓝 ECU/K88（唤醒电源）
14	1.5 绿/黄 尿素泵组件5（尿素泵加热器），进液管加热器1，回液管加热器1，喷液管加热器1
16	0.5 蓝 — ECU/K53（诊断刷写CAN低端）
17	0.5 灰 — ECU/K75（诊断刷写CAN高端）
19	0.5 绿 — ECU/K76（通信CAN低端）
20	0.5 红 — ECU/K54（通信CAN高端）

底盘束间棕（插头为驾驶室线束，插座为底盘线束）

名称	内容
1	1.0 棕 ABS控制器b1（右前轮阀加压）
2	1.0 蓝 ABS控制器b4（右前轮阀泄压）
3	0.8 黑 ABS控制器b13（右前轮车速信号）
4	0.8 棕 ABS控制器b10（右前轮车速信号）
5	1.0 棕 ABS控制器b3（左前轮阀加压）
6	1.0 蓝 ABS控制器b6（左前轮阀泄压）
7	0.8 黑 ABS控制器b15（左前轮车速信号）
8	0.8 棕 ABS控制器b12（左前轮车速信号）
9	1.0 蓝 ABS控制器b9（右后轮阀泄压）
10	1.0 棕 ABS控制器b8（右后轮阀加压）
11	0.8 棕 ABS控制器b18（右后轮车速信号）
12	0.8 黑 ABS控制器b17（右后轮车速信号）
13	1.0 蓝 ABS控制器b5（左后轮阀泄压）
14	1.0 棕 ABS控制器b2（左后轮阀加压）
15	0.8 棕 ABS控制器b14（左后轮车速信号）
16	0.8 黑 ABS控制器b11（左后轮车速信号）

名称	内容
17	0.8 蓝 — 诊断插座7，ABS控制器a10（K线）
19	1.5 黑 — 空调束间2、4（搭铁）
20	1.0 黑 — 点烟器1，备用电源接口1
21	0.8 黑 ABS控制器a9
1	1.0 棕 右前轮制动3（加压）
2	1.0 蓝 右前轮制动1（泄压）
3	0.8 黑 右前轮转速传感器2
4	0.8 棕 右前轮转速传感器1
5	1.0 棕 左前轮制动3（加压）
6	1.0 蓝 左前轮制动1（泄压）
7	0.8 黑 左前轮转速传感器2
8	0.8 棕 左前轮转速传感器1
9	1.0 蓝 右后轮制动1（泄压）
10	1.0 棕 右后轮制动3（加压）
11	0.8 棕 右后轮转速传感器2
12	0.8 黑 右后轮转速传感器1
13	1.0 蓝 左后轮制动1（泄压）
14	1.0 棕 左后轮制动3（加压）
15	0.8 棕 左后轮转速传感器2
16	0.8 黑 左后轮转速传感器1
17	0.8 蓝 — ECU/K59（K线）
19	1.5 棕/蓝 — 底盘搭铁点
20	2.5 黑 — 底盘搭铁点
21	0.8 黑 — 底盘搭铁点

底盘束间灰（插头为驾驶室线束，插座为底盘线束）

名称	内容
1	0.5 灰/黄 巡航开关3（巡航取消）
2	0.5 蓝/白 前围束间紫31（离合开关1）
3	0.5 绿/白 刮水组合开关7（排气制动请求）
4	0.5 绿/黄 巡航开关5（巡航加速）
5	0.8 红/白 尿素电器盒6（进液管加热）
6	0.8 棕 尿素电器盒14（尿素泵加热控制）
7	0.5 红/棕 尿素电器盒7（进液管加热控制）
8	0.5 蓝/白 巡航开关2（巡航恢复）
9	1.0 蓝 尿素电器盒3（尿素泵加热）
10	0.8 黄/绿 尿素电器盒9（回液管加热）
11	0.5 棕 巡航开关4（巡航减速）
12	0.5 红 刮水组合开关1（发动机制动请求）
13	0.5 白 加速踏板传感器6（油门2电源）
14	0.5 红 加速踏板传感器1（油门1电源）
15	0.5 蓝/棕 仪表b3（预热灯）
16	0.5 黑/红 尿素电器盒10（回液管加热控制）
17	0.5 红/绿 尿素电器盒12（喷液管加热）
18	0.5 绿 加速踏板传感器2（油门1信号）
19	0.5 黑 加速踏板传感器3（油门1负电）
20	0.5 白/红 仪表a6（故障灯）
21	0.8 红/白 巡航开关1，仪表b2、b4，前围束间紫32（离合开关2）
1	0.5 灰/黄 ECU/K12（巡航取消）

(续)

名 称		内 容
	2	0.5 蓝/白 ECU/K15（离合信号）
	3	0.5 绿/白 ECU/K16（排气制动请求）
	4	0.5 绿/黄 ECU/K18（巡航加速）
	5	1.0 红/白 ECU/K20（进液管加热器2）
	6	0.8 蓝 ECU/K25（尿素泵加热控制）
	7	0.5 红/棕 ECU/K26（进液管加热控制）
	8	0.5 蓝/白 ECU/K32（巡航恢复）
	9	0.8 棕 ECU/K33，尿素泵组件6（尿素泵加热）
	10	1.0 黄/绿 ECU/K36，回液管加热器2
	11	0.5 棕/红 ECU/K37（巡航减速）
	12	0.5 红/黑 ECU/K42（发动机制动请求）
	13	0.5 白 ECU/K44（油门2电源）
	14	0.5 红 ECU/K45（油门1电源）
	15	0.5 蓝/棕 ECU/K48（预热灯）
	16	0.5 黑/红 ECU/K50（回液管加热控制）
	17	1.0 红/绿 ECU/K58，喷液管加热器2
	18	0.5 绿 ECU/K61（油门1信号）
	19	0.5 黑 ECU/K62（油门1负电）
	20	0.5 红/白 ECU/K65（故障灯）
	21	0.8 红/白 ECU/K68（输出电源）
底盘束间紫		（插头为驾驶室线束，插座为底盘线束）
	1	0.8 黑/蓝 起动钥匙开关2（起动档）
	2	0.5 白/红 仪表a1（充电）
	3	1.5 红/绿 左远光 中央集电盒n4（F45）
	4	1.5 红/灰 右远光 中央集电盒n3（F46）
	5	1.5 红/棕 左远光 中央集电盒c5（F23）
	6	1.5 红/白 右远光 中央集电盒c4（F24）
	7	1.5 红/白 小灯 中央集电盒n1（F48）
	8	1.0 红/白 前雾灯 中央集电盒k6（雾灯继电器J11/87）
	9	0.8 黑/绿 中央集电盒h3（F20，干燥及氮氧电源）
	10	0.8 绿/黑 右转 闪光器9
	11	0.8 绿/红 左转 闪光器8
	12	0.5 黄 燃油 仪表a12
	13	0.8 红 车载信息终端a2（倒车信号）
	14	0.5 绿 仪表a3（驻车制动）
	15	0.8 黄 中央集电盒L6（J10/87，制动）
	16	0.5 红/白 仪表b11（气压感应5V+电源）
	17	0.5 蓝/白 仪表a26（气压2信号）
	18	0.8 黄/白 中央集电盒m8（ECU制动继电器J2/87）
	20	0.5 黑 仪表b21（气压感应负电）
	21	0.5 蓝 仪表a25（气压1信号）
	1	0.8 黑/蓝 ECU/K35（起动请求）
	2	0.8 白/红 交流发电机b1（充电D+）
	3	1.5 红/绿 左前组合灯4（左近光）
	4	1.5 灰 右前组合灯4（右近光）

名 称		内 容
	5	1.5 棕 左前雾灯3（辅助远光），左前组合灯5（左远光）
	6	1.5 黄/绿 右前雾灯3（辅助远光），右前组合灯5（右远光）
	7	1.5 红/黄 小灯 右前组合灯1，左前组合灯1，右中示宽灯1，左中示宽灯1，左后示宽灯1，右后示宽灯1，挂车灯插座3，右后组合灯3，左后组合灯3
	8	1.5 红 左前雾灯1，右前雾灯1
	9	0.8 黑/绿 空气干燥器1，氮氧传感器1
	10	1.0 绿/黑 右转 右前组合灯3，右后组合灯2
	11	1.0 绿/红 左转 左前组合灯3，左后组合灯2
	12	0.8 黄 燃油传感器1
	13	0.5 红 变速器束间9（倒车信号）
	14	0.8 绿 驻车制动开关1
	15	0.8 绿/白 挂车灯插座1，右后组合灯5，左后组合灯5（制动灯）
	16	0.5 红/白 5V+ 气压1传感器3，气压2传感器3
	17	0.5 蓝/白 气压2传感器2（信号）
	18	0.8 绿/白 ECU/K41（制动信号）
	20	0.5 黑 气压1传感器1（负电），气压2传感器1（负电）
	21	0.5 蓝 气压1传感器2（信号）
前围束间黄		（插头为驾驶室线束，插座为底盘线束）
	1	0.8 灰 车门控制器31（上动控制）
	2	0.8 灰/白 车门控制器13（下动控制）
	3	0.8 灰/黄 车门控制器32（左动控制）
	4	0.8 灰/红 车门控制器14（右动控制）
	5	0.8 紫/白 / 车门控制器5（左后视镜，上动/下动）
	6	0.8 紫/黄 / 车门控制器6（左后视镜，左动/右动）
	7	0.8 灰/蓝 车门控制器33（左后视镜变换）
	8	0.8 灰/绿 车门控制器15（右后视镜变换）
	9	0.8 紫/蓝 / 车门控制器22（右后视镜，上动/下动）
	10	0.8 紫/绿 / 车门控制器4（右后视镜，左动/右动）
	12	0.8 蓝 / 车门控制器21（后视镜公共端，左动或下动/右动或上动）
	13	2.5 黑 底盘束间白2（搭铁）
	14	1.5 红/黄 中央集电盒n2（F47，照明）
	16	1.0 白 / 车门控制器17（右窗升/右窗降）
	17	1.0 蓝 / 车门控制器16（右窗升/右窗降）

名称	内容	名称	内容
	18　1.0 白/红 ⊕ / ⇨ 车门控制器 36（左窗升/左窗降）		17　0.5 黄 ⊕ / ⇨ 车门控制器 19（开锁/闭锁）
	19　1.0 蓝/黑 ⇨ / ⊕ 车门控制器 18（左窗升/左窗降）		18　0.5 绿 ⇨ / ⊕ 车门控制器 1（开锁/闭锁）
	1　0.8 灰 ⇨ 左门束间 21（下动控制）		21　0.5 蓝/白 ⇨ 车门控制器 10（左开关右窗升控制）
	2　0.8 灰/白 ⇨ 左门束间 17（上动控制）		22　0.5 红/绿 ⇦ 车门控制器 28（左开关右窗降控制）
	3　0.8 灰/黄 ⇨ 左门束间 18（左动控制）		23　0.5 黑/黄 ⇨ 车门控制器 30（右开关右窗升控制）
	4　0.8 灰/红 ⇨ 左门束间 19（右动控制）		
	5　0.8 紫/白 ⇦ / ⇨ 左门束间 20（左后视镜，上动/下动）		24　0.5 红/绿 ⇦ 车门控制器 29（右开关右窗降控制）
	6　0.8 紫/黄 ⊕ / ⇨ 左门束间 22（左后视镜，左动/右动）		25　0.5 黑/白 ⇨ 车门控制器 12（左窗升控制）
	7　0.8 灰/蓝 ⇨ 左门束间 23（左后视镜变换）		26　0.5 白/绿 ⇨ 车门控制器 11（左窗降控制）
	8　0.8 灰/绿 ⇨ 左门束间 24（右后视镜变换）		27　0.5 蓝 ∩ 车载信息终端 b7（左门扬声器）
	9　0.8 紫/蓝 ⇦ / ⇨ 左门束间 12（右后视镜，上动/下动）		28　0.5 蓝/黑 ∩ 车载信息终端 b8（左门扬声器）
	10　0.8 紫/绿 ⊕ / ⇦ 右门束间 20（右后视镜，左动/右动）		29　0.5 白 ∩ 车载信息终端 b1（右门扬声器）
	12　0.8 蓝 ⇦ / ⇨ 左门束间 25，右门束间 19（后视镜公共端，左动或下动/右动或上动）		30　0.5 白/黑 ∩ 车载信息终端 b2（右门扬声器）
			31　0.5 蓝/白 ⊕ 底盘束间灰 2（ECU/K15）
	13　2.5 黑 ⇦ / ⇨ 左门束间 1，右门束间 5，制动开关 1，水位警告开关 3，刮水电动机 2		32　0.5 红/白 ⊕ 底盘束间灰 21（ECU/K68）
		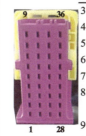	3　0.5 红 ⇨ 水位警告开关 1
	14　0.8 红/黄 ⊕ 左门束间 6，右门束间 17（照明）		4　0.5 蓝/白 ⇨ 制动开关 2
			5　0.5 黑/白 ⇨ 左门束间 2（左门控开关）
	16　1.0 白 ⊕ / ⇨ 右门束间 9（右窗升/右窗降）		6　0.5 黑/蓝 ⇨ 右门束间 4（右门控开关）
	17　1.0 蓝 ⇦ / ⇨ 右门束间 8（左窗升/左窗降）		7　0.8 蓝 ⇨ 洗涤电动机 2，刮水电动机 3
	18　1.0 白/红 ⊕ / ⇨ 左门束间 4（左窗升/左窗降）		8　0.8 蓝/黄 ⊕ / ⇨ 刮水电动机 5（复位时/复位后）
	19　1.0 蓝/黑 ⇨ / ⊕ 右门束间 5（左窗升/左窗降）		9　0.8 蓝/红 ⇨ 刮水电动机 4（高速）
			10　0.8 蓝/黑 ⊕ 刮水电动机 1（低速）
前围束间紫	（插头为驾驶室线束，插座为底盘线束）		11　0.8 蓝/棕 ⇦ 洗涤电动机 1
			12　0.8 白 ⊕ 空调压力开关 1
	3　0.5 红 ⇦ 仪表 a2（水位）		13　0.8 红/白 ⊕ 空调压力开关 2
	4　0.5 蓝/白 ⇨ 中央集电盒 L8（制动灯继电器 J10/85），中央集电盒 m7（ECU 制动继电器 J2/85）		14　0.8 红/棕 ⊕ 左门束间 3（左门踏步灯），右门束间 3（右门踏步灯）
	5　0.5 黑/白 ⇦ 左顶篷束间 2（车内灯）		17　0.5 黄 ⊕ / ⇨ 左门束间 7（开锁/闭锁），右门束间 2（开锁/闭锁）
	6　0.5 黑/蓝 ⇦ 左顶篷束间 3（车内灯）		18　0.5 绿 ⇨ / ⊕ 左门束间 8（开锁/闭锁），右门束间 10（开锁/闭锁）
	7　0.8 蓝 ⊕ 中央集电盒 m1（F30）		21　0.5 蓝/白 ⇨ 左门束间 9（右窗升控制）
	8　0.8 蓝/黄 ⊕ / ⇨ 中央集电盒 m2（刮水低速继电器 J9/87a，复位时/复位后）		22　0.5 红/绿 ⇨ 左门束间 10（右窗降控制）
	9　0.8 蓝/红 ⊕ 中央集电盒 m5（刮水高速继电器 J8/87，刮水高速）		23　0.5 黑/黄 ⇨ 右门束间 7（右窗升控制）
			24　0.5 红/绿 ⇨ 左门束间 15（右窗降控制）
	10　0.8 蓝/黑 ⊕ 中央集电盒 m6（刮水高速继电器 J8/87a，刮水低速）		25　0.5 黑/黄 ⇨ 右门束间 12（左窗降控制）
	11　0.5 蓝/棕 ⇨ 刮水组合开关 4（洗涤）		26　0.5 白/绿 ⇨ 左门束间 13（左窗升控制）
	12　0.8 白 ⊕ 空调束间 6（空调面板 23）		27　0.5 蓝 ∩ 左门束间 14（扬声器）
	13　0.5 红/白 ⊕ 中央集电盒 L5（压缩机继电器 J4/85）		28　0.5 蓝/黑 ∩ 左门束间 15（扬声器）
			29　0.5 白 ∩ 右门束间 14（扬声器）
			30　0.5 白/黑 ∩ 右门束间 13（扬声器）
			31　0.5 蓝/白 ⊕ 离合开关 1
	14　0.8 红/棕 ⊕ 中央集电盒 c6（F22，踏步灯）		32　0.5 红/白 ⊕ 离合开关 2

(续)

名称	内容
右门束间	2　0.5黄⏚/↤ 前围束间紫17(车门控制器19，开锁/闭锁)
	— 右门内接右门中控锁1
	3　0.8 红/棕⏚ 前围束间紫14（中央集电盒c6，F22）
	— 右门内接右门踏步灯1
	4　0.5 黑/蓝↤ 前围束间紫6（左顶篷束间3，右车内灯）
	— 右门内接右门中控锁3（右门控开关）
	5　0.8 黑⏜→ 前围束间黄13（搭铁）
	— 右门内接右门中控锁4，右电动窗开关3、4
	7　0.5 黑/黄↦ 前围束间紫23（车门控制器30）
	— 右门内接右电动窗开关2（右窗升控制）
	8　1.0 蓝⏜/⏚ 前围束间黄17（车门控制器16，右窗升/右降降）
	— 右门内接右电动窗电机1
	9　1.0 白⏚/↦ 前围束间黄16（车门控制器17，右窗升/右窗降）
	— 右门内接右电动窗电机2
	10　0.5 绿⏜/⏚ 前围束间紫18（车门控制器1，开锁/闭锁）
	— 右门内接右门中控锁2
	12　0.8 紫/蓝↦/⏚ 前围束间黄9（车门控制器22，上动/下动）
	— 右门内接右后视镜2
	13　0.5 白/黑⏜ 前围束间紫30（车载信息终端b2）
	— 右门内接右门扬声器2
	14　0.5 白⏜ 前围束间紫29（车载信息终端b1）
	— 右门内接右门扬声器1
	15　0.5 红/绿↤ 前围束间紫24(车门控制器29)
	— 右门内接右窗右门开关1（右窗降控制）
	17　0.8 红/黄⏚ 前围束间黄14(中央集电盒n2，F47)
	— 右门内接右窗右门开关5（照明）
	19　0.8 蓝⏜/⏚ 前围束间黄12（车门控制器21，左动或下动/右动或上动）
	— 右门内接右后视镜1（公共端）
	20　0.8 紫/绿⏚/↦ 前围束间黄10（车门控制器4，左动/右动）
	— 右门内接右后视镜5
右后视镜	1　0.8 蓝⏜/⏚ 右门束间19（公共端）
	2　0.8 紫/蓝⏚/↦ 右门束间12（下动/上动）
	3　0.8 黑↦ 右门束间5（搭铁）
	4　除霜空位
	5　0.8 紫/绿⏚/↦ 右门束间20（左动/右动）

名称	内容
右门踏步灯	1　0.5 红/棕⏚ 右门束间3（F22）
	2　0.5 黑/蓝↦ 右门中控锁3（右门控开关）
右门中控锁	1　0.5 黄⏚/↦ 右门束间2（开锁/闭锁）
	2　0.5 绿↦/⏚ 右门束间10（开锁/闭锁）
	3　0.5 黑/蓝↤ 右门踏步2，右门束间4
	4　0.5 黑→ 右门束间5（搭铁）
右电动窗电动机	1　1.0 蓝⏜/↤ 右门束间8（升/降）
	2　1.0 白⏚/↦ 右门束间9（升/降）
右门扬声器	1　0.5 蓝⏜ 右门束间14
	2　0.5 绿⏜ 右门束间13
右窗右门开关	1　0.8 红/绿↤ 右门束间15（降控制）
	2　0.8 黑/黄↤ 右门束间7（升控制）
	3　0.5 黑⏜→ 右门束间5（照明搭铁）
	4　0.8 黑→ 右门束间5（搭铁）
	5　0.5 红/黄⏚ 右门束间17（照明）
水位警告开关	1　0.5 红↤ 前围束间紫3（仪表a2）
	3　0.5 黑→ 前围束间黄13（搭铁）
空调压力开关	1　0.8 白⏚ 前围束间紫12（空调束间6）
	2　0.8 红/白⏚ 前围束间紫13（中央集电盒L5，压缩机继电器J4/85）
刮水电动机	1　0.8 蓝/黑 低速⏚ 前围束间紫10（中央集电盒m6，刮水高速继电器J8/87a）
	2　0.8 黑⏜→ 前围束间黄13（搭铁）
	3　0.8 蓝⏚ 前围束间紫7（中央集电盒m1，F30）
	4　0.8 蓝/红 高速⏚ 前围束间紫9（中央集电盒m5，J8/87）
	5　0.8 蓝/黄↦/↤ 前围束间紫8（中央集电盒m2，刮水高速继电器J9/87a，复位时/复位后）
洗涤电动机	1　0.8 蓝/棕↦ 前围束间紫11(刮水组合开关4)
	2　0.8 蓝⏚ 前围束间紫7（中央集电盒m1，F30）
制动开关	1　0.8 黑→ 前围束间黄13（搭铁）
	2　0.5 蓝/白⏚ 前围束间紫4（中央集电盒L8、制动灯继电器J10/85，中央集电盒m7、ECU制动继电器J2/85）
离合开关	1　0.5 蓝/白⏚ 前围束间紫31（ECU/K15）
	2　0.8 红/白⏚ 前围束间紫32（ECU/K68）

二、解放JH6锡柴博世EDC17国四电喷汽车

(续)

名 称	内 容	名 称	内 容
左门束间 	1　0.8 黑 ⊶→ 前围束间黄 13（搭铁） — 左门内接左门各电器搭铁 2　0.5 黑/白 ⊶→ 前围束间紫 5（左顶篷束间 2，左车内灯） — 左门内接左门中控锁 3（左门控开关） 3　0.8 红/棕 ⊕ 前围束间紫 14（中央集电盒 c6，F22） — 左门内接左踏步灯 1 4　1.0 白/红 ⊕/→ 前围束间黄 18（车门控制器 36，左窗升/左窗降） — 左门内接左电动窗电动机 2 5　1.0 蓝/黑 ⊶/⊕ 前围束间黄 19（车门控制器 18，左窗升/左窗降） — 左门内接左电动窗电动机 1 6　0.8 红/黄 ⊕ 前围束间黄 14（中央集电盒 n2，F47） — 左门内接左电动窗开关 5，后视镜开关 9，右窗左门开关 5（照明） 7　0.5 黄 ⊕/ ⊶ 前围束间紫 17（车门控制器 19，开锁/闭锁） — 左门内接左门中控锁 1 8　0.5 绿 ⊶/⊕ 前围束间紫 18（车门控制器 1，开锁/闭锁） — 左门内接左门中控锁 2 9　0.5 蓝/白 ⊶ 前围束间紫 21（车门控制器 10） — 左门内接右窗左门开关 2（右窗升控制） 10　0.5 红/绿 ⊶ 前围束间紫 22（车门控制器 28） — 左门内接右窗左门开关 1（右窗降控制） 12　0.5 黑/白 ⊶ 前围束间紫 25（车门控制器 12） — 左门内接左电动窗开关 2（左窗降控制） 13　0.5 白/绿 ⊶ 前围束间紫 26（车门控制器 11） — 左门内接左电动窗开关 1（左窗升控制） 14　0.5 蓝 ∩ 前围束间紫 27（车载信息终端 b7） — 左门内接左门扬声器 1 15　0.5 蓝/黑 ∩ 前围束间紫 28（车载信息终端 b8） — 左门内接左门扬声器 2 17　0.8 灰/白 ⊶ 前围束间黄 2（车门控制器 13） — 左门内接后视镜开关 2（下动控制） 18　0.8 灰/黄 ⊶ 前围束间黄 3（车门控制器 32） — 左门内接后视镜开关 1（左动控制） 19　0.8 灰/红 ⊶ 前围束间黄 4（车门控制器 14） — 左门内接后视镜开关 5（右动控制） 20　0.8 紫/白 →/⊕ 前围束间黄 5（车门控制器 5，上动/下动） — 左门内接左后视镜 2 21　0.8 灰 ⊶ 前围束间黄 1（车门控制器 31） — 左门内接后视镜开关 3（上动控制）		22　0.8 紫/黄 ⊕/ ⊶ 前围束间黄 6（车门控制器 6，左动/右动） — 左门内接左后视镜 5 23　0.8 灰/蓝 ⊶ 前围束间黄 7（车门控制器 33） — 左门内接后视镜开关 6（左后视镜变换） 24　0.8 灰/绿 ⊶ 前围束间黄 8（车门控制器 15） — 左门内接后视镜开关 7（右后视镜变换） 25　0.8 蓝 ⊕/ ⊶ 前围束间黄 12（车门控制器 21，左动或下动/右动或上动） — 左门内接左后视镜 1（公共端）
左后视镜 		1　0.5 蓝 ⊶/⊕ 左门束间 25（公共端） 2　0.5 紫/白 ⊶/→ 左门束间 20（下动/上动） 3　0.8 黑 ⊶ 左门束间 1（搭铁） 4　除霜空位 5　0.8 紫/黄 ⊕/→ 左门束间 22（左动/右动）	
左门踏步灯 		1　0.5 红/棕 ⊕ 左门束间 3（F22） 2　0.5 黑/白 → 左门中控锁 3（左门开关）	
左门中控锁		1　0.5 黄 ⊕/ ⊶ 左门束间 7（开锁/闭锁） 2　0.5 绿 ⊶/⊕ 左门束间 8（开锁/闭锁） 3　0.5 黑/白 ⊶ 左踏步灯 2，左门束间 2 4　0.5 黑 → 左门束间 1（搭铁）	
左电动窗电动机 		1　1.0 红/灰 →/⊕ 左门束间 5（升/降） 2　1.0 红/黑 ⊕ 左门束间 4（升/降）	
左门扬声器		1　0.5 蓝 ∩ 左门束间 14 2　0.5 蓝/黑 ∩ 左门束间 15	
左电动窗开关 		1　0.5 白/红 ⊶ 左门束间 13（降控制） 2　0.5 白/黑 ⊶ 左门束间 12（升控制） 3　0.5 黑 ⊶ 左门束间 1（照明搭铁） 4　0.5 黑 → 左门束间 1（搭铁） 5　0.5 红/黄 ⊕ 左门束间 6（照明）	
右窗左门开关 		1　0.5 黄/黑 ⊶ 左门束间 10（降控制） 2　0.5 绿/黄 ⊶ 左门束间 9（升控制） 3　0.5 黑 ⊶ 左门束间 1（照明搭铁） 4　0.5 黑 → 左门束间 1（搭铁） 5　0.5 红/黄 ⊕ 左门束间 6（照明）	
后视镜开关 		1　0.8 灰/黄 ⊶ 左门束间 18（左动控制） 2　0.8 灰/白 ⊶ 左门束间 17（下动控制） 3　0.8 灰 ⊶ 左门束间 21（上动控制） 4　0.8 黑 → 左门束间 1（搭铁） 5　0.8 灰/红 ⊶ 左门束间 19（右动控制） 6　0.8 灰/蓝 ⊶ 左门束间 23（左后视镜变换）	

(续)

名称	内容	名称	内容
	7 0.8 灰/绿 ← 左门束间24（右后视镜变换） 8 除霜控制空位 9 0.5 红/黄 → 左门束间6（照明） 10 0.8 黑 → 左门束间1（搭铁）		9 0.8 红/黑 倒车开关 → 底盘束间紫13（车载信息终端，挂车灯插座7，右后组合灯4，倒车蜂鸣器2，左后组合灯4） 10 0.5 白/黑 低档开关 ← 底盘束间绿2
电喇叭 	0.8 绿/黑 → 底盘束间绿11 0.8 黑 → 底盘搭铁点		1 0.5 蓝 → 空档开关1 2 0.8 红/白 → 空档开关4 3 0.5 绿 → 车速里程传感器3（信号） 5 0.5 黄/绿 → 车速里程传感器1（12V电源） 7 0.8 黑 ← 车速里程传感器2，低档信号开关2 8 0.5 红/蓝 → 倒车开关2 9 0.5 红 → 倒车开关1 10 0.5 白/黑 → 低档信号开关1
气喇叭电磁阀 	1 0.8 白 → 底盘束间绿9（F4） 2 0.8 绿 → 底盘束间绿8（喇叭变换开关）		
右前组合灯 	1 1.5 红/白 小灯 → 底盘束间紫7（F48） 2 1.5 黑 搭铁 → 底盘搭铁点 3 1.0 绿/黑 右转 → 底盘束间紫10 4 1.5 灰 近光 → 底盘束间紫4（F46） 5 1.5 黄/绿 远光 → 底盘束间紫6（F24）	倒车开关 	1 0.5 红 → 变速器束间9 2 0.5 红/蓝 → 变速器束间8（FA3）
右前雾灯 	1 1.5 红 前雾灯 → 底盘束间紫8 2 1.5 黑 搭铁 → 底盘搭铁点 3 1.5 黄/绿 辅助远光 → 底盘束间紫6（F24）	空档开关 	1 0.5 蓝 → 变速器束间1（ECU/K19） 4 0.8 红/白 → 变速器束间2（ECU/K68）
驾驶室翻转接口 	a1 0.8 黑/绿 → 底盘束间绿7（驾驶室翻转开关） a2 0.8 蓝 翻转按钮1 b1 2.5 黑/黄 → 底盘电器盒h1（FA1） b2 2.5 红 → 底盘搭铁点	车速里程传感器 	1 0.5 黄/绿 → 变速器束间5（12V电源） 2 0.8 黑 → 变速器束间7（搭铁） 3 0.5 绿 → 变速器束间3（信号）
翻转按钮 	1 0.8 蓝 ← 驾驶室翻转接口a2 2 0.8 黑 → 底盘搭铁点	低档信号开关 	1 0.5 白/黑 ← 变速器束间10 2 0.8 黑 → 变速器束间7（搭铁）
右前轮制动阀 	1 1.0 蓝 → 底盘束间棕2（泄压） 2 1.0 黑 → 底盘搭铁点 3 1.0 棕 → 底盘束间棕1（加压）	燃油传感器 	1 0.8 黄 → 底盘束间紫12 2 0.8 黑 → 底盘搭铁点 注：燃油传感器参数： 1 刻度 (8±1.5)Ω 1/2 刻度 (38±3)Ω 0 刻度 (107±6)Ω
右前轮转速传感器 	1 0.8 棕 → 底盘束间棕4 2 0.8 黑 → 底盘束间棕3	左前雾灯 	1 1.5 红 前雾灯 → 底盘束间紫8 2 1.5 黑 搭铁 → 底盘搭铁点 3 1.5 棕 辅助远光 → 底盘束间紫5（F23）
驾驶室锁止开关 （两个） 	1 0.8 黑/黄 → 底盘束间绿3（仪表b18） 2 0.5 黑 → 底盘搭铁点		
右中示宽灯 	1 1.5 红/白 → 底盘束间紫7（F48） 2 0.8 黑 → 底盘搭铁点	左前组合灯 	1 1.5 红/黄 小灯 → 底盘束间紫7（F48） 2 1.5 黑 搭铁 → 底盘搭铁点 3 1.0 绿/红 左转 → 底盘束间紫11 4 1.5 红/绿 近光 → 底盘束间紫3（F45） 5 1.5 棕 远光 → 底盘束间紫5（F23）
变速器束间 	（空档开关、倒车灯开关、低档开关、车速里程） 1 0.5 蓝 → ECU/K19（空档信号） 2 0.5 红/白 → ECU/K68（空档开关电源） 3 0.5 绿 → 底盘束间绿13（车速里程信号） 5 0.5 蓝 → 底盘束间绿12（车速里程电源） 7 0.8 黑 → 底盘搭铁点 8 0.8 红/蓝 倒车开关 → 底盘电器盒L4(FA3)	交流发电机 	a 10.0 白/红 B+ → 底盘电器盒c（FA9） b1 0.8 白/红 D+ → 底盘束间紫2（仪表a1）

(续)

名称		内容	名称		内容
压缩机				58	0.5 红/绿 底盘束间灰 17（喷液加热信号）
	1	0.8 黄 底盘束间绿 1		59	0.8 蓝 — 底盘束间棕 17（K 线）
	2	0.8 黑 底盘搭铁点		60	0.8 蓝/黑 大气温度传感器 2（负电）
预热电阻				61	0.5 绿 底盘束间灰 18（油门 1 信号）
		16.0 黄 底盘电器盒 g（预热继电器 K6/87）		62	0.5 黑 底盘束间灰 19（油门 1 负电）
发动机 ECU/K（简称 ECU/K）				64	0.8 白/红 尿素液位温度传感器 4（温度负电）
	1	2.5 红 底盘电器盒 h5（FA12，主电源）		65	0.5 白/红 底盘束间灰 20（故障灯）
	2	2.5 黑 底盘搭铁点		68	0.8 红/白 底盘束间灰 21（离合、仪表预热灯、排放灯等电源），变速器束间 2（空挡开关电源，底盘电器盒 n4（预热继电器）
	3	2.5 红 底盘电器盒 h5（FA12，主电源）			
	4	2.5 黑 底盘搭铁点			
	5	2.5 红 底盘电器盒 h5（FA12，主电源）		69	0.5 白 底盘束间蓝 1（排放灯）
	6	2.5 黑 底盘搭铁点		70	0.8 黄/蓝 底盘束间蓝 2（故障灯）
	7	0.8 蓝/黑 尿素泵组件 8（尿素泵负电）		71	0.8 蓝/绿 底盘电器盒 m3（起动继电器）
	8	0.8 绿/黑 尿素泵组件 12（尿素泵换向阀）		72	0.5 棕/绿 底盘电器盒 n5（预热继电器）
	9	0.8 白 尿素喷嘴电磁阀 1		73	0.5 红 尿素泵组件 9（尿素泵供电）
	10	0.8 黑 尿素喷嘴电磁阀 2		74	0.8 蓝/黑 底盘束间蓝 3（多态负电）
	12	0.5 灰/黄 底盘束间灰 1（巡航取消）		75	0.5 灰 — 底盘束间蓝 17（诊断刷写 CAN 高端）
	15	0.5 蓝/白 底盘束间灰 2（离合信号）			
	16	0.5 绿/白 底盘束间灰 3（排气制动请求）		76	0.5 绿 — 底盘束间蓝 19（通信 CAN 低端），氮氧传感器 3
	18	0.5 绿/黄 底盘束间灰 4（巡航加速）			
	19	0.5 蓝 变速器束间 1（空挡开关）		77	0.8 黑 尿素泵组件 4（压力传感器）
	20	1.0 红/白 底盘束间灰 5（进液加热信号）		78	0.8 绿 尿素泵组件 3（压力信号）
	24	0.8 红/黄 尿素泵组件 2（压力传感器 5V+）		79	0.5 蓝/红 底盘束间蓝 4（多态信号）
	25	0.8 蓝 底盘束间灰 6（尿素泵加热控制）		80	0.5 白/黑 尿素液位温度传感器 3（温度信号）
	26	0.5 红/棕 底盘束间灰 7（进液加热控制）			
	28	0.8 红/灰 尿素箱加热阀 1		81	0.8 黑/紫 进口温度传感器 1
	29	0.8 棕/黑 底盘电器盒 m1（起动继电器 K2/86），排气制动电磁阀 1		82	0.8 黑/红 进口温度传感器 2
				83	0.5 黄 底盘束间蓝 5（油门 2 信号）
	30	0.8 红/黑 尿素泵组件 11（尿素泵回流阀）		84	0.5 棕 底盘束间蓝 6（油门 2 负电）
	32	0.5 蓝/白 底盘束间灰 8（巡航恢复）		87	0.5 红/白 底盘束间蓝 7（排气制动开关负电）
	33	0.8 棕 底盘束间灰 9（尿素泵加热信号）			
	35	0.8 黑/蓝 底盘束间紫 1（起动请求）		88	0.5 红/蓝 底盘束间蓝 13（F43，唤醒电源）
	36	0.8 黄/绿 底盘束间灰 10（回液加热信号）		89	0.8 红 尿素箱加热阀 2
	37	0.5 棕/红 底盘束间灰 11（巡航减速）		90	0.8 白 底盘束间蓝 8（向尿素加热继电器线圈供电）
	39	0.5 蓝 大气温度传感器 1（信号）			
	41	0.8 绿/白 底盘束间紫 18（制动信号）		92	0.8 红 底盘束间蓝 9（喷液加热控制）
	42	0.5 红/黑 底盘束间灰 12（发动机制动）		93	0.8 蓝 — 尿素泵组件 10（尿素泵信号）
	44	0.5 白 底盘束间灰 13（油门 2 电源）		94	0.8 黑 底盘束间蓝 10（尿素主继电器控制）
	45	0.5 红 底盘束间灰 14（油门 1 电源）			
	47	0.8 白 排气制动电磁阀 2	发动机 ECU/A（简称 ECU/A）		
	48	0.5 蓝/棕 底盘束间灰 15（预热灯）		1	1.5 绿/红 喷油器接口 10（5 缸低端）
	50	0.5 黑/红 底盘束间灰 16（回液加热控制）		2	1.5 红/黑 喷油器接口 12（6 缸低端）
	52	0.8 白/蓝 尿素液位温度传感器 2（液位负电）		3	1.5 白/黑 喷油器接口 8（4 缸低端）
				4	1.5 红/白 燃油计量阀 1
	53	0.5 蓝 — 底盘束间蓝 16（诊断刷写 CAN 低端）		5	1.5 绿/白 燃油计量阀 2（24～48V）
	54	0.5 红 — 底盘束间蓝 20（通信 CAN 高端），氮氧传感器 4		7	0.8 棕 轨压传感器 3（5V+）
				9	0.8 蓝/黑 进气压力温度传感器 3（5V+）
	57	0.8 白 尿素液位温度传感器 1（液位信号）		15	0.8 白/绿 喷油器接口 7（电磁风扇）

(续)

名　称	内　容	名　称	内　容
	16　1.5 蓝/白　喷油器接口 2（1 缸低端）	进气压力温度传感器	
	17　1.5 棕/白　喷油器接口 13（3 缸低端）		1　0.8 黄/红　负电 ECU/A42
	18　1.5 灰　喷油器接口 3（2 缸低端）		2　0.8 红/黑　温度 ECU/A27
	24　0.8 红/白　机油压力传感器 1（5V+）		3　0.8 蓝/白　5V+ ECU/A9
	25　0.8 白　轨压传感器 1（负电）		4　0.8 白/黑　压力 ECU/A43
	26　0.8 蓝　轨压传感器 2（信号）	燃油计量阀	
	27　0.8 红/黑　进气压力温度传感器 2（温度）		1　1.5 白/红　ECU/A4
	28　0.8 灰　水温传感器 1（信号）		2　1.5 绿/白　ECU/A5（24~48V）
	29　0.8 棕/白　水温传感器 2（负电）	凸轮轴转速传感器	
	31　1.5 白　喷油器接口 9（5 缸高端）		1　0.8 绿　负端 ECU/A52
	32　1.5 绿　喷油器接口 11（6 缸高端）		2　0.8 白　正端 ECU/A37
	33　1.5 棕　喷油器接口 1（1 缸高端）	轨压传感器	
	37　0.8 白　凸轮轴传感器 2（正端）		1　0.8 白　负电 ECU/A25
	38　0.8 黑/白　曲轴传感器屏蔽		2　0.8 蓝　信号 ECU/A26
	39　0.8 绿/白　曲轴传感器 1（正端）		3　0.8 棕　5V+ ECU/A7
	42　0.8 黄/红　进气压力温度传感器 1（负电）	曲轴转速传感器	
	43　0.8 白/黑　进气压力温度传感器 4（压力）		1　0.8 绿/白　正端 ECU/A39
	44　0.8 绿　机油压力传感器 3（信号）		2　0.8 黄/红　负端 ECU/A54
	45　0.8 白　喷油器接口 6（电磁风扇）	左前轮制动阀	
	46　1.5 黄　喷油器接口 14（4 缸高端）		1　1.0 蓝　底盘束间棕 6（泄压）
	47　1.5 蓝　喷油器接口 5（3 缸高端）		2　1.0 黑　底盘搭铁点
	48　1.5 黄/红　喷油器接口 4（2 缸高端）		3　1.0 棕　底盘束间棕 5（加压）
	52　0.8 绿　凸轮轴传感器 1（负端）	左前轮转速传感器	
	53　0.8 白　凸轮轴传感器屏蔽		1　0.8 棕　底盘束间棕 8
	54　0.8 白/红　曲轴传感器 2（负端）		2　0.8 黑　底盘束间棕 7
	57　0.8 白/黑　机油压力传感器 2（负电）	起动机（电磁开关）	
机油压力传感器			1.5 棕　底盘电器盒 L6（K2/87）
	1　0.8 红/白　5V+ ECU/A24	尿素喷嘴电磁阀	
	2　0.8 白/黑　负电 ECU/A57		1　0.8 白　ECU/K9
	3　0.8 绿　信号 ECU/A44		2　0.8 黑　ECU/K10
冷却液温度传感器		挂车 ABS 接口	
	1　0.8 灰　信号 ECU/A28		1　1.5 棕/蓝　底盘搭铁点
	2　0.8 棕/白　负电 ECU/A29		2　0.8 蓝/红　— 底盘束间绿 6（仪表 a16）
喷油器接口			3　1.0 红/绿　底盘束间绿 4（F42）
	1　1.5 棕　1 缸 ECU/A33		5　2.5 棕　底盘搭铁点
	2　1.5 蓝/白　1 缸 ECU/A16		6　4.0 红/灰　底盘电器盒 L2（FA15）
	3　1.5 灰　2 缸 ECU/A18	后照灯	
	4　1.5 黄/红　2 缸 ECU/A48		1　1.0 红/黑　底盘束间绿 5（J6/87）
	5　1.5 蓝　3 缸 ECU/A47		2　1.5 棕/蓝　底盘搭铁点
	6　0.8 白　电磁风扇 ECU/A45	挂车灯插座	
	7　0.8 白/绿　电磁风扇 ECU/A15		1　0.8 绿/白　制动 底盘束间紫 15（J10/87）
	8　1.5 白/黑　4 缸 ECU/A3		2　1.0 黄/红　左转 底盘束间绿 17
	9　1.5 白　5 缸 ECU/A31		3　1.0 红/黄　小灯 底盘束间紫 7（F48）
	10　1.5 绿/红　5 缸 ECU/A1		4　1.0 黑　搭铁 底盘搭铁点
	11　1.5 绿　6 缸 ECU/A32		6　1.0 红　后雾 底盘束间绿 14
	12　1.5 红/黑　6 缸 ECU/A2		7　0.8 红/黑　倒车 变速器束间 9（倒车灯开关）
	13　1.5 棕/白　3 缸 ECU/A17		
	14　1.5 黄　4 缸 ECU/A46		8　1.0 黄/绿　右转 底盘束间绿 18

二、解放JH6锡柴博世EDC17国四电喷汽车

(续)

名　称	内　容	名　称	内　容
氮氧传感器 	1　0.8 黑/绿 ⏚ 底盘束间紫 9（F20） 2　0.8 棕/蓝 ⏚ 底盘搭铁点 3　0.5 绿 — ECU/K76（通信 CAN） 4　0.5 红 — ECU/K54（通信 CAN）	L 	L4　0.8 红/蓝 ⏚ 变速器束间 8（倒车灯开关） — 底盘电器盒内接熔断器 FA3（输出） L6　1.5 棕 ⏚ 起动机（电磁开关） — 底盘电器盒内接起动继电器 K2/87
进口温度传感器 	1　0.8 黑/紫 ⏚ ECU/K81 2　0.8 黑/红 ⏚ ECU/K82	m 	m1　0.8 棕/黑 ⏚ ECU/K29 — 底盘电器盒内接起动继电器 K2/86 m3　0.8 蓝/绿 ⏚ ECU/K71 — 底盘电器盒内接起动继电器 K2/85 m4　4.0 红/绿 ⏚ 底盘束间白 1（起动钥匙开关） — 底盘电器盒内接熔断器 FA6（输出）
左中示宽灯 	1　1.5 红/黄 ⏚ 底盘束间紫 7（F48） 2　0.8 黑 ⏚ 底盘搭铁点	n 	n4　0.8 红/白 ⏚ ECU/K68 — 底盘电器盒内接预热继电器 K6/86 n5　0.8 棕/绿 ⏚ ECU/K72 — 底盘电器盒内接预热继电器 K6/85
底盘搭铁点 	2.5 黑×7 1.5 黑 0.8 黑×2 2.5 棕 1.5 棕/蓝 0.8 棕/蓝	左后示宽灯	1　1.5 红/黄 ⏚ 底盘束间紫 7（F48） 2　1.0 黑 ⏚ 底盘搭铁点
记忆电源接点（接电源总开关输入端） 6.0 红 ⏚ 底盘电器盒 e（FA11～FA16）		尿素泵组件 	2　0.8 红/黄 ⏚ ECU/K24（尿素压力 5V+） 3　0.8 绿 ⏚ ECU/K78（尿素压力信号） 4　0.8 黑 ⏚ ECU/K77（尿素压力负电） 5　1.5 绿/黄 ⏚ 底盘束间蓝 14（尿素主继电器 J19/87） 6　0.8 棕 ⏚ 底盘束间灰 9（尿素电器盒 F52） 8　0.8 蓝/黑 ⏚ ECU/K7（尿素泵负电） 9　0.8 红 ⏚ ECU/K73（尿素泵供电） 10　0.8 蓝 — ECU/K93（尿素泵信号） 11　0.8 红/黑 ⏚ ECU/K30（尿素换向阀） 12　0.8 绿/黑 ⏚ ECU/K8（尿素泵换向阀）
气压 1 传感器 	1　0.5 黑 ⏚ 底盘束间紫 20（仪表 b21，负电） 2　0.5 蓝 ⏚ 底盘束间紫 21（仪表 a25，信号） 3　0.5 红/白 ⏚ 底盘束间紫 16（仪表 b11，5V+）		
气压 2 传感器 	1　0.5 黑 ⏚ 底盘束间紫 20（仪表 b21，负电） 2　0.5 蓝 ⏚ 底盘束间紫 17（仪表 a26，信号） 3　0.5 红/白 ⏚ 底盘束间紫 16（仪表 b11，5V+）		
空气干燥器 	1　0.8 黑/绿 ⏚ 底盘束间紫 9（F20） 2　0.8 黑 ⏚ 底盘搭铁点		尿素泵总成的接脚参数： 接脚 2 即尿素泵信号建压时电压为 8~18.5V 接脚 5、6 之间即加热电阻为 11Ω 接脚 6 即回流时电压为 19.5~25.5V 接脚 9 即尿素压力信号电压未建压时为 0.8V，建压后为 3V 接脚 11、12 之间即换向阀电阻为 9Ω
底盘电器盒 b	b　10.0 白 ⏚ 底盘 30 电源接点（中央集电盒） — 底盘电器盒内接熔断器 FA8（输出）	尿素箱加热阀 	1　0.8 红/灰 ⏚ ECU/K28 2　0.8 红 ⏚ ECU/K89
c	c　10.0 白/红 ⏚ 交流发电机 a — 底盘电器盒内接熔断器 FA9		
d ⊙	d　4.0 白/黄 ⏚ 底盘束间白 6（中央集电盒） — 底盘电器盒内接熔断器 FA11（输出）	进液管加热器 	1　1.0 绿/黄 ⏚ 底盘束间蓝 14（尿素主继电器 J19/87） 2　1.0 红/白 ⏚ 底盘束间灰 5（尿素电器盒 F51）
e ⊙	e　6.0 红 ⏚ 记忆电源接点（蓄电池正极） — 底盘电器盒内接熔断器 FA11～FA16（输入）	回液管加热器 	1　1.0 绿/黄 ⏚ 底盘束间蓝 14（尿素主继电器 J19/87） 2　1.0 黄/绿 ⏚ 底盘束间灰 10（尿素电器盒 F50）
g ⊙	g　16.0 黄 ⏚ 预热电阻 — 底盘电器盒内接预热继电器 K6/87		
h	h1　2.5 黑/黄 ⏚ 驾驶室翻转接口 b1 — 底盘电器盒内接熔断器 FA1（输出） h5　2.5 红/白 ⏚ ECU/K1、K3、K5（主电源） — 底盘电器盒内接熔断器 FA12（输出） L2　4.0 红/灰 ⏚ 挂车 ABS 接口 6 — 底盘电器盒内接熔断器 FA15（输出）		

(续)

名称		内容	名称		内容
喷液管加热器	1	1.0 绿/黄 ⏚ 底盘束间蓝 14（尿素主继电器 J19/87）	右后组合灯	1	0.8 红 后雾灯 ⏚ 底盘束间绿 14
	2	1.0 红/绿 → 底盘束间灰 17（尿素电器盒 F49）		2	1.0 绿/黑 右转 ⏚ 底盘束间紫 10
尿素液位温度传感器	1	0.8 白 ECU/K57（液位信号）		3	1.5 红/白 小灯 ⏚ 底盘束间紫 7（F48）
	2	0.8 白/蓝 ECU/K52（液位负电）		4	0.8 红/黑 倒车 ⏚ 变速器束间 9
	3	0.8 白/黑 ECU/K80（温度信号）		5	0.8 绿/白 制动 ⏚ 底盘束间紫 15
	4	0.8 白/红 ECU/K64（温度负电）		6	1.0 黑 → 底盘搭铁点
轴间差速信号开关	1	0.8 灰/蓝 ⏚ 底盘束间绿 16（仪表a14）	左后组合灯	1	0.8 红 后雾灯 ⏚ 底盘束间绿 14
	2	0.8 黑 → 底盘搭铁点		2	1.0 绿/红 左转 ⏚ 底盘束间紫 11
排气制动电磁阀	1	0.8 棕/黑 ⏚ ECU/K29		3	1.5 红/白 小灯 ⏚ 底盘束间紫 7（F48）
	2	0.8 白 → ECU/K47		4	0.8 红/黑 倒车 ⏚ 变速器束间 9
轴间差速电磁阀	1	0.8 灰 ⏚ 底盘束间绿 15		5	0.8 绿/白 制动 ⏚ 底盘束间紫 15
	2	0.8 黑 → 底盘搭铁点		6	1.0 黑 → 底盘搭铁点
右后示宽灯	1	1.5 红/白 ⏚ 底盘束间紫 7（F48）			
	2	0.8 黑 → 底盘搭铁点			
驻车制动开关	1	0.8 绿 ⏚ 底盘束间紫 14（仪表a3）			
	2	0.8 黑 → 底盘搭铁点			
左后轮电磁阀	1	1.0 蓝 ⏚ 底盘束间棕 13（泄压）			
	2	1.0 黑 → 底盘搭铁点			
	3	1.0 棕 ⏚ 底盘束间棕 14（加压）			
左后轮转速传感器	1	0.8 黑 底盘束间棕 16			
	2	0.8 棕 底盘束间棕 15			
右后轮电磁阀	1	1.0 蓝 ⏚ 底盘束间棕 9（泄压）			
	2	1.0 黑 → 底盘搭铁点			
	3	1.0 棕 ⏚ 底盘束间棕 10（加压）			
右后轮转速传感器	1	0.8 黑 底盘束间棕 12			
	2	0.8 棕 底盘束间棕 11			
大气温度传感器	1	0.8 蓝 ECU/K39（信号）			
	2	0.8 蓝/黑 → ECU/K60（负电）			
倒车蜂鸣器	1	0.8 黑 → 底盘搭铁点			
	2	0.8 红/黑 → 变速器束间 9（倒车灯开关）			

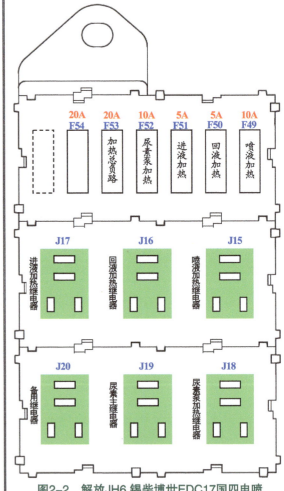

图2-2 解放JH6 锡柴博世EDC17国四电喷汽车尿素电器盒图

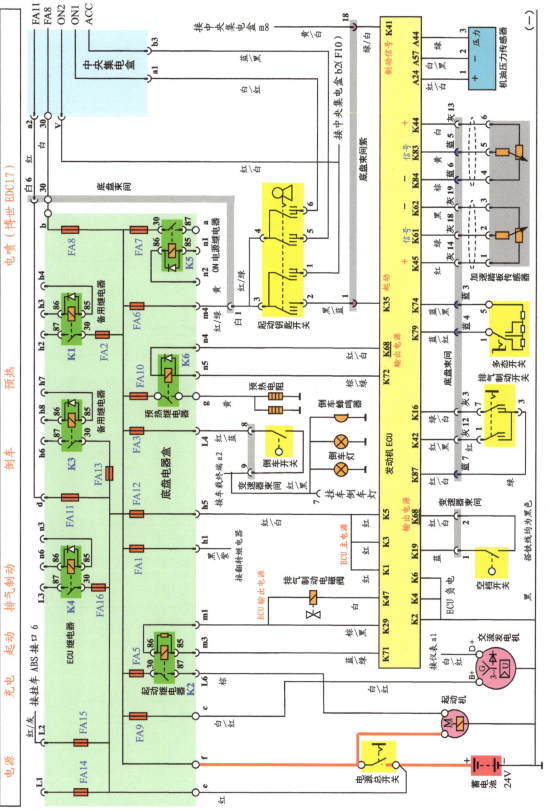

图2-3 解放JH6锡柴博世EDC17国四电喷汽车电路原理图(一)

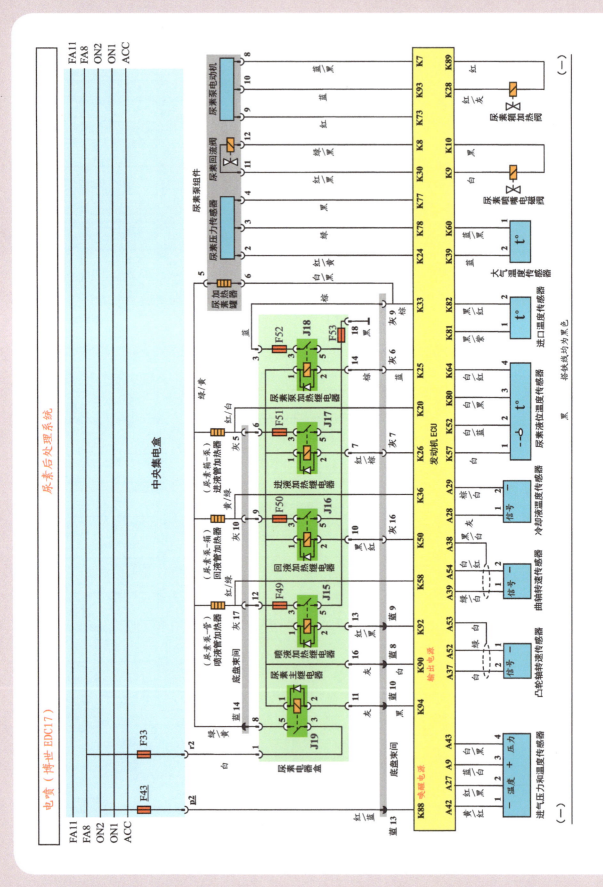

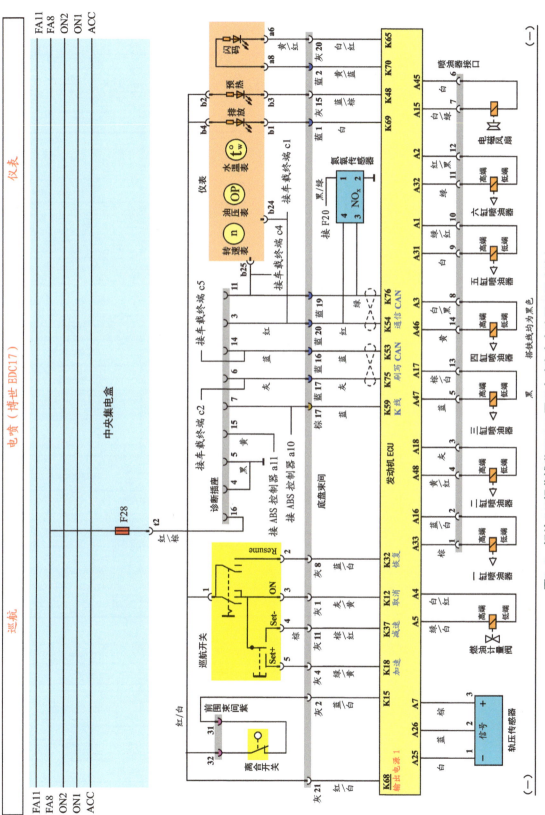

图2-3 解放JH6锡柴博世EDC17国四电喷汽车电路原理图（续）

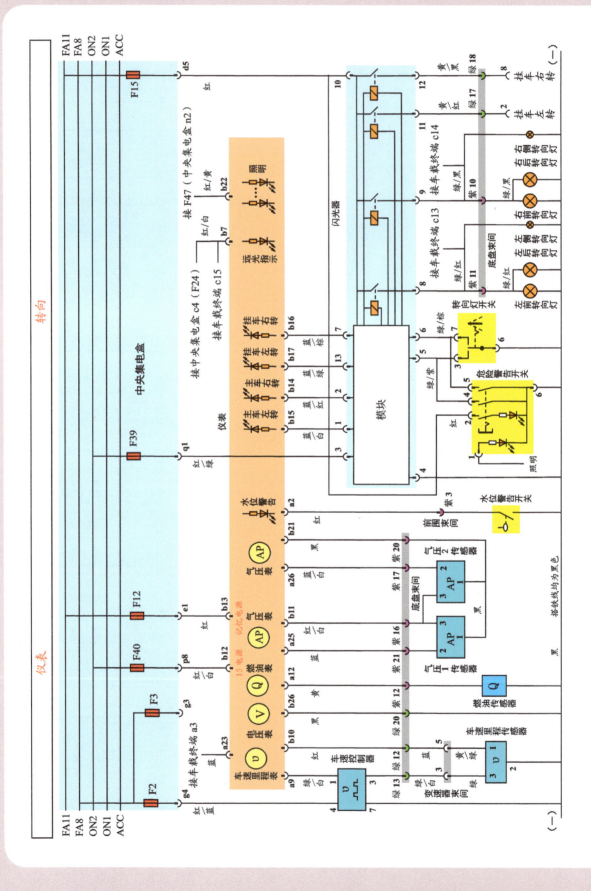

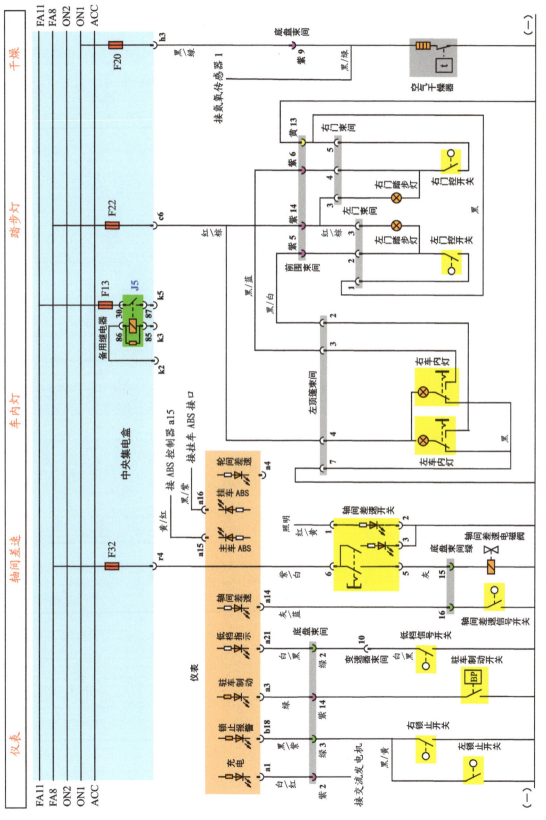

图2-3 解放JH6锡柴博世EDC17国四电喷汽车电路原理图（续）

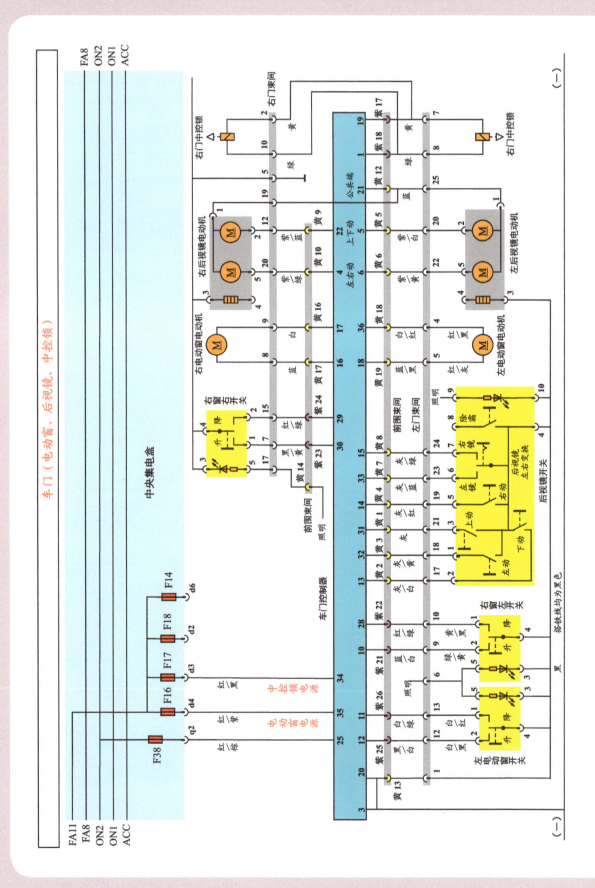

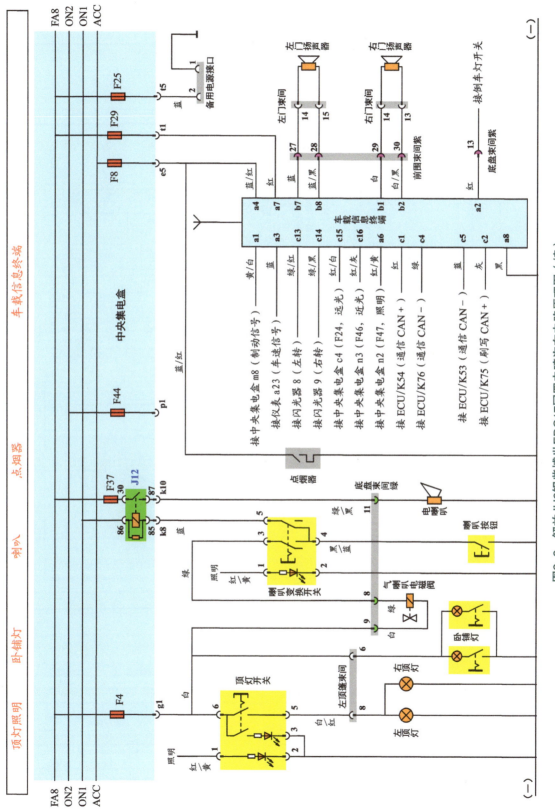

图2-3 解放JH6锡柴博世EDC17国四电喷汽车电路原理图（续）

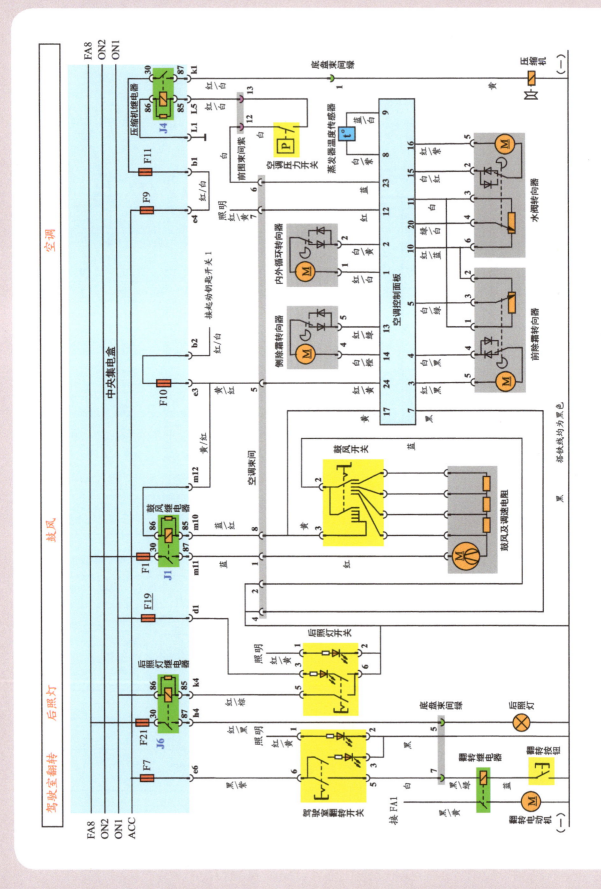

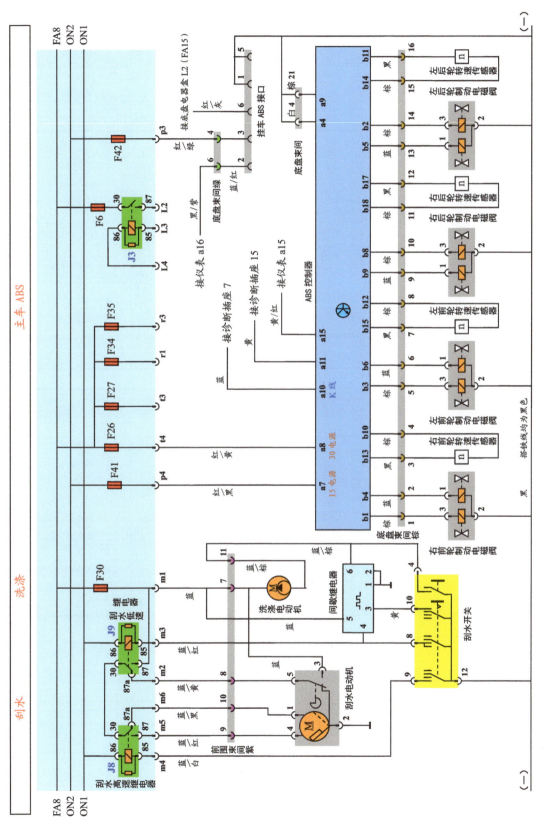

图2-3 解放JH6锡柴博世EDC17国四电喷汽车电路原理图（续）

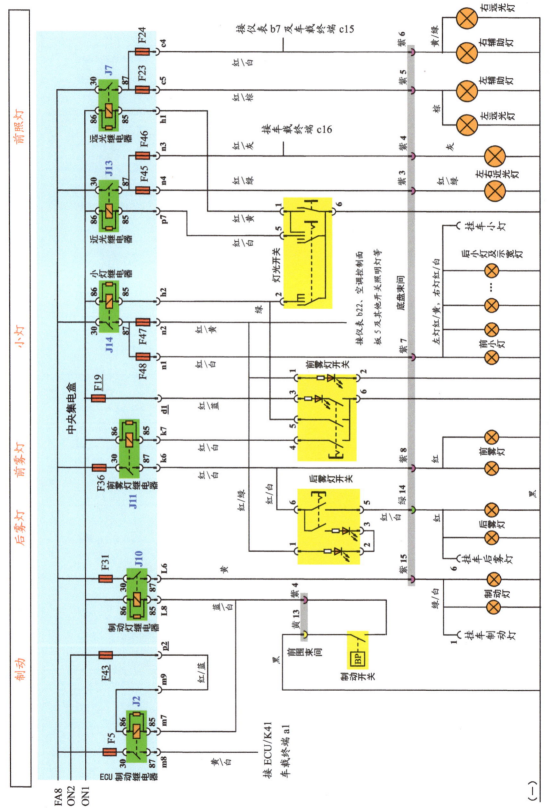

图2-3　解放JH6锡柴博世EDC17国四电喷汽车电路原理图（续）

图2-4 解放JH6锡柴博世EDC17国四电喷汽车中央集电盒原理图

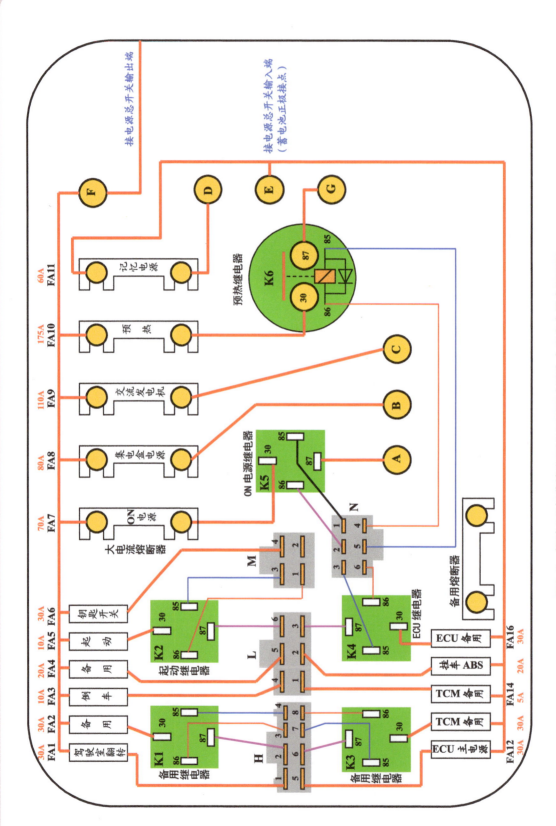

图2-5　解放JH6锡柴博世EDC17国四电喷汽车底盘电器盒原理图

三、解放 JH6 潍柴自主国四电喷汽车

线束布局图见图 3-1，线束剖析表见表 3-1，尿素电器盒图见图 3-2，电路原理图见图 3-3，中央集电盒原理图见图 3-4，底盘电器盒原理图见图 3-5。

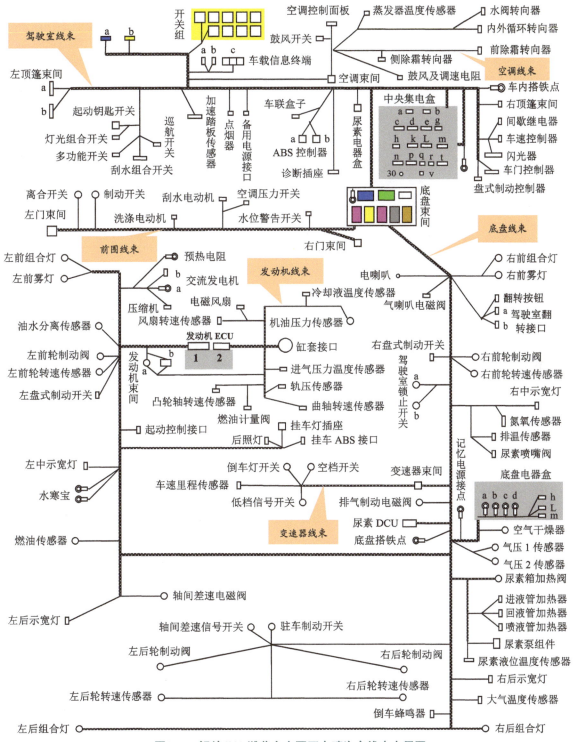

图3-1 解放JH6潍柴自主国四电喷汽车线束布局图

表3-1 解放JH6潍柴自主国四电喷汽车线束剖析表

名 称	内 容	名 称	内 容
左顶篷束间a	1 0.5 绿/红 左转 闪光器8 — 顶篷内接左侧转向灯及行车记录仪 2 0.5 黑/白 前围束间紫5（左门控开关） — 顶篷内接左车内灯 3 0.5 黑/蓝 前围束间紫6（右门控开关） — 顶篷内接右车内灯 4 0.75 红/棕 中央集电盒c6（F22） — 顶篷内接左、右车内灯 5 0.75 红/黄 中央集电盒n2（F47） — 顶篷内接高位灯及行车记录仪 6 0.75 白 中央集电盒g1（F4） — 顶篷内接卧铺灯及阅读灯 7 0.75 黑 底盘束间小灰5（搭铁） — 顶篷内接各个电器搭铁 8 0.75 白/红 顶灯开关5 — 顶篷内接左、右顶灯 10 0.5 灰 车载信息终端c6 — 顶篷内接行车记录仪（串行数据发送） 11 0.5 黄 车载信息终端c2 — 顶篷内接行车记录仪（串行数据接收） 12 0.5 绿 车载信息终端c5 — 顶篷内接行车记录仪（串行数据5V+）	起动钥匙开关	12 0.5 蓝 仪表b23（车速信号） — 顶篷内接行车记录仪 1 4.0 红/白 ON2 中央集电盒b2（F10），中央集电盒v（F38~F44） 2 0.75 黑/蓝 底盘束间紫1（ECU/159，起动） 3 4.0 红/绿 底盘束间小灰4（FA5） 4 4.0 红/绿 底盘束间小灰4（FA5） 5 4.0 蓝/黑 ACC档 中央集电盒b3 6 4.0 白/红 ON1 中央集电盒a1
		灯光组合开关 （灯光、转向）	1 0.5 红/黄 中央集电盒h1（远光继电器J7/85，远光控制） 2 0.5 绿 中央集电盒h2（小灯继电器J14/85，小灯控制） 3 0.5 绿/紫 闪光器5（左转控制） 5 0.5 红/白 中央集电盒p7（近光继电器J13/85，近光控制） 6 0.75 黑 底盘束间小灰5（搭铁） 7 0.5 绿/棕 闪光器6（右转控制）
		巡航开关 （取消、恢复、加速、减速）	1 0.75 红 底盘束间灰21（ECU/274） 2 0.5 蓝/白 底盘束间灰8（ECU/134，巡航恢复） 3 0.5 灰/黄 底盘束间灰1（ECU/163，巡航取消） 4 0.5 棕 底盘束间灰11（ECU/151，减速） 5 0.5 绿/黄 底盘束间灰4（ECU/168，巡航加速）
左顶篷束间b	1 0.5 红 — 诊断插座3，车联盒子4，底盘束间灰6（ECU/142，通信CAN高端） — 顶篷内接行车记录仪 2 0.5 绿 — 诊断插座11，车联盒子9，底盘束间灰5（ECU/143，通信CAN低端） — 顶篷内接行车记录仪 3 0.75 红/白 中央集电盒c4（F24，远光） — 顶篷内接行车记录仪 4 0.75 红/灰 中央集电盒n3（F46，近光） — 顶篷内接行车记录仪 5 0.5 绿/黑 右转 闪光器9 — 顶篷内接行车记录仪 6 0.5 红 — 仪表b24（CAN） — 顶篷内与本插接器的插头接脚1相连 7 0.5 绿 — 仪表b25（CAN） — 顶篷内与本插接器的插头接脚2相连 9 0.75 红/白 中央集电盒d2（F18） — 顶篷内接行车记录仪 10 0.75 橙 中央集电盒p1（F44） — 顶篷内接行车记录仪 11 0.75 黄 中央集电盒L6（制动灯继电器J10/87） — 顶篷内接行车记录仪	刮水组合开关	（刮水、洗涤、排气制动、喇叭按钮） 1 0.75 红 底盘束间灰21（ECU/274，排气制动开关正电） 4 0.5 蓝/棕 间歇继电器6（间歇洗涤），前围束间紫11（洗涤电动机1） 7 0.75 绿/白 底盘束间灰16（ECU/165，排气制动请求） 8 0.5 蓝/红 中央集电盒m3（刮水低速继电器J9/85，低速控制） 9 0.5 蓝/白 中央集电盒m4（刮水高速继电器J8/85，高速控制） 10 0.5 黄 间歇继电器3（间歇控制） 12 0.75 黑 底盘束间小灰5（搭铁）
		多功能开关	1 0.5 黑/蓝 喇叭按钮 喇叭变换开关4 2 0.5 黑 — 车载信息终端c10 3 0.5 绿 — 车载信息终端c7 4 0.5 红/黄 照明 中央集电盒n2（F47）

(续)

名 称	内 容	名 称	内 容
	5　0.5 黑　搭铁底盘束间小灰 5		16　0.5 蓝/棕 闪光器 7（挂车右转）
加速踏板传感器	1　0.5 白 底盘束间灰 14（ECU/124, 油门 1 电源, 5V+）		17　0.5 蓝/绿 闪光器 13（挂车左转） 18　0.5 黑/紫 底盘束间绿 3（驾驶室锁止） 21　0.5 黑 底盘束间紫 20（气压传感电） 22　0.75 红/黄 照明 中央集电盒 n2（F47） 24　0.5 红 — 左顶篷束间 b6（ECU/142, CAN） 25　0.5 绿 — 左顶篷束间 b7（ECU/143, CAN） 26　0.75 黑 底盘束间绿 20（搭铁） 注：仪表上的冷却液温度、机油压力、转速等信号均通过接脚 24、25CAN 总线由 ECU 提供
	2　0.5 绿 底盘束间灰 19［ECU/107, 油门 1 信号，参数电压（0.75±0.05）~（3.84±0.3）V］		
	3　0.5 黑 底盘束间灰 18（ECU/125, 油门 1 负电）		
	4　0.5 绿 底盘束间灰 13（ECU/127, 油门 2 负电）		
	5　0.5 黄 底盘束间蓝 6［ECU/108, 油门 2 信号，参数电压（0.38±0.05）~（1.92±0.3）V］	危险警告开关	1　0.5 绿/棕　右转控制 闪光器 6 2　0.5 黑 底盘束间小灰 5（搭铁） 3　0.75 红/黄　照明 中央集电盒 n2（F47） 4　1.0 红　显示灯 中央集电盒 d5（F15） 6　0.5 绿/紫　左转控制 闪光器 5
	6　0.5 红 底盘束间蓝 5（ECU/128, 油门 2 电源, 5V+）		
仪表 a	1　0.5 白/红 底盘束间紫 2（充电 D+）		
	2　0.5 红 前围束间紫 3（水位警告开关）	顶灯开关	1　0.5 红/黄　照明 中央集电盒 n2（F47） 2　0.5 黑 底盘束间小灰 5（搭铁） 3　0.5 黑 底盘束间小灰 5（搭铁） 5　0.75 白/红 左顶篷束间 a8（顶灯） 6　0.75 白 中央集电盒 g1（F4）
	3　0.5 绿 底盘束间紫 14（驻车制动）		
	4　0.5 绿/白 底盘束间紫 19（轮间差速信号）		
	6　0.5 黄/红 底盘束间灰 20（ECU/135, 故障灯）		
	8　0.5 红/蓝 底盘束间蓝 1（ECU/224, 故障灯）	驾驶室翻转开关	1　0.75 红/黄　照明 中央集电盒 n2（F47） 2　0.5 黑 底盘束间小灰 5（搭铁） 3　0.5 黑 底盘束间小灰 5（搭铁） 5　0.75 白 底盘束间绿 7 6　0.75 黑/紫 中央集电盒 e6（F7）
	9　0.5 绿/白 车速控制器 1		
	12　0.5 黄 底盘束间紫 12（燃油）		
	14　0.5 灰/蓝 底盘束间绿 16（轴间差速信号）		
	15　0.5 黄/红 ABS 控制器 a15	前雾灯开关	1　0.75 红/黄　照明 中央集电盒 n2（F47） 2　0.5 黑 底盘束间小灰 5（搭铁） 3　0.5 红/蓝　显示灯 中央集电盒 d1（F19） 4　0.75 黑/白　前雾灯控制 中央集电盒 k7（雾灯继电器 J11/85, 雾灯控制） 5　0.5 绿　小灯控制 中央集电盒 h2（小灯继电器 J14/85, 小灯控制） 6　0.75 黑 — 底盘束间小灰 5（搭铁）
	16　0.75 黑/紫 — 底盘束间绿 6（挂车 ABS）		
	19　0.5 绿/黑 盘式制动控制器 3		
	21　0.5 白/黑 底盘束间绿 2（低档信号）		
	23　0.5 蓝 左顶篷束间 b12, 车载信息终端 a3（车速信号）		
	25　0.5 蓝 底盘束间紫 21（气压 1 信号）		
	26　0.5 白/蓝 底盘束间紫 17（气压 2 信号）		
仪表 b	1　0.5 白 底盘束间蓝 7（ECU/139, 排放）	后雾灯开关	1　0.75 红/黄　照明 中央集电盒 n2（F47） 2　0.5 黑 底盘束间小灰 5（搭铁） 3　0.5 黑 底盘束间小灰 5（搭铁） 5　1.0 红/白 底盘束间绿 14（后雾灯） 6　1.0 红/白 中央集电盒 k6（J11/87）
	2　0.5 红/蓝 底盘束间蓝 1（ECU/224, 预热灯供电）		
	3　0.5 白/绿 底盘束间灰 15（ECU/140, 预热灯）		
	4　0.5 红/蓝 底盘束间蓝 1（ECU/224, 排放灯供电）		
	7　0.75 红/白　远光 中央集电盒 c4（F24）	水寒宝开关	1　0.75 红/黄　照明 中央集电盒 n2（F47） 2　0.5 黑 底盘束间小灰 5（搭铁） 3　0.5 黑 底盘束间小灰 5（搭铁） 5　0.75 蓝/黄 底盘束间棕 17（水寒宝继电器 K2/86）
	10　0.5 红 底盘束间绿 12（车速电源 12V+）		
	11　0.5 红/白 底盘束间紫 16（气压 5V 电源）		
	12　0.75 红/白 中央集电盒 p8（F40, ON 电源）		
	13　0.5 红 中央集电盒 e1（F12, 记忆电源）		
	14　0.5 蓝/红 闪光器 2（主车右转）		
	15　0.5 黑/白 闪光器 1（主车左转）		

(续)

名　称	内　　容	名　称	内　　容
	6　0.75 红/蓝 ⏚ 中央集电盒 d1（F19）		c7　0.5 绿 — 多功能开关 3
喇叭变换开关			c10　0.5 黑 — 多功能开关 2
	1　0.75 红/黄　照明 ⏚ 中央集电盒 n2（F47）	空调束间	
	2　0.75 黑 → 底盘束间小灰 5（搭铁）		1　1.5 蓝 ⏚ 中央集电盒 m11（鼓风继电器 J1/87）
	3　0.5 绿 → 底盘束间绿 8（气喇叭电磁阀）		2　1.5 黑 → 底盘束间棕 19（搭铁）
	4　0.5 黑/蓝 → 多功能开关 1（喇叭按钮）		3　0.75 红/白 → 前围束间紫 13（空调压力开关）
	5　0.5 蓝 → 中央集电盒 k8（电喇叭继电器 J12/85，电喇叭控制）		4　1.5 黑 → 底盘束间棕 19（搭铁）
			5　1.5 黄/红 → 中央集电盒 e3（F10）
轴间差速开关			6　0.75 白 ⏚ 前围束间紫 12（空调压力开关）
	1　0.75 红/黄　照明 ⏚ 中央集电盒 n2（F47）		7　0.75 红/黄　照明 ⏚ 中央集电盒 n2（F47）
	2　0.5 黑 → 底盘束间小灰 5（搭铁）		8　0.75 蓝/红 → 中央集电盒 m10（鼓风继电器 J1/85）
	3　0.5 黑 → 底盘束间小灰 5（搭铁）		
	5　1.0 灰 ⏚ 底盘束间绿 15（轴间差速电磁阀）		1　2.0 红 ⏚ 鼓风及调速电阻 a（鼓风电动机）
	6　0.75 紫/白 ⏚ 中央集电盒 r4（F32）		2　2.0 蓝 ← 鼓风开关 2（搭铁）
轮间差速开关			4　0.5 黑 ← 空调控制面板 7（搭铁）
	1　0.75 红/黄　照明 ⏚ 中央集电盒 n2（F47）		5　0.5 红/黄 → 空调控制面板 24（ON 电源）
	2　0.5 黑 → 底盘束间小灰 5（搭铁）		6　0.5 蓝 ⏚ 空调控制面板 23（压缩控制）
	3　0.5 黑 → 底盘束间小灰 5（搭铁）		7　0.5 红 ⏚ 空调控制面板 12（照明）
	5　1.0 灰/黄 → 底盘束间棕 18（轮间差速阀）		8　0.5 黄 → 鼓风开关 3
	6　1.0 蓝/红 ⏚ 中央集电盒 r3（F35）	鼓风开关	
多态节油开关			1　1.5 蓝/黄 ← 鼓风及调速电阻 b（调速电阻）
	1　0.5 蓝/红 → 底盘束间蓝 4（ECU/113）		2　2.0 蓝 → 空调束间 2（搭铁）
	5　0.5 蓝/黑 → 底盘束间灰 17（ECU/131）		3　0.5 黄 → 空调束间 8（鼓风继电器 J1/85），空调控制面板 17
后照灯开关			4　1.5 红/蓝 ← 鼓风及调速电阻 c（调速电阻）
	1　0.75 红/黄　照明 ⏚ 中央集电盒 n2（F47）		5　1.5 红/黄 ← 鼓风及调速电阻 d（调速电阻）
	2　0.75 黑 → 底盘束间小灰 5（搭铁）		6　2.0 蓝/白 ← 鼓风及调速电阻 e（调速电阻）
	3　0.75 红/蓝　显示灯 ⏚ 中央集电盒 d1（F19）	空调控制面板	
	5　0.5 红/棕 ← 中央集电盒 k4（后照灯继电器 J6/85）		1　0.5 红/白 → 内外循环转向器 1（电动机）
	6　0.5 黑 → 底盘束间小灰 5（搭铁）		2　0.5 白/黄 → 内外循环转向器 2（电动机）
车载信息终端			3　0.5 红/黑 → 前除霜转向器 5（电动机）
	a2　0.5 红 ⏚ 底盘束间紫 13（倒车灯开关）		4　0.5 白/黑 → 前除霜转向器 4（电动机）
	a3　0.5 蓝 → 仪表 a23（车速信号）		5　0.5 白/绿 — 前除霜转向器 3（信号）
	a4　0.5 蓝/红 ⏚ 中央集电盒 e5（F8）		7　0.5 黑 → 空调束间 4（搭铁）
	a6　0.75 红/黄　照明 ⏚ 中央集电盒 n2（F47）		8　0.5 白/紫 — 蒸发器温度传感器 1
	a7　0.75 蓝/红 ⏚ 中央集电盒 d6（F14）		9　0.5 蓝/白 — 蒸发器温度传感器 2
	a8　0.75 黑 → 底盘束间绿 21（搭铁）		10　0.5 红/蓝 — 前除霜转向器 2，水阀转向器 6
	b1　0.5 白 ∩ 前围束间紫 29（右门扬声器）		11　0.5 白 — 前除霜转向器 1，水阀转向器 3
	b2　0.5 白/黑 ∩ 前围束间紫 30（右门扬声器）		12　0.5 红　照明 ⏚ 空调束间 7（F47）
	b7　0.5 蓝 ∩ 前围束间紫 27（左门扬声器）		13　0.5 红/绿 → 侧除霜转向器 5（电动机）
	b8　0.5 蓝/黑 ∩ 前围束间紫 28（左门扬声器）		14　0.5 白/橙 → 侧除霜转向器 4（电动机）
	c1　0.5 红 — 左顶篷束间 b1，诊断插座 3，车联盒子 4，底盘束间灰 6（ECU/142，CAN 高端）		15　0.5 白/红 — 水阀转向器 2
			16　0.5 红/紫 — 水阀转向器 5
	c2　0.5 黄 — 左顶篷束间 a11（串行数据接收）		17　0.5 黄 → 鼓风开关 3
	c4　0.5 绿 — 左顶篷束间 b2，诊断插座 11，车联盒子 9，底盘束间蓝 19（ECU/143，CAN 低端）		20　0.5 绿/白 — 水阀转向器 4
			23　0.5 蓝 → 空调束间 6（空调压力开关）
	c5　0.5 绿 — 左顶篷束间 a12（串行数据 5V+）		24　0.5 红/黄 ⏚ 空调束间 5（F10）
	c6　0.5 灰 — 左顶篷束间 a10（串行数据发送）	鼓风及调速电阻	
			a　2.0 红 ⏚ 空调束间 1（鼓风继电器 J1/87）

(续)

名称		内容
b	b	1.5 蓝/黄 ⊸ 鼓风开关 1 —空调总成内接鼓风电动机
c	c	1.5 红/蓝 ⊸ 鼓风开关 4 —空调总成内接调速电阻
d	d	1.5 红/黄 ⊸ 鼓风开关 5 —空调总成内接调速电阻
e	e	2.0 蓝/白 ⊸ 鼓风开关 6 —空调总成内接调速电阻

侧除霜转向器

	4	0.5 白/橙 — 空调控制面板 14
	5	0.5 红/绿 — 空调控制面板 13

前除霜转向器

1	0.5 白 — 空调控制面板 11
2	0.5 红/蓝 — 空调控制面板 10
3	0.5 白/绿 — 空调控制面板 5（信号）
4	0.5 白/黑 — 空调控制面板 4（电动机）
5	0.5 红/黑 — 空调控制面板 3（电动机）

蒸发器温度传感器

1	0.5 白/紫 — 空调束间 8
2	0.5 蓝/白 — 空调束间 9

内外循环转向器

1	0.5 红/白 — 空调控制面板 1
2	0.5 白/黄 — 空调控制面板 2

水阀转向器

2	0.5 白/红 — 空调控制面板 15
3	0.5 白 — 空调控制面板 11
4	0.5 绿/白 — 空调控制面板 20
5	0.5 白/紫 — 空调控制面板 16
6	0.5 红/蓝 — 空调控制面板 10

点烟器

1	1.0 黑 — 底盘束间棕 20
2	1.0 蓝/红 — 中央集电盒 e5（F8）

备用电源接口

1	1.0 黑 — 底盘束间棕 20
2	1.0 蓝 — 中央集电盒 t5（F25）

车联盒子

1	0.75 橙 — 中央集电盒 p1（F44）
4	0.5 红 — 左顶篷束间 b1，车载信息终端 c1，诊断插座 3，底盘束间蓝 20（ECU/142，通信 CAN 低端）
5	0.75 红 — 中央集电盒 e1（F12）
6	0.75 黑 — 底盘束间绿 21（搭铁）
9	0.5 绿 — 左顶篷束间 b2，车载信息终端 c4，诊断插座 11，底盘束间蓝 19（ECU/143，通信 CAN 高端）

诊断插座

1	0.5 灰 — 底盘束间蓝 9（ECU/145，诊断刷写 CAN 高端）

名称		内容
	2	0.5 蓝/黄 — 底盘束间灰 2（DCU/30）
	3	0.5 红 — 左顶篷束间 b1，车载信息终端 c1，车联盒子 4，底盘束间灰 6（ECU/142，通信 CAN 高端）
	4	0.75 黑 — 底盘束间绿 21（搭铁）
	5	0.75 黑 — 底盘束间绿 21（搭铁）
	6	0.5 灰 — 底盘束间蓝 9（ECU/145，诊断刷写 CAN 高端）
	7	0.75 蓝 — ABS 控制器 a10
	9	0.5 蓝 — 底盘束间蓝 8（ECU/146，诊断刷写 CAN 低端）
	10	0.5 蓝/黑 — 底盘束间灰 3（DCU/29）
	11	0.5 绿 — 左顶篷束间 b2，车载信息终端 c4，车联盒子 9，底盘束间灰 5（ECU/143，通信 CAN 低端）
	14	0.5 蓝 — 底盘束间蓝 8（ECU/146，诊断刷写 CAN 低端）
	15	0.75 黄 — ABS 控制器 a11
	16	0.75 红/棕 — 中央集电盒 t2（F28）

ABS 控制器 a

4	2.5 黑 — 底盘束间小灰 1（搭铁）
7	1.5 红/黑 — 中央集电盒 p4（F41，ON 电源）
8	2.5 红/黄 — 中央集电盒 t4（F26，30 电源）
9	0.75 黑 — 底盘束间棕 21（搭铁）
10	0.75 蓝 K 线 — 诊断插座 7
11	0.75 黄 L 线 — 诊断插座 15
15	0.5 黄/红 — 仪表 a15

ABS 控制器 b

1	1.0 棕 — 底盘束间棕 1（右前轮阀加压）
2	1.0 棕 — 底盘束间棕 14（左前轮阀加压）
3	1.0 棕 — 底盘束间棕 5（左前轮阀加压）
4	1.0 蓝 — 底盘束间蓝 2（右前轮阀泄压）
5	1.0 蓝 — 底盘束间蓝 13（左前轮阀泄压）
6	1.0 棕 — 底盘束间棕 6（左前轮阀泄压）
8	1.0 棕 — 底盘束间棕 10（右后轮阀加压）
9	1.0 蓝 — 底盘束间蓝 9（右后轮阀泄压）
10	0.75 棕 — 底盘束间棕 4（右前轮车速信号）
11	0.75 黑 — 底盘束间棕 16（左后轮车速信号）
12	0.75 棕 — 底盘束间棕 8（左前轮车速信号）
13	0.75 黑 — 底盘束间棕 3（右前轮车速信号）
14	0.75 棕 — 底盘束间棕 15（左后轮车速信号）
15	0.75 黑 — 底盘束间棕 7（左前轮车速信号）
17	0.75 黑 — 底盘束间棕 12（右后轮车速信号）
18	0.75 棕 — 底盘束间棕 11（右后轮车速信号）

尿素电器盒

1	2.5 白 — 中央集电盒 r2（F33）
	— 尿素电器盒内接尿素主继电器 J19/30
4	0.75 红 — 底盘束间灰 21（ECU/274）

(续)

名　称	内　容
	— 尿素电器盒内接喷液加热继电器 J15/86，回液加热继电器 J16/86，进液加热继电器 J17/86，尿素主继电器 J19/86
	5　0.75 黄/黑 底盘束间蓝 16（ECU/257）
	— 尿素电器盒内接尿素主继电器 J19/85
	6　0.75 白 底盘束间蓝 17（ECU/121）
	— 尿素电器盒内接喷液加热继电器 J15/85
	7　0.75 黑 底盘束间蓝 19（ECU/205）
	— 尿素电器盒内接回液加热继电器 J16/85
	8　0.75 绿 底盘束间蓝 20（ECU/136）
	— 尿素电器盒内接进液加热继电器 J17/85
	9　0.75 绿/红 底盘束间蓝 18（DCU/33）
	— 尿素电器盒内接尿素泵加热继电器 J18/85
	10　0.75 红/白 底盘束间蓝 21（DCU/54）
	— 尿素电器盒内接尿素泵加热继电器 J18/86
	11　0.5 黄 底盘束间蓝 12（ECU/152）
	— 尿素电器盒内接 ECU 空调继电器 J20/87
	12　0.5 黑 底盘束间蓝 15（ECU/132）
	— 尿素电器盒内接 ECU 空调继电器 J20/30
	13　1.0 红/蓝 底盘束间蓝 13（喷液加热器）
	— 尿素电器盒内接喷液加热继电器 J15/87
	14　1.0 红/白 底盘束间蓝 14（回液加热器）
	— 尿素电器盒内接喷液加热继电器 J16/87
	15　0.75 红/白 前围束间紫 13（空调压力开关）
	— 尿素电器盒内接 ECU 空调继电器 J20/86
	16　1.0 红/黑 底盘束间蓝 10（进液加热器）
	— 尿素电器盒内接喷液加热继电器 J17/87
	17　1.0 红/灰 底盘束间蓝 11（泵加热器）
	— 尿素电器盒内接喷液加热继电器 J18/87
	18　0.75 黑 底盘束间绿 21（搭铁）
	— 尿素电器盒内接 ECU 空调继电器 J20/85
中央集电盒 30 接点	
	10.0 白 底盘束间 30 接点（FA8）
	— 中央集电盒内接熔断器 F1~F6、F21~F22、F25~F37，远光继电器 J7/30，近光继电器 J13/30，小灯继电器 J14/30
中央集电盒 a	
	1　4.0 白/红 起动钥匙开关 6（ON 档）
	— 中央集电盒内接熔断器 F19~F20，后照灯继电器 J6/86，远光继电器 J7/86，刮水高速继电器 J8/86，刮水低速继电器 J9/86，制动继电器 J10/86，前雾灯继电器 J11/86，电喇叭继电器 J12/86，近光继电器 J13/86，小灯继电器 J14/86
	2　4.0 红 底盘束间小灰 3（FA7）
	— 中央集电盒内接熔断器 F12~F18
中央集电盒 b	
	1　0.75 红/白 中央集电盒 e4（F9）
	— 中央集电盒内接熔断器 F11（输入）

名　称	内　容
	2　4.0 红/白 起动钥匙开关 1（IG2）
	— 中央集电盒内接熔断器 F10（输入）
	3　4.0 蓝/黑 起动钥匙开关 5（ACC）
	— 中央集电盒内接熔断器 F7~F9（输入）
中央集电盒 c	
	4　1.5 红/白 左顶篷束间 b3，仪表 b7（远光指示灯），底盘束间紫 6（右远光）
	— 中央集电盒内接熔断器 F24（输出）
	5　1.5 红/棕 底盘束间紫 5（左远光）
	— 中央集电盒内接熔断器 F23（输出）
	6　0.75 红/棕 左顶篷束间 a4（车内灯），前围束间紫 14（左右踏步灯）
	— 中央集电盒内接熔断器 F22（输出）
中央集电盒 d	
	1　0.75 红/蓝 前雾灯开关 3，水寒宝开关 6，后照灯开关 3
	— 中央集电盒内接熔断器 F19（输出）
	2　0.75 红/白 左顶篷束间 b9
	— 中央集电盒内接熔断器 F18（输出）
	3　1.0 红/黑 车门控制器 34（中控锁供电）
	— 中央集电盒内接熔断器 F17（输出）
	4　2.5 红/紫 车门控制器 35（电动窗供电）
	— 中央集电盒内接熔断器 F16（输出）
	5　1.0 红 危险警告开关 4，闪光器 10
	— 中央集电盒内接熔断器 F15（输出）
	6　0.75 蓝/红 车载信息终端 a7
	— 中央集电盒内接熔断器 F14（输出）
中央集电盒 e	
	1　0.5 红 仪表 b13（记忆电源）车联盒子 5
	— 中央集电盒内接熔断器 F12（输出）
	3　1.5 黄/红 空调束间 5（空调面板 24），中央集电盒 m12（鼓风继电器 J1/86）
	— 中央集电盒内接熔断器 F10（输出）
	4　0.75 红/白 中央集电盒 b1（F11）
	— 中央集电盒内接熔断器 F9（输出）
	5　1.0 蓝/红 车载信息终端 a4，点烟器 2
	— 中央集电盒内接熔断器 F8（输出）
	6　0.75 黑/紫 驾驶室翻转开关 6，右顶篷束间 3
	— 中央集电盒内接熔断器 F7（输出）
中央集电盒 g	
	1　0.75 白 左顶篷束间 a6（卧铺灯），顶灯开关 3，底盘束间绿 9（气喇叭电磁阀供电）
	— 中央集电盒内接熔断器 F4（输出）
	4　0.75 红/蓝 车速控制器 4
	— 中央集电盒内接熔断器 F2（输出）
中央集电盒 h	
	1　0.5 红/黄 灯光组合开关 1（远光控制）
	3　— 中央集电盒内接远光继电器 J7/85

(续)

名称	内容	名称	内容
	2 0.5 绿→灯光组合开关 2（小灯控制），前雾灯开关 5 — 中央集电盒内接小灯继电器 J14/85 3 1.0 黑/绿⊕底盘束间绿 10（空气干燥器、交流发电机励磁及氮氧传感器） — 中央集电盒内接熔断器 F20（输出） 4 1.0 红/黑⊕底盘束间绿 5（后照灯） — 中央集电盒内接后照灯继电器 J6/87		7 0.5 蓝/白→前围束间紫 4（制动开关） — 中央集电盒内接 ECU 制动继电器 J2/85 8 0.75 黄/白⊕底盘束间灰 10（ECU/161） — 中央集电盒内接 ECU 制动灯继电器 J2/87 9 0.5 红/蓝⊕中央集电盒 p2（F43） — 中央集电盒内接 ECU 制动继电器 J2/86 10 0.75 蓝/红→空调束间 8（鼓风开关） — 中央集电盒内接鼓风继电器 J1/85 11 1.5 蓝⊕空调束间 1（鼓风电动机） — 中央集电盒内接鼓风继电器 J1/87 12 1.5 黄/红←中央集电盒 e3（F10） — 中央集电盒内接鼓风继电器 J1/86
中央集电盒 k	1 0.75 红/白⊕底盘束间绿 1（压缩机） — 中央集电盒内接压缩机继电器 J4/87 2 0.5 红/棕→后照灯开关 5 — 中央集电盒内接后照灯继电器 J6/85 6 1.0 红/白⊕、⊕后雾灯开关 6，底盘束间紫 8（前雾灯） — 中央集电盒内接前雾灯继电器 J11/87 7 0.75 黑/白→前雾灯开关 4 — 中央集电盒内接前雾灯继电器 J11/85 8 0.5 蓝→喇叭变换开关 5 — 中央集电盒内接电喇叭继电器 J12/85 10 0.75 绿/黑⊕底盘束间绿 11（电喇叭） — 中央集电盒内接电喇叭继电器 J12/87	中央集电盒 n	1 1.5 红/白⊕底盘束间紫 7（底盘前后小灯） — 中央集电盒内接熔断器 F48（输出） 2 1.5 红/黄⊕左顶篷束间 a5（左示高灯），多功能开关 4，仪表 b22，危险警告开关 3，顶灯开关 1，驾驶室翻转开关 1，前雾灯开关 1，后雾灯开关 1，水寒宝开关 1，喇叭变换开关 1，轴间差速开关 1，轮间差速开关 1，后照灯开关 1，空调束间 7，右顶篷束间 5（右示高灯），前围束间黄 14（照明） — 中央集电盒内接熔断器 F47（输出） 3 1.5 红/灰⊕左顶篷束间 b4，底盘束间紫 4（右近光） — 中央集电盒内接熔断器 F46（输出） 4 1.5 红/绿⊕底盘束间紫 3（左近光） — 中央集电盒内接熔断器 F45（输出）
中央集电盒 L	1 0.75 黑→底盘束间绿 21（搭铁） — 中央集电盒内接压缩机继电器 J4/86 5 0.75 红/白→前围束间紫 13（空调压力开关） — 中央集电盒内接压缩机继电器 J4/85 6 0.75 黄⊕左顶篷束间 b11（行车记录仪），底盘束间紫 15（制动灯） — 中央集电盒内接制动灯继电器 J10/87 7 0.5 蓝/黑⊕底盘束间灰 7（ECU/162，冗余） — 中央集电盒内接 ECU 制动灯继电器 J2/87a 8 0.5 蓝/白→前围束间紫 4（制动开关） — 中央集电盒内接制动灯继电器 J10/85	中央集电盒 p	1 0.75 橙⊕左顶篷束间 b10，车联盒子 1 — 中央集电盒内接熔断器 F44（输出） 2 0.75 红/蓝⊕中央集电盒 m9（ECU 制动继电器 J2/86），底盘束间灰 9（ECU/159 及 DCU/1，唤醒电源） — 中央集电盒内接熔断器 F43（输出） 3 1.5 红/绿⊕底盘束间绿 4（挂车 ABS） — 中央集电盒内接熔断器 F42（输出） 4 1.5 红/黑⊕ABS 控制器 a7 — 中央集电盒内接熔断器 F41（输出） 7 0.5 红/白→灯光组合开关 5（近光控制） — 中央集电盒内接近光继电器 J13/85 8 0.75 红/白→仪表 b12（ON 电源） — 中央集电盒内接熔断器 F40（输出）
中央集电盒 m	1 0.75 蓝⊕间歇继电器 5，前围束间紫 7（刮水电动机 3，洗涤电动机 2） — 中央集电盒内接熔断器 F30（输出） 2 0.75 蓝/黄⇄/⇄前围束间紫 8（刮水复位时/复位后） — 中央集电盒内接刮水低速继电器 J9/87a 3 0.5 蓝/红→刮水组合开关 8，间歇继电器 4 — 中央集电盒内接刮水低速继电器 J9/85 4 0.5 蓝/白→刮水组合开关 9（高速控制） — 中央集电盒内接刮水高速继电器 J8/85 5 0.75 蓝/红→前围束间紫 9（刮水高速） — 中央集电盒内接刮水高速继电器 J8/87 6 0.75 蓝/黑→前围束间紫 10（刮水低速） — 中央集电盒内接刮水高速继电器 J8/87a	中央集电盒 q	1 0.75 红/绿⊕闪光器 3，盘式制动控制器 5 — 中央集电盒内接熔断器 F39（输出） 2 0.75 红/棕⊕车门控制器 25（ON 电源） — 中央集电盒内接熔断器 F38（输出）

(续)

名称	内容	名称	内容
中央集电盒 r	2　2.5 白⏚ 尿素电器盒 1（尿素主继电器供电） —　中央集电盒内接熔断器 F33（输出） 3　1.0 蓝/红⏚ 轮间差速开关 6 —　中央集电盒内接熔断器 F35（输出） 4　0.75 紫/白⏚ 轴间差速开关 6 —　中央集电盒内接熔断器 F32（输出）		8　0.75 绿/红　左转⏚ 左顶篷束间 a1，底盘束间紫 11（左前后转向灯） 9　0.75 绿/黑　右转⏚ 左顶篷束间 b5，右顶篷束间 1，底盘束间紫 10（右前后转向灯） 10　1.0 红⏚ 中央集电盒 d5（F15） 11　1.0 黄/红⏚ 底盘束间绿 17（挂车左转） 12　1.0 黄/黑⏚ 底盘束间绿 18（挂车右转） 13　0.5 蓝/绿⏚ 仪表 b17（挂车左转指示）
中央集电盒 t 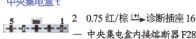	2　0.75 红/棕⏚ 诊断插座 16 —　中央集电盒内接熔断器 F28（输出） 3　2.5 红⏚ 右顶篷束间 2 —　中央集电盒内接熔断器 F27（输出） 4　2.5 红/黄⏚ ABS 控制器 a8（30 电源） —　中央集电盒内接熔断器 F26（输出） 5　1.0 蓝⏚ 备用电源接口 2 —　中央集电盒内接熔断器 F25（输出）	车门控制器 	1　0.5 绿◁/⏚ 前围束间紫 18（开锁/闭锁） 2　0.75 红/黑⏚ 前围束间黄 20（后视镜除霜） 3　0.75 黑◁ 底盘束间小灰 5（搭铁） 4　0.75 紫/绿▷/◁ 前围束间黄 10（右后视镜，左动/右动） 5　0.75 紫/白◁/⏚ 前围束间黄 5（左后视镜，上动/下动） 6　0.75 紫/黄⏚ 前围束间黄 6（左后视镜，左动/右动） 9　0.75 红◁ 前围束间黄 21（后视镜开关 6，除霜控制） 10　0.5 蓝/白◁ 前围束间紫 21（左开关右窗升控制） 11　0.5 白/绿▷ 前围束间紫 26（左窗降控制） 12　0.5 黑/白▷ 前围束间紫 25（左窗升控制） 13　0.75 灰/白▷ 前围束间黄 2（下动控制） 14　0.75 灰/红▷ 前围束间黄 4（右动控制） 15　0.75 灰/绿▷ 前围束间黄 8（右后视镜变换） 16　1.0 蓝◁/▷ 前围束间黄 17（右窗升/右窗降） 17　1.0 白⏚/◁ 前围束间黄 16（右窗升/右窗降） 18　1.0 蓝/黑⏚/▷ 前围束间黄 19（左窗升/左窗降） 19　0.5 黄▷/◁ 前围束间紫 17（开锁/闭锁） 20　1.0 黑◁ 底盘束间小灰 5（搭铁） 21　0.75 蓝◁/⏚ 前围束间黄 12（后视镜公共端，左动或下动/右动或上动） 22　0.75 紫/蓝◁/⏚ 前围束间黄 9（右后视镜，上动/下动） 25　0.75 红/棕⏚ 中央集电盒 q2（F38, ON 电源） 28　0.5 红/绿◁ 前围束间紫 22（左开关右窗降控制） 29　0.5 红/绿◁ 前围束间紫 24（右窗降控制） 30　0.5 黑/黄◁ 前围束间紫 23（右窗升控制） 31　0.75 灰◁ 前围束间黄 1（上动控制） 32　0.75 灰/黄◁ 前围束间黄 3（左动控制） 33　0.75 灰/蓝◁ 前围束间黄 7（左后视镜变换） 34　1.0 红/黑◁ 中央集电盒 d3（F17, 后视镜及
中央集电盒 v	4.0 红/白⏚ 起动钥匙开关 1 —　中央集电盒内接熔断器 F38～F44（输入）		
车内搭铁点	2.5 黑⏚ 底盘束间小灰 2（搭铁）		
盘式制动控制器	1　0.75 黑◁ 底盘束间绿 19（搭铁） 2　0.5 绿/白◁ 仪表 a19 4　0.5 黑/白▷ 底盘束间绿 18（右盘式制动开关） 5　0.75 红/绿⏚ 中央集电盒 q1（F39）		
车速控制器	1　0.5 绿/白⏚ 仪表 a9 3　0.5 绿⏚ 底盘束间绿 13（车速里程传感器） 4　0.75 红/蓝⏚ 中央集电盒 g4（F2） 7　0.75 黑◁ 底盘束间绿 19（搭铁）		
间歇继电器	1　0.75 黑◁ 底盘束间绿 19（搭铁） 2　0.75 黑◁ 底盘束间绿 19（搭铁） 3　0.5 黄　间歇控制▷ 刮水组合开关 10 4　0.5 蓝/红　间歇低速▷ 中央集电盒 m3（刮水低速继电器 J9/85） 5　0.75 蓝⏚ 中央集电盒 m1（F30） 6　0.5 蓝/棕　间歇洗涤▷ 刮水组合开关 4		
闪光器 	1　0.5 蓝/白⏚ 仪表 b15（主车左转指示） 2　0.5 蓝/红⏚ 仪表 b14（主车右转指示） 3　0.75 红/绿⏚ 中央集电盒 q1（F39） 4　0.75 黑◁ 底盘束间绿 19（搭铁） 5　0.5 绿/紫　左转控制▷ 灯光组合开关 3，危险警告开关 6 6　0.5 绿/棕　右转控制▷ 灯光组合开关 7，危险警告开关 1 7　0.5 蓝/棕⏚ 仪表 b16（挂车右转指示）		

(续)

名　称		内　容	名　称		内　容
	35	2.5 红/紫 中央集电盒 d4（F16，电动窗电源）		11	0.75 绿/黑 中央集电盒 k10（电喇叭继电器 J12/87）
		中控锁电源）		12	0.5 红 仪表 b10（车速里程电源）
	36	1.0 白/红 前围束间黄 18（左窗升/左窗降）		13	0.5 绿 车速控制器 3（车速里程信号）
右顶篷束间				14	1.0 红/白 后雾灯开关 5
	1	0.5 绿/黑 闪光器 9		15	1.0 灰 轴间差速开关 5
	—	顶篷内接右侧转向灯		16	0.5 灰/蓝 仪表 a14（轴间差速信号）
	2	2.5 红 中央集电盒 t3（F27）		17	1.0 黄/红 闪光器 11（挂车左转）
	3	0.75 黑/紫 中央集电盒 e6（F7）		18	1.0 黄/黑 闪光器 12（挂车右转）
	4	0.75 黑 底盘束间小灰 5（搭铁）		19	0.75 黑 闪光器 4，间歇继电器 1、2，车速控制器 7
	—	顶篷内接右侧转向灯及右示高灯		20	0.75 黑 仪表 b26（搭铁）
	5	0.75 红/黄 中央集电盒 n2（F47）		21	2.5 黑 车载信息终端 a8，车联盒子 6，中央集电盒 L1（压缩机继电器 J4/86），诊断插座 4、5，尿素电器盒 18（ECU 空调继电器 J20/85）
	—	顶篷内接右示高灯			
底盘 30 电源接点				1	0.75 黄 压缩机 1
		10.0 白 中央集电盒 30 接点		2	0.5 白/黑 变速器束间 10（低档信号开关）
		10.0 白 底盘电器盒 d（FA8）		3	0.75 黑/黄 驾驶室锁止开关 1（左右）
底盘束间小灰	（插头为驾驶室线束，插座为底盘线束）			4	1.5 红/绿 挂车 ABS 接口 3
	1	2.5 黑 ABS 控制器 a4		5	1.0 红/黑 后照灯 1
	2	2.5 黑 车内搭铁点		6	0.75 蓝/红 — 挂车 ABS 接口 2
	3	4.0 红 中央集电盒 a2		7	0.75 黑/绿 驾驶室翻转接口 a1（翻转继电器线圈）
	4	4.0 红/绿 起动钥匙开关 3、4		8	0.75 绿 气喇叭电磁阀 2
	5	2.5 黑 左顶篷束间 a7，灯光组合开关 6，刮水组合开关 12，多功能开关 5，危险警告开关 2，顶灯开关 2、3，驾驶室翻转开关 2、3，前雾灯开关 2、6，后雾灯开关 2、3，水寒宝开关 2、3，喇叭变换开关 2，轴间差速开关 2、3，轮间差速开关 2、3，后照灯开关 2、6，车门控制器 3、20，右顶篷束间 4，前围束间黄 13		9	0.75 白 气喇叭电磁阀 1
				10	0.75 黑/绿 空气干燥器 1，氮氧传感器 1，交流发电机 b3（励磁）
				11	0.75 绿/黑 电喇叭
				12	0.5 蓝 变速器束间 5（车速里程电源）
				13	0.5 绿/红 变速器束间 3（车速里程信号）
	1	2.5 黑 底盘搭铁点		14	1.0 红 后雾灯 挂车灯插座 6，右后组合灯 1，左后组合灯 1
	2	2.5 黑 底盘搭铁点			
	3	4.0 白/黄 底盘电器盒 m1（FA7）		15	0.75 灰 轴间差速电磁阀 1
	4	4.0 红/绿 底盘电器盒 m2（FA5）		16	0.75 灰/蓝 轴间差速指示开关
	5	2.5 黑 底盘搭铁点		17	1.0 黄/红 挂车灯插座 2（挂车左转）
底盘束间绿	（插头为驾驶室线束，插座为底盘线束）			18	1.0 黄/黑 挂车灯插座 8（挂车右转）
	1	0.75 红/白 中央集电盒 k1（压缩机继电器 J4/87）		19	2.5 黑 底盘搭铁点
	2	0.5 白/黑 仪表 a21（低档信号）		20	0.75 黑 底盘搭铁点
	3	0.5 黑/紫 仪表 b18（驾驶室锁止）		21	1.0 黑 底盘搭铁点
	4	1.5 红/绿 中央集电盒 p3（F42，挂车 ABS）	底盘束间蓝	（插头为驾驶室线束，插座为底盘线束）	
	5	1.0 红/黑 中央集电盒 h4（后照灯继电器 J6/87）		1	0.75 红/蓝 仪表 a8、b2、b4
				2	0.5 蓝/白 前围束间紫 31（离合开关 1）
	6	0.75 黑/紫 — 仪表 a16（挂车 ABS）		3	0.5 蓝/红 多态开关 1（信号）
	7	0.75 白 驾驶室翻转开关 5		4	0.5 红 加速踏板传感器 6（油门 2 电源）
	8	0.5 绿 喇叭变换开关 3（气喇叭）		5	0.5 黄 加速踏板传感器 5（油门 2 信号）
	9	0.75 白 中央集电盒 g4（F4，气喇叭）		6	
	10	1.0 黑/绿 中央集电盒 h3（F20，干燥、励磁及氮氧电源）		7	0.5 白 仪表 b1（排放灯）

(续)

名　称	内　容	名　称	内　容
8	0.5 蓝 — 车载信息终端 c5，诊断插座 9、14（诊断刷写 CAN 低端）	底盘束间棕	（插头为驾驶室线束，插座为底盘线束）
9	0.5 灰 — 车载信息终端 c2，诊断插/1、6（诊断刷写 CAN 高端）	1	1.0 棕 ⬅ ABS 控制器 b1（右前轮阀加压）
10	1.0 红/黑 ⬅ 尿素电器盒 16（进液加热继电器 J17/87）	2	1.0 蓝 ⬅ ABS 控制器 b4（右前轮阀泄压）
11	1.0 红/灰 ⬅ 尿素电器盒 17（泵加热继电器 J18/87）	3	0.75 黑 ∩ ABS 控制器 b13（右前轮车速信号）
12	0.5 黄 ➡ 尿素电器盒 11（ECU 空调继电器 J20/87）	4	0.75 棕 ∩ ABS 控制器 b10（右前轮车速信号）
13	1.0 红/蓝 ⬅ 尿素电器盒 13（喷液加热继电器 J15/87）	5	1.0 棕 ⬅ ABS 控制器 b3（左前轮阀加压）
14	1.0 红/白 ⬅ 尿素电器盒 14（回液加热继电器 J16/87）	6	1.0 蓝 ⬅ ABS 控制器 b6（左前轮阀泄压）
15	0.5 黑 ⬅ 尿素电器盒 12（ECU 空调继电器 J20/30）	7	0.75 黑 ∩ ABS 控制器 b15（左前轮车速信号）
16	0.75 黄/黑 ➡ 尿素电器盒 5（尿素主继电器 J19/85）	8	0.75 棕 ∩ ABS 控制器 b12（左前轮车速信号）
17	0.75 白 ➡ 尿素电器盒 6（喷液加热继电器 J15/85）	9	1.0 蓝 ⬅ ABS 控制器 b9（右后轮阀泄压）
18	0.75 绿/红 ➡ 尿素电器盒 9（泵加热继电器 J18/85）	10	1.0 棕 ⬅ ABS 控制器 b8（右后轮阀加压）
19	0.75 黑 ➡ 尿素电器盒 7（回液加热继电器 J16/85）	11	0.75 棕 ∩ ABS 控制器 b18（右后轮车速信号）
20	0.75 绿 ➡ 尿素电器盒 8（进液加热继电器 J17/85）	12	0.75 黑 ∩ ABS 控制器 b17（右后轮车速信号）
21	0.75 红/白 ⬅ 尿素电器盒 10（泵加热继电器 J18/86）	13	1.0 蓝 ⬅ ABS 控制器 b5（左后轮阀泄压）
		14	1.0 棕 ⬅ ABS 控制器 b2（左后轮阀加压）
		15	0.75 棕 ∩ ABS 控制器 b14（左后轮车速信号）
		16	0.75 黑 ∩ ABS 控制器 b11（左后轮车速信号）
		17	0.75 蓝/黄 ⬅ 水寒宝开关 5
		18	1.0 灰/黄 ⬅ 轮间差速开关 5（备用）
		19	1.5 黑 ➡⬅ 空调束间 2、4（搭铁）
		20	1.0 黑 ➡⬅ 点烟器 1，备用电源接口 1
		21	0.75 黑 ⬅ ABS 控制器 a9

名　称	内　容	名　称	内　容
1	0.75 红/蓝 ⬅ 发动机束间 b1（ECU/224）	1	1.0 棕 ⬅ 右前轮制动阀 3（加压）
2	0.5 蓝/白 ⬅ 发动机 ECU/153（离合信号）	2	1.0 蓝 ⬅ 右前轮制动阀 1（泄压）
4	0.5 蓝/红 ⬅ 发动机 ECU/113（多态信号）	3	0.75 黑 ∩ 右前轮转速传感器 2
5	0.5 红 ⬅ 发动机 ECU/128（油门 2 电源）	4	0.75 棕 ∩ 右前轮转速传感器 1
6	0.5 黄 ⬅ 发动机 ECU/108（油门 2 信号）	5	1.0 棕 ⬅ 左前轮制动阀 3（加压）
7	0.5 白 ➡ ECU/139（排放灯）	6	1.0 蓝 ⬅ 左前轮制动阀 1（泄压）
8	0.5 蓝 — ECU/146（诊断刷写 CAN 低端）	7	0.75 黑 ∩ 左前轮转速传感器 2
9	0.5 灰 — ECU/145（诊断刷写 CAN 高端）	8	0.75 棕 ∩ 左前轮转速传感器 1
10	1.0 红/黑 ⬅ 进液管加热器 1	9	1.0 蓝 ⬅ 右后轮制动阀 1（泄压）
11	0.75 红/灰 ⬅ 尿素泵组件 12（尿素泵加热）	10	1.0 棕 ⬅ 右后轮制动阀 3（加压）
12	0.5 黄 ➡ 发动机 ECU/152（空调信号）	11	0.75 棕 ∩ 右后轮转速传感器 2
13	1.0 红/蓝 ⬅ 喷液管加热器 1	12	0.75 黑 ∩ 右后轮转速传感器 1
14	1.0 红/白 ⬅ 回液管加热器 1	13	1.0 蓝 ⬅ 左后轮制动阀 1（泄压）
15	0.5 黑 ➡ 发动机 ECU/132（负电）	14	1.0 棕 ⬅ 左后轮制动阀 3（加压）
16	0.75 黄/黑 ➡ 发动机束间 b4（ECU/257，尿素主继电器控制）	15	0.75 棕 ∩ 左后轮转速传感器 2
17	0.75 白 ➡ 发动机 ECU/121（喷液加热控制）	16	0.75 黑 ∩ 左后轮转速传感器 1
18	0.75 绿/红 ➡ 尿素 DCU/33（泵加热控制）	17	0.75 蓝/黄 ⬅ 底盘电器盒 L3（水寒宝继电器 K2/86）
19	0.75 黑 ➡ 发动机束间 b5（回液加热控制）	19	1.5 黑 ➡ 底盘搭铁点
20	0.75 绿 ➡ 发动机 ECU/136（进液加热控制）	20	2.5 黑 ➡ 底盘搭铁点
21	0.75 红/白 ⬅ 尿素 DCU/54（泵加热控制）	21	0.75 黑 ➡ 底盘搭铁点
		底盘束间灰	（插头为驾驶室线束，插座为底盘线束）
		1	0.5 灰/黄 ⬅ 巡航开关 3（巡航取消）
		2	0.5 蓝/黄 — 诊断插座 2（DCU 标定）
		3	0.5 蓝/黑 — 诊断插座 10（DCU 标定）
		4	0.5 绿/黄 ⬅ 巡航开关 5（巡航加速）

三、解放JH6潍柴自主国四电喷汽车

(续)

	名称	内容		名称	内容
	5	0.5 绿 — 左顶篷束间 b2，车载信息终端 c4，诊断插座 11（通信 CAN），车联盒子 9		4	1.5 红/灰　右近光 ⏄中央集电盒 n3（F46）
	6	0.5 红 — 左顶篷束间 b1，车载信息终端 c1，诊断插座 3（通信 CAN），车联盒子 4		5	1.5 红/棕　左远光 ⏄中央集电盒 c5（F23）
	7	0.5 蓝/黑 ⏄中央集电盒 L7（ECU 制动继电器 J2/87a，冗余制动信号）		6	1.5 红/白　右远光 ⏄中央集电盒 c4（F24）
	8	0.5 蓝/白 ⏄巡航开关 2（巡航恢复）		7	1.5 红/白　小灯 ⏄中央集电盒 n1（F48）
	9	0.75 红/蓝 ⏄中央集电盒 p2（F43，ECU 及 DCU 唤醒电源）		8	1.0 红/白　前雾灯 ⏄中央集电盒 k6（雾灯继电器 J11/87）
	10	0.75 黄/白 ⏄中央集电盒 m8（ECU 制动继电器 J2/87，制动信号）		10	0.75 绿/黑　右转 ⏄闪光器 9
	11	0.5 棕 ⏄巡航开关 4（巡航减速）		11	0.75 绿/红　左转 ⏄闪光器 8
	13	0.5 绿 ⏄加速踏板传感器 4（油门 2 负电）		12	0.5 黄　燃油 ⏄仪表 a12
	14	0.5 白 ⏄加速踏板传感器 1（油门 1 电源）		13	0.75 红　车载信息终端 a2（倒车信号）
	15	0.5 白/绿 ⏄仪表 b3（预热灯）		14	0.5 绿 ⏄仪表 a3（驻车制动）
	17	0.5 蓝 ⏄多态开关 5（负电）		15	0.75 黄 ⏄中央集电盒 L6（制动灯继电器 J10/87）
	18	0.5 黑 ⏄加速踏板传感器 3（油门 1 负电）		16	0.5 红/白 ⏄仪表 b11（气压传感 5V+电源）
	19	0.5 绿 ⏄加速踏板传感器 2（油门 1 信号）		17	0.5 蓝/白 ⏄仪表 a26（气压 2 信号）
	20	0.5 黄/红 ⏄仪表 a6（故障灯）		18	0.5 黑/白 ⏄盘式制动控制器 4
	21	0.75 红 ⏄刮水组合开关 3（排气制动开关），巡航开关 1，尿素电器盒 4（喷液加热继电器 J15/86，回液加热继电器 J16/86，进液加热继电器 J17/86，尿素主继电器 J19/86），前围束间紫 32（离合开关 1）		19	0.5 绿/白 ⏄仪表 a4（轮间差速信号备用）
				20	0.5 黑 ⏄仪表 b21（气压传感负电）
				21	0.5 蓝 ⏄仪表 a25（气压 1 信号）
	1	0.5 灰/黄 ⏄发动机 ECU/163（巡航取消）		1	0.75 黑/蓝 ⏄发动机 ECU/158（起动请求）
	2	0.5 蓝/黄 — 尿素 DCU/30（标定）		2	0.75 白/红 ⏄交流发电机 b2（充电 D+）
	3	0.5 蓝/黑 — 尿素 DCU/29（标定）		3	1.5 红/绿 ⏄左前组合灯 4（左近光）
	4	0.5 绿/黄 ⏄发动机 ECU/168（巡航加速）		4	1.5 灰 ⏄右前组合灯 4（右近光）
	5	0.5 绿 — 发动机 ECU/143（通信 CAN 低端）		5	1.5 棕 ⏄左前雾灯 3（辅助远光），左前组合灯 5（左远光）
	6	0.5 红 — 发动机 ECU/142（通信 CAN 高端）		6	1.5 黄/绿 ⏄右前雾灯 3（辅助远光），右前组合灯 5（右远光）
	7	0.5 蓝/黑 ⏄发动机 ECU/162（冗余制动）		7	1.5 红/黄　小灯 ⏄右前组合灯 1，左前组合灯 1，右中示宽灯 1，左中示宽灯 1，左后示宽灯 1，右后示宽灯 1，挂车灯插座 3，右组合灯 3，左后组合灯 3
	8	0.5 蓝/白 ⏄发动机 ECU/164（巡航恢复）		8	1.5 红 ⏄左前雾灯 1，右前雾灯 1
	9	0.75 红/蓝 ⏄发动机 ECU/159（唤醒电源），尿素 DCU/1		10	1.0 绿/黑　右转 ⏄右前组合灯 3，右后组合灯 2
	10	0.5 蓝/红 ⏄发动机 ECU/161（制动信号）		11	1.0 绿/红　左转 ⏄左前组合灯 3，左后组合灯 2
	11	0.5 棕 ⏄发动机 ECU/151（巡航减速）		12	0.75 黄 ⏄燃油传感器 1
	13	0.5 绿 ⏄发动机 ECU/127（油门 2 负电）		13	0.75 红 ⏄变速器束间 9（倒车信号）
	14	0.5 白 ⏄发动机 ECU/124（油门 1 电源）		14	0.75 绿 ⏄驻车制动开关 1
	15	0.5 白/绿 ⏄发动机 ECU/140（预热灯）		15	0.75 绿/白 ⏄挂车灯插座 1，右后组合灯 5，左后组合灯 5（制动灯）
	16	0.75 绿/白 ⏄ECU/165（排气制动请求）		16	0.5 红/白　5V+ ⏄气压 1 传感器 3，气压 2 传感器 3
	17	0.5 蓝 ⏄发动机 ECU/131（多态负电）		17	0.5 蓝/白 ⏄气压 2 传感器 2（信号）
	18	0.5 黑 ⏄发动机 ECU/125（油门 1 负电）		18	0.5 黑/白 ⏄右盘式制动开关 1
	19	0.5 绿 ⏄ECU/107（油门 1 信号）		20	0.5 黑 ⏄气压 1 传感器 1（负电），气压 2 传感器 1（负电）
	20	0.5 黄/红 ⏄ECU/135（故障灯）		21	0.5 蓝 ⏄气压 1 传感器 2（信号）
	21	0.75 红 ⏄发动机束间 b2（ECU/274）			
底盘束间紫		(插头为驾驶室线束，插座为底盘线束)			
	1	0.75 黑/蓝 ⏄起动钥匙开关 2（起动档）			
	2	0.5 白/红 ⏄仪表 a1（充电）			
	3	1.5 红/绿　左近光 ⏄中央集电盒 n4（F45）			

名 称	内 容	名 称	内 容
前围束间黄 [连接器图：3 2 1 / 21 20 19]	（插头为驾驶室线束，插座为底盘线束）		16　1.0 白→/←右门束间 9（右窗升/右窗降） 17　1.0 蓝←/→右门束间 8（右窗升/右窗降） 18　1.0 白/红→/←左门束间 4（左窗升/左窗降） 19　1.0 蓝/黑←/→左门束间 5（左窗升/左窗降） 20　0.75 红/黑→左门束间 16（左后视镜 4，除霜），右门束 18 21　0.75 红←左门束间 26（后视镜除霜开关 8）
	1　0.75 灰←车门控制器 31（上动控制） 2　0.75 灰/白←车门控制器 13（下动控制） 3　0.75 灰/黄←车门控制器 32（左动控制） 4　0.75 灰/红←车门控制器 14（右动控制） 5　0.75 紫/白→/←车门控制器 5（左后视镜，上动/下动） 6　0.75 紫/黄→/←车门控制器 6（左后视镜，左动/右动） 7　0.75 灰/蓝←车门控制器 33（左后视镜变换） 8　0.75 灰/绿←车门控制器 15（右后视镜变换） 9　0.75 紫/蓝→/←车门控制器 22（右后视镜，上动/下动） 10　0.75 紫/绿→/←车门控制器 4（右后视镜，左动/右动） 12　0.75 紫→/←车门控制器 21（后视镜公共端，左动或下动/右动或上动） 13　2.5 黑→底盘束间小灰 5（搭铁） 14　1.5 红/黄→中央集电盒 n2（F47，照明） 16　1.0 白→/←车门控制器 17（右窗升/右窗降） 17　1.0 蓝→/←车门控制器 16（右窗升/右窗降） 18　1.0 白/红→/←车门控制器 36（左窗升/左窗降） 19　1.0 蓝/黑→/←车门控制器 18（左窗升/左窗降） 20　0.75 红/黑→车门控制器 2（后视镜除霜） 21　0.75 红←车门控制器 9（后视镜除霜请求）	**前围束间紫**  [连接器图：36 9 / 28 1]	3　0.5 红←仪表 a2（水位） 4　0.5 蓝/白→中央集电盒 L8（制动灯继电器 J10/85），中央集电盒 m7（ECU 制动继电器 J2/85） 5　0.5 黑/白→左顶篷束间 a2（车内灯） 6　0.5 黑/蓝→左顶篷束间 a3（车内灯） 7　0.75 蓝←中央集电盒 m1（F30） 8　0.75 蓝/黄→/←中央集电盒 m2（刮水低速继电器 J9/87a，复位时/复位后） 9　0.75 蓝/红→中央集电盒 m5（刮水高速继电器 J8/87，刮水高速） 10　0.75 蓝/黑→中央集电盒 m6（刮水高速继电器 J8/87a，刮水低速） 11　0.5 蓝/棕→刮水组合开关 4（洗涤） 12　0.75 白→空调束间 6（空调面板 23） 13　0.75 红/白→空调束间 3，尿素电器盒 15（ECU 空调继电器 J20/86），中央集电盒 L5（压缩机继电器 J4/85） 14　0.75 红/棕→中央集电盒 c6（F22，踏步灯） 17　0.5 黄→/←车门控制器 19（开锁/闭锁） 18　0.5 绿→/←车门控制器 1（开锁/闭锁） 21　0.5 蓝/白←车门控制器 10（左开关右窗升控制） 22　0.5 红/绿←车门控制器 28（左开关右窗降控制） 23　0.5 黑/黄←车门控制器 30（右开关右窗升控制） 24　0.5 红/绿←车门控制器 29（右开关右窗降控制） 25　0.5 黑/白←车门控制器 12（左窗升控制） 26　0.5 白/绿←车门控制器 11（左窗降控制） 27　0.5 蓝～车载信息终端 b7（左门扬声器） 28　0.5 蓝/黑～车载信息终端 b8（左门扬声器） 29　0.5 白～车载信息终端 b1（右门扬声器） 30　0.5 白/黑～车载信息终端 b2（右门扬声器） 31　0.5 蓝/白→底盘束间蓝 2（ECU/154，离合） 32　0.75 红→底盘束间灰 21（ECU/274）
[连接器图：1 2 3 / 19 20 21]	1　0.75 灰→左门束间 21（下动控制） 2　0.75 灰/白→左门束间 17（上动控制） 3　0.75 灰/黄→左门束间 18（左动控制） 4　0.75 灰/红→左门束间 19（右动控制） 5　0.75 紫/白←/→左门束间 20（左后视镜，上动/下动） 6　0.75 紫/黄→/←左门束间 22（左后视镜，左动/右动） 7　0.75 灰/蓝→左门束间 23（左后视镜变换） 8　0.75 灰/绿→左门束间 24（右后视镜变换） 9　0.75 紫/蓝←/→左门束间 12（右后视镜，上动/下动） 10　0.75 紫/绿→/←右门束间 20（右后视镜，左动/右动） 12　0.75 蓝←/→左门束间 25，右门束间 19（后视镜公共端，左动或下动/右动或上动） 13　2.5 黑←/→左门束间 1，右门束间 5，制动开关 1，水位警告开关 3，刮水电动机 2 14　0.75 红/黄→左门束间 6，右门束间 17（照明）		3　0.5 红→水位警告开关 1 4　0.5 蓝/白→制动开关 2

(续)

名称	内容	名称	内容
	5 0.5 黑/白 ⇄ 左门束间2（左门控开关）		10 0.5 绿 ⇄ 前围束间紫18（车门控制器1，开锁/闭锁）
	6 0.5 黑/蓝 ⇄ 右门束间4（右门控开关）		— 右门内接右门中控锁2
	7 0.75 蓝 ⊕ ⊕ 洗涤电动机2，刮水电动机3		12 0.75 紫/蓝 ⇄ ⊕ 前围束间黄9（车门控制器22，上动/下动）
	8 0.75 蓝/黄 ⊕/ ⇄ 刮水电动机5（复位时/复位后）		— 右门内接右后视镜2
	9 0.75 蓝/红 ⊕ 刮水电动机4（高速）		13 0.5 白/黑 ∩ 前围束间紫30（车载信息终端b2）
	10 0.75 蓝/黑 ⊕ 刮水电动机1（低速）		— 右门内接右扬声器2
	11 0.75 蓝/棕 ⇇ 洗涤电动机1		14 0.5 白 ∩ 前围束间紫29（车载信息终端b1）
	12 0.75 白 ⊕ 空调压力开关1		— 右门内接右扬声器1
	13 0.75 红/白 ⊕ 空调压力开关2		15 0.5 红/绿 ⇇ 前围束间紫24（车门控制器29）
	14 0.75 红/棕 ⊕ 左门束间3（左门踏步灯），右门束间3（右门踏步灯）		— 右门内接右窗右门开关1（右窗降控制）
	17 0.5 黄 ⊕/ ⇄ 左门束间7（开锁/闭锁），右门束间2（开锁/闭锁）		17 0.75 红/黄 ⊕ 前围束间黄14（中央集电盒n2，F47）
	18 0.5 绿 ⇄ ⇄ 左门束间8（开锁/闭锁），右门束间10（开锁/闭锁）		— 右门内接右窗右门开关5（照明）
	21 0.5 蓝/白 ⇄ 左门束间9（右窗升控制）		18 0.75 红/黑 ⊕ 前围束间黄20（车门控制器2）
	22 0.5 红/绿 ⇄ 左门束间10（右窗降控制）		— 右门内接右后视镜4（除霜）
	23 0.5 黑/黄 ⇄ 左门束间7（右窗升控制）		19 0.75 蓝 ⇄/ ⊕ 前围束间黄12（车门控制器21，左动或下动/右动或上动）
	24 0.5 红/绿 ⇄ 左门束间15（右窗降控制）		— 右门内接右后视镜1（公共端）
	25 0.5 黑/红 ⇄ 左门束间12（左窗降控制）		20 0.75 紫/绿 ⊕ ⇄ 前围束间黄10（车门控制器4，左动/右动）
	26 0.5 白/绿 ⇄ 左门束间13（左窗升控制）		— 右门内接右后视镜5
	27 0.5 蓝 ∩ 左门束间14（扬声器）	右后视镜	
	28 0.5 蓝/黑 ∩ 左门束间15（扬声器）		1 0.75 蓝 ⇄/ ⊕ 右门束间19（公共端）
	29 0.5 白 ∩ 左门束间14（扬声器）		2 0.75 紫/蓝 ⊕ ⇄ 右门束间12（下动/上动）
	30 0.5 白/黑 ∩ 左门束间13（扬声器）		3 0.75 黑 ⇄ 右门束间5（搭铁）
	31 0.5 蓝/白 ⊕ 离合开关1		4 0.75 红/黑 ⊕ 右门束间（除霜）
	32 0.5 红/白 ⊕ 离合开关2		5 0.75 紫/绿 ⊕ ⇄ 右门束间20（左动/右动）
右门束间		右门踏步灯	
	2 0.5 黄 ⊕ / ⇄ 前围束间紫17（车门控制器19，开锁/闭锁）		1 0.5 红/棕 ⊕ 右门束间3（F22）
	— 右门内接右门中控锁1		2 0.5 黑/蓝 ⇄ 右门中控锁3（右门控开关）
	3 0.75 红/棕 ⊕ 前围束间紫14（中央集电盒c6，F22）	右门中控锁	
	— 右门内接右门踏步灯1		1 0.5 黄 ⊕/ ⇄ 右门束间2（开锁/闭锁）
	4 0.5 黑/蓝 ⇄ 前围束间紫6（左顶篷束间a3，右车内灯）		2 0.5 绿 ⇄/ ⊕ 右门束间10（开锁/闭锁）
	— 右门内接右门中控锁3（门控开关）		3 0.5 黑/蓝 ⇄ 右门踏步灯2，右门束间4
	5 0.75 黑 ⇄ ⇄ 前围束间黄13（搭铁）		4 0.5 黑 ⇄ 右门束间5（搭铁）
	— 右门内接右门中控锁4，右电动窗开关3、4	右电动窗电机	
	7 0.5 黑/黄 ⇄ 前围束间紫23（车门控制器30）		1 1.0 蓝 ⊕ ⇄ 右门束间8（升/降）
	— 右门内接右电动窗开关2（右窗升控制）		2 1.0 白 ⊕ ⇄ 右门束间9（升/降）
	8 1.0 蓝 ⇄/ ⊕ 前围束间黄17（车门控制器16，右窗升/右窗降）	右门扬声器	
	— 右门内接右电动窗电动机1		1 0.5 蓝 ∩ 右门束间14
	9 1.0 白 ⊕ / ⇄ 前围束间黄16（车门控制器17，右窗升/右窗降）		2 0.5 绿 ∩ 右门束间13
	— 右门内接右电动窗电动机2	右窗右门开关	
			1 0.75 红/绿 ⇇ 右门束间15（降控制）
			2 0.75 黑/黄 ⇄ 右门束间7（升控制）
			3 0.5 黑 ⇄ 右门束间5（照明搭铁）
			4 0.75 黑 → 右门束间5（搭铁）

(续)

名称	内容	名称	内容
	5　0.5 红/黄 ⏚ 右门束间17（照明）		— 左门内接左门中控锁1
水位警告开关 	1　0.5 红 ← 前围束间紫3（仪表a2） 3　0.5 黑 → 前围束间黄13（搭铁）		8　0.5 绿 ⇄/⏚ 前围束间紫18（车门控制器1，开锁/闭锁） — 左门内接左门中控锁2
空调压力开关 	1　0.75 白 ⏚ 前围束间紫12（空调束间6） 2　0.75 红/白 ⏚ 前围束间紫13（压缩机继电器J4/85，ECU空调继电器J20/86）		9　0.5 蓝/白 ← 前围束间紫21（车门控制器10） — 左门内接右窗左门开关2（右窗升控制） 10　0.5 红/绿 ← 前围束间紫22（车门控制器28） — 左门内接右窗左门开关1（右窗降控制）
刮水电动机 	1　0.75 蓝/黑　低速 ⏚ 前围束间紫10（中央集电盒m6，刮水高速继电器J8/87a） 2　0.75 黑 ⏚ 前围束间黄13（搭铁） 3　0.75 蓝 ← 前围束间紫7（F30） 4　0.75 蓝/红　高速 ⏚ 前围束间紫9（刮水高速继电器J8/87） 5　0.75 蓝/黄 ⏚/← 前围束间紫8（刮水高速继电器J9/87a，复位时/复位后）		12　0.5 黑/白 ← 前围束间紫25（车门控制器12） — 左门内接左电动窗开关2（左窗降控制） 13　0.5 白/绿 ← 前围束间紫26（车门控制器11） — 左门内接左电动窗开关1（左窗升控制） 14　0.5 蓝 ∩ 前围束间紫27（车载信息终端b7） — 左门内接左门扬声器1 15　0.5 蓝/黑 ∩ 前围束间紫28（车载信息终端b8） — 左门内接左门扬声器2
洗涤电动机 	1　0.75 蓝/棕 ← 前围束间紫11（刮水组合开关） 2　0.75 蓝 ⏚ 前围束间紫7（F30）		16　0.75 红/黑 ← 前围束间黄20（车门控制器2） — 左门内接左后视镜4（除霜） 17　0.75 灰/白 ← 前围束间黄2（车门控制器13） — 左门内接后视镜开关2（下动控制）
制动开关 	1　0.75 黑 → 前围束间黄13（搭铁） 2　0.5 蓝/白 ← 前围束间紫4（ECU制动继电器J2/85，制动灯继电器J10/85）		18　0.75 灰/黄 ← 前围束间黄3（车门控制器32） — 左门内接后视镜开关1（左动控制） 19　0.75 灰/红 ← 前围束间黄4（车门控制器14） — 左门内接后视镜开关5（右动控制）
离合开关 	1　0.5 蓝/白 ⏚ 前围束间紫31（ECU/154） 2　0.75 红/白 ⏚ 前围束间紫32（ECU/274）		20　0.75 紫/白 ⇄/⏚ 前围束间黄5（车门控制器5，上动/下动） — 左门内接左后视镜2 21　0.75 灰 ← 前围束间黄1（车门控制器31） — 左门内接后视镜开关3（上动控制）
左门束间 	1　0.75 黑 ⏚ → 前围束间黄13（搭铁） — 左门内接左门各电器搭铁 2　0.5 黑/白 ← 前围束间紫5（左顶篷束间a2，左车内灯） — 左门内接左门中控锁3（左门控开关） 3　0.75 红/棕 ⏚ 前围束间紫14（中央集电盒c6，F22） — 左门内接左门踏步灯1 4　1.0 白/红 ⏚/← 前围束间黄18（车门控制器36，左窗升/左窗降） — 左门内接左电动窗电动机2 5　1.0 蓝/黑 ⇄/⏚ 前围束间黄19（车门控制器18，左窗升/左窗降） — 左门内接左电动窗电动机1 6　0.75 红/黄 ⏚ 前围束间黄14（中央集电盒n2，F47） — 左门内接左电动窗开关5，后视镜开关9，右窗左门开关5（照明） 7　0.5 黄 ⏚/← 前围束间紫17（车门控制器19，开锁/闭锁）		22　0.75 紫/黄 ⇄/⏚ 前围束间黄6（车门控制器6，左动/右动） — 左门内接左后视镜5 23　0.75 灰/蓝 ← 前围束间黄7（车门控制器33） — 左门内接后视镜开关6（左后视镜变换） 24　0.75 灰/绿 ← 前围束间黄8（车门控制器15） — 左门内接后视镜开关7（右视镜变换） 25　0.75 蓝 ⇄/⏚ 前围束间黄12（车门控制器21，左动或下动/右动或上动） — 左门内接后视镜1（公共端） 26　0.75 红 ← 前围束间黄21（车门控制器9） — 左门内接后视镜开关8（除霜控制）
		左后视镜 	1　0.5 蓝 ⇄/⏚ 左门束间25（公共端） 2　0.5 紫/白 ⏚ 左门束间20（下动/上动） 3　0.75 黑 ⏚ 左门束间1（搭铁） 4　0.75 红/黑 ⏚ 左门束间16（除霜） 5　0.75 紫/黄 ⏚/← 左门束间22（左动/右动）

(续)

名称		内容	名称		内容
左门踏步灯			右前雾灯		
	1	0.5 红/棕 ⏚ 左门束间 3（F22）		1	1.5 红　前雾灯 ⏚ 底盘束间紫 8
	2	0.5 黑/白 ⇄ 左门中控锁 3（左门控开关）		2	1.5 黑　搭铁 ⏚ 底盘搭铁点
左门中控锁				3	1.5 黄/绿　辅助远光 ⏚ 底盘束间紫 6（F24）
	1	0.5 黄 ⏚ / ⇄ 左门束间 7（开锁/闭锁）	驾驶室翻转接口		
	2	0.5 绿 ⇄ / ⏚ 左门束间 8（开锁/闭锁）		a1	0.75 黑/绿 ⏚ 底盘束间绿 7（翻转开关）
	3	0.5 黑/白 ⇄ 左门踏步灯 2, 左门束间 2		a2	0.75 蓝 ⇄ 翻转按钮 1
	4	0.5 黑 → 左门束间 1（搭铁）		b1	2.5 黑/黄 ⏚ 底盘电器盒 h4（FA1）
左电动窗电动机				b2	2.5 黑 → 底盘搭铁点
	1	1.0 红/灰 ⇄ / ⏚ 左门束间 5（升/降）	翻转按钮		
	2	1.0 红/黑 ⏚ / ⇄ 左门束间 4（升/降）		1	0.75 蓝 ⇄ 驾驶室翻转接口 a2
左门扬声器				2	0.75 黑 → 底盘搭铁点
	1	0.5 蓝 ∩ 左门束间 14	右前轮制动阀		
	2	0.5 蓝/黑 ∩ 左门束间 15		1	1.0 蓝 ⏚ 底盘束间棕 2（泄压）
左电动窗开关				2	1.0 黑 → 底盘搭铁点
	1	0.5 白/红 ⇄ 左门束间 13（降控制）		3	1.0 棕 ⏚ 底盘束间棕 1（加压）
	2	0.5 白/黑 ⇄ 左门束间 12（升控制）	右前轮转速传感器		
	3	0.5 黑 → 左门束间 1（照明搭铁）		1	0.75 棕 ∩ 底盘束间棕 4
	4	0.5 黑 → 左门束间 1（搭铁）		2	0.75 黑 ∩ 底盘束间棕 3
	5	0.5 红/黄 ⏚ 左门束间 6（照明）	右盘式制动开关		
右窗左门开关				1	0.5 黑/白 ⇄ 底盘束间紫 18（盘式制动控制器）
	1	0.5 黄/黑 ⇄ 左门束间 10（降控制）		2	0.5 绿/白 ⇄ 左盘式制动开关 1
	2	0.5 绿/黄 ⇄ 左门束间 9（升控制）	驾驶室锁止开关		（两个）
	3	0.5 黑 → 左门束间 1（照明搭铁）		1	0.75 黑/黄 ⇄ 底盘束间绿 3（仪表 b18）
	4	0.5 黑 → 左门束间 1（搭铁）		2	0.5 黑 → 底盘搭铁点
	5	0.5 红/黄 ⏚ 左门束间 6（照明）	右中示宽灯		
后视镜开关				1	1.5 红/白 ⏚ 底盘束间紫 7（F48）
	1	0.75 灰/黄 ⇄ 左门束间 18（左动控制）		2	0.5 黑 → 底盘搭铁点
	2	0.75 灰/白 ⇄ 左门束间 17（下动控制）	氮氧传感器		
	3	0.75 灰 ⇄ 左门束间 21（上动控制）		1	0.75 黑/绿 ⏚ 底盘束间绿 10（F20）
	4	0.75 黑 → 左门束间 1（搭铁）		2	0.75 棕/蓝 ⇄ 底盘搭铁点
	5	0.75 灰/红 ⇄ 左门束间 19（右动控制）		3	0.5 绿 — ECU/143（通信 CAN）
	6	0.75 灰/蓝 ⇄ 左门束间 23（左右视镜变换）		4	0.5 红 — ECU/142（通信 CAN）
	7	0.75 灰/绿 ⇄ 左门束间 24（右视镜变换）	进口温度传感器		
	8	0.75 红 ⇄ 左门束间 26（除霜）		1	0.75 黑/紫 ⇄ ECU/116
	9	0.5 红/黄 ⏚ 左门束间 6（照明）		2	0.75 黑/红 ⇄ ECU/126
	10	0.75 黑 → 左门束间 1（搭铁）	尿素喷嘴电磁阀		
电喇叭				1	0.75 白/黄 ⇄ DCU/61
		0.75 绿/黑 ⏚ 底盘束间绿 11		2	0.75 白 ⇄ DCU/60
		0.75 黑 → 底盘搭铁点	变速器束间		（空档开关、倒车灯开关、低档开关、车速里程）
气喇叭电磁阀				3	0.5 绿/白 ⏚ 底盘束间绿 13（车速里程信号）
	1	0.75 白 ⏚ 底盘束间绿 9（F4）		4	0.75 红 ⇄ 发动机束间 b2（ECU/274）
	2	0.75 绿 ⇄ 底盘束间绿 8（喇叭变换开关）		5	2.5 蓝 ⇄ 底盘束间绿 12（车速里程电源）
右前组合灯				6	0.75 白/绿 ⏚ ECU/154（空档信号）
	1	1.5 红/白　小灯 ⏚ 底盘束间紫 7（F48）		7	0.75 黑 → 底盘搭铁点
	2	1.5 黑　搭铁 → 底盘搭铁点		8	0.75 红/蓝　倒车开关 ⏚ 底盘电器盒 L4（FA2）
	3	1.0 绿/黑　右转 ⇄ 底盘束间紫 10		9	0.75 红/黑　倒车开关 ⏚ 底盘束间紫 13（车载信息终端），挂车灯插座 7, 右后组合灯 4, 倒车蜂鸣器 2, 左后组合灯 4
	4	1.5 灰　近光 ⏚ 底盘束间紫 4（F46）			
	5	1.5 黄/绿　远光 ⏚ 底盘束间紫 6（F24）			

(续)

名称	内容	名称	内容
	10 0.5 白/黑 低档开关 底盘束间绿2 3 0.5 绿 车速里程传感器3（信号） 4 0.5 蓝 空档开关1 5 0.5 黄/绿 车速里程传感器1（12V电源） 6 0.75 红/白 空档开关4 7 0.75 黑 车速里程传感器2，低档信号开关2 8 0.5 红/蓝 倒车开关2 9 0.5 红 倒车开关1 10 0.5 白/黑 低档信号开关1		53 0.75 红/黑 尿素泵组件5（反向阀） 54 0.75 红/白 底盘束间蓝21（泵加热继电器J18/86） 55 0.75 蓝/黑 尿素泵组件4（尿素泵负电） 57 2.5 红 底盘电器盒 L10（DCU 主继电器K3/87） 58 2.5 黑 底盘搭铁点 60 0.75 白 尿素喷嘴电磁阀2 61 0.75 白/黄 尿素喷嘴电磁阀1
倒车开关 	1 0.5 红 变速器束间9 2 0.5 红/蓝 变速器束间8（FA3）	底盘搭铁点	2.5 黑×10 1.5 黑×2 0.75 黑 3.0 黑
空档开关 	1 0.5 蓝 变速器束间4（ECU/274） 4 0.75 红/白 变速器束间6（ECU/154）	气压1传感器 	1 0.5 黑 底盘束间紫20（仪表b21，负电） 2 0.5 蓝 底盘束间紫21（仪表a25，信号） 3 0.5 红/白 底盘束间紫16（仪表b11，5V+）
车速里程传感器 	1 0.5 黄/绿 变速器束间5（12V电源） 2 0.75 黑 变速器束间7（搭铁） 3 0.5 绿 变速器束间3（信号）	气压2传感器 	1 0.5 黑 底盘束间紫20（仪表b21，负电） 2 0.5 蓝 底盘束间紫17（仪表a26，信号） 3 0.5 红/白 底盘束间紫16（仪表b11，5V+）
低档信号开关 	1 0.5 白/黑 变速器束间10 2 0.75 黑 变速器束间7（搭铁）	空气干燥器 	1 0.75 黑/绿 底盘束间绿10（F20） 2 0.75 黑 底盘搭铁点
排气制动电磁阀	1 0.75 红/蓝 发动机束间b1（ECU/224） 2 0.75 黑/黄 发动机ECU/120	记忆电源接点	（经电源总开关输入接点与蓄电池正极连接） 3.0 红 底盘电器盒c（FA7、FA10~FA13）
尿素DCU 	1 0.75 红/蓝 底盘束间灰9（F43，唤醒电源） 4 1.0 红 底盘电器盒h2（FA11） 12 0.75 蓝/黑 尿素泵组件8（压力负电） 13 0.75 黄/黑 尿素泵组件9（压力信号） 20 0.75 蓝 — 尿素泵组件2（尿素泵信号） 23 0.75 红/蓝 尿素泵组件10（压力5V+） 25 0.5 绿 — 发动机ECU/143（CAN），氮氧传感器3 26 0.5 红 — 发动机ECU/142（CAN），氮氧传感器4 29 0.5 蓝/黑 — 底盘束间灰3（诊断插座10） 30 0.75 蓝/黄 — 底盘束间灰2（诊断插座2） 33 0.75 绿/红 底盘束间蓝18（泵加热继电器J18/85） 38 0.75 红/黄 底盘电器盒L9（DCU 主继电器K3/85） 41 0.75 绿/黑 尿素泵组件6（反向阀） 43 0.75 红 尿素泵组件3（尿素泵供电）	底盘电器盒 a b c d 	a 16.0 白/红 交流发电机a — 底盘电器盒内接熔断器FA9 b 16.0 黄 预热电阻 — 底盘电器盒内接预热继电器K4/87 c 3.0 红 记忆电源接点（蓄电池正极） — 底盘电器盒内FA7、FA10~FA13（输入） d 10.0 白 底盘30电源接点（中央集电盒） — 底盘电器盒内接熔断器FA8（输出） m1 4.0 白/黄 底盘束间小灰4（中央集电盒a2） — 底盘电器盒内接熔断器FA7（输出） m2 6.0 红 底盘束间小灰6（起动钥匙开关a2） — 底盘电器盒内接熔断器FA5（输出） L1 2.5 红 水寒宝 — 底盘电器盒内接水寒宝继电器K2/87 L2 0.75 黑 底盘搭铁点 — 底盘电器盒内接水寒宝继电器K2/85 L3 0.75 蓝/黄 底盘束间棕17（水寒宝开关） — 底盘电器盒内接水寒宝继电器K2/86 L4 0.75 绿/黑 发动机ECU/138 — 底盘电器盒内接缸内制动继电器K1/85

（续）

名称		内容	名称		内容
	L5	0.75 蓝/黄 发动机束间 a1、a4（缸内制动阀）	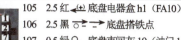	105	2.5 红 底盘电器盒 h1（FA10）
		— 底盘电器盒内接缸内制动继电器 K1/87		106	2.5 黑 底盘搭铁点
				107	0.5 绿 底盘束间灰 19（油门 1 信号）
	L7	0.75 红/蓝 发动机束间 b1（ECU/224）		108	0.5 黄 底盘束间蓝 6（油门 2 信号）
		— 底盘电器盒内接预热继电器 K4/86		111	0.5 棕/绿 尿素液位温度传感器 3（温度）
	L8	0.75 棕/绿 发动机 ECU/137		112	0.75 灰 油水分离传感器 2（信号）
		— 底盘电器盒内接预热继电器 K4/85		113	0.5 蓝/红 底盘束间蓝 4（多态信号）
	L9	0.75 红/黄 尿素 DCU/38		114	0.5 灰/蓝 尿素液位温度传感器 1（液位）
		— 底盘电器盒内接 DCU 主继电器 K3/85		116	0.75 黑/紫 进口温度传感器 1（信号）
	L10	2.5 红 尿素 DCU/57		120	0.75 黑/黄 排气制动电磁阀 2
		— 底盘电器盒内接 DCU 主继电器 K3/87		121	0.75 白 底盘束间蓝 17（喷液加热继电器 J15/85）
	h1	4.0 红 ECU/K1、K3、K5（主电源）		122	1.0 绿/黄 起动机控制接口 1
		— 底盘电器盒内接熔断器 FA10（输出）		124	0.5 白 底盘束间灰 14（油门 1 电源）
	h2	1.0 红 尿素 DCU/4		125	0.5 黑 底盘束间灰 18（油门 1 负电）
		— 底盘电器盒内接熔断器 FA11（输出）		126	0.75 棕 进口温度传感器 2
	h3	4.0 红/灰 挂车 ABS 接口 6		127	0.5 绿 底盘束间灰 13（油门 2 负电）
		— 底盘电器盒内接熔断器 FA12（输出）		128	0.5 红 底盘束间蓝 5（油门 2 电源）
	h4	2.5 黑/黄 驾驶室翻转接口 b1		131	0.5 蓝 底盘束间灰 17（多态开关），尿素液位温度传感器 2、4
		— 底盘电器盒内接熔断器 FA1（输出）			
	h5	0.75 红/蓝 变速器束间 8（倒车灯开关）		132	0.75 黑 底盘束间蓝 15（ECU 空调继电器 J20/30），油水分离传感器 3（负电）
		— 底盘电器盒内接熔断器 FA2（输出）			
	h6	0.75 红 发动机束间 b1（ECU/224）		135	0.75 黄/红 底盘束间灰 20（故障灯）
		— 底盘电器盒内接缸内制动继电器 K1/86		136	0.75 绿 底盘束间蓝 20（进液加热继电器 J17/85）
左前雾灯					
	1	1.5 红 前雾灯 底盘束间紫 8		137	0.75 棕/绿 底盘电器盒 L8（预热继电器 K4/85）
	2	1.5 黑 搭铁 底盘搭铁点			
	3	1.5 棕 辅助远光 底盘束间紫 5（F23）		138	0.75 绿/黑 底盘电器盒 L4（缸内制动继电器 K1/85）
左前组合灯					
	1	1.5 红/黄 小灯 底盘束间紫 7（F48）		139	0.5 白 底盘束间蓝 7（排放灯）
	2	1.5 黑 搭铁 底盘搭铁点		140	0.5 白 底盘束间灰 15（预热灯）
	3	1.0 绿/红 左转 底盘束间紫 11		142	0.5 红 — 底盘束间灰 6（通信 CAN），氮氧传感器 4，尿素 DCU/26
	4	1.5 红/绿 近光 底盘束间紫 3（F45）			
	5	1.5 棕 远光 底盘束间紫 5（F23）		143	0.5 绿 — 底盘束间灰 5（通信 CAN），氮氧传感器 3，尿素 DCU/25
交流发电机					
	a	10.0 白/红 B+ 底盘电器盒 a（FA9）		145	0.5 灰 — 底盘束间蓝 9（刷写 CAN）
		1.0 蓝 交流发电机 b4		146	0.5 蓝 — 底盘束间蓝 8（刷写 CAN）
	b2	0.5 白/红 D+ 底盘束间 2（仪表 a1）		151	0.5 棕 底盘束间灰 11（巡航减速）
	b3	0.75 黑/绿 底盘电器盒绿 10（F20）		152	0.5 黄 底盘束间蓝 12（ECU 空调继电器 J20/87）
	b4	1.0 蓝 交流发电机 a			
压缩机					
	1	0.75 黄 底盘束间绿 1		153	0.5 蓝/白 底盘束间蓝 2（离合信号）
	2	0.75 黑 底盘搭铁点		154	0.75 白/绿 变速器束间 6（空档开关）
预热电阻				158	0.75 黑/蓝 底盘束间紫 1（起动请求）
		16.0 黄 底盘电器盒 g（预热继电器 K6/87）		159	0.75 红/蓝 底盘束间灰 9（F43，唤醒）
发动机 ECU　1 号插座				161	0.5 蓝/红 底盘束间灰 10（制动信号）
	101	2.5 红 底盘电器盒 h1（FA10）		162	0.5 蓝/黑 底盘束间灰 7（冗余制动）
	102	2.5 黑 底盘搭铁点		163	0.5 灰/黄 底盘束间灰 1（巡航取消）
	103	2.5 红 底盘电器盒 h1（FA10）		164	0.5 蓝/白 底盘束间灰 8（巡航恢复）
	104	2.5 黑 底盘搭铁点		165	0.5 绿/白 底盘束间灰 16（排气制动请求）

名　称	内　容	名　称	内　容
发动机ECU 2号插座 	168　0.5 绿/黄 ⏚ 底盘束间灰4（巡航加速） 203　1.5 黑 ⏚ 燃油计量阀1 205　0.75 黄 发动机束间 b5（回液加热继电器 J16/85） 206　1.5 白 燃油计量阀2 212　1.5 灰 缸套接口1（1缸高端） 213　1.5 紫 缸套接口2（1缸低端） 214　1.5 灰 缸套接口3（2缸高端） 215　1.5 红 缸套接口4（2缸低端） 216　1.5 紫 缸套接口5（3缸高端） 217　1.5 红 缸套接口6（3缸低端） 218　1.5 蓝 缸套接口7（4缸高端） 219　1.5 绿 缸套接口8（4缸低端） 220　1.5 蓝 缸套接口9（5缸高端） 221　1.5 黄 缸套接口10（5缸低端） 222　1.5 绿 缸套接口11（6缸高端） 223　1.5 黄 缸套接口12（6缸低端） 224　1.5 灰 ⏚ 发动机束间 b1（输出电源1） 225　1.0 绿 机油压力温度传感器2（温度） 226　1.0 棕 进气压力温度传感器2（温度） 227　0.75 紫 水温传感器3（温度） 230　0.75 红 风扇转速传感器1（负电） 232　0.75 红 发动机束间 b8（大气温度负电） 233　0.75 灰 水温传感器2（负电） 234　1.0 黄 进气压力温度传感器1（负电） 235　0.75 红 — 凸轮轴传感器屏蔽 240　1.5 蓝 电磁风扇1（触发） 241　0.75 绿 凸轮轴传感器2（正端） 242　0.75 黄 凸轮轴传感器1（负端） 243　0.75 白 风扇转速传感器3（信号） 247　1.0 紫 机油压力温度传感器1（负电） 248　0.75 棕 发动机束间 b7（大气温度信号） 251　0.75 黑 风扇转速传感器2（5V+） 252　0.75 红 轨压传感器3（5V+） 255　0.5 棕 轨压传感器1（负电） 256　1.5 红 ⏚ 电磁风扇2 257　0.75 黑 发动机束间 b4（尿素主继电器 J19/85） 259　0.75 紫 曲轴传感器1（正端） 260　0.75 灰 曲轴传感器2（负端） 263　1.0 白 机油压力温度传感器3（5V+） 264　0.75 绿 进气压力温度传感器3（5V+） 266　0.75 黑 轨压传感器2（信号） 267　1.0 灰 机油压力温度传感器4（压力） 268　1.0 黑 进气压力温度传感器4（压力） 273　0.75 红 — 曲轴传感器屏蔽 274　1.5 紫 ⏚ 发动机束间 b2（输出电源2） 275　1.0 白 发动机束间 b6（尿素箱加热控制）	发动机束间a （插座为底盘线束，插头为发动机线束） 1　0.75 蓝/黄 ⏚ 底盘电器盒 L5（缸内制动继电器 K1/87） 2　0.75 黑 ⏚ 底盘搭铁点 4　0.75 蓝/黄 ⏚ 底盘电器盒 L5（缸内制动继电器 K1/87） 1　1.5 白 ⏚ 缸套接口13（缸内制动电磁阀） 2　1.5 黑 缸套接口14（缸内制动电磁阀） 3　1.5 绿 — 缸套接口15（缸内制动电磁阀） 4　1.5 灰 ⏚ 缸套接口16（缸内制动电磁阀） 发动机束间b　（插座为底盘线束，插头为发动机线束） 1　0.75 红/蓝 ⏚ ⏚ 底盘束间蓝1（仪表 a8、b2、b4），排气制动电磁阀1，底盘电器盒 h6（缸内制动继电器 K1/86）、底盘电器盒 L7（预热继电器 K4/86） 2　0.75 红 ⏚ 底盘束间灰21（离合开关2，巡航开关1，刮水组合开关9，尿素电器盒4），变速器束间4（空档开关），油水分离传感器1，起动控制接口2，尿素箱加热接口1 4　0.75 黄/黑 底盘束间蓝16（尿素主继电器 J19/85） 5　0.75 黑 底盘束间蓝19（回液加热继电器 J16/85） 6　0.75 黑/绿 尿素箱加热阀2 7　0.75 蓝/红 大气温度传感器2（信号） 8　0.75 黑 大气温度传感器1（负电） 1　1.5 灰 ⏚ ⏚ 发动机ECU/224（输出电源1） 2　1.5 紫 ⏚ ⏚ 发动机ECU/274（输出电源2） 4　0.75 黑 发动机ECU/257（尿素主继电器控制） 5　0.75 黄 发动机ECU/205（回液加热控制） 6　1.0 白 发动机ECU/275（尿素箱加热控制） 7　0.75 棕 发动机ECU/248（大气温度信号） 8　0.75 红 发动机ECU/232（大气温度负电） 燃油计量阀 1　1.5 黑 ⏚ 发动机ECU/203（高端） 2　1.5 白 发动机ECU/206（低端） 凸轮轴转速传感器 1　0.75 白/紫 发动机ECU/242（负端） 2　0.75 紫/橙 发动机ECU/241（正端） 轨压传感器 1　0.75 棕 发动机ECU/255（负电） 2　0.75 黑 发动机ECU/266（信号） 3　0.75 红 发动机ECU/252（5V+） 曲轴转速传感器 1　0.75 白/紫 发动机ECU/259（正端） 2　0.75 紫/橙 发动机ECU/260（负端） 电磁风扇 1　1.5 蓝 发动机ECU/240 2　1.5 红 ⏚ 发动机ECU/256

（续）

(续)

名称	内容	名称	内容
风扇转速传感器 	1 0.75 红 发动机 ECU/230（负电） 2 0.75 黑 发动机 ECU/251（5V+） 3 0.75 白 发动机 ECU/243（信号）	起动控制接口 	1 1.0 绿/黄 发动机 ECU/122 2 1.0 红 发动机束间 b2（ECU/274）
进气压力温度传感器 	1 1.0 黄 发动机 ECU/234（负电） 2 1.0 棕 发动机 ECU/226（温度） 3 1.0 绿 发动机 ECU/264（5V+） 4 1.0 黑 发动机 ECU/268（压力）	挂车 ABS 接口 	1 1.5 黑 底盘搭铁点 2 0.75 蓝/红 — 底盘束间绿 6（仪表 a16） 3 1.0 红/绿 底盘束间绿 4（F42） 5 2.5 黑 底盘搭铁点 6 4.0 红/灰 底盘电器盒 h3（FA12）
冷却液温度传感器 	2 0.75 灰 发动机 ECU/233（负电） 3 0.75 紫 发动机 ECU/227（信号）	后照灯 	1 1.0 红/黑 底盘束间绿 5（J6/87） 2 1.5 棕/蓝 底盘搭铁点
机油压力温度传感器 	1 1.0 紫 发动机 ECU/247（负电） 2 1.0 绿 发动机 ECU/225（温度） 3 1.0 白 发动机 ECU/263（5V+） 4 1.0 灰 发动机 ECU/267（压力）	挂车灯插座 	1 0.75 绿/白 制动 底盘束间紫 15（J10/87） 2 1.0 黄/红 左转 底盘束间绿 17 3 1.0 红/黄 小灯 底盘束间紫 7（F48） 4 1.0 黑 搭铁 底盘搭铁点 6 1.0 红 后雾灯 底盘束间绿 14 7 0.75 红/黑 倒车 变速器束间 9（倒车灯开关） 8 1.0 黄/绿 右转 底盘束间绿 18
缸套接口（喷油器及缸内制动电磁阀） 	1 1.5 灰 发动机 ECU/212（1 缸高端） 2 1.5 紫 发动机 ECU/213（1 缸低端） 3 1.5 灰 发动机 ECU/214（2 缸高端） 4 1.5 红 发动机 ECU/215（2 缸低端） 5 1.5 紫 发动机 ECU/216（3 缸高端） 6 1.5 红 发动机 ECU/217（3 缸低端） 7 1.5 蓝 发动机 ECU/218（4 缸高端） 8 1.5 绿 发动机 ECU/219（4 缸低端） 9 1.5 蓝 发动机 ECU/220（5 缸高端） 10 1.5 黄 发动机 ECU/221（5 缸低端） 11 1.5 绿 发动机 ECU/222（6 缸高端） 12 1.5 黄 发动机 ECU/223（6 缸低端） 13 1.5 白 发动机束间 a1（缸内制动） 14 1.5 黑 发动机束间 a2（缸内制动） 15 1.5 绿 — 发动机束间 a3（缸内制动） 16 1.5 灰 发动机束间 a4（缸内制动）	水寒宝 	2.5 红 底盘电器盒 L1（水寒宝继电器 K2/87） 2.5 黑 底盘搭铁点
		左前示宽灯 	1 1.5 红/黄 底盘束间紫 7（F48） 2 0.75 黑 底盘搭铁点
		燃油传感器 	1 0.75 黄 底盘束间紫 12 2 0.75 黑 底盘束间绿 5 注：燃油传感器参数： 1 刻度 （8±1.5）Ω 1/2 刻度 （38±3）Ω 0 刻度 （107±6）Ω
		轴间差速信号开关 	1 0.75 灰/蓝 底盘束间绿 16（仪表 a14） 2 0.75 黑 底盘搭铁点
油水分离传感器 	1 0.75 红 发动机束间 b2（ECU/274） 2 0.75 灰 发动机 ECU/112（信号） 3 0.75 黑 发动机 ECU/132（负电）	左后示宽灯 	1 1.5 红/黄 底盘束间紫 7（F48） 2 0.75 黑 底盘搭铁点
左前轮制动阀 	1 1.0 蓝 底盘束间棕 6（泄压） 2 1.0 黑 底盘搭铁点 3 1.0 棕 底盘束间棕 5（加压）	尿素箱加热阀 	1 0.75 红 发动机束间 b2（ECU/274） 2 0.75 黑/绿 发动机束间 b6（ECU/275）
左前轮转速传感器 	1 0.75 棕 底盘束间棕 8 2 0.75 黑 底盘束间棕 7	进液管加热器 	1 1.0 红/黑 底盘束间蓝 10（进液加热继电器 J17/87） 2 1.0 黑 底盘搭铁点
左盘式制动开关 	1 0.5 黑 底盘搭铁点 2 0.5 绿/白 右盘式制动开关 2		

(续)

名称		内容
回液管加热器	1	1.0 红/白 ⏚ 底盘束间蓝 14（回液加热继电器 J16/87）
	2	1.0 黑 ⏚ 底盘搭铁点
喷液管加热器	1	1.0 红/蓝 ⏚ 底盘束间蓝 13（喷液加热继电器 J15/87）
	2	1.0 黑 ⏚ 底盘搭铁点
尿素泵组件	2	0.75 蓝 — 尿素 DCU/20（尿素泵信号）
	3	0.75 红 ⏚ 尿素 DCU/43（尿素泵供电）
	4	0.75 蓝/黑 ⏚ 尿素 DCU/55（尿素泵负电）
	5	0.75 红/黑 ⏚ 尿素 DCU/53（尿素泵换向阀）
	6	0.75 绿/黑 ⏚ 尿素 DCU/41（尿素泵换向阀）
	8	0.75 蓝/黑 ⏚ 尿素 DCU/12（尿素压力负电）
	9	0.75 黄/黑 ⏚ 尿素 DCU/13（尿素压力信号）
	10	0.75 红/蓝 ⏚ 尿素 DCU/23（尿素压力 5V+）
	11	0.75 黑 ⏚ 底盘搭铁点
	12	0.75 红/灰 ⏚ 底盘束间蓝 11（泵加热继电器 J18/87）
尿素液位温度传感器	1	0.5 灰/蓝 ⏚ 发动机 ECU/114（液位信号）
	2	0.75 蓝 ⏚ 发动机 ECU/131（液位负电）
	3	0.5 棕/绿 ⏚ 发动机 ECU/111（温度信号）
	4	0.5 蓝 ⏚ 发动机 ECU/131（温度负电）
右后示宽灯	1	1.5 红/白 ⏚ 底盘束间紫 7（F48）
	2	0.75 黑 ⏚ 底盘搭铁点
轴间差速电磁阀	1	0.75 灰 ⏚ 底盘束间绿 15
	2	0.75 黑 ⏚ 底盘搭铁点
驻车制动开关	1	0.75 绿 ⏚ 底盘束间紫 14（仪表 a3）
	2	0.75 黑 ⏚ 底盘搭铁点
左后轮电磁阀	1	1.0 蓝 ⏚ 底盘束间棕 13（泄压）
	2	1.0 黑 ⏚ 底盘搭铁点
	3	1.0 棕 ⏚ 底盘束间棕 14（加压）
左后轮转速传感器	1	0.75 黑 ⏚ 底盘束间棕 16
	2	0.75 棕 ⏚ 底盘束间棕 15
右后轮电磁阀	1	1.0 蓝 ⏚ 底盘束间棕 9（泄压）
	2	1.0 黑 ⏚ 底盘搭铁点
	3	1.0 棕 ⏚ 底盘束间棕 10（加压）

名称		内容
右后轮转速传感器	1	0.75 黑 ⏚ 底盘束间棕 12
	2	0.75 棕 ⏚ 底盘束间棕 11
大气温度传感器	1	0.5 黑 ⏚ 发动机束间 b8（ECU/232）
	2	0.5 蓝/红 ⏚ 发动机束间 b7（ECU/248）
倒车蜂鸣器	1	0.75 黑 ⏚ 底盘搭铁点
	2	0.75 红/黑 ⏚ 变速器束间 9（倒车灯开关）
右后组合灯	1	0.75 红　后雾灯 ⏚ 底盘束间绿 14
	2	1.0 绿/黑　右转 ⏚ 底盘束间紫 10
	3	1.5 红/白　小灯 ⏚ 底盘束间紫 7（F48）
	4	0.75 红/黑　倒车 ⏚ 变速器束间 9
	5	0.75 绿/白　制动 ⏚ 底盘束间紫 15
	6	1.0 黑 ⏚ 底盘搭铁点
左后组合灯	1	0.75 红　后雾灯 ⏚ 底盘束间绿 14
	2	1.0 绿/红　右转 ⏚ 底盘束间紫 11
	3	1.5 红/白　小灯 ⏚ 底盘束间紫 7（F48）
	4	0.75 红/黑　倒车 ⏚ 变速器束间 9
	5	0.75 绿/白　制动 ⏚ 底盘束间紫 15
	6	1.0 黑 ⏚ 底盘搭铁点

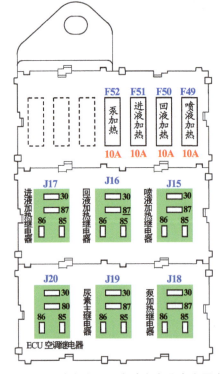

图3-2　解放JH6潍柴自主国四电喷汽车尿素电器盒图

三、解放JH6潍柴自主国四电喷汽车 | 81

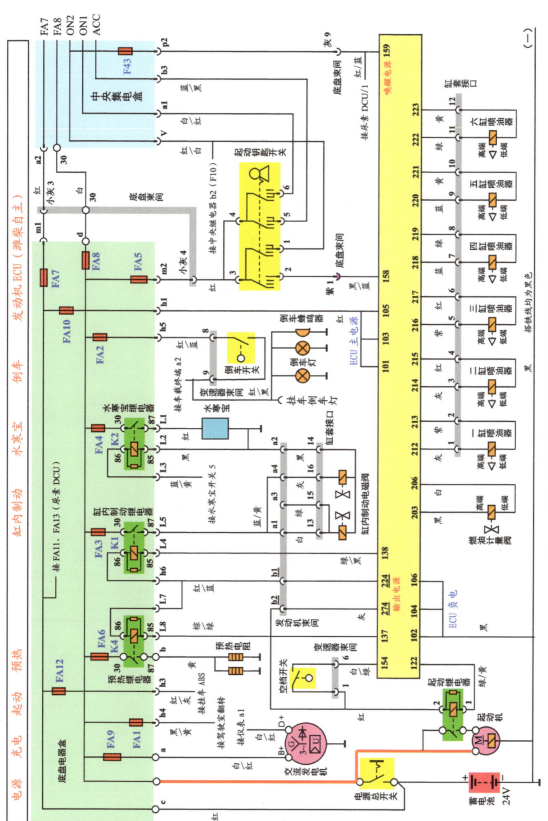

图3-3 解放JH6潍柴自主国四电喷汽车电路原理图（一）

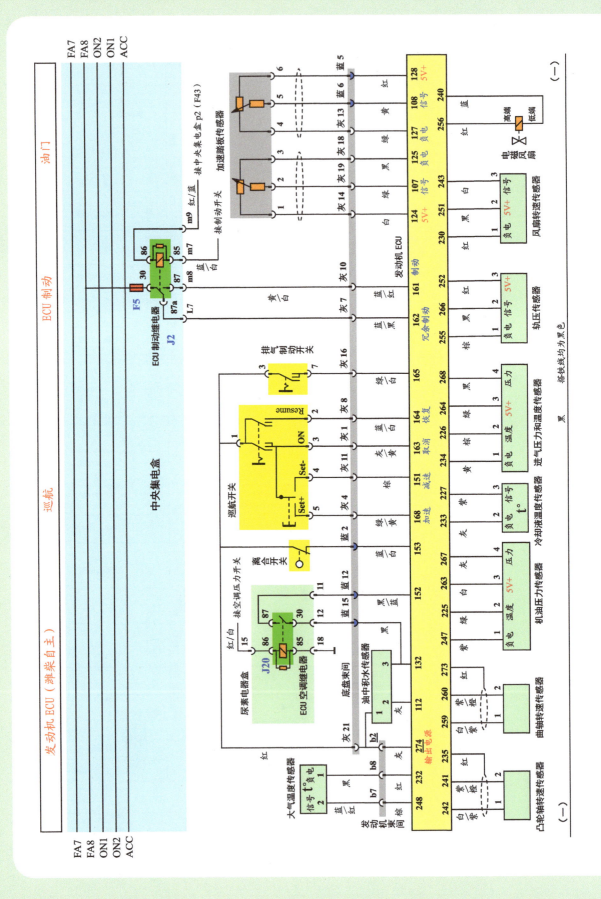

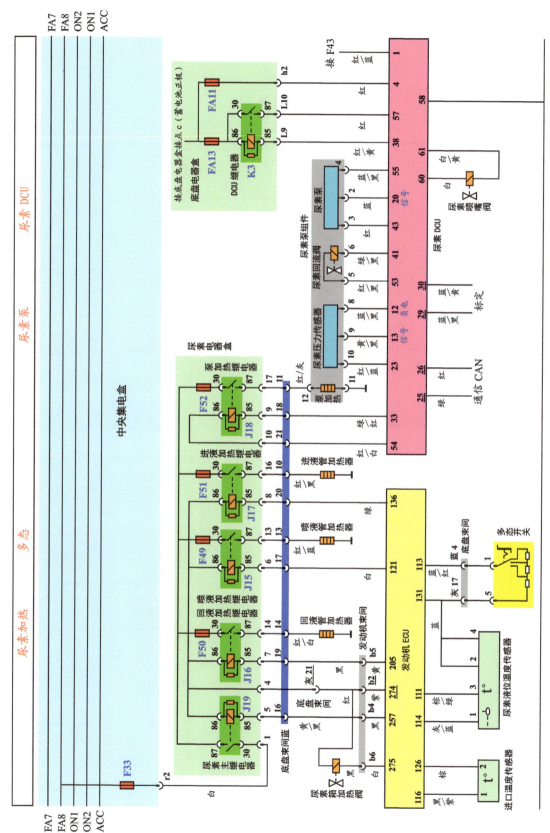

图3-3 解放JH6潍柴自主国四电喷汽车电路原理图（续）

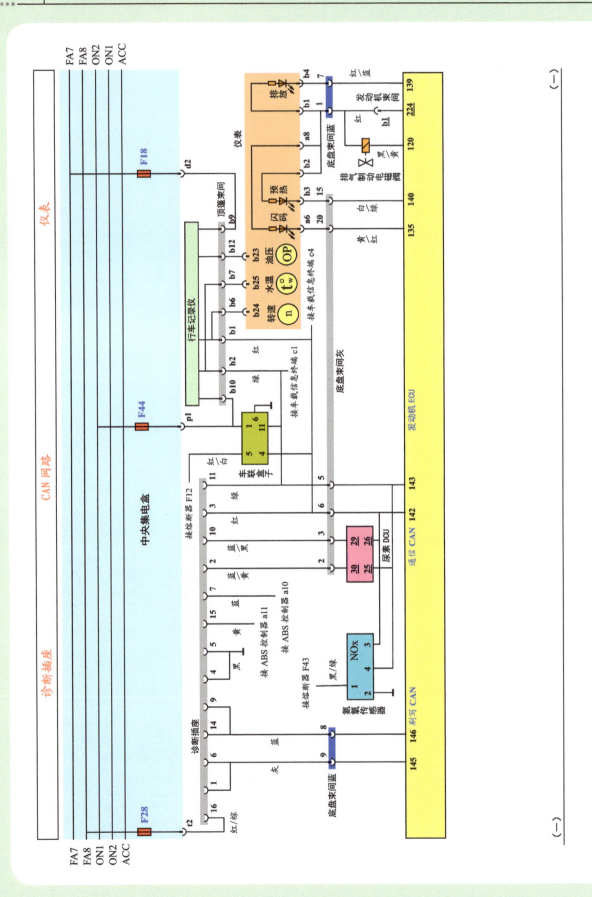

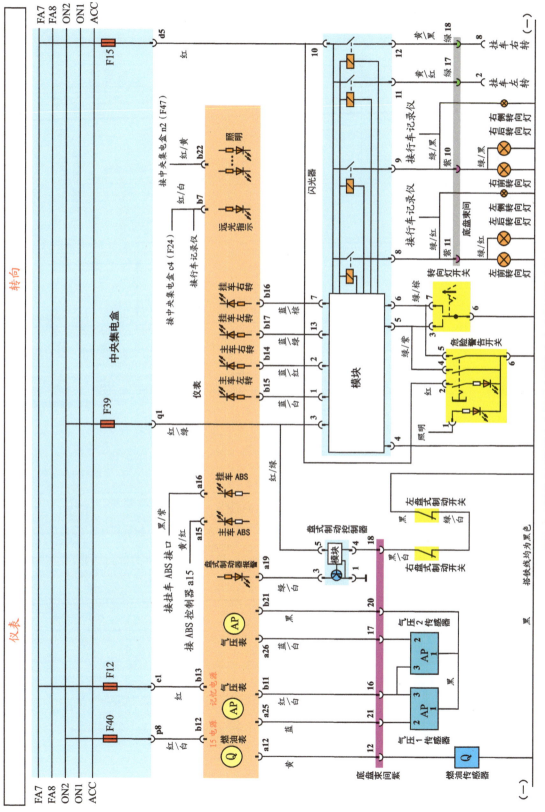

图3-3 解放JH6潍柴自主国四电喷汽车电路原理图（续）

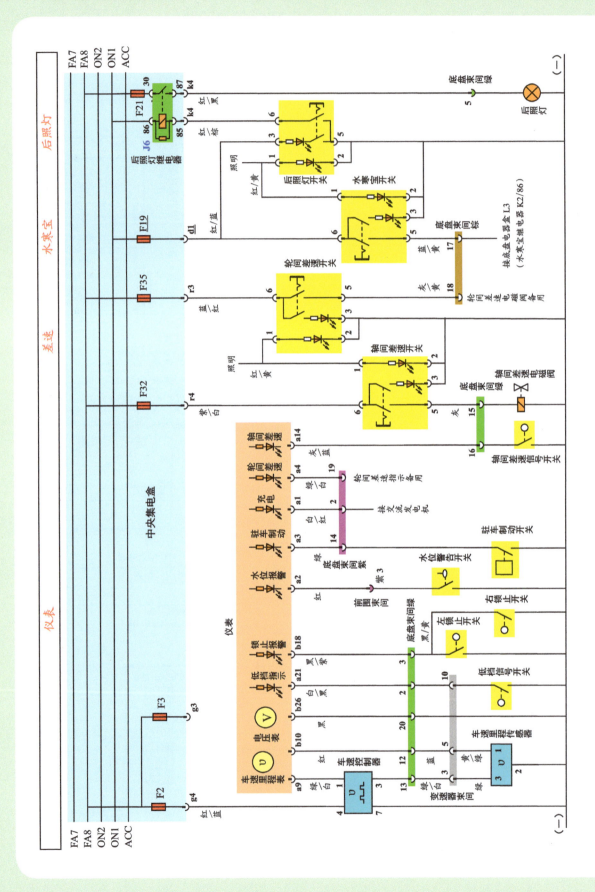

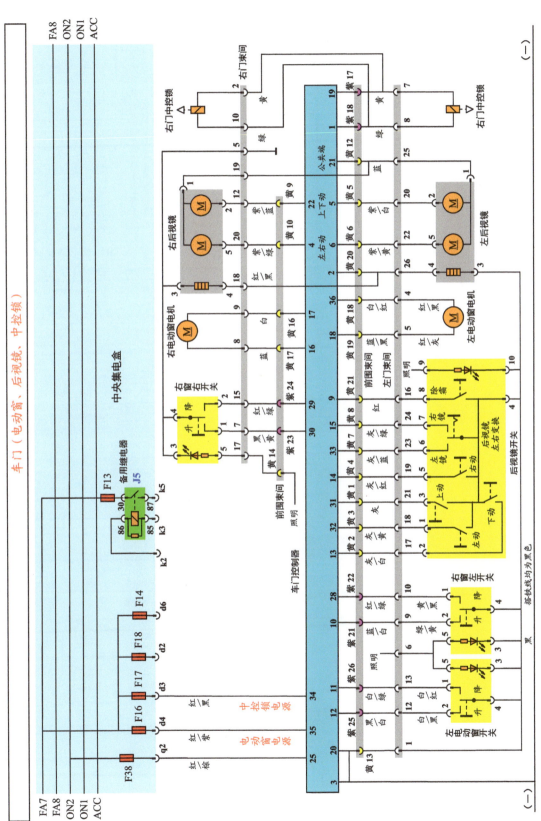

图3-3 解放JH6潍柴自主国四电喷汽车电路原理图(续)

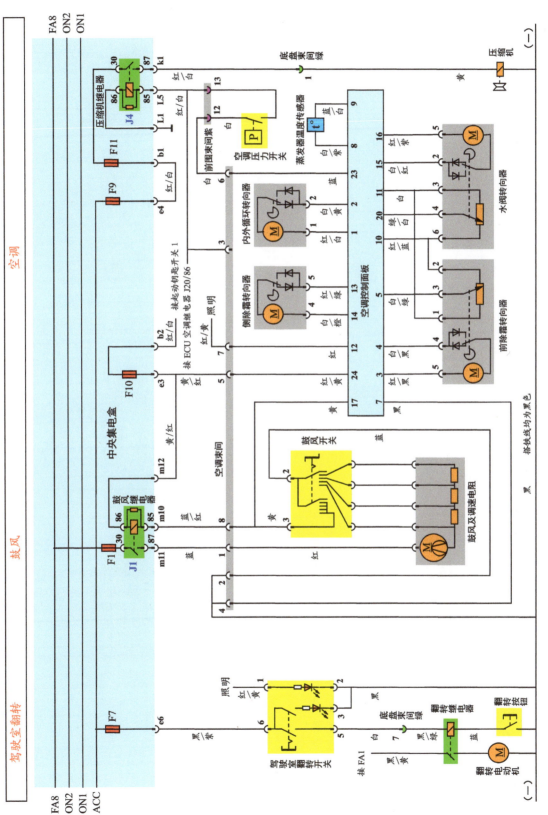

图3-3 解放JH6潍柴自主国四电喷汽车电路原理图（续）

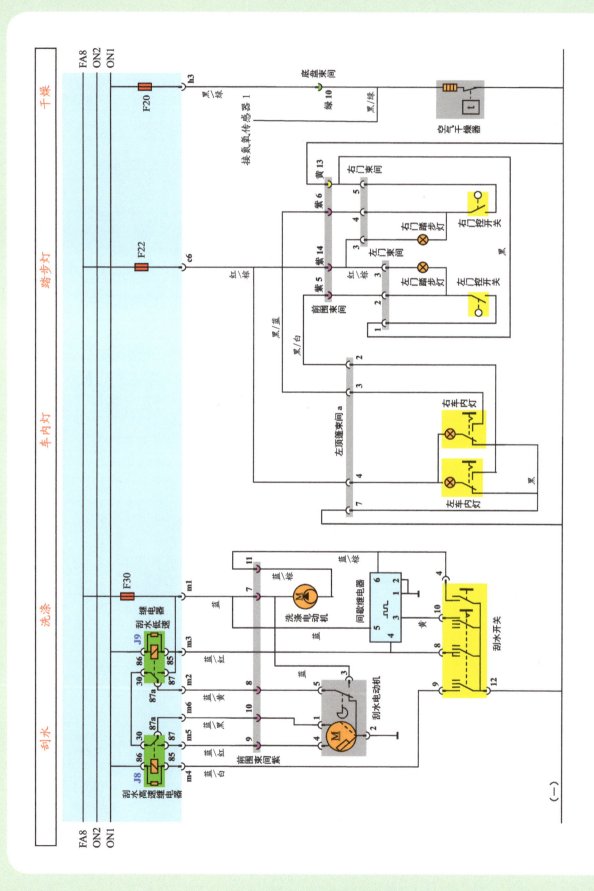

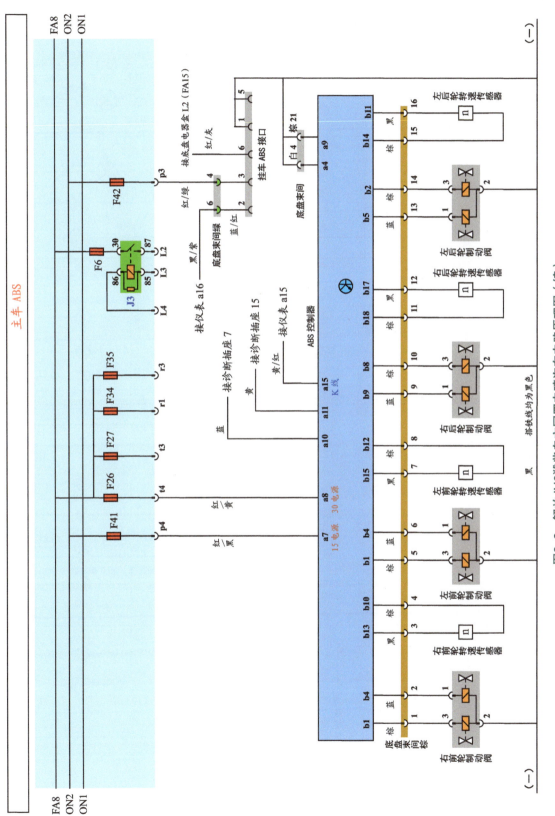

图3-3 解放JH6潍柴自主国四电喷汽车电路原理图（续）

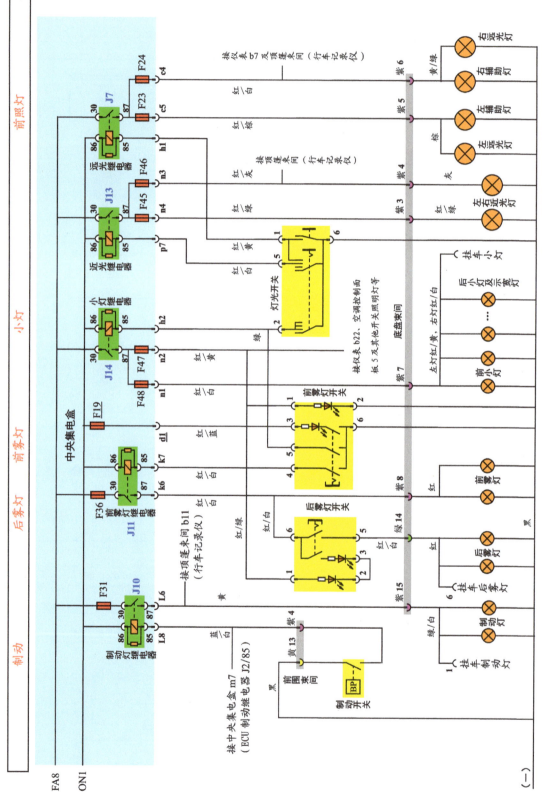

图3-3 解放JH6潍柴自主国四电喷汽车电路原理图（续）

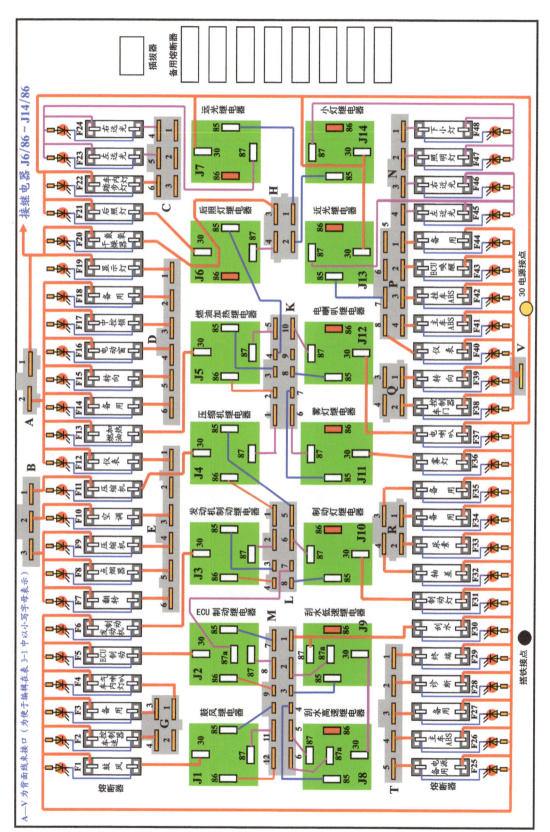

图3-4 解放JH6潍柴自主国四电喷汽车中央集电盒原理图

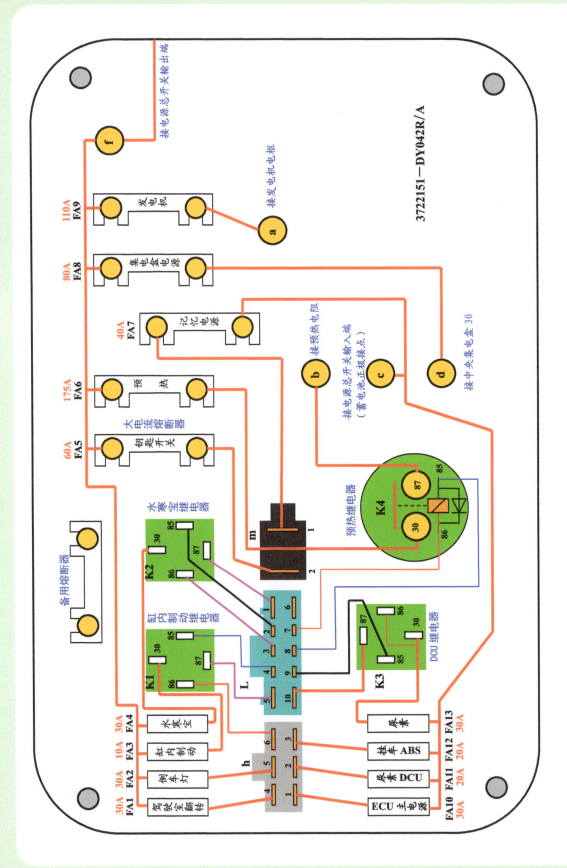

图3-5 解放JH6潍柴自主国四电喷汽车底盘电器盒原理图

四、解放天V锡柴博世EDC17国四电喷汽车

线束布局图见图4-1,线束剖析表见表4-1,电路原理图见图4-2,中央集电盒原理图见图4-3,底盘电器盒原理图见图4-4。

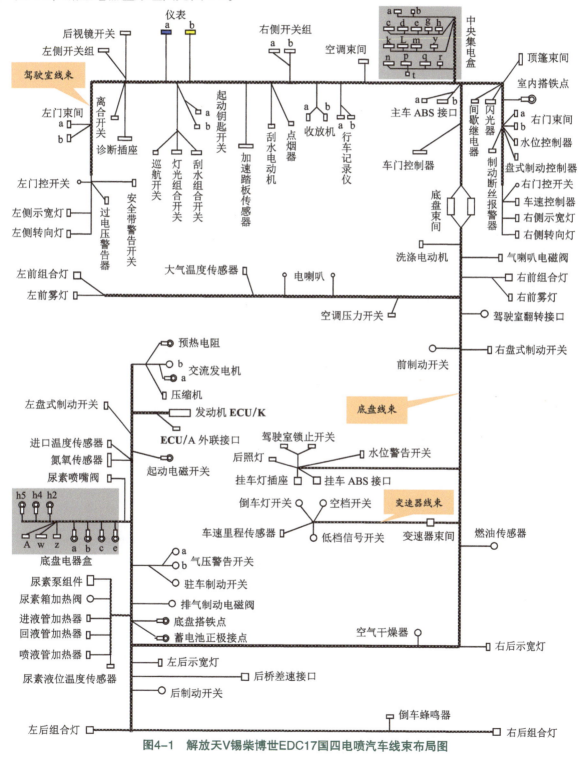

图4-1 解放天V锡柴博世EDC17国四电喷汽车线束布局图

表4-1 解放天V锡柴博世EDC17国四电喷系列汽车线束剖析表

名称	内容	名称	内容
左侧示宽灯	1　0.5 红/黄　中央集电盒y4（J13/87，小灯） 2　0.5 黑　底盘束间黑61（搭铁）		— 左门内接左门后视镜（加热除霜） 7　0.75 紫/黄　车门控制器6 — 左门内接左门后视镜（左动/右动） 8　0.75 紫/白　车门控制器5 — 左门内接左门后视镜（上动/下动）
左侧转向灯	1　0.5 绿/红　闪光器8 2　89D 0.5 黑　底盘束间黑61（搭铁）	左侧开关组	4　0.5 红/黄　中央集电盒y4（J13/87，照明） — 左侧开关组内接驾驶室翻转开关9 5　0.5 红　中央集电盒n5（F30） — 左侧开关组内接驾驶室翻转开关2 9　0.75 白/黑　中央集电盒L9（J11/85） — 左侧开关组内接驾驶室翻转开关5 11　0.5 黑　底盘束间黑61 — 左侧开关组内接驾驶室翻转开关3、10 12　1.0 蓝/黄　中央集电盒c5（F5）
过电压警告器	1　0.75 红/黄　中央集电盒c4（F4） 2　0.75 黑　底盘束间黑61（搭铁）		
左门控开关	0.5 黑/白　仪表b19，顶篷束间4（车内灯），行车记录仪4		
安全带报警开关	1　0.75 棕　仪表b23 2　0.5 黑　底盘束间黑61（搭铁）		
左门束间a	1　0.75 红/绿　车门控制器18（升/降） — 左门内接左窗电动机 2　0.75 红/黑　车门控制器36（升/降） — 左门内接左窗电动机 3　0.5 白/黑　车门控制器12（左窗升控制） — 左门内接左门开关组 4　0.5 红/黄　中央集电盒y4（J13/87，照明） — 左门内接左门开关组（照明） 5　1.0 黑　车内搭铁点 — 左门内接左门开关组（搭铁） 6　0.5 黄/黑　车门控制器28（右窗降控制） — 左门内接左门开关组 7　0.5 绿/黄　车门控制器10（右窗升控制） — 左门内接左门开关组 8　0.5 白/红　车门控制器11（左窗降控制） — 左门内接左门开关组	后视镜开关	1　0.75 灰/黄　车门控制器32（左动控制） 2　0.75 灰/白　车门控制器13（下动控制） 3　0.75 灰　车门控制器31（上动控制） 4　0.75 黑　底盘束间黑62（搭铁） 5　0.75 灰/红　车门控制器14（右动控制） 6　0.75 灰/蓝　车门控制器33（右镜变换） 7　0.75 灰/绿　车门控制器15（左镜变换） 8　0.5 红　车门控制器9（除霜控制） 9　0.5 红/黄　中央集电盒y4（J13/87，照明） 10　0.75 黑　底盘束间黑62（搭铁）
		诊断插座	3　0.5 绿/黄　— 仪表b24，底盘束间黑56（ECU/K54，通信CAN） 4　0.75 黑　底盘束间黑61（搭铁） 5　0.75 黑　底盘束间黑61（搭铁） 6　0.5 蓝/黄　— 底盘束间黑54（ECU/K75，刷写CAN） 7　0.5 红/黄　— 主车ABS接口4，底盘束间黑27（ECU/K59，K线） 11　0.5 绿/黑　— 仪表b25，底盘束间黑55（ECU/K76，通信CAN） 14　0.5 蓝/黑　—底盘束间黑53（ECU/K53，刷写CAN） 16　0.75 红/白　中央集电盒e3（F15）
左门束间b	1　0.75 绿　车门控制器1（开锁/闭锁） — 左门内接左门中控锁 2　0.5 蓝/白 — 车门控制器26 3　0.75 蓝　车门控制器21（公共端） — 左门内接左门后视镜（左动上动/右动下动） 4　0.75 黄　车门控制器19（开锁/闭锁） — 左门内接左门中控锁 5　0.5 蓝/黑 — 车门控制器7 6　0.75 红/黑　车门控制器2	离合开关	1　0.75 红　底盘束间黑34（ECU/K68） 2　0.5 蓝/红　底盘束间黑30（ECU/K15）

名称	内容	名称	内容
起动钥匙开关	a1 6.0 白/红 ON ⊕→ 中央集电盒 a1（F1～F12、F25～F27）		4 0.5 黄/白 ↻→ 底盘束间灰 38（轮间差速指示）
	a2 6.0 红 ←⊕ 底盘束间灰 58、61		5 0.5 绿/白 ↻ 制动断丝警告器 3
	b1 0.75 黑/黄 起动 ⊕→ 底盘束间灰 47（ECU/K35）		6 0.5 黑 ↻→ 底盘束间黑 38（ECU/K65，闪码−）
	b2 4.0 蓝/黑 ACC ⊕→ 中央集电盒 a2（F13～F14）		8 0.5 红/白 ↻→ 底盘束间黑 39（ECU/K70，闪码+）
巡航开关	1 0.5 红 ←⊕ 底盘束间黑 34（ECU/K68）		9 0.5 绿/白 ↻ 车速控制器 5（车速里程信号），底盘束间灰 19
	3 0.5 绿/黄 ⊕→ 底盘束间黑 41（ECU/K32，巡航恢复）		13 0.5 黄 ↻ 底盘束间灰 48（燃油）
	4 0.5 黑/黄 ⊕→ 底盘束间黑 42（ECU/K12，巡航取消）		14 0.5 黄 ↻→ 底盘束间灰 40（轴间差速指示）
	5 0.5 黄/黑 ⊕→ 底盘束间黑 43（ECU/K37，巡航减速）		15 0.5 绿/白 — 主车 ABS 接口 2
	6 0.5 黄/红 ⊕→ 底盘束间黑 44（ECU/K18，巡航加速）		16 0.5 蓝/黄 — 底盘束间灰 34（挂车 ABS）
灯光组合开关	1 0.5 红/黄 ←↻ 中央集电盒 y2（J7/85，远光控制）		17 0.5 红/蓝 ↻→ 底盘束间黑 26（ECU/K69，排放指示）
	2 0.5 绿 ←↻ 中央集电盒 m10（J13/85，小灯控制）		18 0.5 红/黄 ↻→ 底盘束间灰 23（取力指示）
	3 0.5 黄/红 ↻→ 闪光器 5（左转控制）		19 0.5 绿/黑 ↻ ↻ 盘式制动控制器 3，底盘束间灰 32（气压警告开关）
	5 0.5 红/白 ↻→ 中央集电盒 y5（J14/85，近光控制）		21 0.5 白/黑 ↻→ 底盘束间灰 24（低档指示）
	6 0.75 黑 →| 底盘束间黑 61（搭铁）		23 0.5 黄/蓝 ↻ 行车记录仪 5
	7 0.5 黄/黑 ←↻ 闪光器 6（右转控制）	仪表 b	
刮水组合开关	1 0.5 蓝 ←↻ 底盘束间黑 32（ECU/K16，排气制动请求）		2 0.75 红 ←⊕ 底盘束间黑 34（ECU/K68，预热+）
	2 0.5 蓝/橙 ←↻ 间歇继电器 6，底盘束间灰 55（洗涤电动机）		3 0.5 黑/绿 ↻→ 底盘束间黑 29（ECU/K48，预热）
	3 0.75 黑 →| 底盘束间黑 61（搭铁）		7 0.5 红/黄 ⊕→ 中央集电盒 h2（远光指示）
	4 0.5 黄 ↻ 间歇继电器 3（间歇）		9 0.5 蓝 — 主车 ABS 接口 5
	5 0.5 蓝/白 ←↻ 中央集电盒 k12（刮水高速继电器 J2/85）		10 0.5 白 ↻ 底盘束间灰 17（车速里程电源）
	6 0.5 蓝/红 ←↻ 中央集电盒 k4（刮水低速继电器 J1/85）		12 0.75 红/绿 ⊕→ 中央集电盒 d1（F8，ON 电源）
	9 0.5 黑 →| 底盘束间黑 21（ECU/K87，负电）		13 0.75 红 ⊕→ 中央集电盒 g5（F17，记忆电源）
	10 0.5 蓝 →| 底盘束间黑 28（ECU/K42，发动机制动）		14 0.5 红/黄 ←↻ 闪光器 2（主车右转）
	13 0.75 黑/蓝 ←↻ 右侧开关组 a9（喇叭变换开关）		15 0.5 蓝/黑 ←↻ 闪光器 1（主车左转）
仪表 a			16 0.5 绿 ⊕→ 闪光器 7（挂车右转）
	1 0.5 白/红 ↻ 底盘束间灰 45（充电 D+）		17 0.5 黄/白 ⊕→ 闪光器 13（挂车左转）
	2 0.5 黄 ↻ 水位控制器 2		18 0.5 绿/黑 ↻ 底盘束间灰 53（锁止）
	3 0.5 绿 ↻→ 底盘束间灰 30（驻车制动）		19 0.5 黑/白 ↻ 左、右门控开关 1
			21 0.5 黑 ↻ 底盘束间黑 61（搭铁）
			22 0.5 红/黄 ⊕→ 中央集电盒 y4（J13/87，照明）
			23 0.75 棕 ↻→ 安全带警告开关 1
			24 0.5 绿/黄 — 诊断插座 3，底盘束间黑 56（ECU/K54，通信 CAN）
			25 0.5 绿/黑 — 诊断插座 11，底盘束间黑 55（ECU/K76，通信 CAN）
			26 0.5 黑 ↻→ 底盘束间灰 20（搭铁）
		加速踏板传感器	
			1 0.5 红 ↻ 底盘束间黑 48（ECU/K45，油门 1 电源）
			2 0.5 黄 ←↻ 底盘束间黑 47（ECU/K61，油门 1 信号）

(续)

名称	内容	名称	内容
	3 0.5 黑 ⊶ 底盘束间黑 46（ECU/K62，油门 1 负电） 4 0.5 黑/绿 ⊶ 底盘束间 50（ECU/K84，油门 2 负电） 5 0.5 黄/绿 ⊶ 底盘束间黑 51（ECU/K83，油门 2 信号） 6 0.5 红/绿 ⊶ 底盘束间黑 52（ECU/K44，油门 2 电源）	右侧开关组 a 	2 0.5 绿/黄 — 底盘束间黑 56（ECU/K54，通信 CAN） 1 0.75 蓝 ⇄ 中央集电盒 k9（喇叭继电器 J8/85） — 右侧开关组内接喇叭变换开关 7 2 0.75 绿 ⊶ 底盘束间灰 26（气喇叭） — 右侧开关组内接喇叭变换开关 3 3 0.5 黄/红 ⇄ 闪光器 5（左转控制） — 右侧开关组内接危险警告开关 3 4 0.75 红 ⊕ 中央集电盒 m8（前雾灯继电器 J12/87） — 右侧开关组内接后雾灯开关 1 5 0.5 绿 ⊶ 中央集电盒 m10（小灯继电器 J13/85） — 右侧开关组内接前雾灯开关 3 6 1.0 蓝/黄 ⊕ 中央集电盒 c5（F5） — 右侧开关组内接前雾灯开关 2，危险警告开关 6，轴间差速开关 5，轮间差速开关 5，喇叭变换开关 6，后照灯开关 2 7 0.5 红/黄 ⇄ 中央集电盒 y4（小灯继电器 J13/87） — 右侧开关组内接各个开关（照明） 8 1.0 黑 ⊶ 底盘束间黑 61（搭铁） — 右侧开关组内接各按键开关及照明搭铁 9 0.75 黑/蓝 ⊶ 刮水组合开关 13（喇叭按钮） — 右侧开关组内接喇叭变换开关 5 10 0.5 黄/黑 ⇄ 闪光器 6（右转控制） — 右侧开关组内接危险警告开关 1 11 0.75 绿/红 ⊕ 底盘束间灰 37（轮间差速阀） — 右侧开关组内接轮间差速开关 1 12 0.75 灰 ⊕ 底盘束间灰 39（轴间差速阀） — 右侧开关组内接轴间差速开关 1 13 0.75 红/白 ⊕ 底盘束间灰 11（后雾灯） — 右侧开关组内接后雾灯开关 5 14 0.5 红/白 ⊕ 中央集电盒 m9（前雾灯继电器 J12/85） — 右侧开关组内接前雾灯开关 4
刮水电动机 	1 0.75 黑 ⊶ 车内搭铁点 3 0.75 蓝 ⊕ 中央集电盒 k2（F1） 4 0.75 蓝/黄 ⊕/⊶ 中央集电盒 k3（刮水低速继电器 J1/87a，复位时/复位后） 5 0.75 蓝/红 ⊕ 中央集电盒 k6（刮水高速继电器 J2/87，高速） 6 0.75 蓝/黑 ⊕ 中央集电盒 k5（刮水高速继电器 J2/87a，低速）		
收放机 	a3 0.75 蓝 ⊕ 中央集电盒 e1（F13，ACC 电源） a6 0.5 红/黄 ⊕ 中央集电盒 y4（小灯继电器 J13/87） a7 0.75 红 ⊕ 中央集电盒 g5（F17，记忆电源） a8 0.75 黑 ⊶ 底盘束间黑 61（搭铁） b3 0.5 绿/黑 ⌒ 顶篷束间 8 b4 0.5 绿 ⌒ 顶篷束间 7 b5 0.5 黄/黑 ⌒ 顶篷束间 2 b6 0.5 黄 ⌒ 顶篷束间 1		
点烟器 	1 1.5 蓝 ⇄ 中央集电盒 e1（F13） 2 1.5 黑 ⊶ 车内搭铁点 0.5 红/黄 ⊕ 中央集电盒 y4（小灯继电器 J13/87）		
行车记录仪 	1 0.5 绿/白 ⊕ 制动断丝报警器 2（制动灯） 2 0.5 红/黄 ⊕ 中央集电盒 h2（F23，远光） 3 0.75 红/绿 ⊕ 中央集电盒 d1（F8） 4 0.5 黑/白 ⊶ 左、右门控开关 5 0.5 黄/蓝 ⊔ 仪表 a23（车速信号） 6 0.5 绿/红 ⇄ 闪光器 8（左转） 7 0.5 黑 ⊶ 底盘束间黑 61（搭铁） 8 0.5 红 ⊕ 中央集电盒 g5（F17，记忆电源） 9 0.5 绿/黑 ⇄ 闪光器 9（右转）	右侧开关组 b 	2 0.5 蓝/白 ⊶ 底盘束间黑 49（ECU/K74，多态负电） — 右侧开关组内接多态开关 3 0.5 棕 ⊶ 底盘束间黑 45（ECU/K79，多态信号） — 右侧开关组内接多态开关 5 0.5 红/黑 ⊶ 中央集电盒 L3（后照灯继电器 J3/85）
记录仪 CAN 	1 0.5 绿/黑 — 底盘束间黑 55（ECU/K76，通信 CAN）		

(续)

名称	内容	名称	内容
	— 右侧开关组内接后照灯开关 5		14 0.75 黑 风口调节转向器 1
	6 1.0 蓝/黄 中央集电盒 c5（F5）		15 0.75 红/白 内外循环转向器 7
	— 右侧开关组内接取力器开关 5，驻车取力开关 5		18 0.75 黑/白 空调束间 4（搭铁）
	7 0.5 红/黄 中央集电盒 y4（小灯继电器 J13/87）		21 0.75 绿/黑 蒸发器温度传感器 2
			22 0.75 红/绿 室内温度传感器 1
	— 右侧开关组内接各个开关（照明）		23 0.75 红/棕 空调束间 5（F26）
	8 1.0 黑 底盘束间黑 61（搭铁）		24 0.75 绿/蓝 风口调节转向器 6
	— 右侧开关组内接各按键开关及照明搭铁	冷热变换转向器	
	9 0.75 红/白 底盘束间灰 21（取力阀备用）		5 0.75 白/红 空调控制面板 1
	— 右侧开关组内接取力器开关 1		7 0.75 红/黄 空调控制面板 13
	10 0.75 红/黄 底盘束间灰 22（驻车取力备用）	风口调节转向器	
			1 0.75 黑 空调控制面板 14
	— 右侧开关组内接驻车取力开关 1		2 0.75 黑/白 空调束间 4
	14 0.75 黄/黑 底盘束间黑 1（浮动轮锁止阀备用）		3 0.75 绿/白 空调控制面板 12
			5 0.75 红 空调控制面板 2
	— 右侧开关组内接浮动轮锁止开关 1		6 0.75 绿/蓝 空调控制面板 24
	15 0.75 灰 底盘束间黑 2（浮动轮升降阀备用）		8 0.75 绿/黄 空调控制面板 11
		蒸发器温度传感器	
	— 右侧开关组内接浮动轮升降开关 1		1 0.75 黑/白 空调束间 4
空调束间	1 1.5 红 中央集电盒 p4（F36）		2 0.75 绿/黑 空调控制面板 21
	2 1.5 黑 车内搭铁点	室内温度传感器	
	4 0.5 黑 底盘束间黑 61（搭铁）		1 0.75 红/绿 空调控制面板 22
	5 0.5 红/蓝 中央集电盒 n1（F26）		2 0.75 黑 鼓风空调束间 4
	6 0.5 红/黄 中央集电盒 y4（小灯继电器 J13/87）	鼓风电动机	
			1 1.5 棕 电子调速器 2
	7 0.5 蓝/红 中央集电盒 L8（压缩机继电器 J10/85）		2 1.5 红 空调束间 1（F36）
	1 1.5 红 电子调速器 1，鼓风电动机 2	电子调速器	
	2 1.5 黑 电子调速器 3		1 1.5 红 — 空调束间 1
	4 0.75 黑/白 空调控制面板 18，风口调节转向器 2，蒸发器温度传感器 1，室外温度传感器 2		2 1.5 棕 鼓风电动机 1
			3 1.5 黑 鼓风空调束间 2
	5 0.75 红/棕 空调控制面板 23		4 0.75 蓝 空调控制面板 9
	6 0.75 棕/黄 空调控制面板 5（照明）	内外循环转向器	
	7 0.75 蓝/白 空调控制面板 7（压缩控制）		5 0.75 黑/红 空调控制面板 3
空调控制面板	1 0.75 白/红 冷热变换转向器 5		7 0.75 红/白 空调控制面板 15
	2 0.75 红 风口调节转向器 5	中央集电盒 a	
	3 0.75 黑/红 内外循环转向器 5		1 6.0 白/红 起动钥匙开关 a1（ON 档）
	4 0.75 棕/黄 照明 空调束间 6		— 中央集电盒内接熔断器 F1～F12、F25～F27
	7 0.75 蓝/白 空调束间 7（压缩控制）		2 4.0 蓝/黑 起动钥匙开关 b2（ACC 档）
	9 0.75 蓝 电子调速器 4		— 中央集电盒内接熔断器 F13、F14
	11 0.75 绿/黄 风口调节转向器 8	中央集电盒 b	
	12 0.75 绿/白 风口调节转向器 3		2.5 红 底盘束间灰 59（FA12，记忆电源）
	13 0.75 红/黄 冷热变换转向器 7		— 中央集电盒内接熔断器 F15～F22
		中央集电盒 c	
			1 0.75 红 底盘束间灰 49（ECU/K88，唤醒电源）
			— 中央集电盒内接熔断器 F2

(续)

名　称	内　容	名　称	内　容
	2　0.75 黑/绿 ⊕► 车门控制器 25（ON 电源） 　　— 中央集电盒内接熔断器 F3 4　0.75 红/黄 ⊕► 过电压报警器 1、水位控制器 5，盘式制动控制器 5 　　— 中央集电盒内接熔断器 F4 5　1.0 蓝/黄 ► 右侧开关组 a6、b6 　　— 中央集电盒内接熔断器 F5 6　1.0 红 ⊕► 底盘束间黑 25（氮氧电源） 　　— 中央集电盒内接熔断器 F6	中央集电盒 k 	2　0.75 蓝 ⊕► 刮水电动机 3，间歇继电器 5，底盘束间灰 54（洗涤电源） 　　— 中央集电盒内接熔断器 F1 3　0.75 蓝/黄 ► 刮水电动机 4（复位时/复位后） 　　— 中央集电盒内接刮水低速继电器 J1/87a 4　0.5 蓝/红 ► 刮水组合开关 6，间歇继电器 4 　　— 中央集电盒内接刮水低速继电器 J1/85 5　0.75 蓝/黑 ⊕► 刮水电动机 6（低速） 　　— 中央集电盒内接刮水高速继电器 J2/87a 6　0.75 蓝/红 ► 刮水电动机 5（高速） 　　— 中央集电盒内接刮水高速继电器 J2/87 7　0.75 红/绿 ► 底盘束间灰 35（挂车 ABS） 　　— 中央集电盒内接熔断器 F25 8　0.75 绿/黑 ⊕► 底盘束间灰 25（电喇叭） 　　— 中央集电盒内接喇叭继电器 J8/87 9　0.75 蓝 ► 右侧开关组 a1（喇叭变换开关） 　　— 中央集电盒内接喇叭继电器 J8/85 11　0.75 绿 ⊕► 制动断丝报警器 1 　　— 中央集电盒内接制动灯继电器 J9/87 12　0.5 蓝/白 ► 刮水组合开关 5（高速控制） 　　— 中央集电盒内接刮水高速继电器 J2/85
中央集电盒 d 	1　0.75 红/绿 ⊕► 仪表 b12（ON 电源），行车记录仪 3 　　— 中央集电盒内接熔断器 F8 2　1.0 红/蓝 ⊕► 底盘束间灰 13（倒车开关） 　　— 中央集电盒内接熔断器 F9 3　0.75 黄/绿 ⊕► 车速控制器 3 　　— 中央集电盒内接熔断器 F10 4　0.75 白/红 ⊕► 闪光器 3 　　— 中央集电盒内接熔断器 F11		
中央集电盒 e 	1　1.5 蓝 ⊕► 点烟器 1，收放机 a3 　　— 中央集电盒内接熔断器 F13 2　0.75 蓝 ⊕► 底盘束间灰 42（备用） 　　— 中央集电盒内接熔断器 F14 3　0.75 红/白 ⊕► 诊断插座 16，顶篷束间 13（车内灯） 　　— 中央集电盒内接熔断器 F15	中央集电盒 L 	1　0.75 红► 底盘束间灰 14（后照灯） 　　— 中央集电盒内接后照灯继电器 J3/87 3　0.5 红/黑 ► 右侧开关组 b5（后照灯开关） 　　— 中央集电盒内接后照灯继电器 J3/85 4　0.5 红 ⊕► 中央集电盒 n5（F30） 　　— 中央集电盒内接 ECU 制动继电器 J4/86 5　0.5 蓝/黑 ⊕► 底盘束间黑 35（ECU/K14，冗余制动信号） 　　— 中央集电盒内接 ECU 制动继电器 J4/87b 6　0.5 蓝/白 ► 底盘束间灰 31（制动开关） 　　— 中央集电盒内接制动灯继电器 J9/85 7　0.75 黑/黄 ⊕► 底盘束间灰 50（空调压力开关） 　　— 中央集电盒内接压缩机继电器 J10/87 8　0.5 蓝/红 ► 空调束间 7 　　— 中央集电盒内接压缩机继电器 J10/85 9　0.75 白/黑 ► 左侧开关组 9（驾驶室翻转开关） 　　— 中央集电盒内接翻转继电器 J11/85 10　0.5 红 ⊕► 中央集电盒 n5（F30） 　　— 中央集电盒内接翻转继电器 J11/86
中央集电盒 g 	1　1.5 红/白 ► 闪光器 10 　　— 中央集电盒内接熔断器 F18 2　2.5 黄 ► 主车 ABS 接口 1 　　— 中央集电盒内接熔断器 F19 3　2.5 黄/白 ⊕► 底盘束间黑 57（挂车 ABS） 　　— 中央集电盒内接熔断器 F20 5　0.75 红 ⊕► 仪表 b13，收放机 a7，行车记录仪 8 　　— 中央集电盒内接熔断器 F17		
中央集电盒 h 	1　1.0 红/黄 ⊕► 车门控制器 34（中控锁电源） 　　— 中央集电盒内接熔断器 F22 2　1.5 红/黄 ⊕► 仪表 b7（远光指示灯），行车记录仪 2，底盘束间灰 4（右远光） 　　— 中央集电盒内接熔断器 F23 3　1.5 红/黑 ⊕► 底盘束间灰 3（左远光） 　　— 中央集电盒内接熔断器 F24	中央集电盒 m	1　0.5 蓝/白 ► 底盘束间灰 31（制动开关）

（续）

名称		内容
		— 中央集电盒内接ECU制动继电器J4/85
	6	0.75 蓝/红 ⊕ 底盘束间黑22（ECU/K41，制动信号）
		— 中央集电盒内接ECU制动继电器J4/87
	7	2.5 白 ⊕ 底盘束间黑58（驾驶室翻转接口）
		— 中央集电盒内接翻转继电器J11/87
	8	1.5 红 ⊕ ⊕ 右侧开关组a4（后雾灯开关），底盘束间灰10（前雾灯）
		— 中央集电盒内接前雾灯继电器J12/87
	9	0.5 红/白 ☐ 右侧开关组a14（前雾灯开关）
		— 中央集电盒内接前雾灯继电器J12/85
	10	0.5 绿 ☐ 灯光组合开关2，右侧开关组a5（前雾灯开关）
		— 中央集电盒内接小灯继电器J13/85
中央集电盒y	2	0.5 红/黄 ☐ 灯光组合开关1（远光控制）
		— 中央集电盒内接远光继电器J7/85
	4	1.0 红/黄 ⊕ 左侧示宽灯1，左门束间a4，左侧开关组4，后视镜开关9，仪表b22，右侧开关组a7（照明），右侧开关组b7（照明），点烟器，空调束间6，收放机a6，顶篷束间14，右侧示宽灯1，底盘束间灰9（小灯）
		— 中央集电盒内接小灯继电器J13/87
	5	0.5 红/白 ☐ 灯光组合开关5（近光控制）
		— 中央集电盒内接近光继电器J14/85
中央集电盒n	1	0.5 红/蓝 ⊕ 空调束间5
		— 中央集电盒内接熔断器F26
	2	0.75 红/白 ⊕ 主车ABS接口3
		— 中央集电盒内接熔断器F27
	3	0.75 白 ⊕ 底盘束间灰27（气喇叭）
		— 中央集电盒内接熔断器F28
	5	0.5 红⊕ ⊕ 左侧开关组5，中央集电盒L4（ECU制动继电器J4/86），中央集电盒L10（翻转继电器J11/86）
		— 中央集电盒内接熔断器F30
中央集电盒p 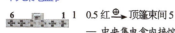	1	0.5 红⊕ 顶篷束间5
		— 中央集电盒内接熔断器F33
	3	1.5 红/蓝 ⊕ 车门控制器35（电动窗）
		— 中央集电盒内接熔断器F35
	4	1.5 红 ⊕ 空调束间1
		— 中央集电盒内接熔断器F36
中央集电盒r	3	1.0 红/白 ⊕ 底盘束间灰2（右近光）
		— 中央集电盒内接熔断器F47

名称		内容
	4	1.0 红/绿 ⊕ 底盘束间灰1（左近光）
		— 中央集电盒内接熔断器F48
中央集电盒t		6.0 白 ⊕ 底盘束间灰57、60（FA5）
		— 中央集电盒内接熔断器F28~F46，远光继电器J7/86、30
主车ABS接口	1	2.5 黄 ⊕ 中央集电盒g2（F19）
	2	0.5 绿/白 — 仪表a15
	3	0.75 红/白 ⊕ 中央集电盒n2（F27）
	4	0.5 红/黄 — 诊断插座7，底盘束间黑27
	5	0.5 蓝 — 仪表b9
	6	2.5 黑 ☐ 底盘束间黑60（搭铁）
主车ABS/CAN	1	0.5 绿/黑 — 底盘束间黑55（ECU/K76，通信CAN）
	3	0.5 绿/黄 — 底盘束间黑56（ECU/K54，通信CAN）
顶篷束间 	1	0.5 黄 ⌒ 收放机b6
		— 顶篷处接扬声器
	2	0.5 黄/黑 ⌒ 收放机b5
		— 顶篷处接扬声器
	4	0.5 黑/白 ☐ 左、右门控开关
		— 顶篷处接车内灯
	5	0.5 红 ⊕ 中央集电盒p1（F33）
	6	0.75 黑 ☐ 底盘束间黑61
	7	0.5 绿 ⌒ 收放机b4
		—顶篷处接扬声器
	8	0.5 绿/黑 ⌒ 收放机b3
		— 顶篷处接扬声器
	13	0.75 红/白 ⊕ 中央集电盒e3（F15）
	14	0.5 红/黄 ⊕ 中央集电盒y4（小灯继电器J13/87）
闪光器 	1	0.5 蓝/黑 ☐ 仪表b15（主车左转）
	2	0.5 红/黄 ⊕ 仪表b14（主车右转）
	3	0.75 白/红 ⊕ 中央集电盒d4（F11）
	4	1.5 黑 ☐ 车内搭铁点
	5	0.5 黄/红 ☐ 灯光组合开关3，右侧开关组a3（危险警告开关），车门控制器23
	6	0.5 黄/黑 ☐ 灯光组合开关7，右侧开关组a10（危险警告开关），车门控制器24
	7	0.5 绿 ☐ 仪表b16（挂车右转指示）
	8	1.0 绿/红 ☐ 左侧转向灯1，行车记录仪6，底盘束间灰6（主车左转）

(续)

名　称	内　容	名　称	内　容
	9　1.0 绿/黑 ⊕→ 行车记录仪 9，右侧转向灯 1，底盘束间灰 5		— 右门内接右门中控锁
	10　1.5 红/白 ⊕← 中央集电盒 g1（F18）		7　0.75 黄 ⊖/⊕← 车门控制器 19（开锁/闭锁）
	11　1.0 黄/蓝 ⊕→ 底盘束间灰 7（挂车左转）		— 右门内接右门中控锁
	12　1.0 白/绿 ⊕→ 底盘束间灰 8（挂车右转）		8　0.5 红/绿 ⊕← 车门控制器 29
	13　0.5 黄/白 ⊕→ 仪表 b17（挂车左转指示）		— 右门内接右开关组（右窗降控制）
间歇继电器		右门束间 b	
	1　0.75 黑 ⊖← 底盘束间黑 62		1　0.5 绿/黑 — 车门控制器 8
	2　0.75 黑 ⊖← 底盘束间黑 62		2　0.75 蓝 ⊖/⊕← 车门控制器 21（公共端）
	3　0.5 黄 ⊕→ 刮水组合开关 4（间歇）		— 右门内接右后视镜（左动上动/右动下动）
	4　0.5 蓝/红 ⊖← 中央集电盒 k4（刮水低速继电器）		3　0.5 绿/白 — 车门控制器 27
	5　0.5 蓝 ⊕← 中央集电盒 k2（F1）		4　0.75 红/黑 ⊕← 车门控制器 2
	6　0.5 蓝/橙 → 刮水组合开关 2（间歇洗涤）		— 右门内接右后视镜（加热除霜）
制动断丝警告器			5　0.75 紫/绿 ⊕/→ 车门控制器 4
	1　0.75 绿 ⊕← 中央集电盒 k11（制动灯继电器 J9/87）		— 右门内接右后视镜（左动/右动）
			6　0.75 紫/蓝 ⊕/→ 车门控制器 22
	2　0.75 绿/白 ⊕→ 行车记录仪 1，底盘束间灰 12		— 右门内接右后视镜（上动/下动）
	3　0.5 绿/白 ⊕→ 仪表 a5（制动报警）	右门控开关	
	4　0.75 黑 ⊖← 底盘束间黑 62（搭铁）		0.5 黑/白 ⊖← 仪表 b19，顶篷束间 4（车内灯），行车记录仪 4
水位控制器		车速控制器	
	1　0.5 黑 ⊖← 底盘束间黑 62（搭铁）		2　0.5 绿 ⊖← 底盘束间灰 18
	3　0.5 黄 ⊖← 仪表 a2		3　0.75 黄/绿 ⊕← 中央集电盒 d3（F10）
	4　0.5 红 ⊖← 底盘束间灰 51		5　0.5 绿/白 ⊖← 仪表 a9
	5　0.75 红/黄 ⊕← 中央集电盒 c4（F4）		6　0.5 黑 ⊖← 底盘束间灰 20
盘式制动控制器		右侧示宽灯	
	1　0.5 黑 ⊖← 底盘束间黑 62（搭铁）		1　0.5 红/黄 ⊕← 中央集电盒 y4（小灯继电器 J13/87）
	3　0.5 绿/黑 ⊖← 仪表 a19		
	4　0.5 黑/白 ⊖← 底盘束间灰 36（右盘式制动开关）		2　0.5 黑 ⊖← 底盘束间黑 61（搭铁）
	5　0.75 红/黄 ⊕← 中央集电盒 c4（F4）	右侧转向灯	
车内搭铁点			1　0.5 绿/黑 ⊕← 闪光器 9
	2.5 黑 ⊖→ 底盘束间灰 62（底盘搭铁点）		2　0.5 黑 ⊖← 底盘束间黑 61（搭铁）
	1.5 黑 ⊖← 闪光器 4	车门控制器	
	2.0 黑 ⊖→ 左门束间 a5，刮水电动机 1，点烟器 1，空调束间 2，右门束间 a5		1　0.75 绿 ⊕/⊖← 左门束间 b1（左门中控锁），右门束间 a6（右门中控锁）
右门束间 a			2　0.75 红/黑 ⊖← 左门束间 b6，右门束间 b4（除霜）
	1　0.75 蓝 ⊖/⊕← 车门控制器 16（升/降）		
	— 右门内接右窗电动机		3　1.5 黑 ⊖→ 底盘束间黑 62
	2　0.75 白 ⊕← 车门控制器 17（升/降）		4　0.75 紫/绿 ⊕/⊖← 左门束间 b5（左动/右动）
	— 右门内接右窗电动机		5　0.75 紫/白 ⊕/⊖← 左门束间 b8（上动/下动）
	3　0.5 黑/黄 ⊖← 车门控制器 30		6　0.75 紫/黄 ⊕/⊖← 左门束间 b7（左动/右动）
	— 右门内接右门开关组（右窗升控制）		7　0.5 蓝/黑 — 左门束间 b5
	4　0.5 红/黄 ⊕← 中央集电盒 f1（小灯继电器 J12/5）		8　0.5 绿/黑 — 右门束间 b1
	— 右门内接右门开关组（照明）		9　0.5 红 ⊖← 后视镜开关 8（除霜控制）
	5　0.75 黑 →⊖→ 车内搭铁点		10　0.5 绿/黄 ⊖← 左门束间 a7（右窗升控制）
	6　0.75 绿 ⊕/⊖← 车门控制器 1（开锁/闭锁）		

(续)

名称	内容	名称	内容
11	0.5 白/红 左门束间 a8（左窗降控制）	35	0.5 蓝/黑 中央集电盒 L5（ECU 制动继电器 J4/87a，冗余制动信号）
12	0.5 白/黑 左门束间 a3（左窗升控制）	38	0.5 黑 仪表 a6（闪码一）
13	0.75 灰/白 后视镜开关 2（下动控制）	39	0.5 红/白 仪表 a8（闪码 +）
14	0.75 灰/红 后视镜开关 5（右动控制）	41	0.5 绿/黄 巡航开关 3（恢复）
15	0.75 灰/绿 后视镜开关 7（左镜变换）	42	0.5 黑/黄 巡航开关 4（取消）
16	0.75 蓝 右门束间 a1（右窗、升、降）	43	0.5 黄/黑 巡航开关 5（减速）
17	0.75 白 / 右门束间 a2（右窗、升、降）	44	0.5 黄/红 巡航开关 6（加速）
18	0.75 红/绿 左门束间 a1（升/降）	45	0.5 棕 右侧开关组 b3（多态信号）
19	0.75 黄 左门束间 b4（左门中控锁），右门束间 a7（右门中控锁）	46	0.5 黑 加速踏板传感器 3（油门 1 负电）
20	1.0 黑 底盘束间黑 62	47	0.5 黄 加速踏板传感器 2（油门 1 信号）
21	0.75 蓝 右门束间 b2（右后视镜公共端），左门束间 b3（左后视镜公共端）	48	0.5 红 加速踏板传感器 1（油门 1 电源）
		49	0.5 蓝/白 右侧开关组 b2（多态负电）
22	0.75 紫/蓝 / 右门束间 b6（上动/下动）	50	0.5 黑/绿 加速踏板传感器 4（油门 2 负电）
23	0.5 黄/红 闪光器 5（左转控制）	51	0.5 黄/绿 加速踏板传感器 5（油门 2 信号）
24	0.5 黄/黑 闪光器 6（右转控制）	52	0.5 红/绿 加速踏板传感器 6（油门 2 电源）
25	0.75 黑/绿 中央集电盒 c2（F3）	53	0.5 蓝/黑 诊断插座 14（刷写 CAN）
26	0.5 蓝/白 — 左门束间 b2	54	0.5 蓝/黄 诊断插座 6（刷写 CAN）
27	0.5 绿/白 — 左门束间 b3	55	0.5 绿/黑 — 诊断插座 11，仪表 b25（通信 CAN），记录仪 CAN 1，主车 ABS/CAN 1
28	0.5 黄/黑 左门束间 a6（右窗降控制）	56	0.5 绿/黄 — 诊断插座 3，仪表 b24（通信 CAN），记录仪 CAN 2，主车 ABS/CAN 2
29	0.5 红/绿 右门束间 a8（右窗降控制）		
30	0.5 黑/黄 右门束间 a3（右窗升控制）	57	2.5 黄/白 中央集电盒 g3（F20）
31	0.75 灰 后视镜开关 3（上动控制）	58	2.5 白 中央集电盒 m7（翻转继电器 J11/87）
32	0.75 灰/黄 后视镜开关 1（左动控制）	60	2.5 黑 主车 ABS 接口 6
33	0.75 灰/蓝 后视镜开关 6（右镜变换）	61	2.5 黑 左侧示宽灯 1，左侧转向灯 2，过电压报警器 2，安全带报警开关 2，左侧开关组 11，后视镜开关 10，诊断插座 4、5，刮水组合开关 3，灯光组合开关 6，仪表 b21，右侧开关组 b11、c11，空调束间 4，收放机 a8，行车记录仪 7，顶篷束间 6，右侧转向灯 2，右侧示宽灯 2
34	1.0 红/白 中央集电盒 h1（F22，中控锁）		
35	1.5 红/蓝 中央集电盒 p3（F35，电动窗电源）		
36	0.75 红/黑 / 左门束间 a2（升/降）		
底盘束间黑	（插头为驾驶室线束，插座为底盘线束）	62	2.5 黑 后视镜开关 4，车门控制器 3、20，间歇继电器 1、2，制动断丝警告器 4，水位控制器 1，盘式制动控制器 1
1	0.75 黄/黑 右侧开关组 b14（浮动轮锁止）		
2	0.75 灰 右侧开关组 b15（浮动轮升降）	21	0.5 黑 发动机 ECU/K87（排气制动及发动机制动请求负电）
21	0.5 黑 刮水组合开关 9（排气制动请求负电）	22	0.75 蓝/红 发动机 ECU/K41（制动信号）
22	0.75 蓝/红 中央集电盒 m6（ECU 制动继电器 J4/87）	25	1.0 红 F6 氮氧传感器 1
25	1.0 红 中央集电盒 c4（F6，氮氧电源）	26	0.5 红/蓝 发动机 ECU/K69（排放）
26	0.5 红/蓝 仪表 a17（排放灯）	27	0.5 红/黄 — 发动机 ECU/K59（K 线）
27	0.5 红/黄 — 诊断插座 7，主车 ABS 接口 4	28	0.5 绿 发动机 ECU/K42（发动机制动请求）
28	0.5 蓝 刮水组合开关 10（发动机制动）		
29	0.5 黑/绿 仪表 b3（预热指示）	29	0.5 黑/绿 发动机 ECU/K48（预热）
30	0.5 蓝/红 离合器开关 2	30	0.5 蓝/红 发动机 ECU/K15（离合）
32	0.5 蓝 刮水组合开关 1（排气制动请求）		
33	0.5 黑 右侧开关组 d10（远程油门开关）		
34	0.75 红/黑 离合开关 1，巡航开关 1，仪表 b2，右侧开关组 c6（诊断请求开关）		

(续)

名称	内容	名称	内容
31	0.5 绿/黑 ⊕→ 发动机 ECU/K66（诊断请求）	14	0.75 红 ⊕ 中央集电盒 L1（后照灯继电器 J3/87）
32	0.5 蓝 ← 发动机 ECU/K16（排气制动请求）	17	0.5 白 ◯ 仪表 b10（车速里程电源）
33	0.5 黑 → 发动机 ECU/K87（远程油门负电）	18	0.5 绿 ⌒ 车速控制器 2
34	0.75 红 ⊕ ← 发动机 ECU/K68（输出电源）	19	0.5 绿/白 — 仪表 a9（车速里程备用）
35	0.5 蓝/黑 → 发动机 ECU/K14（冗余制动）	20	1.0 黑 ← 仪表 a22、b26（搭铁），车速控制器 6
36	0.5 白/红 → 发动机 ECU/K13（远程油门）	21	0.75 红/白 ⊕ 右侧开关组 b9（取力器开关）
38	0.5 黑 ◯ 发动机 ECU/K65（闪码 −）	22	0.75 红/黄 右侧开关组 b10（驻车取力）
39	0.5 红/白 发动机 ECU/K70（闪码 +）	23	0.5 红/黄 ◯ 仪表 a18（取力指示）
40	0.5 灰 ◯ 发动机 ECU/K27（油中积水）	24	0.5 白/黑 ◯ 仪表 a21（低档指示）
41	0.5 绿/黄 ◯ 发动机 ECU/K32（巡航恢复）	25	0.75 绿/黑 ⊕ 中央集电盒 k8（喇叭继电器 J8/87）
42	0.5 黑/黄 ◯ 发动机 ECU/K12（巡航取消）	26	0.75 绿 ⌒ 右侧开关组 a2（喇叭变换开关）
43	0.5 黄/黑 ◯ 发动机 ECU/K37（巡航减速）	27	0.75 白 ⊕ 中央集电盒 n3（F28，气喇叭）
44	0.5 黄/红 ◯ 发动机 ECU/K18（巡航加速）	30	0.5 绿 ← 仪表 a3（驻车制动）
45	0.5 棕 ◯ 发动机 ECU/K79（多态信号）	31	0.5 蓝/白 ◯ 中央集电盒 L6（制动灯继电器 J9/85），中央集电盒 m1（ECU 制动继电器 J4/85）
46	0.5 黑 ◯ 发动机 ECU/K62（油门 1 负电）	32	0.5 绿/黑 ← 仪表 a19（气压报警）
47	0.5 黄 ◯ 发动机 ECU/K61（油门 1 信号）	34	0.5 蓝/黄 — 仪表 a16（挂车 ABS）
48	0.5 红 ◯ 发动机 ECU/K45（油门 1 电源）	35	0.75 红/绿 ⊕ 中央集电盒 k7（F25，挂车 ABS）
49	0.5 蓝/白 ◯ 发动机 ECU/K74（多态负电）	36	0.5 黑/白 ◯ 盘式制动控制器 4
50	0.5 黑/绿 ◯ 发动机 ECU/K84（油门 2 负电）	37	0.75 绿/红 ⊕ 右侧开关组 a11（轮间差速开关）
51	0.5 黄/绿 ◯ 发动机 ECU/K83（油门 2 信号）	38	0.5 黄/白 ◯ 仪表 a4（轮间差速信号）
52	0.5 红/绿 ◯ 发动机 ECU/K44（油门 2 电源）	39	0.75 灰 ⊕ 右侧开关组 a12（轴间差速开关）
53	0.5 蓝/黑 — 发动机 ECU/K53（刷写 CAN）	40	0.5 黄 ← 仪表 a14（轴间差速指示）
54	0.5 蓝/黄 — 发动机 ECU/K75（刷写 CAN）	42	0.75 蓝 ⊕ 中央集电盒 e2（F14，备用）
55	0.5 绿/黑 — 发动机 ECU/K76（通信 CAN）	45	0.5 白/红 ◯ 仪表 a1（充电 D+）
56	0.5 绿/黄 — 发动机 ECU/K54（通信 CAN）	47	0.75 黑/黄 ⊕ 起动钥匙开关 b1（起动档）
57	2.5 黄/白 ⊕ 挂车 ABS 接口 1	48	0.5 黄 ◯ 仪表 a13（燃油）
58	2.5 白 ⊕ 驾驶室翻转接口 1	49	0.75 红 ⊕ 中央集电盒 c1（F2，ECU 唤醒）
60	2.5 黑 ◯ 底盘搭铁点	50	0.75 黑/黄 ⊕ 中央集电盒 L7（压缩机继电器 J10/87）
61	2.5 黑 ◯⇥ 底盘搭铁点	51	0.5 红 ← 水位控制器 4
62	1.0 黑 ◯⇥ 底盘搭铁点	53	0.5 绿/黑 ◯ 仪表 b18（锁止）

底盘束间灰 （插头为驾驶室线束，插座为底盘线束）

名称	内容	名称	内容
1	1.0 红/绿 ⊕ 中央集电盒 r4（F48，左近光）	54	0.5 蓝 ⊕ 中央集电盒 k2（F1，洗涤电源）
2	1.0 红/白 ⊕ 中央集电盒 r3（F47，右近光）	55	0.5 蓝/橙 → 刮水组合开关 2（洗涤）
3	1.5 红/黑 ⊕ 中央集电盒 h3（F24，左远光）	57	2.5 白 ⊕ 中央集电盒 t（F28~F46）
4	1.5 红/黄 ⊕ 中央集电盒 h2（F23，右远光）	58	2.5 红 → 起动钥匙开关 a2
5	1.0 绿/黑 ⊕ 闪光器 9（主车右转）	59	2.5 红 ⊕ 中央集电盒 b（F15~F22）
6	1.0 红/绿 ⊕ 闪光器 8（主车左转）	60	2.5 白 ⊕ 中央集电盒 t（F28~F46）
7	1.0 黄/蓝 ⊕ 闪光器 11（挂车左转）	61	2.5 红 ⊕ 起动钥匙开关 a2
8	1.0 白/绿 ⊕ 闪光器 12（挂车右转）	62	2.5 黑 ← ◯ 车内搭铁点
9	1.0 红/黄 ⊕ 中央集电盒 y4（小灯继电器 J13/87）	1	1.0 红/绿 ⊕ 左前组合灯 1（左近光）
10	1.5 红 ⊕ 中央集电盒 m8（前雾灯继电器 J12/87）		
11	0.75 红/白 ⊕ 右侧开关组 a13（后雾灯开关）		
12	0.75 绿/白 ⊕ 制动断丝警告器 2（制动灯）		
13	1.0 红/蓝 ⊕ 中央集电盒 d2（F9，倒车）		

(续)

名称	内容	名称	内容
2	1.0 红/白 ⊕ 右前组合灯1（右近光）	51	0.5 红 ⊙ 水位警告开关3
3	1.5 红/黑 ⊕ 左前组合灯4（右远光）	53	0.5 绿/黑 ⊙ 驾驶室锁止开关2
4	1.5 红/黄 ⊕ 左前组合灯4（左远光）	54	0.75 蓝 ⊕ 洗涤电动机2
5	1.0 绿/黑 ⊕ 右前组合灯2（右转）	55	0.5 蓝/橙 ⊙ 洗涤电动机1
6	1.0 绿/红 ⊕ 左前组合灯2（左转）	57	2.5 白 ⊕ 底盘电器盒a（FA5）
7	1.0 黄/蓝 ⊕ 挂车灯插座2（挂车左转）	58	2.5 红 ⊕ 底盘电器盒b（FA4）
8	1.0 白/绿 ⊕ 挂车灯插座8（右转）	59	2.5 白 ⊕ 底盘电器盒h5（FA12）
9	1.0 红/黄 ⊕ 右前组合灯3，左前组合灯3，底盘电器盒w7（挂车小灯继电器K4/86）左后示宽灯2，右后示宽灯2，右后组合灯2，左后组合灯2	60	2.5 白 ⊕ 底盘电器盒a（FA5）
		61	2.5 红 ⊕ 底盘电器盒b（FA4）
		62	2.5 黑 ⊙ ⟶ 底盘搭铁点
		洗涤电动机	
10	1.0 红 ⊕ 右雾灯1，左前雾灯1	1	0.5 蓝/橙 ⊙ 底盘束间灰55
11	0.75 红/白 ⊕ 挂车灯插座6，右后组合灯4（后雾灯），左后组合灯4	2	0.75 蓝 ⊕ 底盘束间灰54（F1）
		气喇叭电磁阀	
12	0.5 绿/白 ⊕ 挂车灯插座1，右后组合灯3，左后组合灯3（制动灯）	1	0.75 白 ⊕ 底盘束间灰26（F28）
		2	0.75 绿 ⊙ 底盘束间灰27（喇叭变换开关）
13	1.0 红/蓝 ⊕ ⊕ 变速器束间3（倒车开关），空气干燥器1	右前雾灯	
		1	1.0 红 ⊕ 底盘束间灰10（J12/87）
14	0.75 红 ⊕ 后照灯1	2	1.0 黑 ⊙ 底盘搭铁点
17	0.5 白 ⊙ 变速器束间4（车速里程电源）	右前组合灯	
18	0.5 绿 ⊙ 变速器束间5（车速里程信号）	1	1.0 红/白 近光 ⊕ 底盘束间灰2（F47）
20	2.5 黑 ⊙ 底盘搭铁点	2	1.0 绿/黑 右转 ⊕ 底盘束间灰5（闪光器9）
23	0.5 红/黄 ⊙ 变速器束间8（取力指示）	3	0.75 红/黄 小灯 ⊕ 底盘束间灰9
24	0.5 白/黑 ⊙ 变速器束间9（低档指示）	4	1.5 红/黄 远光 ⊕ 底盘束间灰4（F23）
25	0.75 绿/黑 ⊕ 左、右电喇叭	6	1.5 黑 ⊙ 底盘搭铁点
26	0.75 绿 ⊕ 气喇叭电磁阀2	空调压力开关	
27	0.75 白 ⊙ 气喇叭电磁阀1	1	0.75 黄 ⊕ 压缩机1
30	0.5 绿 ⊙ 驻车制动开关1	2	0.75 黑/黄 ⊕ 底盘束间灰50（J10/87）
31	0.5 蓝/白 ⊙ 前、后制动灯开关1	左、右电喇叭	
32	0.5 绿/黑 ⊙ 气压警报开关1		0.75 绿/黑 ⊕ 底盘束间灰25（J8/87）
34	0.5 蓝/黄 — 挂车ABS接口3	大气温度传感器	
35	0.75 红/绿 — 挂车ABS接口2	2	0.5 黑 ⊙ 发动机ECU/K60
36	0.5 黑/白 ⊙ 右盘式制动开关1	1	0.5 蓝/红 ⊙ 发动机ECU/K39
37	0.75 绿/红 ⊙ 后桥差速接口4（轮间差速电磁阀）	左前雾灯	
		1	1.0 红 ⊕ 底盘束间灰10（J12/87）
38	0.75 黄/白 ⊙ 后桥差速接口4（轮间差速指示开关）	2	1.0 黑 ⊙ 底盘搭铁点
		左前组合灯	
39	0.75 灰 ⊕ 后桥差速接口1（轴间差速电磁阀）	1	1.0 红/绿 近光 ⊕ 底盘束间灰1（F48）
40	0.75 黄 ⊙ 后桥差速接口4（轮间差速指示开关）	2	1.0 绿/红 左转 ⊕ 底盘束间灰6（闪光器8）
		3	0.5 红/黄 小灯 ⊕ 底盘束间灰9
		4	1.5 红/黑 远光 ⊕ 底盘束间灰3（F24）
45	0.5 白/红 ⊙ 交流发电机b（充电D+）	6	1.5 黑 ⊙ 底盘搭铁点
47	0.75 黑/黄 ⊕ 发动机ECU/K35（起动）	右磨损警告开关	
48	0.5 黄 ⊙ 燃油传感器2	1	0.5 黑/白 ⊙ 底盘束间灰36（盘式制动控制器）
49	0.75 红 ⊕ 发动机ECU/K88（唤醒电源）		
50	0.75 黑/黄 ⊕ 空调低压开关2	2	0.5 黑/白 ⊙ 左磨损警告开关1

(续)

名 称	内 容	名 称	内 容
驾驶室翻转接口	1 2.5 白 ⊕ 底盘束间黑58（翻转继电器J11/87） 2 2.5 黑 ⊥ 底盘搭铁点		—变速器处接车速里程传感器及取力指示开关 8 0.5 红/黄 ⊕ 底盘束间灰23（取力指示） —变速器处接取力指示开关 9 0.5 白黑 ⊕ 底盘束间灰24（仪表a21） —变速器处接低档指示开关
前制动开关 	1 0.5 蓝/白 ⊕ 底盘束间灰31 2 0.5 黑 ⊥ 底盘搭铁点	燃油传感器 	1 0.5 黑 ⊥ 底盘搭铁点 2 0.5 黄 ⊕ 底盘束间灰48（仪表a12）
挂车ABS接口 	1 2.5 黄/白 ⊕ 底盘束间黑57（F20） 2 0.75 红/绿 ⊕ 底盘束间灰35（F25） 3 0.5 蓝/黄 — 底盘束间灰34（仪表a16） 4 2.5 黑 ⊥ 底盘搭铁点 5 4.0 黑 ⊥ 底盘搭铁点	空气干燥器 	1 1.0 红/蓝 ⊕ 底盘束间灰13（F9） 2 1.0 黑 ⊥ 底盘搭铁点
水位警告开关 	1 0.5 黑 ⊥ 底盘搭铁点 3 0.5 红 ⊕ 底盘束间灰51（水位控制器）	右后示宽灯 	1 0.5 黑 ⊥ 底盘搭铁点 2 0.75 红/黄 ⊕ 底盘束间灰9（J13/87）
挂车灯插座	1 0.75 绿/白 ⊕ 底盘束间灰12（挂车制动） 2 1.0 黄/蓝 ⊕ 底盘束间灰7（挂车左转） 3 1.0 红/黄 ⊕ 底盘电器盒w1（挂车小灯继电器K4/87） 4 1.0 黑 ⊥ 底盘搭铁点 6 0.75 红/白 ⊕ 底盘束间灰11（后雾灯） 7 0.75 红/蓝 ⊕ 变速器束间6（倒车灯开关） 8 1.0 白/绿 ⊕ 底盘束间灰8（挂车右转）	预热电阻	10.0 黄 ⊕ 底盘电器盒e（预热继电器触点）
		交流发电机 a b	a 10.0 白/红 ⊕ 底盘电器盒c（FA3） b1 0.5 红/红 ⊕ 底盘束间灰45（充电D+）
		压缩机 	1 0.75 黄 ⊕ 空调低压开关1 2 0.75 黑 ⊥ 底盘搭铁点
后照灯	1 0.75 红 ⊕ 底盘束间灰14（J3/87） 2 0.75 黑 ⊥ 底盘搭铁点	发动机ECU/K 	1 2.5 红 ⊕ 底盘电器盒h2（FA10） 2 2.5 黑 ⊥ 底盘搭铁点 3 2.5 红 ⊕ 底盘电器盒h2（FA10） 4 2.5 黑 ⊥ 底盘搭铁点 5 2.5 红 ⊕ 底盘电器盒h2（FA10） 6 2.5 黑 ⊥ 底盘搭铁点 7 0.75 蓝/黑 ⊕ 尿素泵组件8（尿素泵负电） 8 0.75 红/黑 ⊕ 尿素泵组件12（尿素泵换向阀） 9 0.75 红/黄 ⊕ 尿素喷嘴阀1 10 0.75 白 ⊕ 尿素喷嘴阀2 12 0.5 黑/黄 ⊕ 底盘束间黑42（巡航取消） 13 0.5 白/红 ⊕ 底盘束间黑36（远程油门） 14 0.5 蓝/黑 ⊕ 底盘束间黑35（冗余制动） 15 0.5 蓝/红 ⊕ 底盘束间黑30（离合） 16 0.5 蓝 ⊕ 底盘束间黑32（排气制动，潍柴） 18 0.5 黄/红 ⊕ 底盘束间黑44（巡航加速） 19 0.5 红/黑 ⊕ 变速器束间2（空档开关） 20 0.75 红/绿 ⊕ 底盘电器盒z6（进液加热信号） 24 0.5 红/蓝 ⊕ 尿素泵组件2（压力传感器5V+） 25 0.75 灰 ⊕ 底盘电器盒z7（泵加热继电器K7/2，泵加热控制）
驾驶室锁止开关（两个） 	1 0.5 黑 ⊥ 底盘搭铁点 2 0.5 绿/黑 ⊕ 底盘束间灰53（仪表b18）		
变速器束间 	1 0.5 红 ⊕ 发动机ECU/K68（空档电源） —变速器处接空档开关 2 0.5 红/黑 ⊕ 发动机ECU/K19（空档信号） —变速器处接空档开关 3 0.75 红/蓝 ⊕ 底盘束间灰13（倒车电源F9） —变速器处接倒车开关 4 0.5 白 ⊕ 底盘束间灰17（车速里程电源） —变速器处接车速里程传感器 5 0.5 绿 ⊕ 底盘束间灰18（车速里程信号） —变速器处接车速里程传感器 6 0.75 红/蓝 ⊕ 挂车灯插座7，右后组合灯5，倒车蜂鸣器，左后组合灯5 —变速器处接倒车开关 7 0.5 黑 ⊥ 底盘搭铁点		

(续)

名称	内容	名称	内容
26	0.75 绿 底盘电器盒 z5（进液加热继电器 K6/2，进液加热控制）	71	0.75 黑 起动控制接口 1
27	0.5 灰 底盘束间黑 40（油中积水）	72	0.75 黑 底盘电器盒 w6（预热继电器线圈负端）
28	0.75 橙 尿素箱加热阀 2	73	0.75 红 尿素泵组件 9（尿素供电）
29	0.75 红 起动控制接口 2，排气制动电磁阀 1	74	0.5 蓝/白 底盘束间黑 49（多态负电）
30	0.75 绿/黑 尿素泵组件 11（尿素泵换向阀）	75	0.5 蓝/黄 — 底盘束间黑 54（刷写 CAN）
32	0.5 绿/黄 底盘束间黑 41（巡航恢复）	76	0.5 绿/黑 — 底盘束间黑 55（通信 CAN），氮氧传感器 3
33	0.75 红/灰 底盘电器盒 z8（泵加热继电器 K7/5，泵加热信号）	77	0.5 黄/黑 尿素泵组件 4（压力传感器负电）
35	0.75 黑/黄 底盘束间灰 47（起动请求）	78	0.5 绿 尿素泵组件 3（压力传感器信号）
36	0.75 红/黄 底盘电器盒 z4（回液加热继电器 K5/5，回液加热信号）	79	0.5 棕 底盘束间黑 45（多态信号）
37	0.5 黄/黑 底盘束间黑 43（巡航减速）	80	0.5 棕/绿 尿素罐液位温度传感器 3（液位信号）
39	0.5 蓝/红 大气温度传感器 2	81	0.5 蓝/黑 进口温度传感器 2（信号）
41	0.75 蓝/红 底盘束间黑 22（制动信号）	82	0.5 黑 进口温度传感器 1（负电）
42	0.5 绿 底盘束间黑 28（发动机制动请求）	83	0.5 黄/绿 底盘束间黑 51（油门 2 信号）
44	0.5 红/绿 底盘束间黑 52（油门 2 电源）	84	0.5 黑/绿 底盘束间黑 50（油门 2 负电）
45	0.5 红 底盘束间黑 48（油门 1 电源）	87	0.5 黑 底盘束间黑 21、33（排气制动请求负电），油中积水传感器 3
47	0.75 黑 排气制动电磁阀 2	88	0.75 红 底盘束间灰 49（F2，唤醒电源）
48	0.5 黑/绿 底盘束间黑 29（预热）	89	0.75 红/绿 尿素箱加热阀 1
50	0.75 黄 底盘电器盒 z3（回液加热继电器 K5/2，回液加热控制）	90	0.75 红 底盘电器盒 z1（各尿素加热继电器线圈供电）
52	0.5 蓝/红 尿素液位温度传感器 2（液位负电）	92	0.75 白 底盘电器盒 z9（喷液加热继电器 K8/2，喷液加热控制）
53	0.5 蓝/黑 — 底盘束间黑 53（刷写 CAN）	93	0.75 蓝 尿素泵组件 10（尿素泵信号）
54	0.5 绿/黄 — 底盘束间黑 56（通信 CAN），氮氧传感器 4	94	0.75 黄/黑 底盘电器盒 z2（尿素主继电器 K2/2，主继电器控制）
57	0.5 蓝/黄 尿素液位温度传感器 1（液位信号）		
58	0.75 红/白 底盘电器盒 z10（喷液加热继电器 K8/5，喷液加热信号）		
59	0.5 红/黄 — 底盘束间黑 27（K 线）		
60	0.5 黑 大气温度传感器 1		
61	0.5 黄 底盘束间黑 47（油门 1 信号）		
62	0.5 黑 底盘束间黑 46（油门 1 负电）		
64	0.5 黑/红 尿素液位温度传感器 4（温度负电）		
65	0.5 黑 底盘束间黑 38（闪码 -）		
66	0.5 绿/黑 底盘束间黑 31（诊断请求）		
68	0.75 红 底盘束间黑 34（输出电源），油中积水传感器 1，变速器束间 1（空挡开关），底盘电器盒 w5（预热继电器线圈正端）		
69	0.5 红/蓝 底盘束间黑 26（排放）		
70	0.5 红/白 底盘束间黑 39（闪码 +）		

ECU/A 外联接口

5	0.75 红/黑	底盘电器盒 w10（发动机制动继电器 K3/2）
	—	下接发动机 ECU/A15
6	0.75 绿/黑	底盘电器盒 w10（发动机制动继电器 K3/1）
	—	下接发动机 ECU/A45
7	0.75 红	底盘电器盒 w2（发动机制动继电器 K3/5）
	—	下接发动机制动电磁阀
8	0.75 黑	底盘搭铁点
	—	下接发动机制动电磁阀（搭铁）

左盘式制动开关

| 1 | 0.5 黑 → 底盘搭铁点 |
| 2 | 0.5 黑/白 右盘式制动开关 2 |

起动机

6.0 白/红 底盘电器盒 d（起动继电器触点）

(续)

名 称	内 容
进口温度传感器	1 0.5 黑 → 发动机 ECU/K82
	2 0.5 蓝/黑 → 发动机 ECU/K81
氮氧传感器	1 1.0 红 → 底盘束间黑 25（F6）
	2 2.5 黑 → 底盘搭铁点
	3 0.5 绿/黑 — 发动机 ECU/K76（通信 CAN）
	4 0.5 绿/黄 — 发动机 ECU/K54（通信 CAN）
尿素喷嘴阀	1 0.75 白/黄 → 发动机 ECU/K9
	2 0.75 白 → 发动机 ECU/K10
底盘电器盒	a 6.0 白 → 底盘束间灰 57、60（中央集电盒 T）
	— 底盘电器盒内接熔断器 FA5
	b 4.0 红 → 底盘束间灰 58、61（钥匙开关）
	— 底盘电器盒内接熔断器 FA4
	c 10.0 白/红 → 交流发电机 a
	— 底盘电器盒内接熔断器 FA3
	d 6.0 白/红 → 起动电磁开关
	— 底盘电器盒内经起动继电器触点接熔断器 FA2
	e 10.0 黄 → 预热电阻
	— 底盘电器盒内经预热继电器触点接熔断器 FA1
	h2 6.0 红 → 发动机 ECU/K1、K3、K5
	— 底盘电器盒内接熔断器 FA10
	h4 2.5 红/白 → 蓄电池正极接点
	— 底盘电器盒内接熔断器 FA10FA12（输入）
	h5 2.5 红 → 底盘束间灰 59（中央集电盒 b）
	— 底盘电器盒内接熔断器 FA12
	A1 4.0 红 → 尿素泵组件 6，进液管加热器 2，回液管加热器 2，喷液管加热器 2
	— 底盘电器盒内接尿素主继电器 K2/87
	A2 4.0 黑 → 底盘搭铁点
	— 底盘电器盒内接回液加热继电器 K5/3，进液加热继电器 K6/3，泵加热继电器 K7/3，喷液加热继电器 K8/3
	z1 0.75 红 → 发动机 ECU/K90
	— 底盘电器盒内接尿素主继电器 K2/86，回液加热继电器 K5/1，进液加热继电器 K6/1，泵加热继电器 K7/1，喷液加热继电器 K8/1
	z2 0.75 黄/黑 → 发动机 ECU/K94（主继电器控制）
	— 底盘电器盒内接尿素主继电器 K2/85
	z3 0.75 黄 → 发动机 ECU/K50（回液加热控制）
	— 底盘电器盒内接回液加热继电器 K5/2
	z4 1.0 红/黄 → 发动机 ECU/K36，回流管加热器 1

名 称	内 容
	— 底盘电器盒内接回液加热继电器 K5/5
	z5 0.75 绿 → 发动机 ECU/K26（进液加热控制）
	— 底盘电器盒内接进液加热继电器 K6/2
	z6 0.75 红/绿 → 发动机 ECU/K20，进流管加热器 1
	— 底盘电器盒内接进液加热继电器 K6/5
	z7 0.75 灰 → 发动机 ECU/K25（泵加热控制）
	— 底盘电器盒内接泵加热继电器 K7/2
	z8 1.0 红/灰 → 发动机 ECU/K33，尿素泵组件 5
	— 底盘电器盒内接泵加热继电器 K7/5
	z9 0.75 白 → 发动机 ECU/K92（喷液加热控制）
	— 底盘电器盒内接喷液加热继电器 K8/2
	z10 0.75 红/白 → 发动机 ECU/K58，喷液管加热器 1
	— 底盘电器盒内接喷液加热继电器 K8/5
	w1 1.0 红 → 挂车灯插座 3（挂车小灯）
	— 底盘电器盒内接挂车小灯继电器 K4/5
	w2 0.75 红 → ECU/A 外联接口 7（发动机制动电磁阀）
	— 底盘电器盒内接发动机制动继电器 K3/5
	w3 0.75 红 → 发动机 ECU/K29
	— 底盘电器盒内接起动继电器线圈（高端）
	w4 0.75 黑 → 发动机 ECU/K71
	— 底盘电器盒内接起动继电器线圈（低端）
	w5 0.5 红 → 发动机 ECU/K68（预热继电器线圈供电）
	— 底盘电器盒内接预热继电器线圈（高端）
	w6 0.75 黑 → 发动机 ECU/K72（预热继电器线圈负端）
	— 底盘电器盒内接预热继电器线圈（低端）
	w7 1.0 红/黄 → 底盘束间灰 9（小灯）
	— 底盘电器盒内接挂车小灯继电器 K4/1
	w8 0.75 黑 → 底盘搭铁点
	— 底盘电器盒内接挂车小灯继电器 K4/2
	w9 0.75 绿/黑 → ECU/A 外联接口 6（发动机 ECU/A45）
	— 底盘电器盒内接发动机制动继电器 K3/2
	w10 0.75 红/黑 → ECU/A 外联接口 5（发动机 ECU/A15）
	— 底盘电器盒内接发动机制动继电器 K3/1
气压报警开关（两个）	1 0.5 绿/黑 → 底盘束间灰 32（仪表 a19）
	2 0.5 黑 → 底盘搭铁点
驻车制动开关	1 0.5 绿 → 底盘束间灰 30（仪表 a3）
	2 0.5 黑 → 底盘搭铁点

名称	内容	名称	内容
排气制动电磁阀 	1　0.75 红 发动机 ECU/K29 2　0.75 黑 发动机 ECU/K47	尿素液位温度传感器 	1　0.5 蓝/黄 发动机 ECU/K57（液位信号） 2　0.5 蓝/红 发动机 ECU/K52（液位负电） 3　0.5 棕/绿 发动机 ECU/K80（温度信号） 4　0.5 黑/红 发动机 ECU/K64（温度负电）
底盘搭铁点 	（经底盘大梁接点与蓄电池负极连接） 6.0 黑 4.0 黑×3 2.5 黑×5 1.0 黑×2	左后示宽灯 	1　0.5 黑 底盘搭铁点 2　0.5 红/黄 底盘束间灰 9（J13/87）
蓄电池正极接点 	（经电源总开关输入接点与蓄电池正极连接） 2.5 红/白 底盘电器盒 h4（FA10~FA12）	后桥差速接口 	1　0.75 灰 底盘束间灰 37（轮间差速开关） 3　— 下接轴间差速电磁阀 2　0.5 黄 底盘束间灰 38（仪表 a4） — 下接轮间差速指示开关 4　0.75 绿/红 底盘束间灰 37（轮间差速开关） — 下接轮间差速电磁阀 5　0.5 黄/白 底盘束间灰 38（仪表 a4） — 下接轮间差速指示开关 7　0.75 黑 底盘搭铁点 — 下接轴间差速电磁阀，轴间差速指示开关，轮间差速电磁阀，轮间差速指示开关（搭铁）
尿素泵组件 	2　0.5 红/蓝 发动机 ECU/K24（压力 5V+） 3　0.5 绿 发动机 ECU/K78（泵压力信号） 5　0.5 黄/黑 发动机 ECU/K77（泵压力负电） 1　1.0 红灰 底盘电器盒 z8（泵加热继电器 K7/5，泵加热负端） 6　1.0 红 底盘电器盒 A1（尿素主继电器 K2/5，泵加热供电） 8　0.75 蓝/黑 发动机 ECU/K7（尿素泵负电） 9　0.75 红 发动机 ECU/K73（尿素泵供电） 10　0.75 蓝 发动机 ECU/K93（尿素泵信号） 11　0.75 绿/黑 发动机 ECU/K30（尿素泵换向阀） 12　0.75 红/黑 发动机 ECU/K8（尿素泵换向阀）	后制动开关 	1　0.5 蓝/白 底盘束间灰 31 2　0.5 黑 底盘搭铁点
尿素箱加热阀 	1　0.75 红/绿 发动机 ECU/K89 2　0.75 橙 发动机 ECU/K28	右后组合灯 	1　1.0 绿/黑 右转 底盘束间灰 5（闪光器 9） 2　0.75 红/黄 小灯 底盘束间灰 9（J13/87） 3　0.75 绿/白 底盘束间灰 12（制动断丝报警器 2） 4　0.75 红/白 后雾灯 底盘束间灰 11 5　0.75 红/蓝 倒车灯 变速器束间 6 6　1.0 黑 底盘搭铁点
进液管加热器 	1　0.75 红/绿 底盘电器盒 z6（进液加热继电器 K6/5） 2　1.0 红 底盘电器盒 A1（尿素主继电器 K2/5，加热供电）	倒车蜂鸣器 	0.75 红/蓝 变速器束间 6
回液管加热器 	1　1.0 红/黄 底盘电器盒 z4（回液加热继电器 K5/5） 2　1.0 红 底盘电器盒 A1（尿素主继电器 K2/5，加热供电）	左后组合灯 	1　1.0 绿/红 左转 底盘束间灰 6（闪光器 8） 2　0.75 红/黄 小灯 底盘束间灰 9（J13/87） 3　0.75 绿/白 底盘束间灰 12（制动断丝报警器 2） 4　0.75 红/白 后雾灯 底盘束间灰 11 5　0.75 红/蓝 倒车灯 变速器束间 6 6　1.0 黑 底盘搭铁点
喷液管加热器	1　0.75 红/白 底盘电器盒 z10（喷液加热继电器 K8/5） 2　1.0 红 底盘电器盒 A1（尿素主继电器 K2/5，加热供电）		

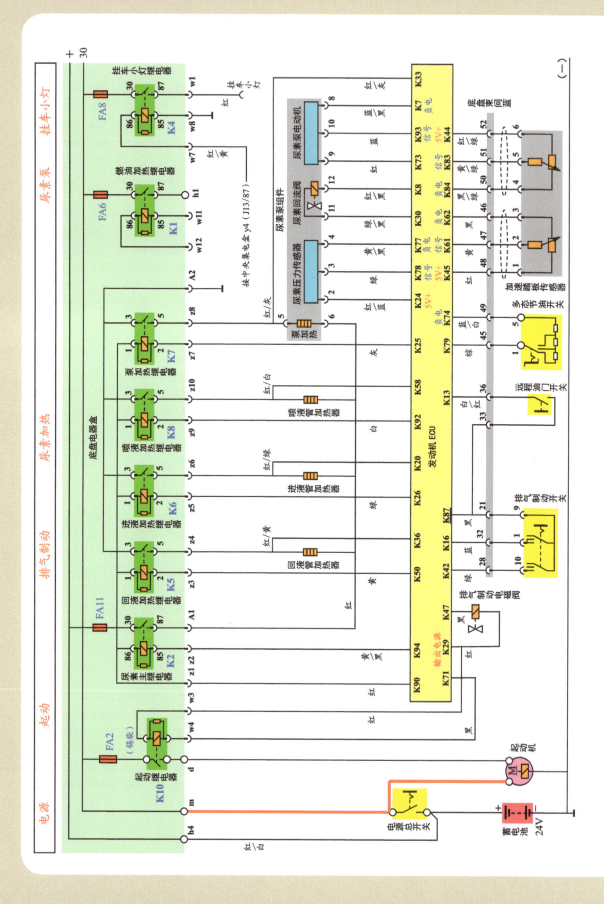

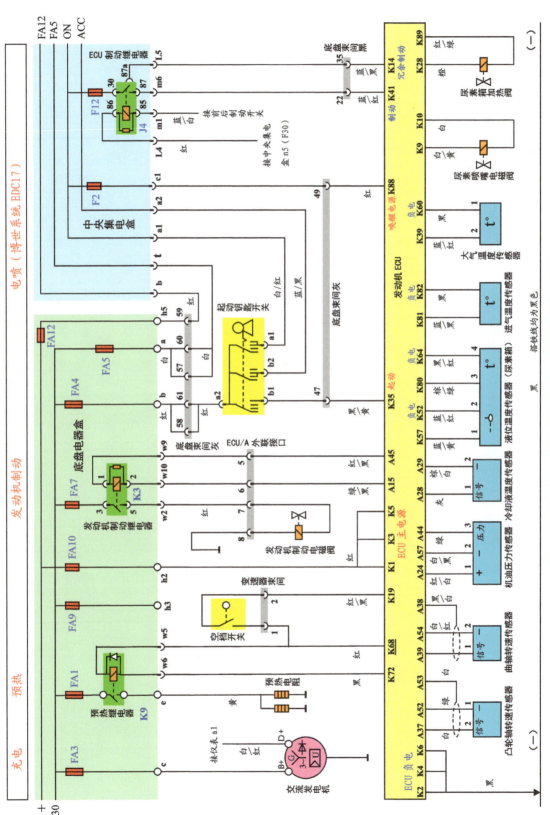

图4-2 解放天V锡柴博世EDC17国四电喷汽车电路原理图

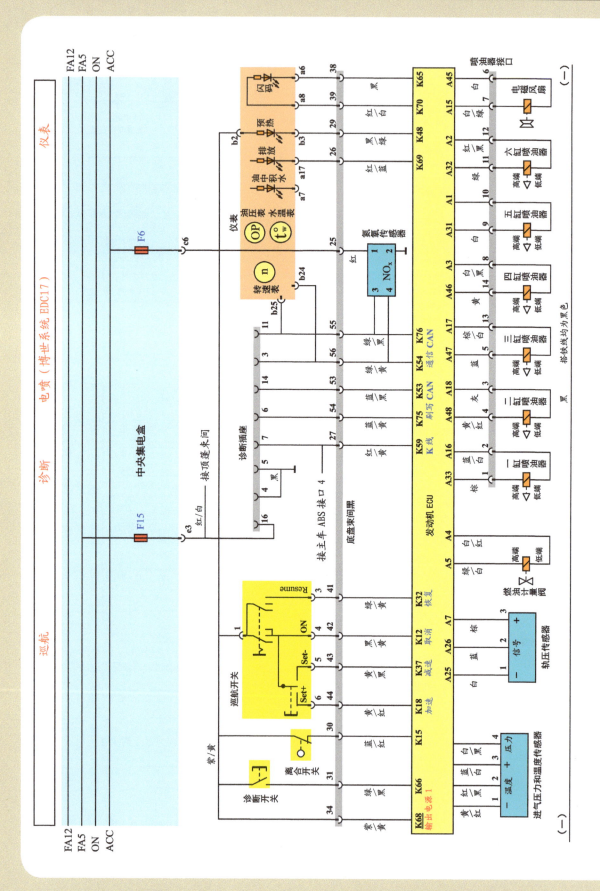

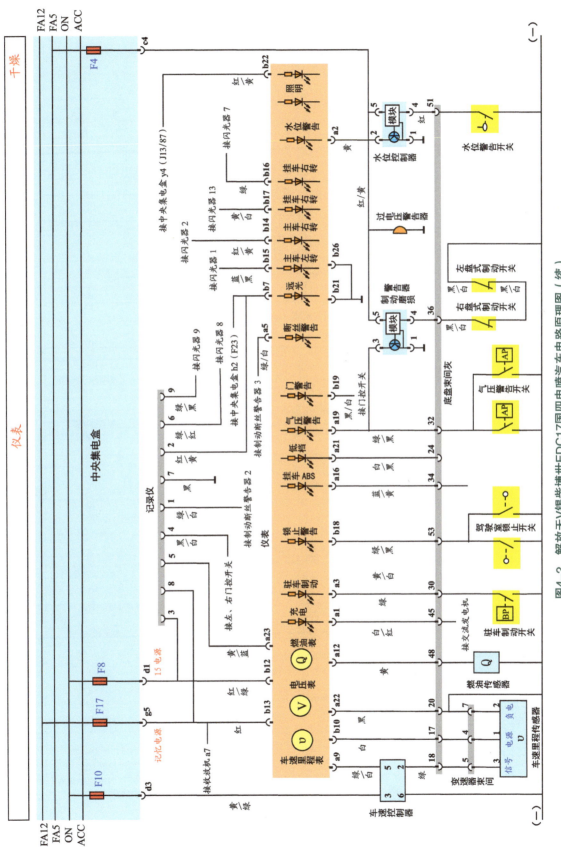

图4-2 解放天V锡柴博世EDC17国四电喷汽车电路原理图（续）

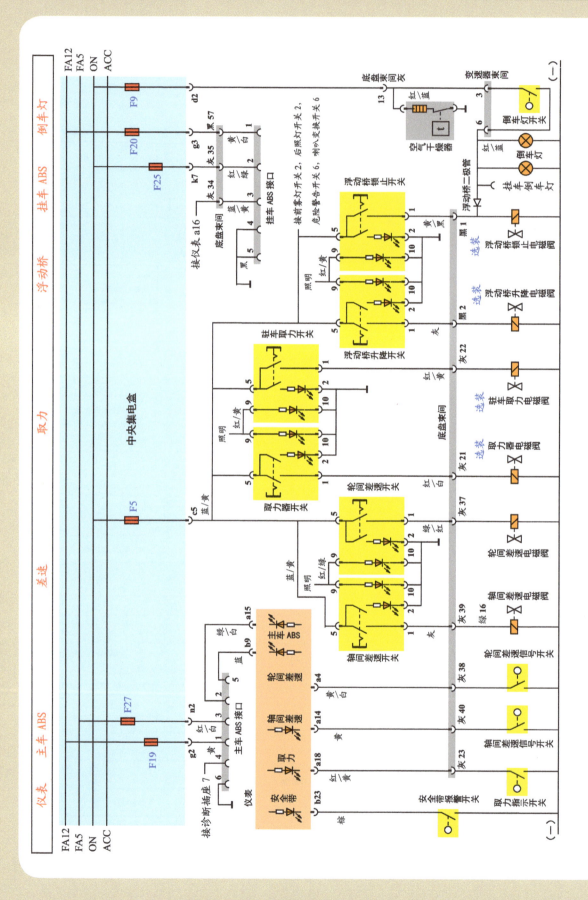

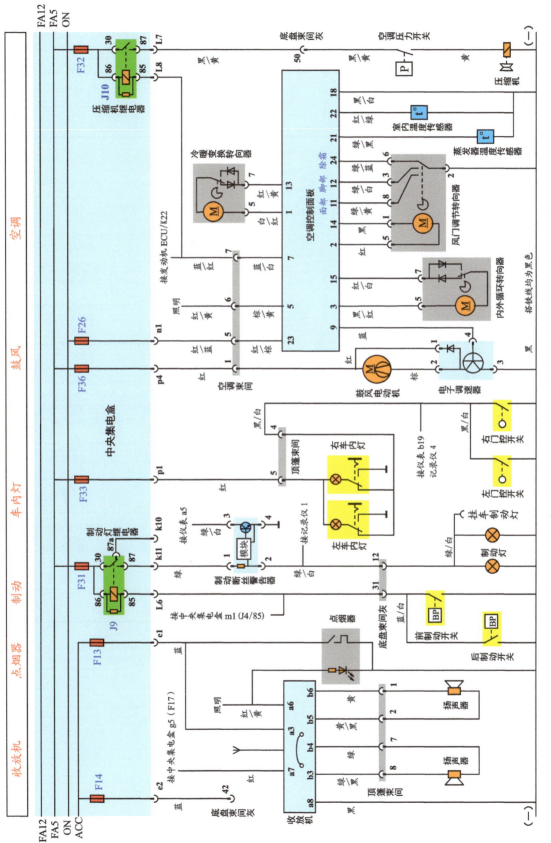

图4-2 解放天V锡柴博世EDC17国四电喷汽车电路原理图（续）

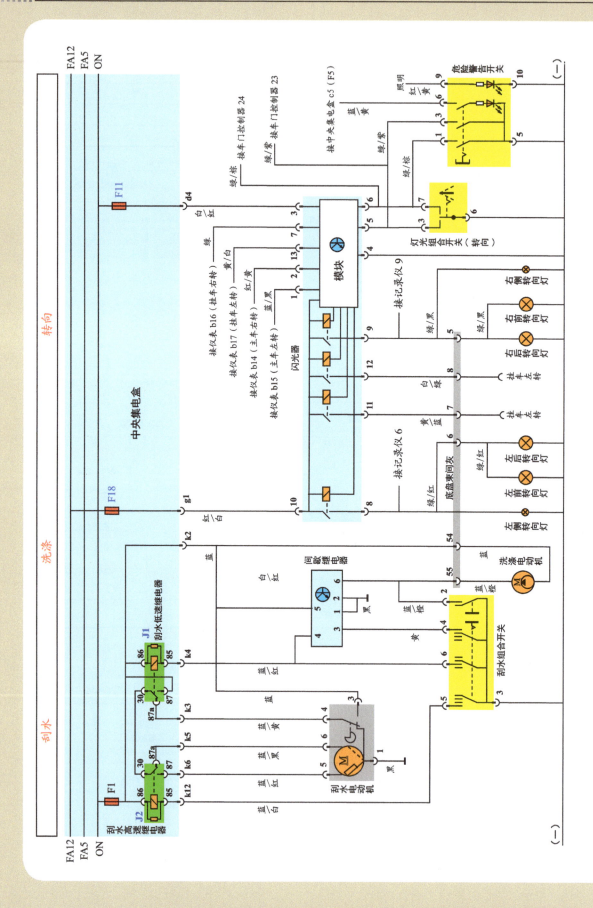

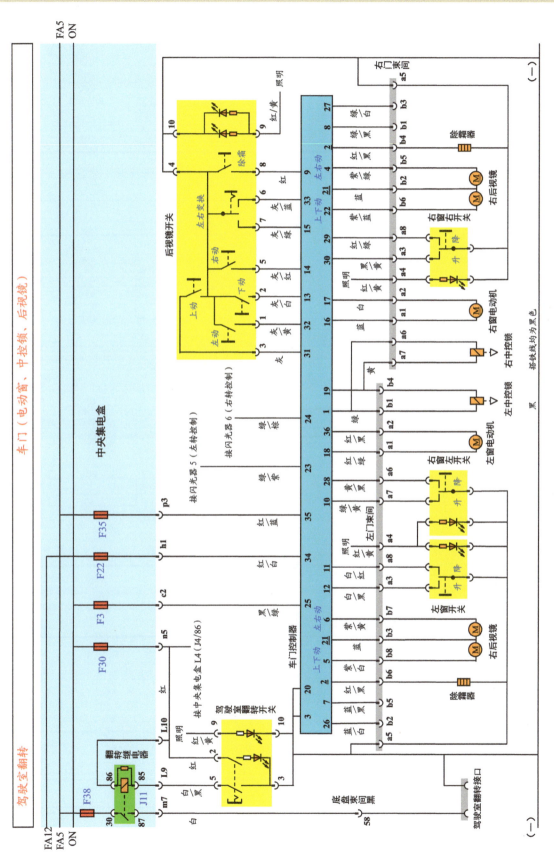

图4-2 解放天V锡柴博世EDC17国四电喷汽车电路原理图（续）

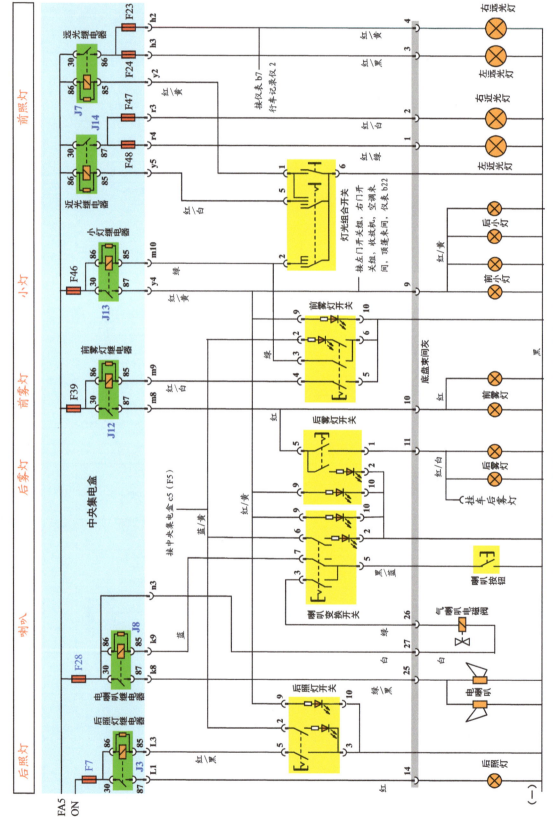

图4-2 解放天V锡柴博世EDC17国四电喷汽车电路原理图（续）（一）

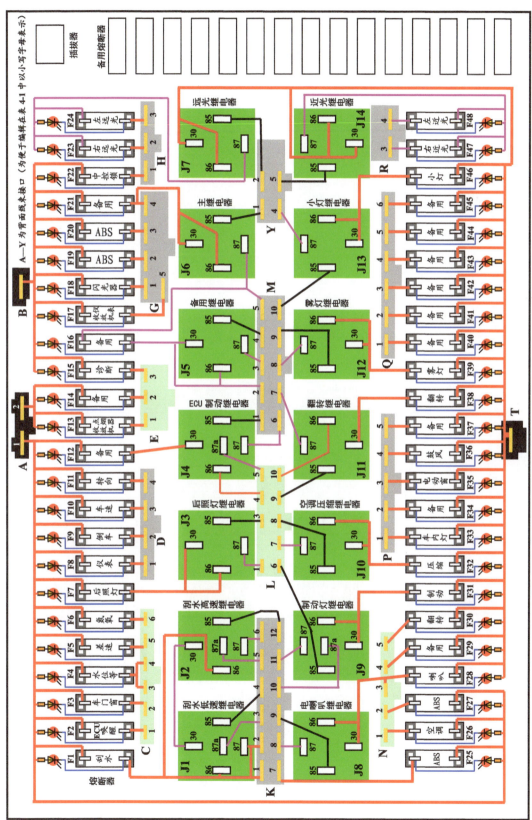

图4-3　解放天V锡柴博世EDC17国四电喷汽车中央集电盒原理图

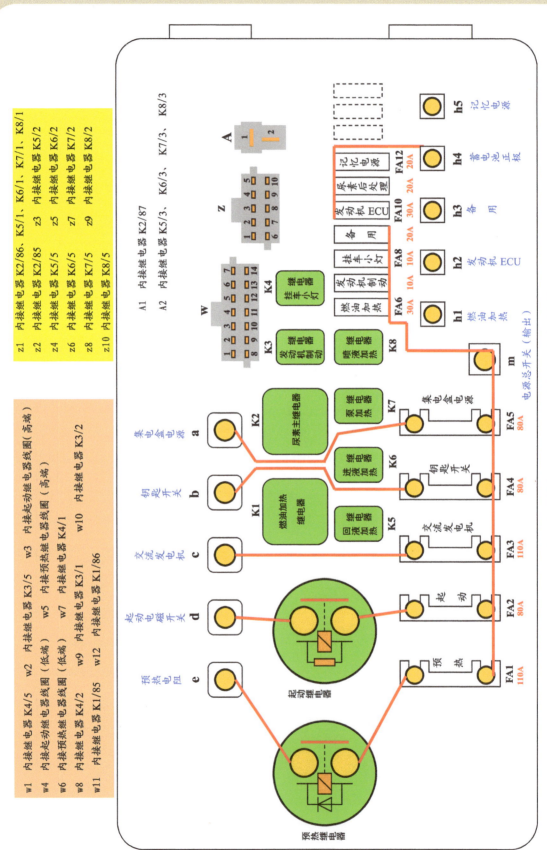

图4-4 解放天V柴柴博世EDC17国四电喷汽车底盘电器盒原理图

五、解放悍V博世EDC17国四电喷汽车

线束布局图见图5-1，线束剖析表见表5-1，电路原理图见图5-2，中央集电盒原理图见图5-3，底盘电器盒原理图见图5-4。

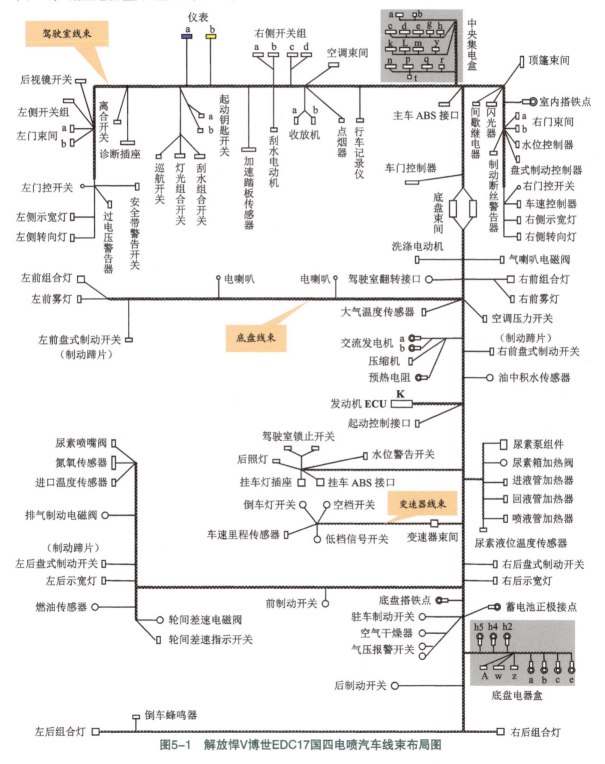

图5-1 解放悍V博世EDC17国四电喷汽车线束布局图

表5-1　解放悍V博世EDC17国四电喷系列汽车线束剖析表

名称	内容	名称	内容
左侧示宽灯	1　0.5 红/黄 ⊕ 中央集电盒 y4（J13/87，小灯） 2　0.5 黑 → 底盘束间黑 61（搭铁）		— 左门内接左门后视镜（加热除霜） 7　0.75 紫/黄 ⊕ 车门控制器 6 — 左门内接左门后视镜（左动/右动） 8　0.75 紫/白 ⊕ 车门控制器 5 — 左门内接左门后视镜（上动/下动）
左侧转向灯	1　0.5 绿/红 ⊕ 闪光器 8 2　89D 0.5 黑 → 底盘束间黑 61（搭铁）	左侧开关组	4　0.5 红/黄 ⊕ 中央集电盒 y4（J13/87，照明） — 左侧开关组内接驾驶室翻转开关 9 5　0.5 红 ⊕ 中央集电盒 n5（F30） — 左侧开关组内接驾驶室翻转开关 2 9　0.75 白/黑 ⊕ 中央集电盒 L9（J11/85） — 左侧开关组内接驾驶室翻转开关 5 11　0.5 黑 → 底盘束间黑 61 — 左侧开关组内接驾驶室翻转开关 3、10
过电压警告器	1　0.75 红/黄 ⊕ 中央集电盒 c4（F4） 2　0.75 黑 → 底盘束间黑 61（搭铁）		
左门控开关	0.5 黑/白 → 仪表 b19，顶篷束间 4（车内灯），行车记录仪 4		
安全带警告开关	1　0.75 棕 → 仪表 b23 2　0.5 黑 → 底盘束间黑 61（搭铁）	后视镜开关	1　0.75 灰/黄 ⊕ 车门控制器 32（左动控制） 2　0.75 灰/白 ⊕ 车门控制器 13（下动控制） 3　0.75 灰 ⊕ 车门控制器 31（上动控制） 4　0.75 黑 → 底盘束间黑 62（搭铁） 5　0.75 灰/红 ⊕ 车门控制器 14（右动控制） 6　0.75 灰/蓝 ⊕ 车门控制器 33（右镜变换） 7　0.75 灰/绿 ⊕ 车门控制器 15（左镜变换） 8　0.5 红 ⊕ 车门控制器 9（除霜控制） 9　0.5 红/黄 ⊕ 中央集电盒 y4（J13/87，照明） 10　0.75 黑 → 底盘束间黑 62（搭铁）
左门束间 a	1　0.75 红/绿 ⊕ 车门控制器 18（升/降） — 左门内接左窗电动机 2　0.75 红/黑 ⊕ 车门控制器 36（升/降） — 左门内接左窗电动机 3　0.5 白/黑 ⊕ 车门控制器 12（左窗升控制） — 左门内接左门开关组 4　0.5 红/黄 ⊕ 中央集电盒 y4（J13/87，照明） — 左门内接左门开关组（照明） 5　1.0 黑 → 车内搭铁点 — 左门内接左门开关组（搭铁） 6　0.5 黄/黑 ⊕ 车门控制器 28（右窗降控制） — 左门内接左门开关组 7　0.5 绿/黄 ⊕ 车门控制器 10（右窗升控制） — 左门内接左门开关组 8　0.5 白/红 ⊕ 车门控制器 11（左窗降控制） — 左门内接左门开关组		
		诊断插座	3　0.5 绿/黄 — 仪表 b24，底盘束间黑 56（ECU/K54，通信 CAN） 4　0.75 黑 → 底盘束间黑 61（搭铁） 5　0.75 黑 → 底盘束间黑 61（搭铁） 6　0.5 蓝/黄 — 底盘束间黑 54（ECU/K75，刷写 CAN） 7　0.5 红/黄 — 主车 ABS 接口 4，底盘束间黑 27（ECU/K59，K 线） 11　0.5 绿/黑 — 仪表 b25，底盘束间黑 55（ECU/K76，通信 CAN） 14　0.5 蓝/黑 — 底盘束间黑 53（ECU/K53，刷写 CAN） 16　0.75 红/白 ⊕ 中央集电盒 e3（F15）
左门束间 b	1　0.75 绿 ⊕ 车门控制器 1（开锁/闭锁） — 左门内接左门中控锁 2　0.5 蓝/白 — 车门控制器 26 3　0.75 蓝 → ⊕ 车门控制器 21（公共端） — 左门内接左门后视镜（左动上动/右动下动） 4　0.75 黄 → ⊕ 车门控制器 19（开锁/闭锁） — 左门内接左门中控锁 5　0.5 蓝/黑 — 车门控制器 7 6　0.75 红/黑 → 车门控制器 2	离合开关	1　0.5 红 ⊕ 底盘束间黑 34（ECU/K68） 2　0.5 蓝/红 ⊕ 底盘束间黑 30（ECU/K15）
		巡航开关	1　0.5 红 ⊕ 底盘束间黑 34（ECU/K68）

(续)

名 称		内 容	名 称		内 容
	3	0.5 绿/黄 ⊕ 底盘束间黑 41（ECU/K32，巡航恢复）		4	0.5 黄/白 ☐ 底盘束间灰 38（轮间差速指示）
	4	0.5 黑/黄 ➤ 底盘束间黑 42（ECU/K12，巡航取消）		5	0.5 绿/白 ☐ 制动断丝警告器 3
	5	0.5 黄/黑 ⊕ 底盘束间黑 43（ECU/K37，巡航减速）		6	0.5 黑 ☐ 底盘束间黑 38（ECU/K65，闪码-）
	6	0.5 黄/红 ➤ 底盘束间黑 44（ECU/K18，巡航加速）		7	0.5 灰 ☐ 底盘束间黑 40（ECU/K27，积水）
起动钥匙开关				8	0.5 红/白 ➤ 底盘束间黑 39（ECU/K70，闪码+）
	a1	6.0 白/红 ON ⊕ 中央集电盒 a1（F1~F12、F25~F27）		9	0.5 绿/白 ☐ 车速控制器 5（车速里程信号），底盘束间灰 19
	a2	6.0 红 ⊕ 底盘束间灰 58、61		13	0.5 黄 ☐ 底盘束间灰 48（燃油）
	b1	0.75 黑/黄 起动 ⊕ 底盘束间灰 47（ECU/K35）		14	0.5 黄 ➤ 底盘束间灰 40（轴间差速指示）
	b2	1.5 蓝/黑 ACC ⊕ 中央集电盒 a2（F13、F14）		15	0.5 绿/白 — 主车 ABS 接口 2
灯光组合开关				16	0.5 蓝/黄 — 底盘束间灰 34（挂车 ABS）
	1	0.5 红/黄 ☐ 中央集电盒 y2（J7/85，远光控制）		17	0.5 红/蓝 ➤ 底盘束间黑 26（ECU/K69，排放指示）
	2	0.5 绿 ☐ 中央集电盒 m10（J13/85，小灯控制）		18	0.5 红/黄 ➤ 底盘束间灰 23（取力指示）
	3	0.5 绿/紫 ☐ 闪光器 5（左转控制）		19	0.5 绿/黑 ☐ ☐ 盘式制动控制器 3，底盘束间灰 32（气压警告开关）
	5	0.5 红/白 ☐ 中央集电盒 y5（J14/85，近光控制）		21	0.5 白/黑 ➤ 底盘束间灰 24（低档指示）
	6	0.75 黑 ➤ 底盘束间黑 61（搭铁）		23	0.5 黄/蓝 ➤ 行车记录仪 5
	7	0.5 绿/棕 ☐ 闪光器 6（右转控制）	仪表 b		
刮水组合开关				2	0.75 红 ⊕ 底盘束间黑 34（ECU/K68，预热+）
	1	0.5 蓝 ⊕ 底盘束间黑 32（潍柴 ECU/K40，排气制动请求）		3	0.5 黑/绿 ➤ 底盘束间黑 29（ECU/K48，预热）
		0.5 蓝 ☐ 底盘束间黑 32（锡柴 ECU/K16）		7	0.5 红/黄 ⊕ 中央集电盒 h2（远光指示）
	2	0.5 蓝/橙 ☐ 间歇继电器 6，底盘束间灰 55（洗涤电动机）		9	0.5 蓝 — 主车 ABS 接口 5
	3	0.75 黑 ➤ 底盘束间黑 61（搭铁）		10	0.5 白 ☐ 底盘束间灰 17（车速里程电源）
	4	0.5 黄 ☐ 间歇继电器 3（间歇）		12	0.75 红/绿 ⊕ 中央集电盒 d1（F8，ON 电源）
	5	0.5 蓝/白 ☐ 中央集电盒 k12（刮水高速继电器 J2/85）		13	0.75 红 ⊕ 中央集电盒 g5（F17，记忆电源）
	6	0.5 蓝/红 ☐ 中央集电盒 k4（刮水低速继电器 J1/85）		14	0.5 红/黄 ☐ 闪光器 2（主车右转）
	9	0.5 红 ☐ 底盘束间黑 21（潍柴 ECU/K68）		15	0.5 蓝/黑 ☐ 闪光器 1（主车左转）
		0.5 黑 ➤ 底盘束间黑 21（锡柴 ECU/K87）		16	0.5 绿 ☐ 闪光器 7（挂车右转）
	10	0.5 蓝 ☐ 底盘束间黑 28（锡柴 ECU/K42，发动机制动）		17	0.5 黄/白 ☐ 闪光器 13（挂车左转）
				18	0.5 绿/黑 ➤ 底盘束间灰 53（锁止）
	13	0.75 黑/蓝 ➤ 右侧开关组 a7（喇叭变换开关）		19	0.5 黑/白 ☐ 左、右门控开关 1
仪表 a				21	0.5 黑 ☐ 底盘束间黑 61（搭铁）
	1	0.5 白/红 ☐ 底盘束间灰 45（充电 D+）		22	0.5 红/黄 ☐ 中央集电盒 y4（J13/87，照明）
	2	0.5 黄 ☐ 水位控制器 2		23	0.75 棕 ☐ 安全带警告开关 1
	3	0.5 绿 ☐ 底盘束间灰 30（驻车制动）		24	0.5 绿/黄 — 诊断插座 3，底盘束间黑 56（ECU/K54，通信 CAN）
				25	0.5 绿/黑 — 诊断插座 11，底盘束间黑 55（ECU/K76，通信 CAN）
				26	0.5 黑 ☐ 底盘束间灰 20（搭铁）
			加速踏板传感器		
				1	0.5 红 ☐ 底盘束间黑 48（ECU/K45，油门 1 电源）
				2	0.5 黄 ☐ 底盘束间黑 47（ECU/K61，油门 1

(续)

名 称	内 容	名 称	内 容
	信号)		— 右侧开关组内接危险警告开关 3
	3 0.5 黑 ┳ 底盘束间黑 46（ECU/K62，油门 1 负电）		6 0.75 红 ┷ 中央集电盒 m8（前雾灯继电器 J12/87）
	4 0.5 黑/绿 ┳ 底盘束间 50（ECU/K84，油门 2 负电）		— 右侧开关组内接后雾灯开关 1
	5 0.5 黄/绿 ┳ 底盘束间黑 51（ECU/K83，油门 2 信号）		7 0.5 红/白 ┷ 中央集电盒 m9（前雾灯继电器 J12/85）
	6 0.5 红/绿 ┳ 底盘束间黑 52（ECU/K44，油门 2 电源）		— 右侧开关组内接前雾灯开关 4
			11 1.0 黑 ┳ 底盘束间黑 61（搭铁）
刮水电动机	1 0.75 黑 ┳ 车内搭铁点		— 右侧开关组内接各按键开关及照明搭铁
	3 0.75 蓝 ┷ 中央集电盒 k2（F1）		12 0.5 绿/棕 ┷ 闪光器 6（右转控制）
	4 0.75 蓝/黄 ┷ /┳ 中央集电盒 k3（刮水低速继电器 J1/87a，复位时/复位后）		— 右侧开关组内接危险警告开关 1
	5 0.75 蓝/红 ┷ 中央集电盒 k6（刮水高速继电器 J2/87，高速）	右侧开关组 c	1 0.5 绿/黑 ┷ 底盘束间黑 31（ECU/K66）
	6 0.75 蓝/黑 ┷ 中央集电盒 k5（刮水高速继电器 J2/87a，低速）		— 右侧开关组内接诊断请求开关 1
			2 0.75 红/白 ┷ 底盘束间灰 21（取力阀备用）
右侧开关组 a	1 0.75 蓝 ┷ 中央集电盒 k9（喇叭继电器 J8/85）		— 右侧开关组内接取力器开关 1
	— 右侧开关组内接喇叭变换开关 7		3 0.75 灰 ┷ 底盘束间黑 2（浮动轮升降阀备用）
	3 0.75 绿/红 ┷ 底盘束间灰 37（轮间差速阀）		— 右侧开关组内接浮动轮升降开关 1
	— 右侧开关组内接轮间差速开关 1		4 0.5 红/黄 ┷ 中央集电盒 y4（小灯继电器 J13/87）
	4 0.5 红/黑 ┷ 中央集电盒 L3（后照灯继电器 J3/85）		— 右侧开关组内接各个开关（照明）
	— 右侧开关组内接后照灯开关 5		5 0.5 棕 ┳ 底盘束间黑 45（ECU/K79，多态信号）
	7 0.75 黑/蓝 ┳ 刮水组合开关 13（喇叭按钮）		— 右侧开关组内接多态开关
	— 右侧开关组内接喇叭变换开关 5		6 0.75 红 ┷ 底盘束间黑 34（ECU/K68）
	8 0.75 绿 ┷ 底盘束间灰 26（气喇叭）		— 右侧开关组内接诊断请求开关 5
	— 右侧开关组内接喇叭变换开关 3		7 1.0 蓝/黄 ┷ 中央集电盒 c5（F5）
	9 0.75 灰 ┷ 底盘束间灰 39（轴间差速阀）		— 右侧开关组内接驻车取力开关 5
	— 右侧开关组内接轴间差速开关 1		8 0.75 红/黄 ┷ 底盘束间灰 22（驻车取力备用）
	10 1.0 蓝/黄 ┷ 中央集电盒 c5（F5）		— 右侧开关组内接驻车取力开关 1
	— 右侧开关组内接前雾灯开关 2，危险警告开关 6，轴间差速开关 5，轮间差速开关 5，喇叭变换开关 6，后照灯开关 2		9 1.0 蓝/黄 ┷ 中央集电盒 c5（F5）
			— 右侧开关组内接浮动轮锁止开关 5
			10 0.75 黄/黑 ┷ 底盘束间黑 1（浮动轮锁止阀备用）
右侧开关组 b	1 0.75 红/白 ┷ 底盘束间灰 11（后雾灯）		— 右侧开关组内接浮动轮锁止开关 1
	— 右侧开关组内接后雾灯开关 5		11 1.0 黑 ┳ 底盘束间黑 61（搭铁）
	2 0.5 绿 ┷ 中央集电盒 m10（小灯继电器 J13/85）		— 右侧开关组内接各按键开关及照明搭铁
	— 右侧开关组内接前雾灯开关 3		12 0.5 蓝/红 ┳ 底盘束间黑 49（ECU/K74，多态负电）
	4 0.5 红/黄 ┷ 中央集电盒 y4（小灯继电器 J13/87）		— 右侧开关组内接多态开关
	— 右侧开关组内接各个开关（照明）	右侧开关组 d	3 0.5 白/红 ┷ 底盘束间黑 36（ECU/K13）
	5 0.5 绿/紫 ┷ 闪光器 5（左转控制）		— 右侧开关组内接远程油门开关 1
			10 0.5 黑 ┳ 底盘束间黑 33（ECU/K87）
			— 右侧开关组内接远程油门开关 5

(续)

名称	内容	名称	内容
收放机 	a3　0.75 蓝　中央集电盒 e1（F13，ACC 电源） a6　0.5 红/黄　中央集电盒 y4（小灯继电器 J13/87） a7　0.75 红　中央集电盒 g5（F17，记忆电源） a8　0.75 黑　底盘束间黑 61（搭铁） b3　0.5 绿/黑　顶篷束间 8 b4　0.5 绿　顶篷束间 7 b5　0.5 黄/黑　顶篷束间 2 b6　0.5 黄　顶篷束间 1	22　0.75 红/绿　室内温度传感器 1 　　　　　　23　0.75 红/棕　空调束间 5（F26） 　　　　　　24　0.75 绿/蓝　风口调节转向器 6 冷热变换转向器 　5　0.75 白/红　空调控制面板 1 　　　　　7　0.75 红/黄　空调控制面板 13 风口调节转向器 　1　0.75 黑　空调控制面板 14 　　　　　2　0.75 黑/白　空调束间 4 　　　　　3　0.75 绿/白　空调控制面板 12 　　　　　5　0.75 红　空调控制面板 2 　　　　　6　0.75 绿/蓝　空调控制面板 24 　　　　　8　0.75 绿/黄　空调控制面板 11
点烟器 	1　1.5 蓝　中央集电盒 e1（F13） 2　1.5 黑　车内搭铁点 　　0.5 红/黄　中央集电盒 y4（小灯继电器 J13/87）	蒸发器温度传感器 　1　0.75 黑/白　空调束间 4 　　　　　2　0.75 绿/黑　空调控制面板 21 室内温度传感器 　1　0.75 红/绿　空调控制面板 22 　　　　　2　0.75 黑/白　鼓风空调束间 4
空调束间 	1　1.5 红　中央集电盒 p4（F36） 2　1.5 黑　车内搭铁点 4　0.5 黑　底盘束间黑 61（搭铁） 5　0.5 红/蓝　中央集电盒 n1（F26） 6　0.5 红/黄　中央集电盒 y4（小灯继电器 J13/87） 7　0.5 蓝/红　中央集电盒 L8（压缩机继电器 J10/85、底盘束间黑 23（ECU/K22） 1　1.5 红　电子调速器 1，鼓风电动机 2 2　1.5 黑　电子调速器 3 4　0.75 黑/白　空调控制面板 18，风口调节转向器 2，蒸发器温度传感器 1，室外温度传感器 2 5　0.75 红/棕　空调控制面板 23 6　0.75 棕/黄　空调控制面板 5（照明） 7　0.75 蓝/白　空调控制面板 7（压缩控制）	鼓风电动机 　1　1.5 棕　电子调速器 2 　　　　　2　1.5 红　空调束间 1（F36） 电子调速器 　1　1.5 红　空调束间 1 　　　　　2　1.5 棕　鼓风电动机 1 　　　　　3　1.5 黑　鼓风空调束间 2 　　　　　4　0.75 蓝　空调控制面板 9 内外循环转向器 　5　0.75 黑/红　空调控制面板 3 　　　　　7　0.75 红/白　空调控制面板 15 行车记录仪 　1　0.5 绿/白　制动断丝报警器 2（制动灯） 　　　　　2　0.5 红/黄　中央集电盒 h2（F23，远光） 　　　　　3　0.75 红/绿　中央集电盒 d1（F8） 　　　　　4　0.5 黑/白　左、右门开关 　　　　　5　0.5 黄/蓝　仪表 a23（车速信号） 　　　　　6　0.5 绿/红　闪光器 8（左转） 　　　　　7　0.5 黑　底盘束间黑 61（搭铁） 　　　　　8　0.5 红　中央集电盒 g5（F17，记忆电源） 　　　　　9　0.5 黑/绿　闪光器 9（右转）
空调控制面板 	1　0.75 白/红　冷热变换转向器 5 2　0.75 红　风口调节转向器 5 3　0.75 黑/红　内外循环转向器 5 5　0.75 棕/黄　照明　空调束间 6 7　0.75 蓝/白　空调束间 7（压缩控制） 9　0.75 蓝　电子调速器 4 11　0.75 绿/黄　风口调节转向器 8 12　0.75 绿/白　风口调节转向器 3 13　0.75 红/黄　冷热变换转向器 7 14　0.75 黑　风口调节转向器 1 15　0.75 红/白　内外循环转向器 7 18　0.75 黑/白　空调束间 4（搭铁） 21　0.75 绿/黑　蒸发器温度传感器 2	中央集电盒 a 　1　6.0 白/红　起动钥匙开关 a1（ON 档） 　　　　　—　中央集电盒内接熔断器 F1～F12、F25～F27 　2　1.5 蓝/黑　起动钥匙开关 b2（ACC 档） 　　　　　—　中央集电盒内接熔断器 F13、F14

(续)

名　称	内　容	名　称	内　容
中央集电盒 b	2.5 红 ⏚ 底盘束间灰 59（FA12，记忆电源） — 中央集电盒内接熔断器 F15～F22		2 1.5 红/黄 ➔ 仪表 b7（远光指示灯），行车记录仪 2，底盘束间灰 4（右远光） — 中央集电盒内接熔断器 F23 3 1.5 红/黑 ➔ 底盘束间灰 3（左远光） — 中央集电盒内接熔断器 F24
中央集电盒 c	1 0.75 红 ⏚ 底盘束间灰 49（ECU/K88，唤醒电源） — 中央集电盒内接熔断器 F2 2 0.75 黑/绿 ⏚ 车门控制器 25（ON 电源） — 中央集电盒内接熔断器 F3 4 0.75 红/黄 ⏚ 过电压警告器 1，水位控制器 5，盘式制动控制器 5 — 中央集电盒内接熔断器 F4 5 1.0 蓝/黄 ➔ 右侧开关组 a10、c7、c9 — 中央集电盒内接熔断器 F5 6 1.0 红 ⏚ 底盘束间黑 25（氮氧电源） — 中央集电盒内接熔断器 F6	中央集电盒 k	2 0.75 蓝 ⏚ ➔ 刮水电动机 3，间歇继电器 5，底盘束间灰 54（洗涤电源） — 中央集电盒内接熔断器 F1 3 0.75 蓝/黄 ⏚/➔ 刮水电动机 4（复位时/复位后） — 中央集电盒内接刮水低速继电器 J1/87a 4 0.5 蓝/红 ➔ 刮水组合开关 6，间歇继电器 4 — 中央集电盒内接刮水低速继电器 J1/85 5 0.75 蓝/黑 ⏚ 刮水电动机 6（低速） — 中央集电盒内接刮水高速继电器 J2/87a 6 0.75 蓝/红 ➔ 刮水电动机 5（高速） — 中央集电盒内接刮水高速继电器 J2/87 7 0.75 红/绿 ⏚ 底盘束间灰 35（挂车 ABS） — 中央集电盒内接熔断器 F25 8 0.75 绿/黑 ➔ 底盘束间灰 25（电喇叭） — 中央集电盒内接喇叭继电器 J8/87 9 0.75 蓝 ➔ 右侧开关组 a1（喇叭变换开关） — 中央集电盒内接喇叭继电器 J8/85 11 0.75 绿 ⏚ 制动断丝报警器 1 — 中央集电盒内接制动灯继电器 J9/87 12 0.5 蓝/白 ➔ 刮水组合开关 5（高速控制） — 中央集电盒内接刮水高速继电器 J2/85
中央集电盒 d	1 0.75 红/绿 ➔ 仪表 b12（ON 电源），行车记录仪 3 — 中央集电盒内接熔断器 F8 2 1.0 红/蓝 ⏚ 底盘束间灰 13（倒车，干燥） — 中央集电盒内接熔断器 F9 3 0.75 黄/绿 ➔ 车速控制器 3 — 中央集电盒内接熔断器 F10 4 0.75 白/红 ➔ 闪光器 3 — 中央集电盒内接熔断器 F11	中央集电盒 L	1 0.75 红 ➔ 底盘束间灰 14（后照灯） — 中央集电盒内接后照灯继电器 J3/87 3 0.5 红/黑 ➔ 右侧开关组 a4（后照灯开关） — 中央集电盒内接后照灯继电器 J3/85 4 0.5 红 ⏚ 中央集电盒 n5（F30） — 中央集电盒内接 ECU 制动继电器 J4/86 5 0.5 蓝/黑 ⏚ 底盘束间黑 35（ECU/K14，冗余制动信号） — 中央集电盒内接 ECU 制动继电器 J4/87a 6 0.5 蓝/白 ➔ 底盘束间灰 31（制动开关） — 中央集电盒内接制动灯继电器 J9/85 7 0.75 黑/黄 ➔ 底盘束间灰 50（空调压力开关） — 中央集电盒内接压缩机继电器 J10/87 8 0.5 蓝/红 ➔ 空调束间 7 — 中央集电盒内接压缩机继电器 J10/85 9 0.75 白/黑 ➔ 左侧开关组 9（驾驶室翻转开关）
中央集电盒 e	1 1.5 蓝 ⏚ 点烟器 1，收放机 a3 — 中央集电盒内接熔断器 F13 2 0.75 蓝 ➔ 底盘束间灰 42（备用） — 中央集电盒内接熔断器 F14 3 0.75 红/白 ⏚ 诊断插座 16，顶篷束间 13（车内灯） — 中央集电盒内接熔断器 F15		
中央集电盒 g	1 1.5 红/白 ➔ 闪光器 10 — 中央集电盒内接熔断器 F18 2 2.5 黄 ➔ 主车 ABS 接口 1 — 中央集电盒内接熔断器 F19 3 2.5 黄/白 ➔ 底盘束间黑 57（挂车 ABS） — 中央集电盒内接熔断器 F20 5 0.75 红 ⏚ 仪表 b13，收放机 a7，行车记录仪 8 — 中央集电盒内接熔断器 F17		
中央集电盒 h	1 1.0 红/白 ⏚ 车门控制器 34（中控锁电源）		

(续)

名称	内容	名称	内容
	—中央集电盒内接翻转继电器J11/85		4 1.5 红⊕空调束间1
	10 0.5 红←中央集电盒n5（F30）		—中央集电盒内接熔断器F36
	—中央集电盒内接翻转继电器J11/86	中央集电盒r	
中央集电盒m	1 0.5 蓝/白→底盘束间灰31（制动开关）		3 1.0 红/白⊕底盘束间灰2（右近光）
	—中央集电盒内接ECU制动继电器J4/85		—中央集电盒内接熔断器F47
	6 0.75 蓝/红→底盘束间黑22（ECU/K41，制动信号）		4 1.0 红/绿⊕底盘束间灰1（左近光）
	—中央集电盒内接ECU制动继电器J4/87		—中央集电盒内接熔断器F48
	7 2.5 白⊕底盘束间黑58（驾驶室翻转接口）	中央集电盒t	6.0 白⊕底盘束间灰57、60（FA5）
	—中央集电盒内接翻转继电器J11/87		—中央集电盒内接熔断器F28～F46，远光继电器J7/86、30
	8 1.5 红⊕→右侧开关组b6（后雾灯开关），底盘束间灰10（前雾灯）	主车ABS接口	1 2.5 黄⊕中央集电盒g2（F19）
	—中央集电盒内接前雾灯继电器J12/87		2 0.5 绿/白—仪表a15
	9 0.5 红/白→右侧开关组b7（前雾灯开关）		3 0.75 红/白⊕中央集电盒n2（F27）
	—中央集电盒内接前雾灯继电器J12/85		4 0.5 红/黄—诊断插座7，底盘束间黑27
	10 0.5 绿→灯光组合开关2，右侧开关组b2（前雾灯开关）		5 0.5 蓝—仪表b9
	—中央集电盒内接小灯继电器J13/85		6 2.5 黑→底盘束间黑60（搭铁）
中央集电盒y	2 0.5 红/黄→灯光组合开关1（远光控制）	顶篷束间	1 0.5 黄〜收放机b6
	—中央集电盒内接远光继电器J7/85		—顶篷处接扬声器
	4 1.0 红/黄⊕左侧示宽灯1，左门束间a4，左侧开关组4，后视镜开关9，仪表b22，右侧开关组b4（照明），右侧开关组c4（照明），点烟器，空调束间6，收放机a6，顶篷束间14，右侧示宽灯1，底盘束间灰9（小灯）		2 0.5 黄/黑〜收放机b5
			—顶篷处接扬声器
			4 0.5 黑/白→左、右门控开关
			—顶篷处接车内灯
			5 0.5 红⊕中央集电盒p1（F33）
	—中央集电盒内接小灯继电器J13/87		6 0.75 黑→底盘束间黑61
	5 0.5 红/白→灯光组合开关5（近光控制）		7 0.5 绿〜收放机b4
	—中央集电盒内接近光继电器J14/85		—顶篷处接扬声器
			8 0.5 绿/黑〜收放机b3
			—顶篷处接扬声器
中央集电盒n	1 0.5 红/蓝⊕空调束间5		13 0.75 红/白⊕中央集电盒e3（F15）
	—中央集电盒内接熔断器F26		14 0.5 红/黄⊕中央集电盒y4（小灯继电器J13/87）
	2 0.75 红/白⊕主车ABS接口3	闪光器 	1 0.5 蓝/黑⊕仪表b15（主车左转）
	—中央集电盒内接熔断器F27		2 0.5 红/黄⊕仪表b14（主车右转）
	3 0.75 白⊕底盘束间灰27（气喇叭）		3 0.75 白/红⊕中央集电盒d4（F11）
	—中央集电盒内接熔断器F28		4 1.5 黑→车内搭铁点
	5 0.5 红⊕→左侧开关组5，中央集电盒L4（ECU制动继电器J4/86），中央集电盒L10（翻转继电器J11/86）		5 0.5 绿/紫→灯光组合开关3，右侧开关组b5（危险警告开关），车门控制器23
			6 0.5 绿/棕→灯光组合开关7,右侧开关组b12（危险警告开关），车门控制器24
	—中央集电盒内接熔断器F30		7 0.5 绿⊕仪表b16（挂车右转指示）
中央集电盒p 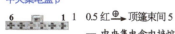	1 0.5 红→顶篷束间5		8 1.0 绿/红⊕左侧转向灯1，行车记录仪6，底盘束间灰6（主车左转）
	—中央集电盒内接熔断器F33		
	3 1.5 红/蓝⊕车门控制器35（电动窗）		
	—中央集电盒内接熔断器F35		

(续)

名称	内容	名称	内容
	9 1.0 绿/黑 → 行车记录仪 9，右侧转向灯 1，底盘束间灰 5		— 右门内接右门中控锁
	10 1.5 红/白 → 中央集电盒 g1 (F18)		7 0.75 黄 / → 车门控制器 19（开锁/闭锁）
	11 1.0 黄/蓝 → 底盘束间灰 7（挂车左转）		— 右门内接右门中控锁
	12 1.0 白/绿 → 底盘束间灰 8（挂车右转）		8 0.5 红/绿 → 车门控制器 29
	13 0.5 黄/白 → 仪表 b17（挂车左转指示）		— 右门内接右门开关组（右窗降控制）
间歇继电器		右门束间 b	
	1 0.75 黑 → 底盘束间黑 62		1 0.5 绿/黑 — 车门控制器 8
	2 0.75 黑 → 底盘束间黑 62		2 0.75 蓝 / → 车门控制器 21（公共端）
	3 0.5 黄 → 刮水组合开关 4（间歇）		— 右门内接右后视镜（左动上动/右动下动）
	4 0.5 蓝/红 → 中央集电盒 k4（刮水低速继电器）		3 0.5 绿/白 — 车门控制器 27
	5 0.5 蓝 → 中央集电盒 k2 (F1)		4 0.75 红/黑 → 车门控制器 2
	6 0.5 蓝/橙 → 刮水组合开关 2（间歇洗涤）		— 右门内接右后视镜（加热除霜）
制动断丝警告器			5 0.75 紫/绿 → / → 车门控制器 4
	1 0.75 绿 → 中央集电盒 k11（制动灯继电器 J9/87）		— 右门内接右后视镜（左动/右动）
	2 0.75 绿/白 → 行车记录仪 1，底盘束间灰 12		6 0.75 紫/蓝 → / → 车门控制器 22
	3 0.5 绿/白 → 仪表 a5（制动警告）		— 右门内接右后视镜（上动/下动）
	4 0.75 黑 → 底盘束间黑 62（搭铁）	右门控开关	
水位控制器			0.5 黑/白 → 仪表 b19，顶篷束间 4（车内灯），行车记录仪 4
	1 0.5 黑 → 底盘束间黑 62（搭铁）	车速控制器	
	3 0.5 黄 → 仪表 a2		2 0.5 绿 → 底盘束间灰 18
	4 0.5 红 → 底盘束间灰 51		3 0.75 黄/绿 → 中央集电盒 d3 (F10)
	5 0.75 红/黄 → 中央集电盒 c4 (F4)		5 0.5 绿/白 → 仪表 a9
盘式制动控制器			6 0.5 黑 → 底盘束间灰 20
	1 0.5 黑 → 底盘束间黑 62（搭铁）	右侧示宽灯	
	3 0.5 绿/黑 → 仪表 a19		1 0.5 红/黄 → 中央集电盒 y4（小灯继电器 J13/87）
	4 0.5 黑/白 → 底盘束间灰 16（右盘式制动开关）		2 0.5 黑 → 底盘束间黑 61（搭铁）
	5 0.75 红/黄 → 中央集电盒 c4 (F4)	右侧转向灯	
车内搭铁点			1 0.5 绿/黑 → 闪光器 9
	2.5 黑 → 底盘束间灰 62（底盘搭铁点）		2 0.5 黑 → 底盘束间黑 61（搭铁）
	1.5 黑 → 闪光器 4	车门控制器	
	2.0 黑 → 左门束间 a5，刮水电动机 1，点烟器 1，空调束间 2，右门束间 a5		1 0.75 绿 → / → 左门束间 b1（左门中控锁），右门束间 a6（右门中控锁）
右门束间 a			2 0.75 红/黑 → / → 右门束间 b6，右门束间 b4（除霜）
	1 0.75 蓝 → / → 车门控制器 16（升/降）		3 1.5 黑 → 底盘束间黑 62
	— 右门内接右窗电动机		4 0.75 紫/绿 → / → 右门束间 b5（左动/右动）
	2 0.75 白 → / → 车门控制器 17（升/降）		5 0.75 紫/白 → / → 右门束间 b8（上动/下动）
	— 右门内接右窗电动机		6 0.75 紫/黄 → / → 右门束间 b7（左动/右动）
	3 0.5 黑/黄 → 车门控制器 30		7 0.5 蓝/黑 — 左门束间 b5
	— 右门内接右门开关组（右窗升控制）		8 0.5 绿/黑 — 左门束间 b1
	4 0.5 红/黄 → 中央集电盒 f1（小灯继电器 J12/5）		9 0.5 红 → 后视镜开关 8（除霜控制）
	— 右门内接右门开关组（照明）		10 0.5 绿/黄 → 左门束间 a7（右窗升控制）
	5 0.75 黑 → → 车内搭铁点		
	6 0.75 绿 → / → 车门控制器 1（开锁/闭锁）		

(续)

名称	内容	名称	内容
11	0.5 白/红 左门束间 a8（左窗降控制）	31	0.5 绿/黑 右侧开关组 c1（诊断请求开关）
12	0.5 白/黑 左门束间 a3（左窗升控制）	32	0.5 蓝 刮水组合开关 1（排气制动开关，潍柴配置）
13	0.75 灰/白 后视镜开关 2（下动控制）		
14	0.75 灰/红 后视镜开关 5（右动控制）		0.5 蓝 刮水组合开关 1（锡柴配置）
15	0.75 灰/绿 后视镜开关 7（左镜变换）	33	0.5 黑 右侧开关组 d10（远程油门开关）
16	0.75 蓝 / 右门束间 a1（右窗、升、降）	34	0.75 红 离合开关 1，巡航开关 1，仪表 b2，右侧开关组 c6（诊断请求开关）
17	0.75 白 / 右门束间 a2（右窗、升、降）	35	0.5 蓝/黑 中央集电盒 L5（ECU 制动继电器 J4/87a，冗余制动信号）
18	0.75 红/绿 / 左门束间 a1（升/降）		
19	0.75 黄 / 左门束间 b4（左门中控锁，右门束间 a7（右门中控锁）	36	0.5 白/红 右侧开关组 d3（远程油门开关）
		38	0.5 黑 仪表 a6（闪码-）
20	1.0 黑 底盘束间黑 62	39	0.5 红/白 仪表 a8（闪码+）
21	0.75 蓝 / 右门束间 b2（右后视镜公共端，左门束间 b3（左后视镜公共端）	40	0.5 灰 仪表 a7（油中积水）
		41	0.5 绿/黄 巡航开关 3（恢复）
22	0.75 紫/蓝 / 右门束间 b6（上动/下动）	42	0.5 黑/黄 巡航开关 4（取消）
23	0.5 绿/紫 闪光器 5（左转控制）	43	0.5 黄/黑 巡航开关 5（减速）
24	0.5 绿/棕 闪光器 6（右转控制）	44	0.5 黄/红 巡航开关 6（加速）
25	0.75 黑/绿 中央集电盒 c2（F3）	45	0.5 棕 右侧开关组 c5（多态信号）
26	0.5 蓝/白 — 右门束间 b2	46	0.5 黑 加速踏板传感器 3（油门 1 负电）
27	0.5 绿/白 — 右门束间 b3	47	0.5 黄 加速踏板传感器 2（油门 1 信号）
28	0.5 黄/黑 左门束间 a6（右窗降控制）	48	0.5 红 加速踏板传感器 1（油门 1 电源）
29	0.5 红/绿 右门束间 a8（右窗降控制）	49	0.5 蓝/白 右侧开关组 c12（多态负电）
30	0.5 黑/黄 右门束间 a3（右窗升控制）	50	0.5 黑/绿 加速踏板传感器 4（油门 2 负电）
31	0.75 灰 后视镜开关 3（上动控制）	51	0.5 黄/绿 加速踏板传感器 5（油门 2 信号）
32	0.75 灰/黄 后视镜开关 1（左动控制）	52	0.5 红/黄 加速踏板传感器 6（油门 2 电源）
33	0.75 灰/蓝 后视镜开关 6（右镜变换）	53	0.5 蓝/黑 — 诊断插座 14（刷写 CAN）
34	1.0 红/白 中央集电盒 h1（F22，中控锁）	54	0.5 蓝/黄 — 诊断插座 6（刷写 CAN）
35	1.5 红/蓝 中央集电盒 p3（F35，电动窗电源）	55	0.5 绿/黑 — 诊断插座 11，仪表 b25（通信 CAN）
36	0.75 红/黑 / 左门束间 a2（升/降）	56	0.5 绿/黄 — 诊断插座 3，仪表 b24（通信 CAN）
底盘束间黑 （插头为驾驶室线束，插座为底盘线束）		57	2.5 黄/白 中央集电盒 g3（F20）
1	0.75 黄/黑 右侧开关组 c10（浮动轮锁止）	58	2.5 白 中央集电盒 m7（翻转继电器 J11/87）
2	0.75 灰 右侧开关组 c3（浮动轮升降）		
21	0.5 红 刮水组合开关 9（排气制动开关，潍柴配置）	60	2.5 黑 主车 ABS 接口 6
	0.5 黑 刮水组合开关 9（排气制动开关，锡柴配置）	61	2.5 黑 左侧示宽灯 1，左侧转向灯 2，过电压警告器 2，安全带警告开关 2，左侧开关组 11，后视镜开关 10，诊断插座 4、5，刮水组合开关 3，灯光组合开关 6，仪表 b21，右侧开关组 b11、c11，空调束间 4，收放机 a8，行车记录仪 7，顶篷束间 6，右侧转向灯 2，右侧示宽灯 2
22	0.75 蓝/红 中央集电盒 m6（ECU 制动继电器 J4/87）		
23	0.5 蓝/红 空调束间 7		
25	1.0 红 中央集电盒 c6（F6，氮氧电源）		
26	0.5 红/蓝 仪表 a17（排放灯）		
27	0.5 红/黄 — 诊断插座 7，主车 ABS 接口 4		
28	0.5 蓝 刮水组合开关 10（发动机制动，锡柴配置）	62	2.5 黑 后视镜开关 4，车门控制器 3、20，间歇继电器 1、2，制动断丝警告器 4，水位控制器 1，盘式制动控制器 1
29	0.5 黑/绿 仪表 b3（预热指示）		
30	0.5 蓝/红 离合器开关 2		

(续)

名 称	内 容	名 称	内 容
21	0.75 红 发动机 ECU/K 68（潍柴配置） 0.75 黑 发动机ECU/K87（锡柴配置）	2	1.0 红/白 中央集电盒 r3（F47，右近光）
		3	1.5 红/黑 中央集电盒 h3（F24，左远光）
22	0.75 蓝/红 发动机 ECU/K 41（制动信号）	4	1.5 红/黄 中央集电盒 h2（F23，右远光）
23	0.5 蓝/红 发动机 ECU/K22（空调信号）	5	1.0 绿/黑 闪光器 9（主车右转）
25	1.0 红 F6 氮氧传感器 1	6	1.0 绿/红 闪光器 8（主车左转）
26	0.5 红/蓝 发动机 ECU/K69（排放）	7	1.0 黄/蓝 闪光器 11（挂车左转）
27	0.5 红/黄 — 发动机 ECU/K59（K 线）	8	1.0 白/绿 闪光器 12（挂车右转）
28	0.5 绿 发动机 ECU/K42（锡柴发动机制动请求）	9	1.0 红/黄 中央集电盒 y4（小灯继电器 J13/87）
29	0.5 黑/绿 发动机 ECU/K48（预热）	10	1.5 红 中央集电盒 m8（前雾灯继电器 J12/87）
30	0.5 蓝/红 发动机 ECU/K15（离合）	11	0.75 红/白 右侧开关组 b1（后雾灯开关）
31	0.5 绿/黑 发动机 ECU/K66（诊断请求）	12	0.75 绿/白 制动断丝警告器 2（制动灯）
32	0.5 蓝 发动机 ECU/K40（潍柴配置，排气制动请求） 0.5 蓝 发动机 ECU/K16（锡柴配置）	13	1.0 红/蓝 中央集电盒 d2（F9，倒车干燥）
		14	0.75 红 中央集电盒 L1（后照灯继电器 J3/87）
33	0.5 黑 发动机 ECU/K87（远程油门负电）	16	0.5 黑/白 盘式制动控制器 4
34	0.75 红 发动机 ECU/K68（输出电源）	17	0.5 白 仪表 b10（车速里程电源）
35	0.5 蓝/黑 发动机 ECU/K14（冗余制动信号）	18	0.5 绿 车速控制器 2
36	0.5 白/红 发动机 ECU/K13（远程油门）	19	0.5 绿/白 — 仪表 a9（车速里程备用）
38	0.5 黑 发动机 ECU/K65（闪码-）	20	1.0 黑 仪表 a22、b26（搭铁），车速控制器 6
39	0.5 红/白 发动机 ECU/K70（闪码+）	21	0.75 红/白 右侧开关组 c2（取力器开关）
40	0.5 灰 发动机 ECU/K27（油中积水）	22	0.75 红/黄 右侧开关组 c8（驻车取力开关）
41	0.5 绿/黄 发动机 ECU/K32（巡航恢复）	23	0.5 红/黄 仪表 a18（取力指示）
42	0.5 黑/黄 发动机 ECU/K12（巡航取消）	24	0.5 白/黑 仪表 a21（低档指示）
43	0.5 黄/黑 发动机 ECU/K37（巡航减速）	25	0.75 绿/黑 中央集电盒 k8（喇叭继电器 J8/87）
44	0.5 黄/红 发动机 ECU/K18（巡航加速）	26	0.75 绿 右侧开关组 a8（喇叭变换开关）
45	0.5 棕 发动机 ECU/K79（多态信号）	27	0.75 白 中央集电盒 n3（F28，气喇叭）
46	0.5 黑/黄 发动机 ECU/K62（油门 1 负电）	30	0.5 绿 仪表 a3（驻车制动）
47	0.5 黄 发动机 ECU/K61（油门 1 信号）	31	0.5 蓝/白 中央集电盒 L6（制动继电器 J9/85），中央集电盒 m1（ECU 制动继电器 J4/85）
48	0.5 红 发动机 ECU/K45（油门 1 电源）		
49	0.5 蓝/白 发动机 ECU/K74（多态负电）		
50	0.5 黑/绿 发动机 ECU/K84（油门 2 负电）	32	0.5 绿/黑 仪表 a19（气压报警）
51	0.5 黄/绿 发动机 ECU/K83（油门 2 信号）	34	0.5 蓝/黄 — 仪表 a16（挂车 ABS）
52	0.5 红/绿 发动机 ECU/K44（油门 2 电源）	35	0.75 红/绿 中央集电盒 k7（F25，挂车 ABS）
53	0.5 蓝/黑 — 发动机 ECU/K53（刷写 CAN）		
54	0.5 蓝/黄 — 发动机 ECU/K75（刷写 CAN）	37	0.75 绿/红 右侧开关组 a3（轮间差速开关）
55	0.5 绿/黑 — 发动机 ECU/K76（通信 CAN）	38	0.5 黄/白 仪表 a4（轮间差速信号）
56	0.5 绿/黄 — 发动机 ECU/K54（通信 CAN）	39	0.75 灰 右侧开关组 a9（轴间差速开关）
57	2.5 黄/白 挂车 ABS 接口 1	40	0.5 黄 仪表 a14（轴间差速指示）
58	2.5 白 驾驶室翻转接口 1	42	0.75 蓝 中央集电盒 e2（F14，备用）
60	2.5 黑 底盘搭铁点	45	0.5 白/红 仪表 a1（充电 D+）
61	2.5 黑 — 底盘搭铁点	47	0.75 黑/黄 起动钥匙开关 b1（起动档）
62	1.0 黑 — 底盘搭铁点	48	0.5 黄 仪表 a13（燃油）

底盘束间灰　（插头为驾驶室线束，插座为底盘线束）

1　1.0 红/绿　中央集电盒 r4（F48，左近光）

五、解放悍V博世EDC17国四电喷汽车

(续)

名称	内容	名称	内容
49	0.75 红 中央集电盒c1（F2，ECU唤醒）	37	0.75 绿/红 轮间差速电磁阀1
50	0.75 黑/黄 中央集电盒L7（压缩机继电器J10/87）	38	0.75 黄/白 轮间差速指示开关1
51	0.5 红 水位控制器4	45	0.5 白/红 交流发电机b（充电D+）
53	0.5 绿/黑 仪表b18（锁止）	47	0.75 黑/黄 发动机ECU/K35（起动）
54	0.5 蓝 中央集电盒k2（F1，洗涤电源）	48	0.5 黄 燃油传感器2
55	0.5 蓝/橙 刮水组合开关2（洗涤）	49	0.75 红 发动机ECU/K88（唤醒电源）
57	2.5 白 中央集电盒t（F28~F46）	50	0.75 黑/黄 空调低压开关2
58	2.5 红 起动钥匙开关a2	51	0.5 红 水位警告开关3
59	2.5 红 中央集电盒b（F15~F22）	53	0.5 绿/黑 驾驶室锁止开关2
60	2.5 白 中央集电盒t（F28~F46）	54	0.75 蓝 洗涤电动机2
61	2.5 红 起动钥匙开关a2	55	0.5 蓝/橙 洗涤电动机1
62	2.5 黑 车内搭铁点	57	2.5 白 底盘电器盒a（FA5）
1	1.0 红/绿 左前组合灯1（左近光）	58	2.5 红 底盘电器盒b（FA4）
2	1.0 红/白 右前组合灯1（右近光）	59	2.5 红 底盘电器盒h5（FA12）
3	1.5 红/黑 左前组合灯4（左远光）	60	2.5 白 底盘电器盒a（FA5）
4	1.5 红/黄 右前组合灯4（左远光）	61	2.5 红 底盘电器盒b（FA4）
5	1.0 绿/黑 右前组合灯2（右转）	62	2.5 黑 底盘搭铁点
6	1.0 绿/红 左前组合灯2（左转）	气喇叭电磁阀	
7	1.0 黄/蓝 挂车灯插座2（挂车左转）	1	0.75 白 底盘束间灰26（F28）
8	1.0 白/绿 挂车灯插座8（右转）	2	0.75 绿 底盘束间灰27（喇叭变换开关）
9	1.0 红/黄 右前组合灯3，左前组合灯3，底盘电器盒w7（挂车小灯继电器K4/86）左后示宽灯2，右后示宽灯2，右后组合灯2，左后组合灯2	洗涤电动机	
		1	0.5 蓝/橙 底盘束间灰55
		2	0.75 蓝 底盘束间灰54（F1）
		右前雾灯	
10	1.0 红 右雾灯1，左前雾灯1	1	1.0 红 底盘束间灰10（J12/87）
11	0.75 红/白 挂车灯插座6，右后组合灯4（后雾灯），左后组合灯4	2	1.0 黑 底盘搭铁点
		右前组合灯	
12	0.5 绿/白 挂车灯插座1，右后组合灯3，左后组合灯3（制动灯）	1	1.0 红/白 近光 底盘束间灰2（F47）
		2	1.0 绿/黑 右转 底盘束间灰5（闪光器9）
13	1.0 红/蓝 变速器束间3（倒车灯开关），空气干燥器1	3	0.75 红/黄 小灯 底盘束间灰9
		4	1.5 红/黄 远光 底盘束间灰4（F23）
14	0.75 红 后照灯1	6	1.5 黑 底盘搭铁点
16	0.5 黑/白 左前盘式制动开关2	驾驶室翻转接口	
17	0.5 白 变速器束间4（车速里程电源）	1	2.5 白 底盘束间黑58（翻转继电器J11/87）
18	0.5 绿 变速器束间5（车速里程信号）	2	2.5 黑 底盘搭铁点
20	2.5 黑 底盘搭铁点	大气温度传感器	
23	0.5 红/黄 变速器束间8（取力指示）	1	0.5 黑 发动机ECU/K60
25	0.75 绿/黑 左、右电喇叭	2	0.5 蓝/红 发动机ECU/K39
26	0.75 绿 气喇叭电磁阀2	空调压力开关	
27	0.75 白 气喇叭电磁阀1	1	0.75 黄 压缩机1
30	0.5 绿 驻车制动开关1	2	0.75 黑/黄 底盘束间灰50（J10/87）
31	0.5 蓝/白 前、后制动灯开关1	左、右电喇叭	
32	0.5 绿/黑 气压警告开关1		0.75 绿/黑 底盘束间灰25（J8/87）
34	0.5 蓝/黄 — 挂车ABS接口3	左前雾灯	
35	0.75 红/绿 挂车ABS接口2	1	1.0 红 底盘束间灰10（J12/87）
		2	1.0 黑 底盘搭铁点

(续)

名称		内容			名称		内容
左前组合灯					19	0.5 红/黑 变速器束间 2（空档开关）
	1	1.0 红/绿 近光 底盘束间灰 1（F48）			20	0.75 红/绿 底盘电器盒 z6（进液加热信号）
	2	1.0 绿/红 左转 底盘束间灰 6（闪光器 8）			22	0.5 蓝/红 底盘线束黑 23（空调信号）
	3	0.5 红/黄 小灯 底盘束间灰 9			24	0.5 红/蓝 尿素泵组件 2（压力传感器 5V+）
	4	1.5 红/黑 远光 底盘束间灰 3（F24）			25	0.75 灰 底盘电器盒 z7（泵加热继电器 K7/2，泵加热控制）
	6	1.5 黑 底盘搭铁点			26	0.75 绿 底盘电器盒 z5（进液加热继电器 K6/2，进液加热控制）
预热电阻						
		10.0 黄 底盘电器盒 e（预热继电器触点）			27	0.5 灰 底盘束间黑 40（潍柴，油中积水）
压缩机					28	0.75 橙 尿素箱加热阀 2
	1	0.75 黄 空调低压开关 1			29	0.75 红 起动控制接口 2，排气制动电磁阀 1
	2	0.75 黑 底盘搭铁点				
交流发电机					30	0.75 绿/黑 尿素泵组件 11（尿素泵换向阀）
	a	10.0 白 底盘电器盒 c（FA3）			32	0.5 绿/黄 底盘束间黑 41（巡航恢复）
	b	0.5 白/红 底盘束间灰 45（充电 D+）			33	0.75 红/灰 底盘电器盒 z8（泵加热继电器 K7/5，泵加热信号）
左前盘式制动开关						
	1	0.5 黑/白 右前盘式制动开关 1			35	0.75 黑/黄 底盘束间灰 47（起动请求）
	2	0.5 黑/白 底盘束间灰 16（盘式制动控制器）			36	0.75 红/黄 底盘电器盒 z4（回液加热继电器 K5/5，回液加热信号）
右前盘式制动开关					37	0.5 黄/黑 底盘束间黑 43（巡航减速）
	1	0.5 黑/白 左前盘式制动开关 1			39	0.5 蓝/红 大气温度传感器 2
	2	0.5 黑/白 右后盘式制动开关 2			40	0.5 蓝 底盘束间黑 32（排气制动请求，潍柴配置）
油中积水传感器						
	1	0.5 红 发动机 ECU /K68			41	0.75 蓝/红 底盘束间黑 22（制动信号）
	2	0.5 黄 发动机 ECU /K17（信号）			42	0.5 绿 底盘束间黑 28（发动机制动请求，锡柴配置）
	3	0.5 黑 发动机 ECU /K87（负电）			44	0.5 红/绿 底盘束间黑 52（油门 2 电源）
起动控制接口					45	0.5 红 底盘束间黑 48（油门 1 电源）
	1	0.75 黑 发动机 ECU/K71			47	0.75 黑 排气制动电磁阀 2
	2	0.75 红 发动机 ECU/ K29			48	0.5 黑/绿 底盘束间黑 29（预热）
发动机 ECU/K					50	0.75 黄 底盘电器盒 z3（回液加热继电器 K5/2，回液加热控制）
	1	2.5 红 底盘电器盒 h2（FA10）				
	2	2.5 黑 底盘搭铁点			52	0.5 蓝/红 尿素液位温度传感器 2（液位负电）
	3	2.5 红 底盘电器盒 h2（FA10）				
	4	2.5 黑 底盘搭铁点			53	0.5 蓝/黑 — 底盘束间黑 53（刷写 CAN）
	5	2.5 红 底盘电器盒 h2（FA10）			54	0.5 绿/黄 — 底盘束间黑 56（通信 CAN），氮氧传感器 4
	6	2.5 黑 底盘搭铁点				
	7	0.75 蓝/黑 尿素泵组件 8（尿素泵负电）			57	0.5 蓝/黄 尿素液位温度传感器 1（液位信号）
	8	0.75 红/黑 尿素泵组件 12（尿素泵换向阀）				
	9	0.75 白/黄 尿素喷嘴阀 1			58	0.75 红/白 底盘电器盒 z10（喷液加热继电器 K8/5，喷液加热信号）
	10	0.75 白 尿素喷嘴阀 2				
	12	0.5 黑/黄 底盘束间黑 42（巡航取消）			59	0.5 红/黄 — 底盘束间黑 27（K 线）
	13	0.5 白/红 底盘束间黑 36（远程油门）			60	0.5 黑 大气温度传感器 1
	14	0.5 蓝/黑 底盘束间黑 35（冗余制动）				
	15	0.5 蓝/红 底盘束间黑 30（离合）				
	16	0.5 蓝 底盘束间黑 32（排气制动，锡柴）				
	17	0.5 黄 油中积水传感器 2（潍柴，信号）			61	0.5 黄 底盘束间黑 47（油门 1 信号）
	18	0.5 黄/红 底盘束间黑 44（巡航加速）			62	0.5 黑 底盘束间黑 46（油门 1 负电）

(续)

名　称	内　容	名　称	内　容
64	0.5 黑/红 尿素液位温度传感器 4（温度负电）	挂车灯插座	
65	0.5 黑 底盘束间黑 38（闪码一）	1	0.75 绿/白 底盘束间灰 12（挂车制动）
66	0.5 绿/黑 底盘束间黑 31（诊断请求）	2	1.0 黄/蓝 底盘束间灰 7（挂车左转）
68	0.75 红 底盘束间黑 21、34（输出电源），油中积水传感器 1，变速器束间 1（空档开关），底盘电器盒 w5（预热继电器线圈正端）	3	1.0 红/黄 底盘电器盒 w1（挂车小灯继电器 K4/87）
		4	1.0 黑 底盘搭铁点
		6	0.75 红/白 底盘束间灰 11（后雾灯）
		7	0.75 红/蓝 变速器束间 6（倒车灯开关）
69	0.5 红/蓝 底盘束间黑 26（排放）	8	1.0 白/绿 底盘束间灰 8（挂车右转）
70	0.5 红/白 底盘束间黑 39（闪码 +）	水位警告开关	
71	0.75 黑 起动控制接口 1	1	0.5 黑 底盘搭铁点
72	0.75 黑 底盘电器盒 w6（预热继电器线圈负端）	3	0.5 红 底盘束间灰 51（水位控制器）
73	0.75 红 尿素泵组件 9（尿素泵供电）	后照灯	
74	0.5 蓝/白 底盘束间黑 49（多态负电）	1	0.75 红 底盘束间灰 14（J3/87）
75	0.5 蓝/黄 底盘束间黑 54（刷写 CAN）	2	0.75 黑 底盘搭铁点
76	0.5 绿/黑 底盘束间黑 55（通信 CAN），氮氧传感器 3	驾驶室锁止开关（两个）	
		1	0.5 黑 底盘搭铁点
77	0.5 黄/黑 尿素泵组件 4（压力传感器负电）	2	0.5 绿/黑 底盘束间灰 53（仪表 b18）
78	0.5 绿 尿素泵组件 3（压力传感器信号）	尿素泵组件	
79	0.5 棕 底盘束间黑 45（多态信号）	2	0.5 红/蓝 发动机 ECU/K24（压力 5V+）
80	0.5 棕 尿素液位温度传感器 3（液位信号）	3	0.5 绿 发动机 ECU/K78（泵压力信号）
		4	0.5 黄/黑 发动机 ECU/K77（泵压力负电）
81	0.5 蓝/黑 进口温度传感器 2（信号）	5	1.0 红灰 底盘电器盒 z8（泵加热继电器 K7/5，泵加热负端）
82	0.5 黑 进口温度传感器 1（负电）	6	1.0 红 底盘电器盒 A1（尿素主继电器 K2/5，泵加热供电）
83	0.5 黄/绿 底盘束间黑 51（油门 2 信号）		
84	0.5 黑/绿 底盘束间黑 50（油门 2 负电）	8	0.75 蓝/黑 发动机 ECU/K7（尿素泵负电）
87	0.5 黑 底盘束间黑 21（锡柴）、33（排气制动请求负电），油中积水传感器 3	9	0.75 红 发动机 ECU/K73（尿素泵供电）
		10	0.75 蓝 发动机 ECU/K93（尿素泵信号）
88	0.75 红 底盘束间灰 49（F2，唤醒电源）	11	0.75 绿/黑 发动机 ECU/K30（尿素泵换向阀）
89	0.75 红/绿 尿素箱加热阀 1		
90	0.75 红 底盘电器盒 z1（各尿素加热继电器线圈供电）	12	0.75 红/黑 发动机 ECU/K8（尿素泵换向阀）
92	0.75 白 底盘电器盒 z9（喷液加热继电器 K8/2，喷液加热控制）	尿素箱加热阀	
		1	0.75 红/绿 发动机 ECU/K89
93	0.75 蓝 尿素泵组件 10（尿素泵信号）	2	0.75 橙 发动机 ECU/K28
94	0.75 黄/黑 底盘电器盒 z2（尿素主继电器 K2/2，主继电器控制）	进液管加热器	
挂车 ABS 接口		1	0.75 红/绿 底盘电器盒 z6（进液加热继电器 K6/5）
1	2.5 黄/白 底盘束间黑 57（F20）	2	1.0 红 底盘电器盒 A1（尿素主继电器 K2/5，加热供电）
2	0.75 红/绿 底盘束间灰 35（F25）	回液管加热器	
3	0.5 蓝/黄 底盘束间灰 34（仪表 a16）	1	1.0 红/黄 底盘电器盒 z4（回液加热继电器 K5/5）
4	2.5 黑 底盘搭铁点		
5	4.0 黑 底盘搭铁点		

(续)

名称	内容	名称	内容
	2 1.0 红 ⏚ 底盘电器盒 A1（尿素主继电器 K2/5，加热供电）		3 0.5 绿/黑 — 发动机 ECU/K76（通信 CAN） 4 0.5 绿/黄 — 发动机 ECU/K54（通信 CAN）
喷液管加热器 	1 0.75 红/白 ↶ 底盘电器盒 z10（喷液加热继电器 K8/5） 2 1.0 红 ⏚ 底盘电器盒 A1（尿素主继电器 K2/5，加热供电）	进口温度传感器 	1 0.5 黑 ↶ 发动机 ECU/K82 2 0.5 蓝/黑 ↶ 发动机 ECU/K81
尿素液位温度传感器 	1 0.5 蓝/黄 ↶ 发动机 ECU/K57（液位信号） 2 0.5 蓝/红 ↶ 发动机 ECU/K52（液位负电） 3 0.5 棕/绿 ↶ 发动机 ECU/K80（温度信号） 4 0.5 黑/红 ↶ 发动机 ECU/K64（温度负电）	排气制动电磁阀 	1 0.75 红 ⏚ 发动机 ECU/K29 2 0.75 黑 ↶ 发动机 ECU/K47
		左后盘式制动开关 	1 0.5 黑 → 底盘搭铁点 2 0.5 黑/白 ↶ 右后盘式制动开关 1
变速器束间 	1 0.5 红 ⏚ 发动机 ECU/K68（空档电源） —变速器处接空档开关 2 0.5 红/黑 ⏚ 发动机 ECU/K19（空档信号） —变速器处接空档开关 3 1.0 红/蓝 ⏚ 底盘束间灰 13（倒车电源 F9） —变速器处接倒车开关 4 0.5 白 ↶ 底盘束间灰 17（车速里程电源） —变速器处接车速里程传感器 5 0.5 绿 ⏚ 底盘束间灰 18（车速里程信号） —变速器处接车速里程传感器 6 0.75 红/蓝 ⏚ 挂车灯插座 7，右后组合灯 5，倒车蜂鸣器，左后组合灯 5 —变速器处接倒车开关 7 0.5 黑 ↶ → 底盘搭铁点 —变速器处接车速里程传感器及取力指示开关 8 0.5 红/黄 ↶ 底盘束间灰 23（取力指示） —变速器处接取力指示开关	左后示宽灯 	1 0.5 黑 ↶ 底盘搭铁点 2 0.5 红/黄 ⏚ 底盘束间灰 9（J13/87）
		燃油传感器 	1 0.5 黑 → 底盘搭铁点 2 0.5 黄 ↶ 底盘束间灰 48（仪表 a12）
		轮间差速电磁阀 	1 0.75 绿/红 ⏚ 底盘束间灰 37（轮间差速开关） 2 0.5 黑 ↶ 底盘搭铁点
		轮间差速指示开关 	1 0.75 黄/白 ↶ 底盘束间灰 38（仪表 a4） 2 0.75 黑 → 底盘搭铁点
		底盘搭铁点（经底盘大梁接点与蓄电池负极连接）	6.0 黑 4.0 黑×3 2.5 黑×5 1.0 黑×2
		蓄电池正极接点（经电源总开关输入接点与蓄电池正极连接）	2.5 红/白 ⏚ 底盘电器盒 h4（FA10～FA12）
右后盘式制动开关 	1 0.5 黑/白 ↶ 左后盘式制动开关 2 2 0.5 黑/白 ↶ 右前盘式制动开关 2	驻车制动开关 	1 0.5 绿 ↶ 底盘束间灰 30（仪表 a3） 2 0.5 黑 → 底盘搭铁点
右后示宽灯 	1 0.5 黑 ↶ 底盘搭铁点 2 0.75 红/黄 ⏚ 底盘束间灰 9（J13/87）	空气干燥器 	1 1.0 红/蓝 ⏚ 底盘束间灰 13（F9） 2 1.0 黑 → 底盘搭铁点
前制动开关 	1 0.5 蓝/白 ↶ 底盘束间灰 31 2 0.5 黑 → 底盘搭铁点	气压报警开关（两个） 	1 0.5 绿/黑 ↶ 底盘束间灰 32（仪表 a19） 2 0.5 黑 → 底盘搭铁点
尿素喷嘴阀 	1 0.75 白/黄 ↶ 发动机 ECU/K9 2 0.75 白 ⏚ 发动机 ECU/K10	底盘电器盒 	a 6.0 白 ⏚ 底盘束间灰 57、60（中央集电盒 T）
氮氧传感器 	1 1.0 红 ⏚ 底盘束间黑 25（F6） 2 2.5 黑 ↶ 底盘搭铁点		

名称	内容	名称	内容
b	— 底盘电器盒内接熔断器 FA5 b 4.0 红 ⊕ 底盘束间灰 58、61（钥匙开关） — 底盘电器盒内接熔断器 FA4		z10 0.75 红/白 ⊟ 发动机 ECU/K58，喷液管加热器 1 — 底盘电器盒内接喷液加热继电器 K8/5
c	c 10.0 白 ⊕ 交流发电机 a — 底盘电器盒内接熔断器 FA3	w	w1 1.0 红 ⊕ 挂车灯插座 3（挂车小灯） — 底盘电器盒内接挂车小灯继电器 K4/5 w3 0.75 红 ⊕ 发动机 ECU/K29（锡柴） — 底盘电器盒内接起动继电器线圈（高端） w4 0.75 黑 ⊟ 发动机 ECU/K71（锡柴） — 底盘电器盒内接起动继电器线圈（低端）
d	d 6.0 白/黄 ⊕ 起动电磁开关（锡柴） — 底盘电器盒内经起动继电器触点接熔断器 FA2		
e	e 10.0 黄 ⊕ 预热电阻 — 底盘电器盒内经预热继电器触点接熔断器 FA1		
h2	h2 6.0 红 ⊕ 发动机 ECU/K1、K3、K5 — 底盘电器盒内接熔断器 FA10		w5 0.5 红 ⊕ 发动机 ECU/K68（预热继电器线圈供电） — 底盘电器盒内接预热继电器线圈（高端） w6 0.75 黑 ⊟ 发动机 ECU/K72（预热继电器线圈负端） — 底盘电器盒内接预热继电器线圈（低端） w7 1.0 红/黄 ⊕ 底盘束间灰 9（小灯） — 底盘电器盒内接挂车小灯继电器 K4/1 w8 0.75 黑 ⊟ 底盘搭铁点 — 底盘电器盒内接挂车小灯继电器 K4/2
h4	h4 2.5 红/白 ⊕ 蓄电池正极接点 — 底盘电器盒内接熔断器 FA10FA12（输入）		
h5	h5 2.5 红 ⊕ 底盘束间灰 59（中央集电盒 b） — 底盘电器盒内接熔断器 FA12		
A	A1 4.0 红 ⊕ 尿素泵组件 6，进液管加热器 2，回液管加热器 2，喷液管加热器 2 — 底盘电器盒内接尿素主继电器 K2/87 A2 4.0 黑 ⇒ 底盘搭铁点 — 底盘电器盒内接回液加热继电器 K5/3，进液加热继电器 K6/3，泵加热继电器 K7/3，喷液加热继电器 K8/3	后制动开关	1 0.5 蓝/白 ⊟ 底盘束间灰 31 2 0.5 黑 ⇒ 底盘搭铁点
		右后组合灯	1 1.0 绿/黑 右转 ⊕ 底盘束间灰 5（闪光器 9） 2 0.75 红/黄 小灯 ⊕ 底盘束间灰 9（J13/87） 3 0.75 绿/白 ⊕ 底盘束间灰 12（制动断丝警告器 2） 4 0.75 红/白 后雾灯 ⊕ 底盘束间灰 11 5 0.75 红/蓝 倒车灯 ⊕ 变速器束间 6 6 1.0 黑 ⊟ 底盘搭铁点
Z	z1 0.75 红 ⊕ 发动机 ECU/K90 — 底盘电器盒内接尿素主继电器 K2/86，回液加热继电器 K5/1，进液加热继电器 K6/1，泵加热继电器 K7/1，喷液加热继电器 K8/1 z2 0.75 黄/黑 ⊟ 发动机 ECU/K94（主继电器控制） — 底盘电器盒内接尿素主继电器 K2/85 z3 0.75 黄 ⊟ 发动机 ECU/K50(回液加热控制) — 底盘电器盒内接回液加热继电器 K5/2 z4 1.0 红/黄 ⊕ 发动机 ECU/K36，回流管加热器 1 — 底盘电器盒内接回液加热继电器 K5/5 z5 0.75 绿 ⊟ 发动机 ECU/K26(进液加热控制) — 底盘电器盒内接进液加热继电器 K6/2 z6 0.75 红/绿 ⇐ 发动机 ECU/K20，进流管加热器 1 — 底盘电器盒内接进液加热继电器 K6/5 z7 0.75 灰 ⊟ 发动机 ECU/K25（泵加热控制） — 底盘电器盒内接泵加热继电器 K7/2 z8 1.0 红/灰 ⇐ 发动机 ECU/K33，尿素泵组件 5 — 底盘电器盒内接泵加热继电器 K7/5 z9 0.75 白 ⊟ 发动机 ECU/K92(喷液加热控制) — 底盘电器盒内接喷液加热继电器 K8/2		
		倒车蜂鸣器	0.75 红/蓝 ⊕ 变速器束间 6
		左后组合灯	1 1.0 绿/红 左转 ⊕ 底盘束间灰 6（闪光器 8） 2 0.75 红/黄 小灯 ⊕ 底盘束间灰 9（J13/87） 3 0.75 绿/白 ⊕ 底盘束间灰 12（制动断丝警告器 2） 4 0.75 红/白 后雾灯 ⊕ 底盘束间灰 11 5 0.75 红/蓝 倒车灯 ⊕ 变速器束间 6 6 1.0 黑 ⊟ 底盘搭铁点

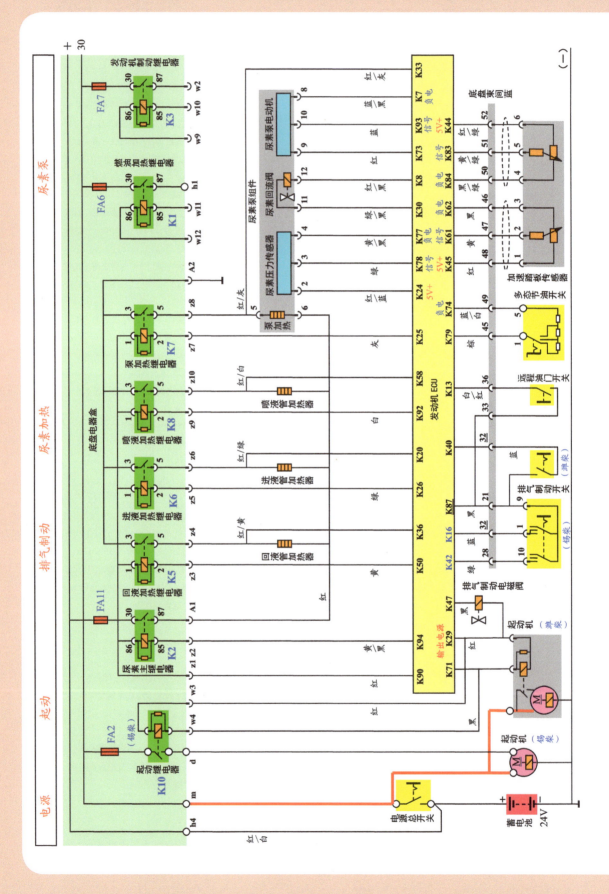

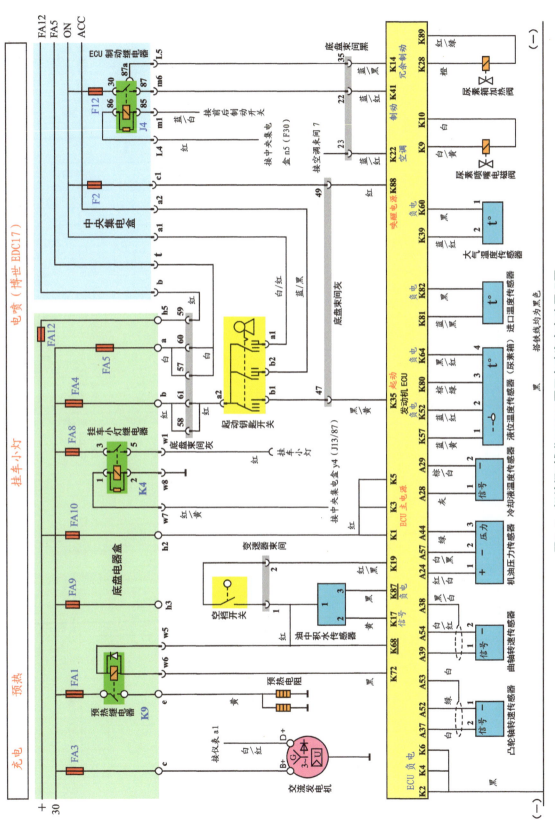

图5-2 解放悍V博世EDC17国四电喷汽车电路原理图（一）

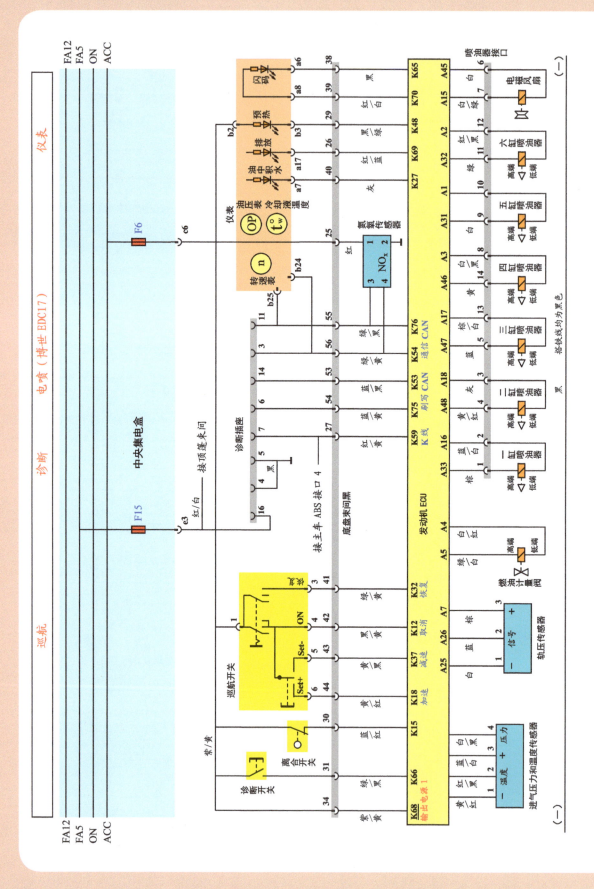

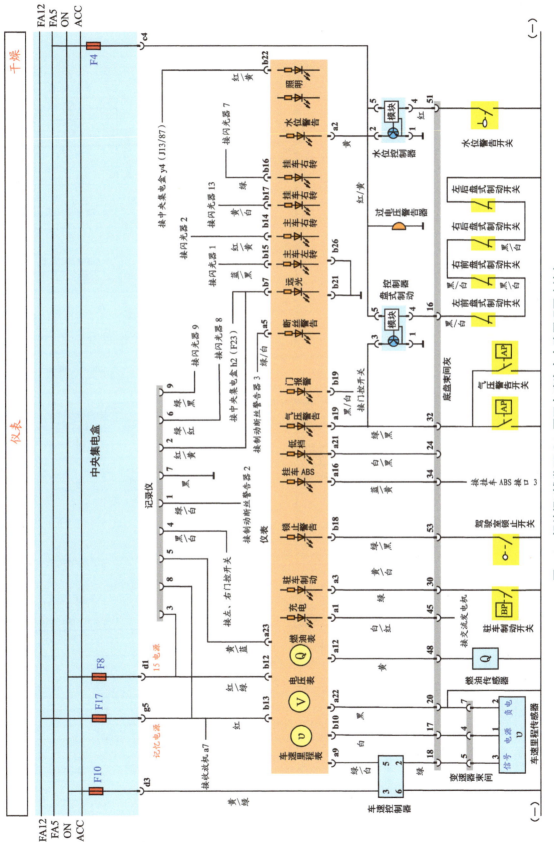

图5-2 解放悍V博世EDC17国四电喷汽车电路原理图(续)

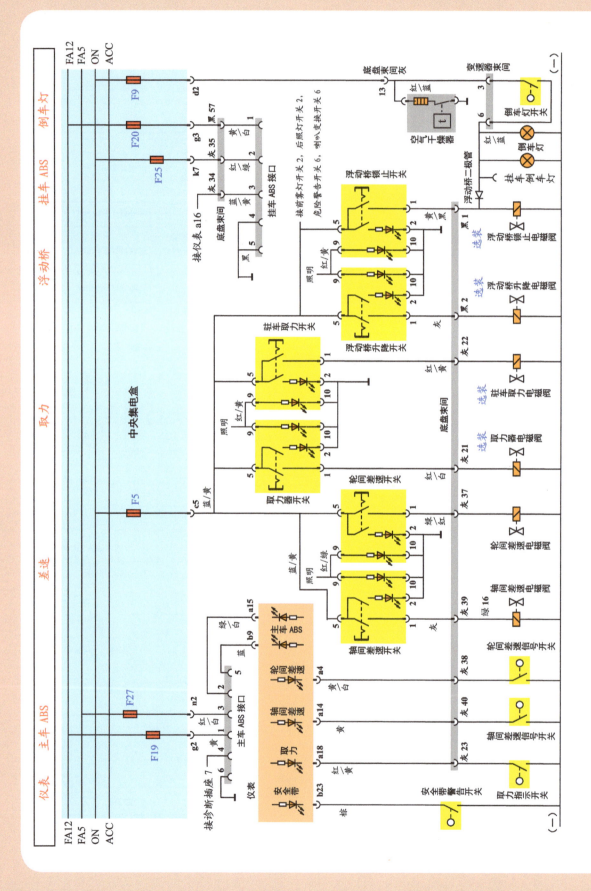

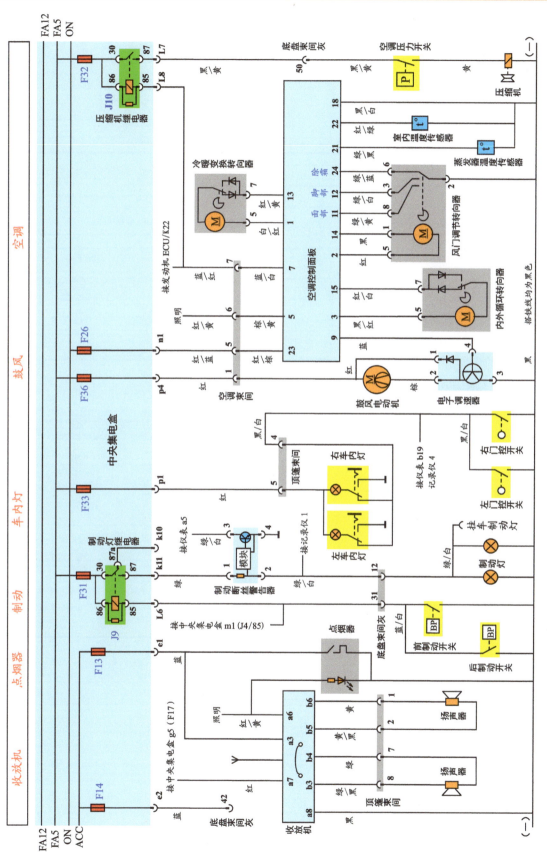

图5-2 解放悍V博世EDC17国四电喷汽车电路原理图(续)

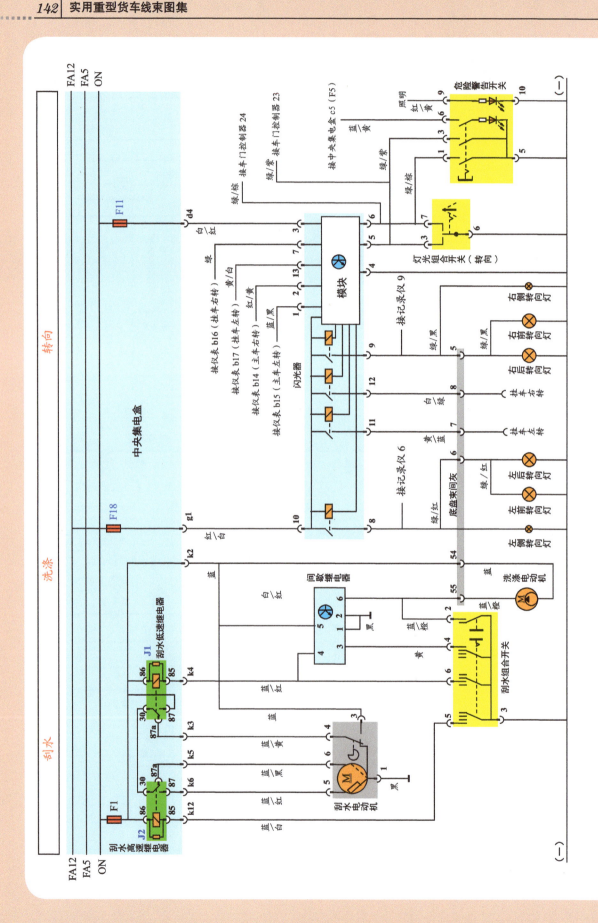

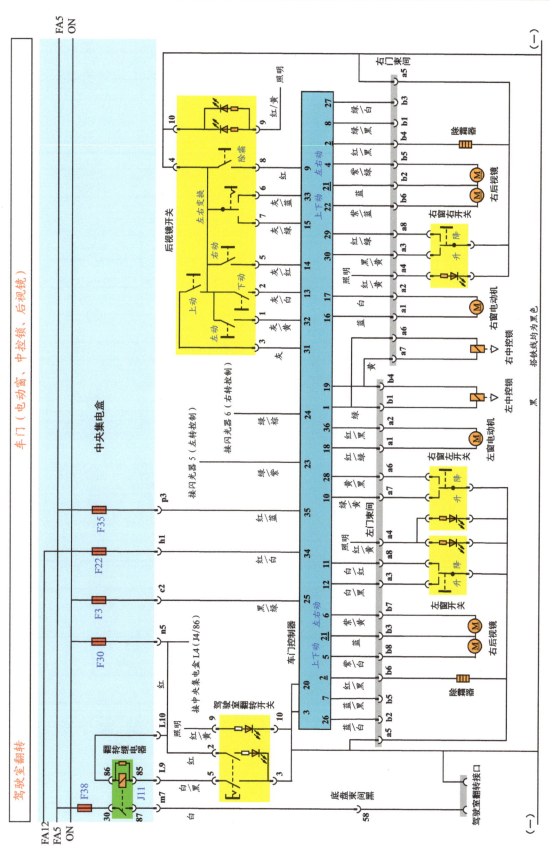

图5-2 解放悍V博世EDC17国四电喷汽车电路原理图（续）

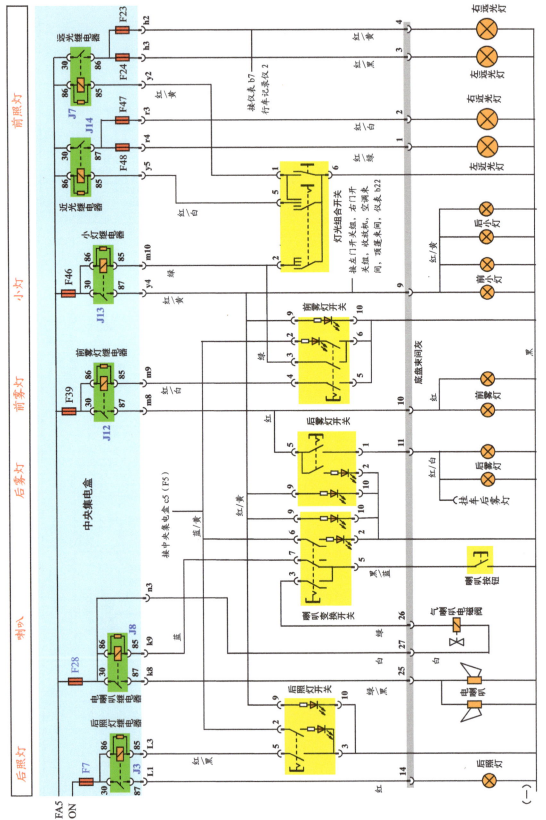

图5-2 解放悍V博世EDC17国四电喷汽车电路原理图（续）（一）

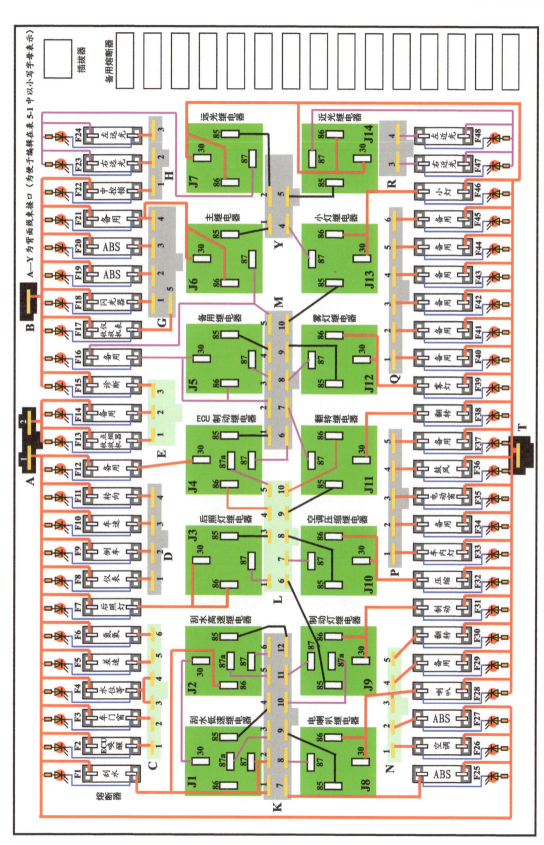

图5-3 解放悍V博世EDC17国四电喷汽车底中央集中电盒原理图

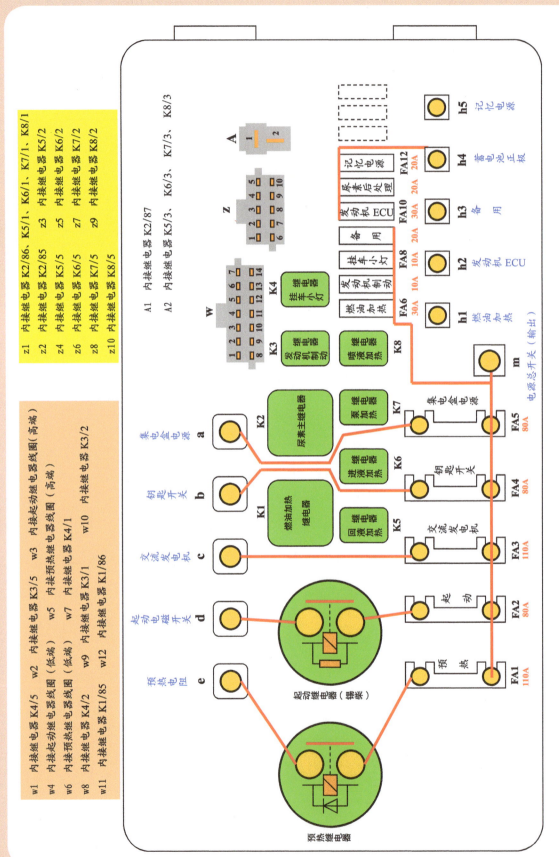

图5-4 解放悍V博世EDC17国四电喷汽车底盘电器盒原理图

六、解放悍V潍柴自主国四电喷汽车

线束布局图见图6-1～图6-3，线束剖析表见表6-1，尿素电器盒图见图6-4，电路原理图见图6-5，中央集电盒原理图见图6-6，底盘电器盒原理图见图6-7。

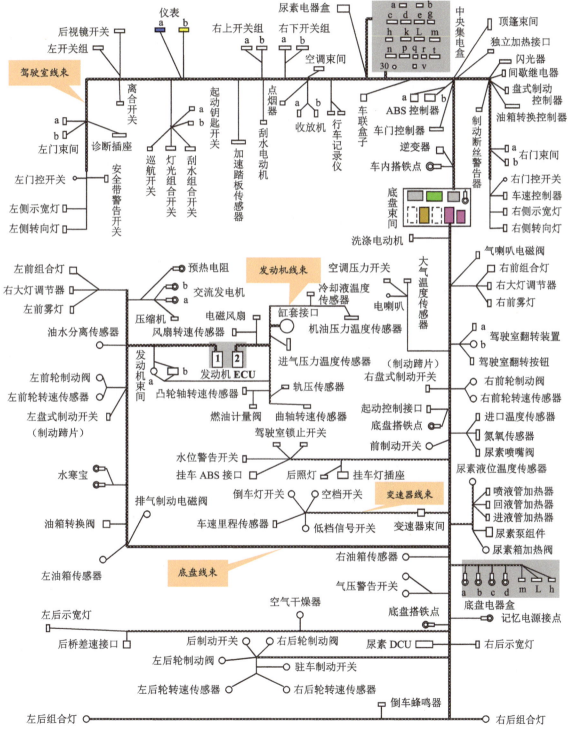

图6-1 解放悍V潍柴自主国四电喷汽车线束布局图

表6-1　解放悍V潍柴自主国四电喷汽车线束剖析表

名　称	内　容	名　称	内　容
左侧示宽灯	1　0.5 红/黄 ⏚ 中央集电盒 n2（F47） 2　0.5 黑 ➝ 底盘束间小灰 2（搭铁）	左窗开关	1　0.75 白/黑 ← 左门束间 a3（升控制） 2　0.75 红/黄 ⏚ 左门束间 b4（照明） 3　0.75 黑 ➝ 左门束间 a5（搭铁） 4　0.75 黑 ➝ 左门束间 a5（搭铁） 5　0.75 白/红 ← 左门束间 a5（降控制）
左侧转向灯	1　0.5 绿/红 ⏚ 闪光器 8 2　0.5 黑 ➝ 底盘束间小灰 2（搭铁）	左门右窗开关	1　0.75 绿/黄 ← 左门束间 a7（升控制） 2　0.75 红/黄 ⏚ 左门束间 b4（照明） 3　0.75 黑 ➝ 左门束间 a5（搭铁） 4　0.75 黑 ➝ 左门束间 a5（搭铁） 5　0.75 黄/黑 ← 左门束间 a6（降控制）
左门控开关	0.5 黑/白 ← 仪表 b19，顶篷束间 4（车内灯）	左窗电动机	1　0.75 红/绿 ➝/⏚ 左门束间 a1（升/降） 2　0.75 红/黑 ⏚/➝ 左门束间 a2（升/降）
安全带警告开关	1　0.75 黑/红 ← 仪表 b23 2　0.75 黑 ➝ 底盘束间小灰 2（搭铁）	左门中控锁	1　0.75 绿 ⏚/➝ 左门束间 b1（开锁/闭锁） 3　0.75 黄 ➝/⏚ 左门束间 b4（开锁/闭锁） 4　0.5 蓝/白 ← 左门束间 b2（闭锁信号） 5　0.5 蓝/红 ← 左门束间 b5（开锁信号） 6　0.75 黑 ➝ 左门束间 a5（搭铁）
左门束间 a　（插头为驾驶室线束，插座为左门线束）	1　0.75 红/绿 ➝/⏚ 车门控制器 18（升/降） 2　0.75 红/黑 ⏚/← 车门控制器 36（升/降） 3　0.5 白/黑 ➝ 车门控制器 12（左窗升控制） 4　0.5 红/黄 ⏚ 中央集电盒 n2（F47，照明） 5　1.0 黑 ➝ 车内搭铁点 6　0.5 黄/黑 ➝ 车门控制器 28（右窗降控制） 7　0.5 绿/黄 ➝ 车门控制器 10（右窗升控制） 8　0.5 白/红 ➝ 车门控制器 11（左窗降控制）	诊断插座	1　0.5 蓝/黄 — 底盘束间大紫 2（ECU/145） 2　0.5 蓝/黄 — 底盘束间大紫 9（DCU/30,标定） 3　0.5 绿/黄 — 仪表 b24，车联盒子 4，行车记录仪 a2，底盘束间大紫 4（ECU/142，通信CAN） 4　0.75 黑 ➝ 底盘束间小灰 2（搭铁） 5　0.75 黑 ➝ 底盘束间小灰 2（搭铁） 6　0.5 蓝/黄 — 底盘束间大紫 2（ECU/145，刷写） 7　0.5 红/黄 — ABS 控制器 a10 9　0.5 蓝/黑 — 底盘束间大紫 1（ECU/146） 10　0.5 蓝/黑 — 底盘束间大紫 8（DCU/29，标定） 11　0.5 绿/黑 — 仪表 b25，车联盒子 11，行车记录仪 a1，底盘束间大紫 3（ECU/143，通信CAN） 14　0.5 蓝/黑 — 底盘束间大紫 1（ECU/146，刷写） 16　0.75 红/白 ⏚ 中央集电盒 t2（F28）
	1　0.75 红/绿 ←/⏚ 左窗电动机 1（升/降） 2　0.75 红/黑 ⏚/← 左窗电动机 2（升/降） 3　0.75 白/黑 ➝ 左窗开关 1（升控制） 4　0.75 红/黄 ⏚ 左窗开关 2（照明），左门右窗开关 2 5　1.0 黑 ← 左窗开关 3、4，左门右窗开关 3、4，左门中控锁 6 6　0.75 黄/黑 ➝ 左门右窗开关 5（右窗降控制） 7　0.5 绿/黄 ➝ 左门右窗开关 1（右窗升控制） 8　0.5 白/红 ➝ 左窗开关 5（降控制）	后视镜开关　备用 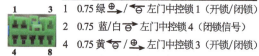	1　0.75 灰/黄 ← 车门控制器 32（左动控制） 2　0.75 灰/白 ← 车门控制器 13（下动控制）
左门束间 b　（插头为驾驶室线束，插座为左门线束）	1　0.75 绿 ⏚/➝ 车门控制器 1（开锁/闭锁） 2　0.5 蓝/白 ➝ 车门控制器 26（闭锁信号） 3　0.75 蓝 ➝/⏚ 车门控制器 21（公共端） 4　0.75 黄 ➝/⏚ 车门控制器 19（开锁/闭锁） 5　0.5 蓝/黑 ➝ 车门控制器 7（开锁信号） 6　0.5 红/黑 ⏚ 车门控制器 2（加热除霜） 7　0.75 紫/黄 ⏚/➝ 车门控制器 6 8　0.75 紫/白 ⏚/➝ 车门控制器 5		
	1　0.75 绿 ⏚/➝ 左门中控锁 1（开锁/闭锁） 2　0.5 蓝/白 ← 左门中控锁 4（闭锁信号） 4　0.75 黄 ➝/⏚ 左门中控锁 3（开锁/闭锁） 5　0.75 蓝/红 ➝ 左门中控锁 5（开锁信号）		

(续)

名称	内容	名称	内容
	3　0.75 灰 ⇐ 车门控制器 31（上动控制）		5　0.5 红/白 ⇐ 中央集电盒 p7（近光继电器 J13/85，近光控制）
	4　0.75 黑 → 底盘束间小灰 1（搭铁）		6　0.75 黑 → 底盘束间小灰 2（搭铁）
	5　0.75 灰/红 ⇐ 车门控制器 14（右动控制）		7　0.5 绿/黑 ⇐ 闪光器 6（右转控制）
	6　0.75 灰/蓝 ⇐ 车门控制器 33（右镜变换）	刮水组合开关	（排气制动、喇叭按钮、刮水、洗涤）
	7　0.75 灰/绿 ⇐ 车门控制器 15（左镜变换）		1　0.75 蓝 ⊕ 底盘束间大紫 23（ECU/165，排气制动请求）
	8　0.5 红 ⇐ 车门控制器 9（除霜控制）		2　0.5 蓝/橙 ⇐ 间歇继电器 6,底盘束间绿 15（洗涤电动机）
	9　0.5 红/黄 ⊕ 中央集电盒 n2（F47，照明）		3　0.75 黑 → 底盘束间小灰 2（搭铁）
	10　0.75 黑 → 底盘束间小灰 1（搭铁）		4　0.5 黄 ⇐ 间歇继电器 3（间歇）
左开关组	（插座为驾驶室线束，插头为左开关组线束）		5　0.5 蓝/白 ⇐ 中央集电盒 m4（刮水高速继电器 J8/85）
	1　0.75 蓝/红 — 底盘束间小紫 2		6　0.5 蓝/红 ⇐ 中央集电盒 m3（刮水低速继电器 J9/85）
	2　0.75 红/绿 ⊕ 中央集电盒 n4（F45，左近光）		9　0.75 红 ⊕ 底盘束间大紫 7（ECU/224）
	4　0.5 红/黄 ⊕ 中央集电盒 n2（F47，照明）		10　0.75 蓝 ⊕ 底盘束间大紫 23（ECU/165，发动机制动）
	5　0.75 蓝 ⇐ 中央集电盒 e4（F9）		13　0.75 黑/蓝 ⇐ 右上开关组 a7（喇叭变换开关）
	6　0.75 白/黑 ⊕ 底盘束间大灰 14（翻转继电器线圈）	巡航开关	
	11　0.5 黑 ⇐ → 底盘束间小灰 2（搭铁）		1　0.75 红 ⊕ 底盘束间大紫 7（ECU/224）
	1　0.75 蓝/红 — 大灯调节开关 3		3　0.5 绿/黄 → 底盘束间大紫 28（ECU/164，巡航恢复）
	2　0.75 红/绿 ⊕ 大灯调节开关 1		4　0.5 黑/黄 ⊕ 底盘束间大紫 29（ECU/163，巡航取消）
	4　0.75 红/黄 ⇐ 驾驶室翻转开关 9（照明，大灯调节开关 7）		5　0.5 黄/黑 → 底盘束间大紫 30（ECU/151，巡航减速）
	7　0.75 蓝/黄 ⊕ 驾驶室翻转开关 3		6　0.5 黄/红 → 底盘束间大紫 31（ECU/168，巡航加速）
	8　0.75 红 ⊕ 驾驶室翻转开关 1	起动钥匙开关	
	9　0.75 白/黑 — 驾驶室翻转开关 4		a1　6.0 白/红　ON ⊕ 中央集电盒 a1、b2、v
	11　0.5 黑 ⇐ ⇒ 驾驶室翻转开关 2、6、10（搭铁），大灯调节开关 9	a	a2　6.0 红 ⊕ 底盘束间小灰 6（底盘熔断器 FA5）
驾驶室翻转开关		b	b1　0.75 黑/黄　起动 ⊕ 底盘束间绿 17（ECU/158）
	1　0.75 红 ⊕ 左开关组 6（翻转继电器线圈）		b2　4.0 蓝/黑　ACC ⊕ 中央集电盒 b3（F7～F9）
	2　0.5 黑×2 → 左开关组 11（搭铁）	仪表 a	
	3　0.75 蓝/黄 ⇐ 左开关组 5（F9）		1　0.5 白/红 ⇐ 底盘束间绿 11（充电 D+）
	4　0.75 白/黑 — 左开关组 9（备用）		2　0.5 红 ⇐ 底盘束间绿 21（水位）
	6　0.5 黑×2 ⇐ → 左开关组 11（搭铁）		3　0.5 绿 → 底盘束间绿 2（驻车制动）
	9　0.75 红/黄 ⊕ 左开关组 4（F47，照明）		4　0.5 黄/白 → 底盘束间绿 13（轮间差速指示）
	10　0.黑×2 ⇐ → 左开关组 11（搭铁）		5　0.5 白/绿 ⇐ 制动断丝警告器 3
大灯调节开关			6　0.5 黑 → 底盘束间大紫 15（ECU/135，闪码）
	1　0.75 红/绿 ⊕ 左开关组 2（F45，左近光）		7　0.5 红 → 底盘束间大紫 6（油中积水）
	2　0.75 蓝/红 — 左开关组 1（左右大灯调节）		8　0.5 红 ⊕ 底盘束间大紫 16（ECU/274，闪码）
	7　0.75 红/黄 ⊕ 左开关组 4（F47，照明）		9　0.5 绿/白 ⇕ 车速控制器 5（车速里程信号）
	9　0.5 黑 ⇐ 左开关组 11（搭铁）		10　0.75 蓝/红 — 油箱转换控制器 13
离合开关			
	1　0.75 蓝/红 ⊕ 底盘束间大紫 32（ECU/153）		
	2　0.75 蓝 ⇐ 底盘束间大紫 7（ECU/224）		
灯光组合开关	（转向、大小灯）		
	1　0.5 红/黄 ⇐ 中央集电盒 h1（远光继电器 J7/85，远光控制）		
	2　0.5 绿 ⇐ 中央集电盒 h2（小灯继电器 J14/85）		
	3　0.5 绿/红 ⇐ 闪光器 5（左转控制）		

(续)

名称	内容	名称	内容
	12 0.5 黄 底盘束间绿 20（燃油）		4 0.75 绿/黑 底盘束间大紫 10（ECU/127，油门 2 负电）
	13 0.75 红/黑 车门控制器 2（后视镜除霜）		5 0.75 棕/黄 底盘束间大紫 11（ECU/108，油门 2 信号）
	14 0.5 黄 底盘束间绿 19（轴间差速指示）		6 0.75 蓝 底盘束间大紫 12（ECU/128，油门 2 电源）
	15 0.5 绿/白 — ABS 控制器 a15	刮水电动机	
	16 0.5 蓝/黄 — 底盘束间绿 3（挂车 ABS）		1 0.75 黑 车内搭铁点
	17 0.5 红/蓝 底盘束间大紫 24（ECU/139，排放指示）		2 0.75 蓝 中央集电盒 m1（F30）
	18 0.5 红/黄 底盘束间大灰 21（取力指示）		3 0.75 蓝 中央集电盒 m1（F30）
	19 0.5 绿/黑 底盘束间绿 8（气压报警开关）		4 0.75 蓝/黄 / 中央集电盒 m2（刮水低速继电器 J9/87a，复位时/复位后）
	21 0.5 白/黑 底盘束间小紫 5（低档指示）		5 0.75 蓝/红 中央集电盒 m5（刮水高速继电器 J8/87，高速）
	23 0.5 黄/蓝 行车记录仪 b5（车速信号）		6 0.75 蓝/黑 中央集电盒 m6（刮水高速继电器 J8/87a，低速）
仪表 b	2 0.75 红 底盘束间大紫 16（ECU/274，预热）	右上开关组 a	（插座为驾驶室线束，插头为右上开关线束）
	3 0.5 黑/绿 底盘束间大紫 33（ECU/140，预热）		2 0.75 蓝 中央集电盒 k8（喇叭继电器 J12/85）
	4 0.5 蓝/绿 盘式制动控制器 3		3 0.75 绿/红 底盘束间绿 10（轮间差速阀）
	5 0.75 蓝/白 — 油箱转换控制器 11		4 0.5 红/黑 中央集电盒 k9（后照灯继电器 J6/85）
	7 0.5 红/黄 中央集电盒 c4（F24，远光指示）		7 0.75 黑/蓝 刮水组合开关 13（喇叭按钮）
	8 0.75 蓝/黄 — 油箱转换控制器 12		8 0.75 绿 底盘束间绿 4（气喇叭电磁阀）
	9 0.5 蓝 — ABS 控制器 a13		9 0.75 灰 底盘束间绿 16（轴间差速阀）
	10 0.5 白 底盘束间大灰 17（车速里程电源）		10 1.0 蓝/黄 尿素电器盒 16（F51）
	12 0.75 红/绿 中央集电盒 p8（F40,ON 电源）		2 0.75 蓝 喇叭变换开关 7（电喇叭）
	13 0.75 红 中央集电盒 e1（F12，记忆电源）		3 0.75 红/黄 轮间差速开关 1
	14 0.5 红/黄 闪光器 2（主车右转指示）		7 0.75 黑/蓝 喇叭变换开关 5
	15 0.5 蓝/黑 闪光器 1（主车左转指示）		8 0.75 绿 喇叭变换开关 3（气喇叭）
	16 0.5 绿 闪光器 7（挂车右转指示）		9 0.75 红/黑 轴间差速开关 1
	17 0.5 黄/白 闪光器 13（挂车左转指示）		10 1.0 蓝/黄 轮间差速开关 5，轴间差速开关 5，喇叭变换开关 5，后雾灯开关 2，前雾灯开关 2
	18 0.5 绿/黑 底盘束间绿 14（锁止）	右上开关组 b	（插座为驾驶室线束，插头为右上开关组线束）
	19 0.5 黑/白 左、车门控开关		1 0.75 红/白 中央集电盒 L3（后雾灯继电器 J3/85）
	21 0.5 黑 底盘束间小灰 2（搭铁）		2 0.5 绿 中央集电盒 h2（小灯继电器 J14/85）
	22 0.5 红/黄 中央集电盒 n2（F47，照明）		4 0.5 红/黄 中央集电盒 n2（F47）
	23 0.75 黑/红 安全带警告开关 1		5 0.5 绿/红 闪光器 5（左转控制）
	24 0.5 绿/黄 — 诊断插座 3，车联盒子 4，行车记录仪 a2，底盘束间大紫 4（ECU/142，通信 CAN）		7 0.5 红/白 中央集电盒 k7（前雾灯继电器 J11/85）
	25 0.5 绿/黑 — 诊断插座 11，车联盒子 11，行车记录仪 a1，底盘束间大紫 3（ECU/143，通信 CAN）		10 1.0 红 中央集电盒 d5（F15）
	26 0.5 黑 底盘束间大灰 19（搭铁）		11 1.0 黑 底盘束间小灰 2（搭铁）
加速踏板传感器	1 0.75 红/黄 底盘束间大紫 21（ECU/124，油门 1 电源）		12 0.5 绿/黑 闪光器 6（右转控制）
	2 0.75 白 底盘束间大紫 20（ECU/107，油门 1 信号）		1 0.75 红/白 后雾灯开关 3
	3 0.75 绿 底盘束间大紫 19（ECU/125，油门 1 负电）		2 0.5 绿 前雾灯开关 3（小灯控制）

(续)

名 称	内 容	名 称	内 容
	4　0.75 红/黄 ⊕ 危险警告开关9（照明），前雾灯开关9，后雾灯开关9，喇叭变换开关9，轴间差速开关9，轮间差速开关9	 轮间差速开关	9　5　0.75 红/黄×2 ⊸ 右上开关组a10（F51） 9　0.75 红/黄×2 ⊸ 右上开关组b4（F47，照明） 1　10　0.75 黑×2 ⊸ 右上开关组b11（搭铁）
	5　0.5 黄/红 ⊸ 危险警告开关3（左转控制）		1　0.75 红/黄 ⊕ 右上开关组a3（轮间差速阀）
	7　0.5 红/白 ⊸ 前雾灯开关4		2　0.75 黑×2 ⊸ 右上开关组b11（搭铁）
	10　0.75 红/绿 ⊕ 危险警告开关6		5　0.75 蓝/黄×2 ⊸ 右上开关组a10（F51）
	11　0.75 黑 ⊸ 危险警告开关5、10，前雾灯开关5、6、10，后雾灯开关5、10，喇叭变换开关2、10，轴间差速开关2、10，轮间差速开关2、10（搭铁）		9　0.75 红/黄 ⊕ 右上开关组b4（F47，照明） 10　0.75 黑×2 ⊸ 右上开关组b11（搭铁）
		右下开关组a	
	12　0.5 黄/黑 ⊸ 危险警告开关1（右转控制）		1　1.0 蓝/黄 ⊕ 底盘束间小紫3（水寒宝继电器K2/86）
危险警告开关	1　0.5 黄/黑 ⊸ 右上开关组b12（右转控制）		2　0.75 黄 ⊕ 底盘束间大灰18（驻车取力备用）
	3　0.5 黄/红 ⊸ 右上开关组b5（左转控制）		3　0.75 绿/红 ⊸ 底盘束间小紫8（浮动轮升降阀备用）
	5　0.75 黑×2 ⊸ 右上开关组b11（搭铁）		4　0.5 红/黄 ⊕ 中央集电盒n2（F47）
	6　0.75 红/绿 ⊸ 右上开关组b10（F15）		5　0.5 蓝/红 ⊸ 底盘束间大紫14（ECU/113，多态信号）
	9　0.75 红/黄×2 ⊸ 右上开关组b4（F47，照明）		7　1.0 红/黄 ⊕ 尿素电器盒15（F52）
	10　0.75 黑×2 ⊸ 右上开关组b11（搭铁）		8　0.75 黄/黑 ⊕ 底盘束间大灰15（取力阀备用）
前雾灯开关	2　0.75 蓝/黄 ⊸ 右上开关组a10（F51）		9　1.0 蓝/黄 ⊕ 尿素电器盒16（F51）
	3　0.5 绿 ⊸ 右上开关组b2（小灯继电器J14/85）		10　0.75 黄/黑 ⊸ 底盘束间小紫7（浮动轮锁止阀备用）
	4　0.5 红/白 ⊸ 右上开关组b7（前雾灯继电器J11/85）		11　1.0 黑 ⊸ 底盘束间小灰2（搭铁）
	5　0.75 黑×2 ⊸ 右上开关组b11（搭铁）		12　0.5 蓝/白 ⊸ 底盘束间大紫5（ECU/131，多态负电）
	6　0.75 黑×2 ⊸ 右上开关组b11（搭铁）		1　0.75 红/绿 ⊕ 燃油加热开关6
	9　0.75 红/黄×2 ⊸ 右上开关组b4（F47，照明）		4　0.75 红/黄 ⊸ 多态开关7，油箱转换开关9，燃油加热开关9（照明）
	10　0.75 黑×2 ⊸ 右上开关组b11（搭铁）		5　0.5 蓝/红 ⊸ 多态开关3
后雾灯开关	2　0.75 蓝/黄×2 ⊸ 右上开关组a10（F51）		7　0.75 蓝/黄 ⊕ 油箱转换开关6，燃油加热，2
	3　0.75 红/白 ⊸ 右上开关组b1（后雾灯继电器J3/85）		11　0.75 黑 ⊸ 多态开关9，油箱转换开2、5、10，燃油加热开关5、10
	5　0.75 黑×2 ⊸ 右上开关组b11（搭铁）		12　0.5 棕 ⊸ 多态开关1
	9　0.75 红/黄×2 ⊕ 右上开关组b4（F47，照明）	右下开关组b	
	10　0.75 黑×2 ⊸ 右上开关组b11（搭铁）		1　0.75 黑/红 — 油箱转换控制器10
喇叭变换开关	2　0.75 黑 ⊸ 右上开关组b11（搭铁）		2　0.75 黑/白 ⊸ 油箱转换控制器8
	3　0.75 绿 ⊸ 右上开关组a8（气喇叭电磁阀）		3　0.5 红/绿 ⊸ 底盘束间大紫34（ECU/167，远程油门信号）
	5　0.75 黑/蓝 ⊸ 右上开关组a7（喇叭按钮）		7　0.75 黑/黄 ⊸ 油箱转换控制器9
	6　0.75 蓝/黄 ⊸ 右上开关组a10（F51）		10　0.5 黑 ⊸ 底盘束间大紫25（ECU/132，远程油门负电）
	7　0.75 蓝 ⊸ 右上开关组a2（电喇叭继电器J12/85）		2　0.75 黑/白 ⊸ 油箱转换开关7
	9　0.75 红/黄 ⊸ 右上开关组b4（F47，照明）		7　0.75 黑/黄 ⊸ 油箱转换开关3
	10　0.75 黑×2 ⊸ 右上开关组b11（搭铁）	多态开关	
轴间差速开关	1　0.75 红/黑 ⊕ 右上开关组a9（轴间差速阀）		1　0.75 棕 ⊸ 右下开关组a12（ECU/131，负电）
	2　0.75 黑×2 ⊸ 右上开关组b11（搭铁）		

(续)

名　称	内　容	名　称	内　容
	5　0.75 蓝/白 ⊸ 右下开关组 a5（ECU/113，多态信号） 7　0.75 红/黄×2 ⊕ 右下开关组 a4（F47，照明） 9　0.75 黑×2 ⊸ 右下开关组 a11（搭铁）	13　0.75 红/黄 ⊥ 冷热变换转向器 7 14　0.75 红/黑 ⊥ 风口调节转向器 1 15　0.75 红/白 ⊥ 内外循环转向器 7 18　0.75 黑/白 ⊸ 空调束间 4（搭铁） 21　0.75 绿/黑 ⊸ 蒸发器温度传感器 2 22　0.75 红/绿 ⊸ 室内温度传感器 1 23　0.75 红/棕 ⊥ 空调束间 5（F54） 24　0.75 绿/蓝 ⊸ 风口调节转向器 6	
油箱转换开关			
	2　0.75 黑×2 ⊸ 右下开关组 a11（搭铁） 3　0.75 黑/黄 ⇐ 右下开关组 b7（油箱转换控制器 9） 5　0.75 黑×2 → 右下开关组 a11（搭铁） 6　0.75 蓝/黄 ⊕ 右下开关组 a7（F52） 7　0.75 黑/白 ⇐ 右下开关组 b2（油箱转换控制器 8） 9　0.75 红/黄×2 ⊕ 右下开关组 a4（F47，照明） 10　0.75 黑×2 ⊸ 右下开关组 a11（搭铁）	冷热变换转向器	
			5　0.75 白/红 ⊥ 空调控制面板 1 7　0.75 红/黄 ⊥ 空调控制面板 13
		风口调节转向器	
			1　0.75 红/黑 ⊥ 空调控制面板 14 2　0.75 黑/白 → 空调束间 4 3　0.75 绿/白 ⊥ 空调控制面板 12 5　0.75 红/黄 ⊥ 空调控制面板 2 6　0.75 红/蓝 ⇐ 空调控制面板 24 8　0.75 绿/黄 ⇐ 空调控制面板 11
燃油加热开关（水寒宝）		蒸发器温度传感器	
	2　0.75 蓝/黄×2 ⊕ 右下开关组 a7（F52） 5　0.75 黑×2 ⊸ 右下开关组 a11（搭铁） 6　0.75 红/绿 ⊕ 右下开关组 a1（水寒宝继电器 K2/86） 9　0.75 红/黄 ⊕ 右下开关组 a4（F47，照明） 10　0.75 黑×2 ⊸ 右下开关组 a11（搭铁）		1　0.75 黑/白 ⊸ 空调束间 4 2　0.75 黑/黑 ⊸ 空调控制面板 21
		室内温度传感器	
			1　0.75 红/绿 ⊸ 空调控制面板 22 2　0.75 黑/白 ⊸ 鼓风空调束间 4
空调束间		鼓风电动机	
	1　1.5 红 ⊕ 中央集电盒 r4（F32） 2　1.5 黑 ⇐ 车内搭铁点 4　0.5 黑 ⊸ 底盘束间小灰 2（搭铁） 5　0.5 红/蓝 ⊸ 尿素电器盒 17（F54） 6　0.5 红/黄 ⇐ 中央集电盒 n2（F47，照明） 7　0.5 蓝/红 ⊕ 中央集电盒 m10（压缩机继电器 J1/85），底盘束间小紫 16（ECU/152）		1　1.5 黄 ⊸ 电子调速器 2 2　1.5 红 ⊕ 空调束间 1（F32）
		电子调速器	
	1　1.5 红 ⊕ 电子调速器 1，鼓风电动机 2 2　1.5 黑 ⇐ 电子调速器 3 4　0.75 黑/白 ⇐⊸ 空调控制面板 18，风口调节转向器 2，蒸发器温度传感器 1，室外温度传感器 2 5　0.75 红/棕 ⊸ 空调控制面板 23 6　0.75 黑/白 ⊕ 空调控制面板 5（照明） 7　0.75 蓝/黄 ⊸ 空调控制面板 7（压缩控制）		1　1.5 红 ⊕ 空调束间 1（F32） 2　1.5 黄 ⊸ 鼓风电动机 1 3　1.5 黑 → 鼓风空调束间 3 4　0.75 蓝 ⊸ 空调控制面板 9
		内外循环转向器	
			5　0.75 黑/红 ⊥ 空调控制面板 3 7　0.75 红/白 ⊥ 空调控制面板 15
空调控制面板		收放机	
	1　0.75 白/红 ⊥ 冷热变换转向器 5 2　0.75 红/黄 ⊥ 风口调节转向器 2 3　0.75 黑/红 ⊥ 内外循环转向器 5 5　0.75 黑/白　照明 ⊕ 空调束间 6 7　0.75 蓝/黄 ⊸ 空调束间 7（压缩控制） 9　0.75 蓝 ⊸ 电子调速器 4 11　0.75 绿/黄 ⊥ 风口调节转向器 8 12　0.75 绿/白 ⊸ 风口调节转向器 3	a	a3　0.75 红/蓝 ⊕ 中央集电盒 e5（F8，ACC 电源） a4　0.75 红/蓝 ⊕ 中央集电盒 e5（F8，ACC 电源） a5　0.75 红 ⊕ 底盘束间小紫 11（倒车灯开关） a6　0.5 红/黄 ⇐ 中央集电盒 n2（F47，照明） a7　0.75 红/黄 ⊕ 中央集电盒 d6（F14，记忆） a8　0.75 黑 ⊸ 底盘束间小灰 2（搭铁）
		b	b3　0.5 绿/黑 ⌒ 顶篷束间 8 b4　0.5 绿 ⌒ 顶篷束间 7 b5　0.5 黄/黑 ⌒ 顶篷束间 2 b6　0.5 黄 ⌒ 顶篷束间 1

(续)

名称	内容	名称	内容
点烟器 	1　1.5 黑 ⏚ 车内搭铁点 2　1.5 蓝 ⏚ 中央集电盒 e6（F7） —　0.5 红/黄 ⊕ 中央集电盒 n2（F47，照明）		11　0.75 白 ⇦ 底盘束间大紫 18（ECU/121） —　尿素电器盒内接喷液加热继电器 J15/85 12　0.75 黄/黑 ⇦ 底盘束间大紫 17（ECU/257） —　尿素电器盒内接尿素主继电器 J19/85
行车记录仪 	a1　0.5 绿/黑 — 诊断插座 11，仪表 b25，车联盒子 11，底盘束间大紫 3（ECU/143，通信 CAN） a2　0.5 绿/黄 — 诊断插座 3，仪表 b24，车联盒子 4，底盘束间大紫 4（ECU/142，通信 CAN） b1　0.5 绿/白 ⇨ 制动断丝警告器 2（制动灯） b2　0.5 红/黄 ⊕ 中央集电盒 c4（F24，远光） b3　0.75 红/绿 ⇦ 尿素电器盒 20（F49） b4　0.5 红/白 ⊕ 中央集电盒 n3（F46，近光） b5　0.5 黄/蓝 ⏉ 仪表 a23（车速信号） b6　0.5 绿/红 ⊕ 闪光器 8（左转） b7　0.5 黑 ⏚ 底盘束间小灰 2（搭铁） b8　0.5 红/白 ⊕ 中央集电盒 d2（F18，记忆电源） b9　0.5 绿/黑 ⊕ 闪光器 9（右转）		13　2.5 蓝/红 ⇨ 底盘束间小紫 20（各加热器） —　尿素电器盒内接尿素主继电器 J19/87 14　0.75 红/绿 ⊕ 底盘束间绿 6（挂车 ABS） —　尿素电器盒内接熔断器 F50 15　1.0 红/黄 ⊕ 右下开关组 a7（燃油加热开关 2） —　尿素电器盒内接熔断器 F52 16　1.0 蓝/黄 ⇦ 右上开关组 a10（前雾灯开关 2，后雾灯开关 2，喇叭变换开关 6，轴间差速开关 5，轮间差速开关 5），右下开关组 a9 —　尿素电器盒内接熔断器 F51 17　0.75 红/蓝 ⊕ ⊕ 空调束间 5（空调面板 23），中央集电盒 m12（压缩机继电器 J1/86） —　尿素电器盒内接熔断器 F54 18　0.75 红/白 ⇦ 底盘束间大紫 36（DCU/54，泵加热控制） —　尿素电器盒内接尿素泵加热继电器 J18/86 19　1.0 绿/红 ⊕ 盘式制动控制器 5，油箱转换控制器 7 —　尿素电器盒内接熔断器 F53 20　0.75 红/绿 ⊕ 行车记录仪 b3，车联盒子 1 —　尿素电器盒内接熔断器 F49 21　2.5 红 ⊕ 中央集电盒 e3（F10） —　尿素电器盒内接熔断器 F49～F54（输入）
尿素电器盒 	1　2.5 白 ⇦ 中央集电盒 r2（F33） —　尿素电器盒内接尿素主继电器 J19/30 2　2.5 黑 ⇨ 底盘束间小紫 19（搭铁） —　尿素电器盒内接喷液加热继电器 J15/30、回液加热继电器 J16/30、进液加热继电器 J17/30、尿素泵加热继电器 J18/30 3　0.75 黑/绿 ⇦ 底盘束间小紫 18（进液加热器） —　尿素电器盒内接进液加热继电器 J17/87 4　0.75 绿/红 ⇦ 底盘束间大紫 35（DCU/33，尿素主继电器控制） —　尿素电器盒内接尿素泵加热继电器 J18/85 5　0.75 绿 ⇦ 底盘束间大紫 27（ECU/136，进液管加热控制） —　尿素电器盒内接进液加热继电器 J17/85 6　0.75 黑/蓝 ⇦ 底盘束间小紫 21（尿素泵组件 5） —　尿素电器盒内接尿素泵加热继电器 J18/87 7　0.75 黑/白 ⇦ 底盘束间小紫 15（回液加热器） —　尿素电器盒内接回液加热继电器 J16/87 8　0.75 黑 ⇦ 底盘束间大紫 26（ECU/205） —　尿素电器盒内接回液加热继电器 J16/87 9　0.75 黑/黄 ⇦ 底盘束间小紫 12（喷液加热器） —　尿素电器盒内接喷液加热继电器 J15/87 10　0.75 红 ⊕ 底盘束间大紫 16（ECU/274） —　尿素电器盒内接喷液加热继电器 J15/86、回液加热继电器 J16/86、进液加热继电器 J17/86、尿素主继电器 J19/86	中央集电盒 30 接点 中央集电盒 a 中央集电盒 b 	1　10.0 白 ⊕ 底盘束间 30 接点（FA8） —　中央集电盒内接熔断器 F1～F6、F21～F22、F25～F37、远光继电器 J7/30、近光继电器 J13/30、小灯继电器 J14/86、30 1　6.0 白/红 ⊕ ⇦ 起动钥匙开关 a1（ON 档） —　中央集电盒内接熔断器 F19～F20、后照灯继电器 J6/86、远光继电器 J7/86、刮水高速继电器 J8/86、刮水低速继电器 J9/86、制动灯继电器 J10/86、前雾灯继电器 J11/86、电喇叭继电器 J12/86、近光继电器 J13/86 2　3.0 红 ⊕ 底盘束间小灰 3（FA7，常电） —　中央集电盒内接熔断器 F12～F18 1　0.75 红 ⊕ 底盘束间大紫 7（ECU/224） —　中央集电盒内接熔断器 F11（输入） 2　4.0 白/红 ⊕ 起动钥匙开关 a1（ON 档） —　中央集电盒内接熔断器 F10（输入）

(续)

名 称	内 容	名 称	内 容
	3 4.0 蓝/黑 ⏚ 起动钥匙开关 b2（ACC）		涤电动机）
	— 中央集电盒内接熔断器 F7~F9（输入）		— 中央集电盒内接熔断器 F20（输出）
中央集电盒 c			4 0.75 红 ⏚ 底盘束间大灰 16（后照灯）
	4 1.5 红/黄 ⏚ 仪表 b7（远光指示灯），行车记录仪 b2，底盘束间大灰 10（右远光）		— 中央集电盒内接后照灯继电器 J6/87
		中央集电盒 k	
	— 中央集电盒内接熔断器 F24（输出）		1 0.75 蓝/红 ⏚ 底盘束间大紫 13（ECU/161）
	5 1.5 红/黑 ⏚ 底盘束间大灰 7（左远光）		— 中央集电盒内接压缩机继电器 J4/87（制动信号）
	— 中央集电盒内接熔断器 F23（输出）		
	6 0.75 白 ⏚ 底盘束间绿 7（气喇叭电磁阀）		2 0.75 蓝/黑 ⏚ 底盘束间大紫 22（ECU/162）
	— 中央集电盒内接熔断器 F22（输出）		— 中央集电盒内接压缩机继电器 J4/87a（冗余制动信号）
中央集电盒 d	1 1.0 红/蓝 ⏚ 中央集电盒 L1（ECU 制动继电器 J4/86），底盘束间大灰 13（倒车开关及干燥		
			6 1.0 红 ⏚ 中央集电盒 L4（后雾灯继电器 J3/86），底盘束间大灰 6（前雾灯）
	— 中央集电盒内接熔断器 F19（输出）		— 中央集电盒内接前雾灯继电器 J11/87
	2 0.8 红/白 ⏚ 行车记录仪 b8，车联盒子 5		7 0.5 红/白 ⏚ 右上开关组 b7（前雾灯开关 4）
	— 中央集电盒内接熔断器 F18（输出）		— 中央集电盒内接前雾灯继电器 J11/85
	3 1.0 红/白 ⏚ 车门控制器 34（中控锁供电）		8 0.5 蓝 ⏚ 右上开关组 a2（喇叭变换开关 7）
	— 中央集电盒内接熔断器 F17（输出）		— 中央集电盒内接电喇叭继电器 J12/85
	5 1.5 红 ⏚ 右上开关组 b10（危险警告开关 6），闪光器 10		9 0.5 红/黑 ⏚ 右上开关组 a4（后照灯开关）
	— 中央集电盒内接熔断器 F15（输出）		— 中央集电盒内接后照灯继电器 J6/85（备用）
	6 0.75 红/黄 ⏚ 收放机 a7（记忆电源）		10 0.8 绿/黑 ⏚ 底盘束间绿 1（电喇叭）
	— 中央集电盒内接熔断器 F14（输出）		— 中央集电盒内接电喇叭继电器 J12/87
中央集电盒 e		中央集电盒 L	
	1 0.75 红 ⏚ 仪表 b13（记忆电源）		1 1.0 红/蓝 ⏚ 中央集电盒 d1（F19）
	— 中央集电盒内接熔断器 F12（输出）		— 中央集电盒内接 ECU 制动继电器 J4/86
	3 2.5 红 ⏚ 尿素电器盒 21（F49~F54）		2 0.75 红/白 ⏚ 底盘束间大灰 9（后雾灯）
	— 中央集电盒内接熔断器 F10（输出）		— 中央集电盒内接后雾灯继电器 J3/87
	4 0.75 蓝 ⏚ 左开关组 5（驾驶室翻转开关 3），逆变器 1，底盘束间小紫 6（电源开关备用）		3 0.5 红/白 ⏚ 右上开关组 b1（前雾灯开关 3）
			— 中央集电盒内接后雾灯继电器 J3/85
	— 中央集电盒内接熔断器 F9（输出）		4 0.75 红 ⏚ 中央集电盒 k6（前雾灯继电器 J11/87）
	5 0.75 红/蓝 ⏚ 收放机 a3		
	— 中央集电盒内接熔断器 F8（输出）		— 中央集电盒内接后雾灯继电器 J3/86
	6 1.5 蓝 ⏚ 点烟器 1		5 0.5 蓝/白 ⏚ 底盘束间绿 5（制动开关）
	— 中央集电盒内接熔断器 F7（输出）		— 中央集电盒内接 ECU 制动继电器 J4/85
中央集电盒 g			6 1.0 绿 ⏚ 制动断丝警告器 1
	1 0.75 红 ⏚ 顶篷束间 5（车内灯）		— 中央集电盒内接制动灯继电器 J10/87
	— 中央集电盒内接熔断器 F4（输出）		8 0.5 红/白 ⏚ 底盘束间绿 5（制动开关）
中央集电盒 h			— 中央集电盒内接制动灯继电器 J10/85
	1 0.5 红/黄 ⏞ 灯光组合开关 1（远光控制）	中央集电盒 m 	
	— 中央集电盒内接远光继电器 J7/85		1 0.75 蓝 ⏚ 刮水电动机 3
	2 0.5 绿 ⏚ 灯光组合开关 2（小灯控制），右上开关组 b2（前雾灯开关 3）		— 中央集电盒内接熔断器 F30（输出）
			2 0.75 蓝/黄 ⏚ / ⏚ 刮水电动机 4（复位时/复位后）
	— 中央集电盒内接小灯继电器 J14/85		— 中央集电盒内接刮水低速继电器 J9/87a
	3 0.5 红/黑 ⏚ 间歇继电器 5，底盘束间绿 12（洗		3 0.5 蓝/红 ⏚ 刮水组合开关 6，间歇继电器 4
			— 中央集电盒内接刮水低速继电器 J9/85

(续)

名　称	内　容	名　称	内　容
	4　0.5 蓝/白 ⇨ 刮水组合开关 5（高速控制）	中央集电盒 q	
	— 中央集电盒内接刮水高速继电器 J8/85		1　0.75 白/红 ⏚ 闪光器 3
	5　0.75 蓝/红 ⏚ 刮水电动机 5（高速）		— 中央集电盒内接熔断器 F39（输出）
	— 中央集电盒内接刮水高速继电器 J8/87		2　0.75 黑/绿 ⏚ 车门控制器 25（ON 电源）
	6　0.75 蓝/黑 ⏚ 刮水电动机 6（低速）		— 中央集电盒内接熔断器 F38（输出）
	— 中央集电盒内接刮水高速继电器 J8/87a	中央集电盒 r	
	10　0.5 蓝/红 ⇨ 空调束间 7（空调面板）		1　1.5 红/蓝 ⏚ 车门控制器 35
	— 中央集电盒内接压缩机继电器 J1/85		— 中央集电盒内接熔断器 F34（输出）
	11　0.75 黑/黄 ⏚ 底盘束间绿 18（低压开关）		2　2.5 白 ⏚ 尿素电器盒 1（尿素主继电器供电）
	— 中央集电盒内接压缩机继电器 J1/87		— 中央集电盒内接熔断器 F33（输出）
	12　0.75 红/蓝 ⇨ 尿素电器盒 17（F54）		3　1.5 红/白 ⇨ 驻车加热接口 2
	— 中央集电盒内接压缩机继电器 J1/86		— 中央集电盒内接熔断器 F35（输出）
中央集电盒 n			4　1.5 红 ⏚ 空调束间 1（鼓风电动机）
	1　1.5 红/黄 ⏚ 底盘束间大灰 3（底盘前后小灯）		— 中央集电盒内接熔断器 F32（输出）
	— 中央集电盒内接熔断器 F48（输出）	中央集电盒 t	
	2　1.0 红/黄 ⇨ 左侧示宽灯 1，左门束间 a4，左开关组 4（大灯调节开关 9，驾驶室翻转开关 9），后视镜开关 9，仪表 b22，右上开关组 b4（危险警告开关 9，前雾灯开关 9，后雾灯开关 9，喇叭变换开关 9，轴间差速开关 9，轮间差速开关 9），右下开关组 a4（多态开关 7，燃油加热开关 9），空调束间 6，收放机 a6，点烟器，顶篷束间 14（示高灯），右门束间 a4（照明，右侧示宽灯 1		1　0.75 红/白 ⏚ 诊断插座 16
			— 中央集电盒内接熔断器 F28（输出）
			3　2.5 红 ⏚ 逆变器 2
			— 中央集电盒内接熔断器 F27（输出）
			4　2.5 黄 ⇨ ABS 控制器 a8（30 电源）
			— 中央集电盒内接熔断器 F26（输出）
		中央集电盒 v	
			4.0 白/红 ⇨ 起动钥匙开关 a1
			— 中央集电盒内接熔断器 F38～F44（输入）
	— 中央集电盒内接熔断器 F47（输出）	车联盒子	
	3　1.5 红/白 ⏚ 行车记录仪 b4，底盘束间大灰 4（右近光）		1　0.75 红/绿 ⏚ 尿素电器盒 20（F49）
			4　0.5 绿/黄 — 诊断插座 3，仪表 b24，行车记录仪 a2，底盘束间大紫 4（ECU/142，通信 CAN）
	— 中央集电盒内接熔断器 F46（输出）		5　0.75 红/白 ⏚ 中央集电盒 d2（F18）
	4　1.5 红/绿 ⇨ 左开关组 2（大灯调节开关 1）底盘束间大灰 1（左近光）		6　0.75 黑 ⇨ 底盘束间小灰 1（搭铁）
	— 中央集电盒内接熔断器 F45（输出）		11　0.5 绿/黑 — 仪表 b25，诊断插座 11，行车记录仪 a1，底盘束间大紫 3（ECU/143，通信 CAN）
中央集电盒 p		ABS 控制器 a	
	1　1.0 红/绿 ⏚ 底盘束间小紫 1（氮氧传感器）		4　0.75 黑 ⇨ 底盘束间小灰 4（搭铁）
	— 中央集电盒内接熔断器 F44（输出）		7　0.75 红/白 ⏚ 中央集电盒 p4（F41，ON 电源）
	2　0.75 红 ⏚ 底盘束间小紫 4（ECU/159，DCU/4 唤醒电源）		8　2.5 黄 ⏚ 中央集电盒 t4（F26，30 电源）
	— 中央集电盒内接熔断器 F43（输出）		9　2.5 黑 ⇨ 底盘束间小灰 4（搭铁）
	3　0.75 黄/绿 ⏚ 车速控制器 3		10　0.5 红/黄　K 线　— 诊断插座 7
	— 中央集电盒内接熔断器 F42（输出）		13　0.5 蓝　— 仪表 b9
	4　0.75 红/白 ⏚ ABS 控制器 a7		15　0.5 绿/白 ⏚ 仪表 a15
	— 中央集电盒内接熔断器 F41（输出）	ABS 控制器 b	
	7　0.5 红/白 ⇨ 灯光组合开关 5（近光控制）		1　1.0 红/黑 ⏚ 底盘束间棕 1（右前轮阀加压）
	— 中央集电盒内接近光继电器 J13/85		2　1.0 黑/白 ⏚ 底盘束间棕 2（左后轮阀加压）
	8　0.75 红/绿 ⏚ 仪表 b12（ON 电源）		3　1.0 黄/黑 ⏚ 底盘束间棕 3（左前轮阀加压）
	— 中央集电盒内接熔断器 F40（输出）		4　1.0 红 ⏚ 底盘束间棕 4（右前轮阀泄压）
			5　1.0 白 ⏚ 底盘束间棕 5（左后轮阀泄压）

(续)

名称	内容	名称	内容
	6　1.0 黄 底盘束间棕6（左前轮阀泄压）		31　0.75 灰 后视镜开关3（上动控制）
	8　1.0 棕 底盘束间棕8（右后轮阀加压）		32　0.75 灰/黄 后视镜开关1（左动控制）
	9　1.0 绿 底盘束间棕9（右后轮阀泄压）		33　0.75 灰/蓝 后视镜开关6（右镜变换）
	10　0.75 红/黑 底盘束间棕10（右前轮车速）		34　1.0 红/白 中央集电盒d3（F17，中控锁）
	11　0.75 白/黑 底盘束间棕11（左后轮车速）		35　1.5 红/蓝 中央集电盒r1（F34，电动窗电源）
	12　0.75 黄/黑 底盘束间棕12（左前轮车速）		
	13　0.75 红/蓝 底盘束间棕13（右前轮车速）		36　0.75 红/黑 / 左门束间a2（升/降）
	14　0.75 白/蓝 底盘束间棕14（左后轮车速）	驻车加热接口	
	15　0.75 黄/蓝 底盘束间棕15（左前轮车速）		1　1.5 黑 车内搭铁点
	17　0.75 绿/黑 底盘束间棕17（右前轮车速）		2　1.5 红/白 中央集电盒r1（F35）
	18　0.75 绿/蓝 底盘束间棕18（右后轮车速）	顶篷束间	
车门控制器			1　0.5 黄 收放机b6
	1　0.75 绿 / 左门束间b1（左门中控锁），右门束间a6（右门中控锁）		——顶篷处接扬声器
			2　0.5 黄/黑 收放机b5
	2　0.75 红/黑 仪表a13，左门束间b6，右门束间b4（除霜）		——顶篷处接扬声器
			4　0.5 黑/白 左、右控开关
	3　1.5 黑 底盘束间小灰1（搭铁）		——顶篷处接车内灯
	4　0.75 紫/绿 / 右门束间b5（左动/右动）		5　0.5 红 中央集电盒g1（F4）
	5　0.75 紫/白 右门束间b8（上动/下动）		6　0.75 黑 底盘束间小灰2（搭铁）
	6　0.75 紫/黄 右门束间b7（左动/右动）		7　0.5 绿 收放机b4
	7　0.5 蓝/黑 左门束间b5（开锁信号）		——顶篷处接扬声器
	8　0.5 绿/黑 右门束间b1（开锁信号）		8　0.5 绿/黑 收放机b3
	9　0.5 红 后视镜开关8（除霜控制）		——顶篷处接扬声器
	10　0.5 绿/黄 左门束间a7（右窗升控制）		14　0.5 红/黄 中央集电盒n2（F47）
	11　0.5 白/红 左门束间a8（左窗降控制）		——顶篷处接示高灯
	12　0.5 白/黑 左门束间a3（右窗升控制）	闪光器	
	13　0.75 灰/白 后视镜开关2（下动控制）		1　0.5 蓝/黑 仪表b15（主车左转）
	14　0.75 灰/红 后视镜开关5（右动控制）		2　0.5 红/黄 仪表b14（主车右转）
	15　0.75 灰/绿 后视镜开关7（左镜变换）		3　0.75 白/红 中央集电盒q1（F39）
	16　0.75 蓝 右门束间a1（右窗，升/降）		4　1.5 黑 车内搭铁点
	17　0.75 白 右门束间a2（右窗，升/降）		5　0.5 绿/红 灯光组合开关3，右上开关组b5（危险警告开关3），车门控制器23
	18　0.75 红/绿 / 左门束间a1（升/降）		
	19　0.75 黄 左门束间b4（左门中控锁），右门束间a7（右门中控锁）		6　0.5 绿/黑 灯光组合开关7，右上开关组b12（危险警告开关1），车门控制器24
	20　1.0 黑 底盘束间小灰1（搭铁）		7　0.5 绿 仪表b16（挂车右转指示）
	21　0.75 蓝 / 左门束间b3（左后视镜公共端），右门束间b2（右后视镜公共端）		8　1.0 绿/红 左侧转向灯1，行车记录仪b6，底盘束间大灰5（主车左转）
	22　0.75 紫/蓝 / 左门束间b6（上动/下动）		9　1.0 绿/黑 行车记录仪b9，右侧转向灯1，底盘束间大灰2（主车右转）
	23　0.5 绿/红 闪光器5（左转控制）		
	24　0.5 绿/黑 闪光器6（右转控制）		10　1.5 红 中央集电盒d5（F15）
	25　0.75 黑/绿 中央集电盒q2（F38）		11　1.0 黄/蓝 底盘束间大灰8（挂车左转）
	26　0.5 蓝/白 左门束间b2（闭锁信号）		12　1.0 白/绿 底盘束间大灰11（挂车右转）
	27　0.5 绿/白 左门束间b3（闭锁信号）		13　0.5 黄/白 仪表b17（挂车左转指示）
	28　0.5 黄/黑 左门束间a6（右窗降控制）	间歇继电器	
	29　0.5 红/绿 左门束间a8（右窗控制）		1　0.75 黑 底盘束间小灰1（搭铁）
	30　0.5 黑/黄 右门束间a3（右窗升控制）		2　0.75 黑 底盘束间小灰1（搭铁）

(续)

名 称		内 容	名 称		内 容
	3	0.5 黄 ⊟→ 刮水组合开关 4（间歇）		4	0.75 红/黄 ⊕→ 右窗开关 2（照明）
	4	0.5 蓝/红 → 中央集电盒 m2（刮水低速继电器 J9/85）		5	1.0 黑 ←⊟ ← 右窗开关 3、4，右门中控锁 6
				6	1.0 绿 ⊕→ ← 右门中控锁 1（开锁/闭锁）
	5	0.5 红/黑 ← 中央集电盒 h3（F20）		7	1.0 黄 ⊟→ ⊕→ 右门中控锁 3（开锁/闭锁）
	6	0.5 蓝/橙 → 刮水组合开关 2（间歇洗涤）		8	0.75 红/绿 ⊕→ 右窗开关 5（右窗降控制）
盘式制动控制器	1	0.5 黑 ⊟→ 底盘束间小灰 1（搭铁）	右门束间 b	1	0.5 绿/黑 → 车门控制器 8（开锁信号）
	3	0.75 蓝/绿 ← 仪表 b4		2	0.75 蓝 ⊟→/ ← 车门控制器 21（公共端）
	4	0.5 黑/白 → 底盘束间 9（盘式制动开关）		3	0.5 绿/白 → 车门控制器 27（闭锁信号）
	5	0.75 绿/红 ← 尿素电器盒 19（F53）		4	0.75 红/黑 ⊕→ 车门控制器 2
制动断丝警告器	1	1.0 绿 ⊕→ 中央集电盒 L6（制动灯继电器 J10/87）		5	0.75 紫/绿 ⊕→/ 车门控制器 4（左/右）
				6	0.75 紫/蓝 ⊕→/ 车门控制器 22
	2	1.0 绿/白 → 行车记录仪 b1，底盘束间大灰 12（主车制动），底盘束间小紫 9（挂车制动）		1	0.75 绿/黑 → 右门中控锁 5（开锁信号）
				2	0.75 绿/白 → 右门中控锁 4（闭锁信号）
	3	0.5 绿/白 → 仪表 a5（制动警告）	右窗开关	1	0.75 黑/黄 → 右门束间 a3（右窗升控制）
	4	0.75 黑 ⊟→ 底盘束间小灰 1（搭铁）		2	0.75 红/黄 ⊕→ 右门束间 a4（照明）
油箱转换控制器	1	0.5 黑 → 底盘束间小灰 1（搭铁）		3	1.0 黑 ⊟→ 右门束间 a5（搭铁）
	2	0.75 红 ⊕→/ 底盘束间小紫 13（主油箱/副油箱）		4	1.0 黑 → 右门束间 a5（搭铁）
				5	0.75 红/绿 ← 右门束间 a8（右窗降控制）
	3	0.75 绿 ←⊟ / ⊕→ 底盘束间小紫 10（主油箱/副油箱）	右窗电动机	1	1.0 蓝 ⊕→/ ⊟→ 右门束间 a1（升/降）
				2	1.0 白 ⊟→/ ⊕→ 右门束间 a2（升/降）
	4	0.75 红/白 — 底盘束间小紫 17（备用）	右门中控锁	1	1.0 绿 ⊕→ 右门束间 a6（开锁/闭锁）
	5	0.75 绿/白 — 底盘束间小紫 14（备用）		3	1.0 黄 ⊟→ ⊕→ 右门束间 a7（开锁/闭锁）
	7	0.75 绿/红 ⊕→ 尿素电器盒 19（F53）		4	0.75 红/黄 → 右门束间 b3（闭锁信号）
	8	0.75 黑/白 → 右下开关组 b2		5	0.75 黑/黑 → 右门束间 b1（开锁信号）
	9	0.75 黑/黄 → 右下开关组 b7		6	0.75 黑 → 右门束间 a5（搭铁）
	10	0.75 黑/红 — 右下开关组 b1	右门控开关		0.5 黑/白 ←⊟ ← 仪表 b19，顶篷束间 4（车内灯）
	11	0.75 蓝/白 — 仪表 b5			
	12	0.75 蓝/黄 — 仪表 b8	车速控制器	2	0.5 绿 凸→ 底盘束间大灰 20
	13	0.75 蓝/红 — 仪表 a10		3	0.75 黄/绿 ⊕→ 中央集电盒 p3（F42）
右门束间 a	1	0.75 蓝 ⊟→/ ⊕→ 车门控制器 16（升/降）— 右门内接右窗电动机		5	0.5 绿/白 凸→ 仪表 a9
				6	0.5 黑 ⊟→ 底盘束间大灰 19（搭铁）
	2	0.75 白 ⊕→/ ⊟→ 车门控制器 17（升/降）— 右门内接右窗电动机	右侧示宽灯	1	0.5 红/黄 ⊕→ 中央集电盒 n2（F47）
				2	0.5 黑 ⊟→ 底盘束间小灰 2（搭铁）
	3	0.5 黑/黄 → 车门控制器 30	右侧转向灯	1	0.5 绿/黑 ⊕→ 闪光器 9
	4	0.5 红/黄 → 中央集电盒 n2（F47，照明）		2	0.5 黑 ⊟→ 底盘束间小灰 2（搭铁）
	5	0.75 黑 → ⊟→ 车内搭铁点	车内搭铁点		6.0 黑 ⊟→ → 底盘束间小灰 5（底盘搭铁点）
	6	0.75 绿 ⊕→ → 车门控制器 1（开锁/闭锁）			1.5 黑 ←⊟ 闪光器 4，驻车加热接口 1
	7	0.75 黄 ⊟→/ ⊕→ 车门控制器 19（开锁/闭锁）			
	8	0.5 红/绿 ←⊟ 车门控制器 29			
	1	0.75 蓝 ⊕→/ ⊟→ 右窗电动机 1（升/降）			
	2	0.75 白 ⊟→/ ⊕→ 右窗电动机 2（升/降）			
	3	0.75 黑/黄 → 右窗开关 1（右窗升控制）			

(续)

名称	内容	名称	内容
	2.0 黑 ← ← 左门束间a5，刮水电动机1，点烟器1，空调束间2，右门束间a5	14	0.5 绿/黑 ⏚ 仪表b18（锁止）
		15	0.5 蓝/橙 刮水组合开关2（洗涤）
逆变器	1 0.75 蓝 ← 中央集电盒e4（F9）	16	0.75 灰 ⏚ 右上开关组a9（轴间差速开关）
	2 2.5 红 ⏚ 中央集电盒t3（F27）	17	0.75 黑/黄 ⏚ 起动钥匙开关b1（起动档）
	4 2.5 黑 → 车内搭铁点	18	0.75 黑/黄 ⏚ 中央集电盒m11（压缩机继电器J1/87）
底盘30电源接点	10.0 白 ⏚ 中央集电盒30接点	19	0.5 黄 ← 仪表a14（轴间差速指示）
	10.0 白 ⏚ 底盘电器盒d（FA8）	20	0.5 黄 ○ 仪表a12（燃油）
底盘束间小灰 （插头为驾驶室线束，插座为底盘线束）		21	0.5 红 ← 仪表a2（水位）
	1 2.5 黑 ← ← 后视镜开关4、9，车门控制器3、20，车联盒子6，间歇继电器1、2，制动摩丝警告器4，盘式制动控制器1，油箱转换控制器1	1	0.75 绿/黑 ⏚ 电喇叭
		2	0.5 绿 ○ 驻车制动开关1
		3	0.5 蓝/黄 — 挂车ABS接口3
		4	0.75 绿 ← 气喇叭电磁阀2
	2 2.5 黑 ← ← 左侧示宽灯2，左侧转向灯2，安全带警告开关2，左开关组11，诊断插座4、5，刮水组合开关4，灯光组合开关6，仪表b21，右上开关组b11，右下开关组a11，空调束间4，收放机a8，行车记录仪b7，顶篷束间6，右侧转向灯2，右侧示宽灯2	5	0.5 蓝/白 ○ 前、后制动灯开关1
		6	0.75 红/绿 — 挂车ABS接口4
		7	0.75 白 ⏚ 气喇叭电磁阀1
		8	0.5 绿/黑 ○ 气压警告开关
		9	0.5 黑 ○ 右盘式制动开关1
		10	0.75 绿/红 → 后桥差速接口4（轮间差速电磁阀）
		11	0.5 白/红 ○ 交流发电机b（充电D+）
	3 3.0 红 ⏚ 中央集电盒a2（F12~F18）	12	0.75 红/黑 → 洗涤电动机2
	4 2.5 黑 ← ABS控制器a4、a9	13	0.75 黄/白 → 后桥差速接口5（轮间差速指示开关）
	5 6.0 黑 ← 车内搭铁点	14	0.5 绿/黑 ○ 驾驶室锁止开关1
	6 6.0 红 → 起动钥匙开关a2	15	0.5 蓝/橙 洗涤电动机1
	1 2.5 黑 → ○ 底盘搭铁点	16	0.75 灰 ⏚ 后桥差速接口1（轴间差速阀）
	2 2.5 黑 → ○ 底盘搭铁点	17	0.75 黑/黄 ⏚ 发动机ECU/158（起动）
	3 2.5 红 ⏚ 底盘电器盒m1（FA7）	18	0.75 黑/黄 ⏚ 空调低压开关2
	4 2.5 黑 ○ 底盘搭铁点	19	0.75 黄 ⏚ 后桥差速接口2（z轴间差速指示开关）
	5 2.5 黑 → ○ 底盘搭铁点	20	0.5 黄 ○ 油箱转换阀4
	6 6.0 红 ⏚ 底盘电器盒m2（FA5）	21	0.5 红 ○ 水位警告开关3
底盘束间绿 （插头为驾驶室线束，插座为底盘线束）		底盘束间大灰 （插头为驾驶室线束，插座为底盘线束）	
	1 0.75 绿/黑 ⏚ 中央集电盒k10（喇叭继电器J12/87）	1	1.5 红/绿 ⏚ 中央集电盒n4（F45，左近光）
	2 0.5 绿 ○ 仪表a3（驻车制动）	2	1.0 绿/黑 ⏚ 闪光器9（主车右转）
	3 0.5 蓝/黄 — 仪表a16（挂车ABS）	3	1.5 红/黄 ⏚ 中央集电盒n1（F48，小灯）
	4 0.75 绿 ○ 右上开关组a8（喇叭变换开关）	4	1.5 红/白 ⏚ 中央集电盒n3（F46，右近光）
	5 0.5 蓝/白 ○ 中央集电盒L5（ECU制动继电器J4/85），中央集电盒L8（制动灯继电器J10/85）	5	1.0 绿/黑 ⏚ 闪光器8（主车左转）
		6	1.5 红 ⏚ 中央集电盒k6（前雾灯继电器J11/87）
	6 0.75 红/绿 ⏚ 尿素电器盒14（F50，挂车ABS）	7	1.5 红/黑 ⏚ 中央集电盒c5（F23，左远光）
	7 0.5 白 ⏚ 中央集电盒c6（F22，气喇叭）	8	1.0 黄/蓝 ⏚ 闪光器11（挂车左转）
	8 0.5 绿/黑 ○ 仪表a19（气压报警）	9	0.75 红/白 ⏚ 中央集电盒L2（后雾灯继电器J3/87）
	9 0.5 黑/白 ○ 盘式制动控制器4	10	1.5 红/黄 ⏚ 中央集电盒c4（F24，右远光）
	10 0.75 绿/红 → 右上开关组a3（轮间差速开关）		
	11 0.5 白/红 ○ 仪表a1（充电D+）		
	12 0.5 红/黑 ⏚ 中央集电盒h3（F20，洗涤电源）		
	13 0.5 黄/白 ← 仪表a4（轮间差速信号）		

(续)

名 称	内 容	名 称	内 容
11	1.0 白/绿 ⊕ 闪光器 12（挂车右转）	3	0.75 蓝/黄 ⊕ 右下开关组 a1（燃油加热开关）
12	1.0 绿/白 ⊕ 制动断丝警告器 2（制动灯）	4	0.75 红 ⊕ 中央集电盒 p2（F43，ECU 唤醒）
13	1.0 红/蓝 ⊕ 中央集电盒 d1（F19，倒车）	5	0.5 白/黑 ⊖ 仪表 a21（低档指示备用）
14	0.75 白/黑 ⊕ 左开关组 6（驾驶室翻转）	6	0.75 蓝 ⊕ 中央集电盒 e4（F9）
15	0.75 黄/黑 ⊕ 右下开关组 a8（取力器开关）	7	0.75 黄/黑 ⊕ 右下开关组 a10（浮动轮锁止）
16	0.75 红 ⊕ 中央集电盒 h4（后照灯继电器 J6/87）	8	0.75 绿/红 ⊕ 右下开关组 a3（浮动轮升降）
17	0.5 白 ⊖ 仪表 b10（车速里程电源）	9	0.75 绿/白 ⊕ 制动断丝警告器 2（挂车制动）
18	0.75 黄 ⊕ 右下开关组 a2（驻车取力开关）	10	0.75 绿 ⊖ / ⊕ 油箱转换控制器 3（主油箱/副油箱）
19	1.0 黑 ⊖ 仪表 b26（搭铁），车速控制器 6	11	0.75 红 ⊕ 收放机 a5（倒车）
20	0.5 绿 ⊕ 车速控制器 2	12	1.5 黑/黄 ⊕ 尿素电器盒 9（喷液加热继电器 J15/87）
21	0.5 红/黄 ⊕ 仪表 a18（取力指示）	13	0.75 红 ⊕ / ⊖ 油箱转换控制器 2（主油箱/副油箱）

1	1.5 红/绿 ⊕ 左前组合灯 1（左近光），左大灯调节器 1	14	0.75 绿/白 — 油箱转换控制器 5（备用）
2	1.0 绿/黑 ⊕ 右前组合灯 2（右转），右后组合灯 2	15	0.75 黑/白 ⊕ 尿素电器盒 7（回液加热继电器 J16/87）
3	1.5 红/黄 ⊕ 右前组合灯 3，左前组合灯 3，挂车灯插座 3，左后示宽灯 2，右后示宽灯 2，右后组合灯 3，左后组合灯 3	16	0.75 蓝/红 ⊖ 空调束间 7（ECU 空调信号）
		17	0.75 红/白 — 油箱转换控制器 4（备用）
4	1.5 红/白 ⊕ 右前组合灯 1（右近光），右大灯调节器 1	18	1.5 黑/绿 ⊕ 尿素电器盒 3（进液加热继电器 J17/87）
5	1.0 绿/红 ⊕ 右前组合灯 2（左转），左后组合灯 2	19	1.5 黑 ← 尿素电器盒 2（搭铁）
6	1.0 红 ⊕ 右前雾灯 1，左前雾灯 1	20	2.5 蓝/红 ⊕ 尿素电器盒 13（尿素主继电器 J19/87）
7	1.5 红/黑 ⊕ 左前组合灯 4（右远光）	21	0.75 黑/蓝 ⊕ 尿素电器盒 6（泵加热继电器 J18/87）
8	1.0 黄/蓝 ⊕ 挂车灯插座 2（挂车左转）		
9	0.75 红/白 ⊕ 挂车灯插座 6，右后组合灯 1（后雾灯），左后组合灯 1	1	1.0 红/绿 ⊕ 氮氧传感器 1
		2	0.75 蓝/红 — 右大灯调节器 2，左大灯调节器 2
10	1.5 红/黄 ⊕ 右前组合灯 4（左远光）	3	0.75 蓝/黄 ⊕ 底盘电器盒 L3（水寒宝继电器 K2/86）
11	1.0 白/绿 ⊕ 挂车灯插座 8（右转）	4	0.75 红 ⊕ 发动机 ECU/159（唤醒电源），尿素 DCU/1
12	0.5 绿/白 ⊕ 右后组合灯 5，左后组合灯 5（制动灯）	9	0.75 黄/绿 ⊕ 挂车灯插座 1（挂车制动）
13	1.0 红/蓝 ⊕ (+) 变速器束间 3，倒车灯开关），空气干燥器 1	10	0.75 绿 ⊖ ←→ ⊕ 油箱转换阀 5（主油箱/副油箱）
14	0.75 白/黑 ⊕ 驾驶室翻转装置 a1	11	0.75 红 ⊕ 变速器束间 6（倒车灯开关）
15	0.75 红/黄 ⊕ 取力器电磁阀 1	12	1.0 黑/黄 ⊖ 喷液加热器 1
16	0.75 红 ⊖ 后照灯 1	13	0.75 红 ⊕ / ⊖ 油箱转换阀 6（主油箱/副油箱）
17	0.5 白 ⊖ 变速器束间 4（车速里程电源）		
18	0.75 红/白 ⊕ 驻车取力电磁阀 1	15	1.0 黑/白 ⊖ 回液加热器 1
19	2.5 黑 ⊖ 底盘搭铁点	16	0.75 蓝/红 ⊕ 发动机 ECU/152（空调信号）
20	0.5 绿 ⊔ 变速器束间 5（车速里程信号）	18	1.0 黑/绿 ⊖ 进液加热器 1
21	0.5 红/黄 ⊕ 变速器束间 8（取力指示）	19	1.5 黑 → 底盘搭铁点

底盘束间小紫　（插头为驾驶室线束，插座为底盘线束）

1	1.0 红/绿 ⊕ 中央集电盒 p1（F44，氮氧电源）	20	1.5 蓝/红 ⊕ 喷液加热器 2，回液加热器 2，进液加热器 2，尿素泵组件 6（泵加热器）
2	0.75 蓝/红 — 左开关组 1（大灯调节开关）		

(续)

底盘束间大紫

名称	内容
21	0.75 黑/蓝 尿素泵组件 5（泵加热器）
	（插头为驾驶室线束，插座为底盘线束）
1	0.5 蓝/黑 — 诊断插座 9、14（刷写 CAN）
2	0.5 蓝/黄 — 诊断插座 1、6（刷写 CAN）
3	0.5 绿/黑 — 诊断插座 11，仪表 b25，行车记录仪 a1（通信 CAN），车联盒子 11
4	0.5 绿/黄 — 诊断插座 3，仪表 b24，行车记录仪 a2，车联盒子 4
5	0.5 蓝/白 右下开关组 a12（多态开关 3）
6	0.75 绿/红 — 仪表 a7（油中积水）
7	0.75 红 离合开关 2，巡航开关 1，刮水组合开关 9（排气制动），中央集电盒 b1（F11）
8	0.5 蓝/黑 — 诊断插座 10（DCU 标定）
9	0.5 蓝/黄 — 诊断插座 2（DCU 标定）
10	0.75 绿/黑 加速踏板传感器 4（油门 2 负电）
11	0.75 棕/黄 加速踏板传感器 5（油门 2 信号）
12	0.5 蓝 加速踏板传感器 6（油门 2 电源）
13	0.75 蓝/红 中央集电盒 k1（ECU 制动继电器 J4/87）
14	0.75 蓝/红 右下开关组 a5（多态开关 1）
15	0.5 黑 仪表 a6（闪码一）
16	0.75 红 仪表 a8（闪码+），仪表 b2（预热及排放），尿素电器盒 10（喷液加热继电器 J15/86，回液加热继电器 J16/86，进液加热继电器 J17/86，尿素主继电器 J19/86）
17	0.75 黄/黑 尿素电器盒 12（尿素主继电器 J19/85）
18	0.75 白 尿素电器盒 11（喷液加热继电器 J15/85）
19	0.75 绿 加速踏板传感器 3（油门 1 负电）
20	0.75 白 加速踏板传感器 2（油门 1 信号）
21	0.75 红/黄 加速踏板传感器 1（油门 1 电源）
22	0.5 蓝/黑 中央集电盒 k2（ECU 制动继电器 J4/87a，冗余制动信号）
23	0.75 蓝 刮水组合开关 1、10（排气制动请求）
24	0.5 红/蓝 仪表 a17（排放灯）
25	0.75 黄/黑 右下开关组 b10（远程油门开关备用）
26	0.75 黑 尿素电器盒 8（回液加热继电器 J16/85）
27	0.75 绿 尿素电器盒 5（进液加热继电器 J17/85）
28	0.5 绿/黄 巡航开关 3（恢复）
29	0.5 黑/黄 巡航开关 4（取消）
30	0.5 黄/黑 巡航开关 5（减速）

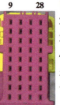

名称	内容
31	0.5 黄/红 巡航开关 6（加速）
32	0.75 蓝/红 离合器开关 1
33	0.5 黑/绿 仪表 b3（预热指示）
34	0.5 红/绿 右下开关组 b3（远程油门开关备用）
35	0.75 绿/灰 尿素电器盒 4（泵加热继电器 J18/85）
36	0.75 红/白 尿素电器盒 18（泵加热继电器 J18/86）
1	0.5 蓝/黑 — 发动机 ECU/146（刷写 CAN）
2	0.5 蓝/黄 — 发动机 ECU/145（刷写 CAN）
3	0.5 绿/黑 — 发动机 ECU/143（通信 CAN）
4	0.5 绿/黄 — 发动机 ECU/142（通信 CAN）
5	0.5 蓝/白 发动机 ECU/131（多态负电）
7	0.75 红 发动机束间 b1（ECU/224，输出电源 1）
8	0.75 蓝 — 尿素 DCU/29（CAN，标定）
9	0.75 蓝/黄 — 尿素 DCU/30（CAN，标定）
10	0.5 黑/黄 发动机 ECU/127（油门 2 负电）
11	0.5 白 发动机 ECU/108（油门 2 信号）
12	0.5 白/黄 发动机 ECU/128（油门 2 电源）
13	0.75 蓝/红 发动机 ECU/161（制动信号）
14	0.75 棕 发动机 ECU/113（多态信号）
15	0.75 黑 发动机 ECU/135（闪码一）
16	0.75 红 发动机束间 b2（ECU/274，输出电源 2）
17	0.75 黄/黑 发动机束间 b4（ECU/257，尿素主继电器控制）
18	0.75 白 发动机 ECU/121（喷液加热控制）
19	0.75 红/黑 发动机 ECU/125（油门 1 负电）
20	0.75 蓝/黑 发动机 ECU/107（油门 1 信号）
21	0.75 红/黄 发动机 ECU/124（油门 1 电源）
22	0.75 蓝/黑 发动机 ECU/162（冗余制动）
23	0.75 蓝 发动机 ECU/165（排气制动请求）
24	0.75 红/蓝 发动机 ECU/139（排放）
25	0.75 黄/黑 发动机 ECU/132（远程油门负电）
26	0.75 黄 发动机束间 b5（ECU/205，回液加热控制）
27	0.75 绿 发动机 ECU/136（进液加热控制）
28	0.75 绿/黄 发动机 ECU/164（巡航恢复）
29	0.75 黑/黄 发动机 ECU/163（巡航取消）
30	0.75 黄/黑 发动机 ECU/151（巡航减速）
31	0.75 黄/黑 发动机 ECU/168（巡航加速）
32	0.75 蓝/红 发动机 ECU/153（离合）
33	0.75 黑/绿 发动机 ECU/140（预热）

(续)

名称		内容	名称		内容
	34	0.75 灰/黑 发动机 ECU/167（远程油门）	右前雾灯	1	1.0 红 底盘束间大灰 6（J11/87）
	35	0.75 灰 尿素 DCU/33（泵加热控制）		2	1.0 黑 底盘搭铁点
	36	0.75 红/白 尿素 DCU/54（泵加热继电器供电）	右前组合灯	1	1.0 红/白 近光 底盘束间大灰 4（F46）
底盘束间棕	1	1.0 红/黑 ABS 控制器 b1（右前轮阀加压）		2	1.0 绿/黑 右转 底盘束间大灰 2
	2	1.0 黑/白 ABS 控制器 b2（左后轮阀加压）		3	0.75 红/黄 小灯 底盘束间大灰 3（F48）
	3	1.0 黄/黑 ABS 控制器 b3（左前轮阀加压）		4	1.5 红/黄 远光 底盘束间大灰 10（F24）
	4	1.0 红 ABS 控制器 b4（右前轮泄压）		6	1.5 黑 底盘搭铁点
	5	1.0 白 ABS 控制器 b5（左后轮泄压）	右大灯调节器	1	1.0 红/白 底盘束间大灰 4（F46）
	6	1.0 黄 ABS 控制器 b6（左前轮泄压）		2	0.75 绿/红 — 底盘束间小紫 2（大灯调节开关）
	8	1.0 棕 ABS 控制器 b8（右后轮阀加压）		3	0.75 黑 底盘搭铁点
	9	1.0 绿 ABS 控制器 b9（右后轮泄压）	驾驶室翻转装置	a1	0.75 白/黑 底盘束间大灰 14（翻转开关）
	10	0.75 红/黑 ABS 控制器 b10（右前轮转速）		a2	0.75 白/黑 翻转按钮 1
	11	0.75 白/黑 ABS 控制器 b11（左后轮转速）		b1	2.5 白 底盘电器盒 h4（FA1）
	12	0.75 黄/黑 ABS 控制器 b12（左前轮转速）		b2	2.5 黑 底盘搭铁点
	13	0.75 红/蓝 ABS 控制器 b13（右前轮转速）	翻转按钮	1	0.75 白/黑 驾驶室翻转装置 a2
	14	0.75 白/蓝 ABS 控制器 b14（左后轮转速）		2	0.75 黑 底盘搭铁点
	15	0.75 黄/蓝 ABS 控制器 b15（左前轮转速）	空调压力开关	1	0.75 黄 压缩机 1
	17	0.75 绿/黑 ABS 控制器 b17（右后轮转速）		2	0.75 黑/黄 底盘束间绿 18（J1/87）
	18	0.75 绿/蓝 ABS 控制器 b18（右后轮转速）	电喇叭		0.75 绿/黑 底盘束间绿 1（J12/87）
	19	2.5 黑 ← 车内搭铁点	大气温度传感器	1	0.5 黑 发动机束间 b8（ECU/232）
	1	1.0 红/黑 右前轮制动阀 3（加压）		2	0.5 蓝/红 发动机束间 b7（ECU/248）
	2	1.0 黑/白 左后轮制动阀 3（加压）	右盘式制动开关（备用）	1	0.5 黑/白 底盘束间绿 9（盘式制动控制器）
	3	1.0 黄/黑 左前轮制动阀 3（加压）		2	0.5 黑/白 左盘式制动开关 1
	4	1.0 红 右前轮制动阀 1（泄压）	右前轮转速传感器	1	0.75 棕 底盘束间棕 13（ABS /b13）
	5	1.0 白 左后轮制动阀 1（泄压）		2	0.75 黑 底盘束间棕 10（ABS /b10）
	6	1.0 黄 左前轮制动阀 1（泄压）	右前轮制动阀	1	1.0 红 底盘束间棕 4（泄压，ABS /b4）
	8	1.0 棕 右后轮制动阀 3（加压）		2	1.0 黑 底盘搭铁点
	9	1.0 绿 右后轮制动阀（泄压）		3	1.0 红/黑 底盘束间棕 1（加压，ABS /b1）
	10	0.75 黑 右前轮转速传感器 2	起动继电器（线圈）	1	0.75 黑 发动机 ECU/122
	11	0.75 棕 左后轮转速传感器 2		2	0.75 红 发动机束间 b1（ECU/224）
	12	0.75 黑 左前轮转速传感器 2	底盘搭铁点		
	13	0.75 棕 右前轮转速传感器 1			3.0 黑 ← …
	14	0.75 黑 右后轮转速传感器 1			2.5 黑 ← …
	15	0.75 棕 左后轮转速传感器 1			
	17	0.75 棕 右后轮转速传感器 2			
	18	0.75 黑 右后轮转速传感器 1			
	19	2.5 黑 → 底盘搭铁点			
洗涤电动机	1	0.5 蓝/橙 底盘束间绿 15			
	2	0.75 红/黑 底盘束间绿 12（F20）			
气喇叭电磁阀	1	0.75 白 底盘束间绿 7（F28）			
	2	0.75 绿 底盘束间绿 4（喇叭变换开关）			

(续)

名 称	内 容	名 称	内 容
前制动开关 	1　0.5 蓝/白 ⇐ 底盘束间绿 5 2　0.5 黑 → 底盘搭铁点	尿素液位温度传感器 	1　0.75 蓝/黄 ⇐ 发动机 ECU/114（液位信号） 2　0.75 蓝/白 → 发动机 ECU/131（液位负电） 3　0.75 棕/绿 ⇐ 发动机 ECU/111（温度信号） 4　0.75 蓝/白 → 发动机 ECU/131（液位负电）
氮氧传感器 	1　1.0 红/绿 ⊕ 底盘束间小紫 1（F44） 2　1.0 黑 → 底盘搭铁点 3　0.75 绿/黑 — 发动机 ECU/143（通信 CAN） 4　0.75 绿/黄 — 发动机 ECU/142（通信 CAN）	挂车灯插座 	1　0.75 黄/绿 ⊕ 底盘束间小紫 9（挂车制动） 2　1.0 黄/蓝 ⇐ 底盘束间大灰 8（挂车左转） 3　1.0 红/黄 ⇐ 底盘束间大灰 3（小灯） 4　1.5 黑 → 底盘搭铁点 6　0.75 红/白 ⇐ 底盘束间大灰 9（后雾灯） 7　0.75 红 ⊕ 变速器束间 6（倒车灯开关） 8　1.0 白/绿 ⇐ 底盘束间大灰 11（挂车右转）
进口温度传感器 	1　0.75 蓝/黑 ⇐ 发动机 ECU/116 2　0.75 黑 → 发动机 ECU/126	后照灯 	1　0.75 红 ⊕ 底盘束间大灰 16（J6/87） 2　0.75 黑 → 底盘搭铁点
尿素喷嘴阀 	1　0.75 白/黄 → 尿素 DCU/61 2　0.75 白 ⊕ 尿素 DCU/60	挂车 ABS 接口 	1　1.5 黑 → 底盘搭铁点 2　2.5 黄/白 ⊕ 底盘电器盒 h3（FA12） 3　2.5 黑 → 底盘搭铁点 4　0.75 红/绿 ⊕ 底盘束间 6（F50） 5　0.75 蓝/黄 — 底盘束间绿 3（仪表 a16）
尿素箱加热阀 	1　0.75 红 ⊕ 发动机束间 b2（ECU/274） 2　0.75 黑 → 发动机束间 b6（ECU/275）	水位报警开关 	1　0.5 黑 → 底盘搭铁点 3　0.5 红 → 底盘束间绿 21（仪表 a2）
尿素泵组件 	2　0.75 红/蓝 ⇐ 尿素 DCU/23（尿素压力 5V+） 3　0.75 黄/黑 ⇐ 尿素 DCU/13（尿素压力信号） 4　0.75 蓝/黑 → 尿素 DCU/12（尿素压力负电） 5　0.75 黑/蓝 → 底盘束间小紫 21（尿素泵加热继电器 J18/87） 6　1.0 蓝/红 ⊕ 底盘束间小紫 20（尿素主继电器 J19/87） 8　0.75 蓝/黑 → 尿素 DCU/55（尿素泵负电） 9　0.75 红 ⊕ 尿素 DCU/43（尿素泵供电） 10　0.75 蓝 — 尿素 DCU/20（尿素泵信号） 11　0.75 红/黑 → 尿素 DCU/53（尿素泵换向阀） 12　0.75 绿/黑 → 尿素 DCU/41（尿素泵换向阀）	驾驶室锁止开关 （两个） 	1　0.5 绿/黑 → 底盘束间绿 14（仪表 b18） 2　0.5 黑 → 底盘搭铁点
进液管加热器 	1　1.0 黑/绿 → 底盘束间小紫 18（进液加热继电器 J17/87） 2　1.0 蓝/红 ⊕ 底盘束间小紫 20（尿素主继电器 J19/87）	变速器束间 	1　0.5 红 ⊕ 发动机束间 b1（ECU/224） 　　—变速器处接空档开关 2　0.5 红/黑 → 发动机 ECU/154 　　—变速器处接空档开关 3　0.75 红/蓝 ⊕ 底盘束间大灰 13（F19） 　　—变速器处接倒车开关 4　0.5 白 ⊕ 底盘束间大灰 17（车速里程电源） 　　—变速器处接车速里程传感器 1 5　0.5 绿 ⊥ 底盘束间大灰 20（车速里程信号） 　　—变速器处接车速里程传感器 3 6　0.75 红 ⊕ 底盘束间小紫 11（收放机），挂车灯插座 7，右后组合灯 4，倒车蜂鸣器，左后组合灯 4 　　—变速器处接倒车开关 7　0.5 黑 → 底盘搭铁点 　　—变速器处接车速里程传感器及取力指示开关
回液管加热器 	1　1.0 黑/白 → 底盘束间小紫 15（进液加热继电器 J16/87） 2　1.0 蓝/红 ⊕ 底盘束间小紫 20（尿素主继电器 J19/87）		
喷液管加热器 	1　1.0 黑/黄 → 底盘束间小紫 12（进液加热继电器 J17/87） 2　1.0 蓝/红 ⊕ 底盘束间小紫 20（尿素主继电器 J19/87）		

(续)

名称		内容			名称		内容
	8	0.5 红/黄 ⊶ 底盘束间大灰21（取力指示）—变速器处接取力指示开关				120	0.75 黑 ⊶ 排气制动电磁阀2
取力器电磁阀	1	0.75 红/黄 ⊕ 底盘束间大灰15				121	0.75 白 ⊶ 底盘束间大紫18（喷液加热继电器J15/85）
	2	0.75 黑 ⊶ 底盘搭铁点				122	0.75 黑 ⊶ 起动机控制接口1
驻车取力电磁阀	1	0.75 红/白 ⊕ 底盘束间大灰18				124	0.75 红/黄 ⊶ 底盘束间大紫21（油门1电源）
	2	0.75 黑 ⊶ 底盘搭铁点				125	0.75 红/黑 ⊶ 底盘束间大紫19（油门1负电）
						126	0.75 黑 ⊶ 进口温度传感器2
						127	0.75 黑/黄 ⊶ 底盘束间大紫10（油门2负电）
						128	0.75 白/黄 ⊶ 底盘束间大紫12（油门2电源）
						131	0.75 蓝/白 ⊶ 底盘束间大紫5（多态开关），尿素液位温度传感器2、4
左大灯调节器	1	1.0 红/绿 ⊶ 底盘束间大灰1（F45）				132	0.75 黄/黑 ⊶ 底盘束间大紫25（远程油门），油水分离传感器3（负电）
	2	0.75 蓝/红 — 底盘束间小紫2（大灯调节开关）				135	0.75 黑 ⊶ 底盘束间大紫15（故障灯）
	3	0.75 黑 ⊶ 底盘搭铁点				136	0.75 绿 ⊶ 底盘束间大紫27（进液加热继电器J17/85）
左前雾灯	1	1.0 红 ⊕ 底盘束间大灰6（J11/87）				137	0.75 黑 ⊶ 底盘电器盒L8（预热继电器K4/85）
	2	1.0 黑 ⊶ 底盘搭铁点				138	0.75 绿/黑 ⊶ 底盘电器盒L4（缸内制动继电器K1/85）
左前组合灯	1	1.0 红/绿 近光 ⊶ 底盘束间大灰1（F48）				139	0.75 红/蓝 ⊶ 底盘束间大紫24（排放灯）
	2	1.0 绿/红 左转 ⊶ 底盘束间大灰5				140	0.75 黑/绿 ⊶ 底盘束间大紫33（预热灯）
	3	0.5 红/黄 小灯 ⊶ 底盘束间大灰3				142	0.75 绿/黄 — 底盘束间大紫4（通信CAN），氮氧传感器4，尿素DCU/26
	4	1.5 红/黑 远光 ⊶ 底盘束间大灰7（F24）				143	0.75 绿/黑 — 底盘束间大紫3（通信CAN），氮氧传感器3，尿素DCU/25
	6	1.5 黑 ⊶ 底盘搭铁点				145	0.75 蓝/黄 — 底盘束间大紫2（刷写CAN）
预热电阻		16.0 黄 ⊕ 底盘电器盒b（预热继电器触点）				146	0.75 蓝/黑 — 底盘束间大紫1（刷写CAN）
交流发电机 a b	a	16.0 白/红 ⊕ 底盘电器盒a（FA9）				151	0.75 黄/黑 ⊶ 底盘束间大紫30（巡航减速）
	b	0.5 白/红 ⊶ 底盘束间绿11（充电D+）				152	0.75 蓝/红 ⊶ 底盘束间大紫16（空调信号）
压缩机	1	0.75 黄 ⊕ 空调低压开关1				153	0.75 蓝/红 ⊶ 底盘束间大紫32（离合信号）
	2	0.75 黑 ⊶ 底盘搭铁点				154	0.75 红/黑 ⊕ 变速器束间2（空档开关）
发动机ECU 1号插座	101	2.5 红 ⊕ 底盘电器盒h1（FA10）				158	0.75 黑/黄 ⊕ 底盘束间绿17（起动请求）
	102	2.5 黑 ⊶ 底盘搭铁点				159	0.75 红 ⊕ 底盘束间小紫4（F43，唤醒电源）
	103	2.5 红 ⊕ 底盘电器盒h1（FA10）				161	0.75 蓝/红 ⊶ 底盘束间大紫13（制动信号）
	104	2.5 黑 ⊶ 底盘搭铁点				162	0.75 蓝/黑 ⊶ 底盘束间大紫22（冗余制动）
	105	2.5 红 ⊕ 底盘电器盒h1（FA10）				163	0.75 黑/黄 ⊕ 底盘束间大紫29（巡航取消）
	106	2.5 黑 ⊶ 底盘搭铁点				164	0.75 绿/黄 ⊕ 底盘束间大紫28（巡航恢复）
	107	0.75 蓝/黑 ⊶ 底盘束间大紫20（油门1信号）				165	0.75 蓝 ⊕ 底盘束间大紫23（排气制动请求）
	108	0.75 白 ⊶ 底盘束间大紫11（油门2信号）				167	0.75 灰/黑 ⊶ 底盘束间大紫34（远程油门）
	111	0.75 棕/绿 ⊶ 尿素液位温度传感器3（温度）				168	0.75 黄/红 ⊕ 底盘束间大紫31（巡航加速）
	112	0.75 黑 ⊶ 油水分离传感器2（信号）			发动机ECU 2号插座		
	113	0.75 棕 ⊶ 底盘束间大紫14（多态信号）				203	1.5 黑 ⊕ 燃油计量阀1
	114	0.75 蓝/黄 ⊶ 尿素液位温度传感器1（液位）				205	0.75 黄 ⊶ 发动机束间b5（回液加热继电器J16/85）
	116	0.75 蓝/黑 ⊶ 进口温度传感器1（信号）				206	1.5 白 ⊶ 燃油计量阀2

(续)

名 称		内 容
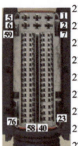	212	1.5 灰 缸套接口 1（1 缸高端）
	213	1.5 紫 缸套接口 2（1 缸低端）
	214	1.5 灰 缸套接口 3（2 缸高端）
	215	1.5 红 缸套接口 4（2 缸低端）
	216	1.5 紫 缸套接口 5（3 缸高端）
	217	1.5 红 缸套接口 6（3 缸低端）
	218	1.5 蓝 缸套接口 7（4 缸高端）
	219	1.5 绿 缸套接口 8（4 缸低端）
	220	1.5 蓝 缸套接口 9（5 缸高端）
	221	1.5 黄 缸套接口 10（5 缸低端）
	222	1.5 绿 缸套接口 11（6 缸高端）
	223	1.5 黄 缸套接口 12（6 缸低端）
	224	1.5 灰 发动机束间 b1（输出电源 1）
	225	1.0 绿 机油压力温度传感器 2（温度）
	226	1.0 棕 进气压力温度传感器 2（温度）
	227	0.75 紫 冷却液温度传感器 3（温度）
	230	0.75 红 风扇转速传感器 1（负电）
	232	0.75 红 发动机束间 b8（大气温度负电）
	233	0.75 灰 冷却液温度传感器 2（负电）
	234	1.0 黄 进气压力温度传感器 1（负电）
	235	0.75 红 — 凸轮轴传感器屏蔽
	240	1.5 蓝 电磁风扇 1（触发）
	241	0.75 绿 凸轮轴传感器 2（正端）
	242	0.75 黄 凸轮轴传感器 1（负端）
	243	0.75 白 风扇转速传感器 3（信号）
	247	1.0 紫 机油压力温度传感器 1（负电）
	248	0.75 棕 发动机束间 b7（大气温度信号）
	251	0.75 黑 风扇转速传感器 2（5V+）
	252	0.75 红 轨压传感器 3（5V+）
	255	0.75 棕 轨压传感器 1（负电）
	256	1.5 红 电磁风扇 2
	257	0.75 黑 发动机束间 b4（尿素主继电器控制）
	259	0.75 紫 曲轴传感器 1（正端）
	260	0.75 灰 曲轴传感器 2（负端）
	263	1.0 白 机油压力温度传感器 3（5V+）
	264	1.0 绿 进气压力温度传感器 3（5V+）
	266	0.75 黑 轨压传感器 2（信号）
	267	1.0 灰 机油压力温度传感器 4（压力）
	268	1.0 黑 进气压力温度传感器 4（压力）
	273	0.75 红 — 曲轴传感器屏蔽
	274	1.5 紫 发动机束间 b2（输出电源 2）
	275	1.0 白 发动机束间 b6（尿素箱加热控制）

发动机束间 a （插座为底盘线束，插头为发动机线束）

	内 容
1	0.75 红 底盘电器盒 L5（缸内制动继电器 K1/87）

名 称		内 容
	2	0.75 黑 底盘搭铁点
	4	0.75 红 底盘电器盒 L5（缸内制动继电器 K1/87）
	1	1.5 白 缸套接口 13（缸内制动电磁阀）
	2	1.5 黑 缸套接口 14（缸内制动电磁阀）
	3	1.5 绿 — 缸套接口 15（缸内制动电磁阀）
	4	1.5 灰 缸套接口 16（缸内制动电磁阀）

发动机束间 b （插座为底盘线束，插头为发动机线束）

	内 容
1	0.75 红 底盘束间大紫 7（离合开关 1，巡航开关 1，中央集电盒 b1，刮水组合开关 9），底盘电器盒 h6（缸内制动继电器 K1/86）、L7（预热继电器 K4/86），起动控制接口 2，变速器束间 1（空档开关），油水分离传感器 1
2	0.75 红 底盘束间大紫 16（仪表 a8、b2，尿素电器盒 10），尿素箱加热阀 1，排气制动电磁阀 1
4	0.75 黄/黑 底盘束间大紫 17（尿素主继电器 J19/85）
5	0.75 黄 底盘束间大紫 26（回液加热继电器 J16/85）
6	0.75 黑 尿素箱加热阀 2
7	0.75 蓝/红 大气温度传感器 2（信号）
8	0.75 黑 大气温度传感器 1（负电）

	内 容
1	1.5 灰 发动机 ECU/224（输出电源 1）
2	1.5 紫 发动机 ECU/274（输出电源 2）
4	0.75 黑 发动机 ECU/257（尿素主继电器控制）
5	0.75 黄 发动机 ECU/205（回液加热控制）
6	1.0 白 发动机 ECU/275（尿素箱加热控制）
7	0.75 棕 发动机 ECU/248（大气温度信号）
8	0.75 红 发动机 ECU/232（大气温度负电）

燃油计量阀

	内 容
1	1.5 黑 发动机 ECU/203（高端）
2	1.5 白 发动机 ECU/206（低端）

凸轮轴转速传感器

	内 容
1	0.75 白/紫 发动机 ECU/242（负端）
2	0.75 紫/橙 发动机 ECU/241（正端）

轨压传感器

	内 容
1	0.75 棕 发动机 ECU/255（负电）
2	0.75 黑 发动机 ECU/266（信号）
3	0.75 红 发动机 ECU/252（5V+）

曲轴转速传感器

	内 容
1	0.75 白/紫 发动机 ECU/259（正端）
2	0.75 紫/橙 发动机 ECU/260（负端）

电磁风扇

	内 容
1	1.5 蓝 发动机 ECU/240
2	1.5 红 发动机 ECU/256

(续)

名称	内容	名称	内容
风扇转速传感器	1　0.75 红 ⎓→ 发动机ECU/230（负电） 2　0.75 黑 ⎓→ 发动机ECU/251（5V+） 3　0.75 白 ⎓→ 发动机ECU/243（信号）	左盘式制动开关	1　0.5 黑/白 ⎓→ 右盘式制动开关2 2　0.5 黑 →底盘搭铁点
进气压力温度传感器	1　1.0 黄 ⎓→ 发动机ECU/234（负电） 2　1.0 棕 ⎓→ 发动机ECU/226（温度） 3　1.0 绿 ⎓→ 发动机ECU/264（5V+） 4　1.0 黑 ⎓→ 发动机ECU/268（压力）	水寒宝	2.5 红 ⎓→ 底盘电器盒L1（K2/87） 2.5 黑 →底盘搭铁点
冷却液温度传感器	2　0.75 灰 ⎓→ 发动机ECU/233（负电） 3　0.75 紫 ⎓→ 发动机ECU/227（信号）	油箱转换阀	2　0.75 黄/白 → 左油箱传感器1 3　0.75 黄/白 → 右油箱传感器1 4　0.75 黄 ⎓→ 底盘束间绿20（仪表a12） 5　0.75 绿 ⎓→/⎓→ 底盘束间大紫 10（油箱转换控制器3） 6　0.75 红 ⎓→/⎓→ 底盘束间大紫 10（油箱转换控制器2）
机油压力温度传感器	1　1.0 紫 ⎓→ 发动机ECU/247（负电） 2　1.0 绿 ⎓→ 发动机ECU/225（温度） 3　1.0 白 ⎓→ 发动机ECU/263（5V+） 4　1.0 灰 ⎓→ 发动机ECU/267（压力）		
缸套接口（喷油器及缸内制动电磁阀）	1　1.5 灰 ⎓→ 发动机ECU/212（1缸高端） 2　1.5 紫 ⎓→ 发动机ECU/213（1缸低端） 3　1.5 灰 ⎓→ 发动机ECU/214（2缸高端） 4　1.5 红 ⎓→ 发动机ECU/215（2缸低端） 5　1.5 紫 ⎓→ 发动机ECU/216（3缸高端） 6　1.5 红 ⎓→ 发动机ECU/217（3缸低端） 7　1.5 蓝 ⎓→ 发动机ECU/218（4缸高端） 8　1.5 绿 ⎓→ 发动机ECU/219（4缸低端） 9　1.5 蓝 ⎓→ 发动机ECU/220（5缸高端） 10　1.5 黄 ⎓→ 发动机ECU/221（5缸低端） 11　1.5 绿 ⎓→ 发动机ECU/222（6缸高端） 12　1.5 黄 ⎓→ 发动机ECU/223（6缸低端） 13　1.5 白 ⎓→ 发动机束间a1（缸内制动） 14　1.5 黑 ⎓→ 发动机束间a2（缸内制动） 15　1.5 绿 — 发动机束间a3（缸内制动） 16　1.5 灰 ⎓→ 发动机束间a4（缸内制动）	排气制动电磁阀	1　0.75 红 ⎓→ 发动机束间b2（ECU/274） 2　0.75 黑 ⎓→ 发动机ECU/120
		左油箱传感器	1　0.75 黄/白 ⎓→ 油箱转换阀2 2　0.75 黑 → 底盘搭铁点
		右油箱传感器	1　0.75 黄/白 ⎓→ 油箱转换阀3 2　0.75 黑 → 底盘搭铁点
		底盘电器盒	a　16.0 白/红 ⎓→ 交流发电机a —　底盘电器盒内接熔断器FA9
			b　16.0 黄 → 预热电阻 —　底盘电器盒内接预热继电器K4/87
			c　2.5 红/绿 ⎓→ 记忆电源接点（蓄电池正极） —　底盘电器盒内FA7、FA10~FA13（输入）
			d　10.0 白 ⎓→ 底盘30电源接点（中央集电盒） —　底盘电器盒内接熔断器FA8（输出）
油水分离传感器	1　1.0 红 ⎓→ 发动机束间1（ECU/224） 2　0.75 黑 ⎓→ 发动机ECU/112（信号） 3　0.75 黄/黑 ⎓→ 发动机ECU/132（负电）		m1　3.0 红 ⎓→ 底盘束间小灰3（中央集电盒a2） —　底盘电器盒内接熔断器FA7（输出） m2　6.0 红 ⎓→ 底盘束间小灰6（起动钥匙开关a2） —　底盘电器盒内接熔断器FA5（输出）
左前轮制动阀	1　1.0 黄 ⎓→ 底盘束间棕6（泄压，ABS/b6） 2　1.0 黑 → 底盘搭铁点 3　1.0 黄/黑 ⎓→ 底盘束间棕3（加压，ABS/b3）		L1　2.5 红 → 水寒宝 —　底盘电器盒内接水寒宝继电器K2/87 L2　0.75 黑 ⎓→ 底盘搭铁点 —　底盘电器盒内接水寒宝继电器K2/85 L3　0.75 蓝/黄 ⎓→ 底盘束间小紫3（燃油加热开关） —　底盘电器盒内接水寒宝继电器K2/86 L4　0.75 绿/黑 ⎓→ 发动机ECU/138
左前轮转速传感器	1　0.8 棕 ∩ 底盘束间棕15（ABS/b15） 2　0.8 黑 ∩ 底盘束间棕12（ABS/b12）		

名　称	内　容	名　称	内　容
	— 底盘电器盒内接缸内制动继电器 K1/85		5　0.75 黄/白 ⇐ 底盘束间绿 13（仪表 a4）
	L5　0.75 红 ⇒ 发动机束间 a1、a4（缸内制动阀）		— 下接轮间差速指示开关
	— 底盘电器盒内接缸内制动继电器 K1/87		7　0.75 黑 ⇒ 底盘搭铁点
	L7　0.75 红 ⇒ 发动机束间 b1（ECU/224）		— 下接轴间差速电磁阀，轴间差速指示开关，轮间差速电磁阀，轮间差速指示开关（搭铁）
	— 底盘电器盒内接预热继电器 K4/86	尿素 DCU	1　0.75 红 ⇒ 底盘束间小紫 4（F43，唤醒电源）
	L8　0.75 黑 ⇒ 发动机 ECU/137		4　0.75 红/白 ⇒ 底盘电器盒 h2（FA11）
	— 底盘电器盒内接预热继电器 K4/85		12　0.75 蓝/黑 ⇐ 尿素泵组件 4（压力负电）
	L9　0.75 绿 ⇒ 尿素 DCU/138		13　0.75 黄/黑 ⇒ 尿素泵组件 3（压力信号）
	— 底盘电器盒内接 DCU 主继电器 K3/85		20　0.75 蓝 — 尿素泵组件 10（尿素泵信号）
	L10　2.5 红 ⇒ 尿素 DCU/57		23　0.75 红/蓝 ⇒ 尿素泵组件 2（压力 5V+）
	— 底盘电器盒内接 DCU 主继电器 K3/87		25　0.75 绿/黑 — 发动机 ECU/143（CAN），氮氧传感器 3
	h1　4.0 红 ⇒ ECU/K1、K3、K5（主电源）		
	— 底盘电器盒内接熔断器 FA10（输出）		26　0.75 绿/黄 — 发动机 ECU/142（CAN），氮氧传感器 4
	h2　0.75 红/白 ⇒ 尿素 DCU/4		
	— 底盘电器盒内接熔断器 FA11（输出）		29　0.75 蓝/黑 — 底盘束间大紫 8（诊断插座 10，标定）
	h3　2.5 黄/白 ⇒ 挂车 ABS 接口 2		
	— 底盘电器盒内接熔断器 FA12（输出）		30　0.75 蓝/黄 — 底盘束间大紫 9（诊断插座 2，标定）
	h4　2.5 白 ⇒ 驾驶室翻转装置 b1		
	— 底盘电器盒内接熔断器 FA1（输出）		33　0.75 灰 ⇒ 底盘束间大紫 35（泵加热继电器 J18/85）
	h6　0.75 红 ⇐ 发动机束间 b1（ECU/224）		
	— 底盘电器盒内接缸内制动继电器 K1/86		38　0.75 绿 ⇒ 底盘电器盒 L9（DCU 主继电器 K3/85）
记忆电源接点	（经电源总开关输入接点与蓄电池正极连接）		
	2.5 红/绿 ⇒ 底盘电器盒 c（FA7、FA10～FA13）		41　0.75 绿/黑 ⇒ 尿素泵组件 12（反向阀）
气压警告开关	（两个）		43　0.75 红 ⇒ 尿素泵组件 9（尿素泵供电）
	1　0.5 绿/黑 ⇐ 底盘束间绿 8（仪表 a19）		53　0.75 红/黑 ⇒ 尿素泵组件 11（反向阀）
	2　0.5 黑 ⇒ 底盘搭铁点		54　0.75 红/白 ⇒ 底盘束间大紫 36（泵加热继电器 J18/86）
底盘搭铁点	（经底盘大梁接点与蓄电池负极连接）		
	6.0 黑 4.0 黑×3 2.5 黑×5 1.0 黑×2		55　0.75 蓝/黑 ⇐ 尿素泵组件 8（尿素泵负电）
			57　2.5 红 ⇒ 底盘电器盒 L10（DCU 主继电器 K3/87）
空气干燥器			58　2.5 黑 ⇒ 底盘搭铁点
	1　1.0 红/蓝 ⇒ 底盘束间大灰 13（F19）		60　0.75 白 ⇒ 尿素喷嘴电磁阀 2
	2　1.0 黑 ⇒ 底盘搭铁点		61　0.75 白/黄 ⇒ 尿素喷嘴电磁阀 1
左后示宽灯		右后示宽灯	
	1　0.75 黑 ⇒ 底盘搭铁点		1　0.75 黑 ⇒ 底盘搭铁点
	2　0.75 红/黄 ⇒ 底盘束间大灰 3（F48）		2　0.75 红/黄 ⇒ 底盘束间大灰 3（F48）
后桥差速接口		右后轮电磁阀	
	1　0.75 灰 ⇒ 底盘束间绿 16（轮间差速开关）		1　1.0 绿 ⇒ 底盘束间棕 9（泄压，ABS /b9）
	3　— 下接轴间差速电磁阀		2　1.0 黑 ⇒ 底盘搭铁点
	2　0.75 黄 ⇒ 底盘束间绿 19（仪表 a4）		3　1.0 棕 ⇒ 底盘束间棕 8（加压，ABS /b8）
	— 下接轴间差速指示开关	后制动开关	
	4　0.75 绿/红 ⇒ 底盘束间绿 10（轮间差速开关）		1　0.75 蓝/白 ⇒ 底盘束间绿 5
	— 下接轮间差速电磁阀		2　0.75 黑 ⇒ 底盘搭铁点

(续)

名称	内容
左后轮电磁阀	1 1.0 白 底盘束间棕 5（泄压，ABS /b5） 2 1.0 黑 底盘搭铁点 3 1.0 黑/白 底盘束间棕 2（加压，ABS /b1）
左后轮转速传感器	1 0.75 黑 底盘束间棕 14（ABS /b14） 2 0.75 棕 底盘束间蓝 11（ABS /b11）
右后轮转速传感器	1 0.75 黑 底盘束间蓝棕 18（ABS /b18） 2 0.75 棕 底盘束间棕 17（ABS /b17）
驻车制动开关	1 0.75 绿 底盘束间绿 2（仪表 a3） 2 0.75 黑 底盘搭铁点
倒车蜂鸣器	1 0.75 黑 底盘搭铁点 2 0.75 红 变速器束间 6（倒车灯开关）
右后组合灯	1 0.75 红/白 后雾灯 底盘束间大灰 9 2 1.0 绿/黑 右转 底盘束间大灰 2 3 1.0 红/黄 小灯 底盘束间大灰 3（F48） 4 0.75 红 倒车 变速器束间 6 5 0.75 绿/白 制动 底盘束间大灰 12 6 1.0 黑 底盘搭铁点
右后组合灯	1 0.75 红/白 后雾灯 底盘束间大灰 9 2 1.0 绿/红 右转 底盘束间大灰 5 3 1.0 红/黄 小灯 底盘束间大灰 3（F48） 4 0.75 红 倒车 变速器束间 6 5 0.75 绿/白 制动 底盘束间大灰 12 6 1.0 黑 底盘搭铁点

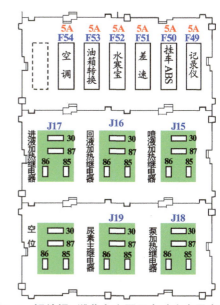

图6-4　解放悍V潍柴自主国四电喷汽车尿素电器盒图

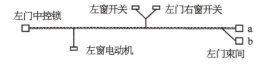

图6-2　解放悍V潍柴自主国四电喷汽车左门线束布局图

图6-3　解放悍V潍柴自主国四电喷汽车右门线束布局图

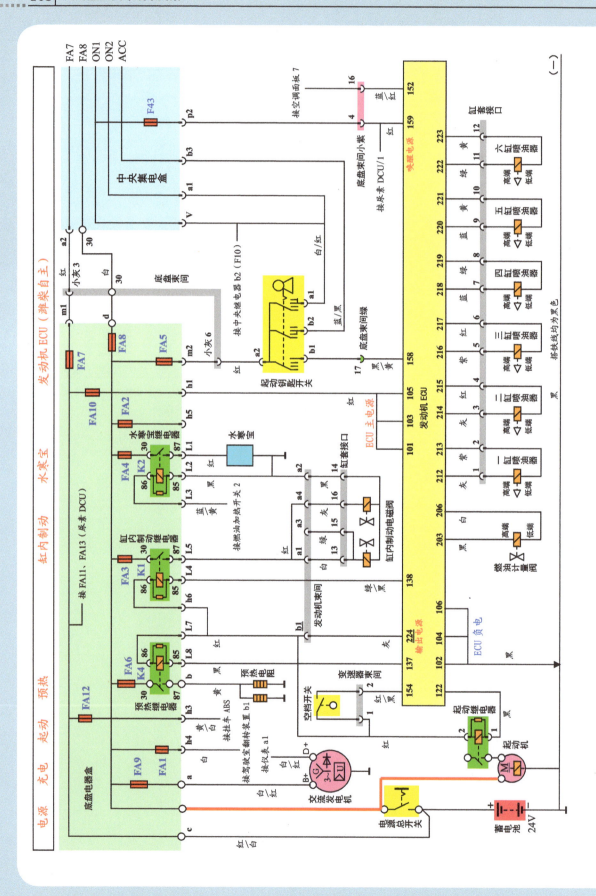

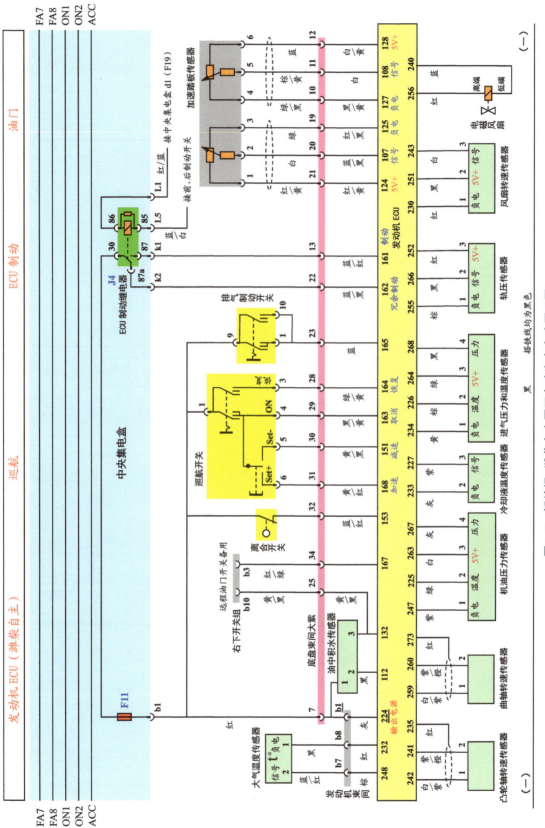

图6-5 解放悍V潍柴自主国四电喷汽车电路原理图（一）

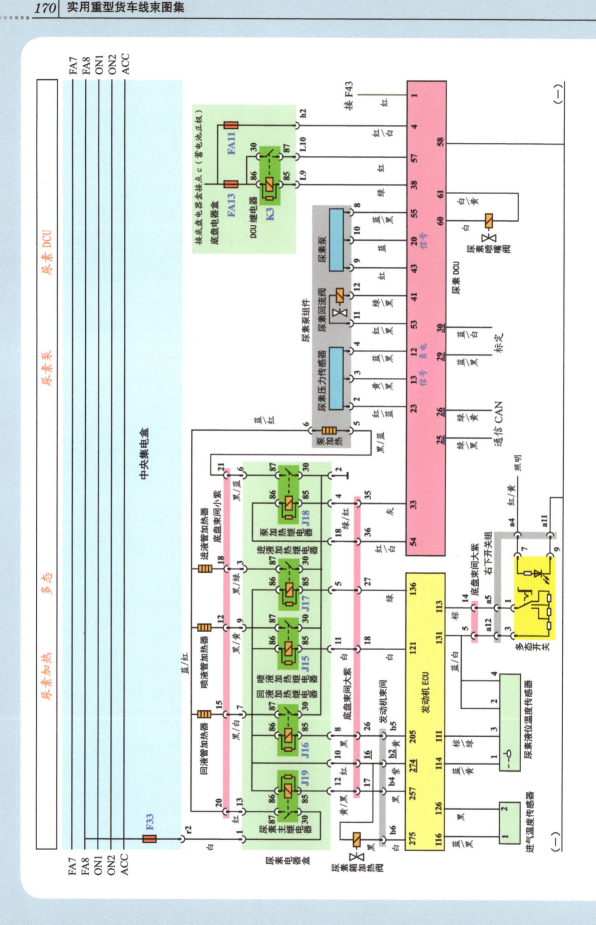

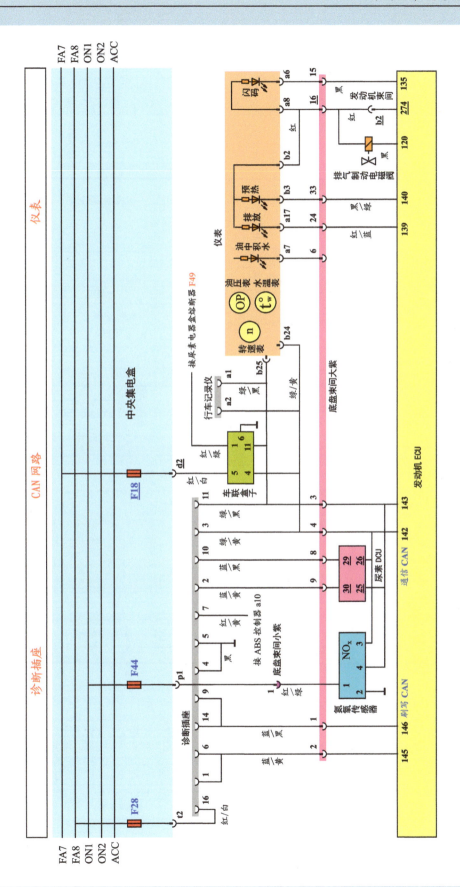

图6-5 解放悍V潍柴自主国四电喷汽车电路原理图（续）

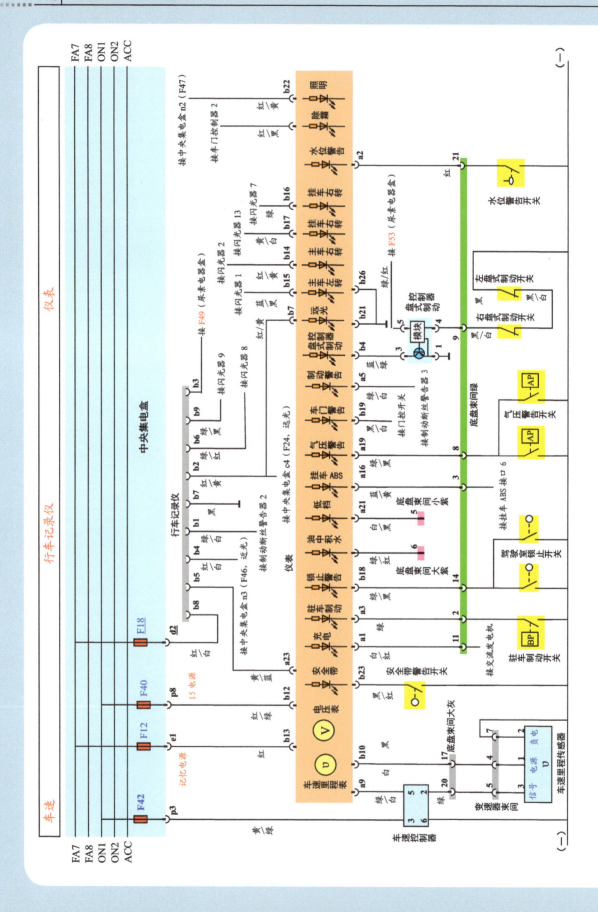

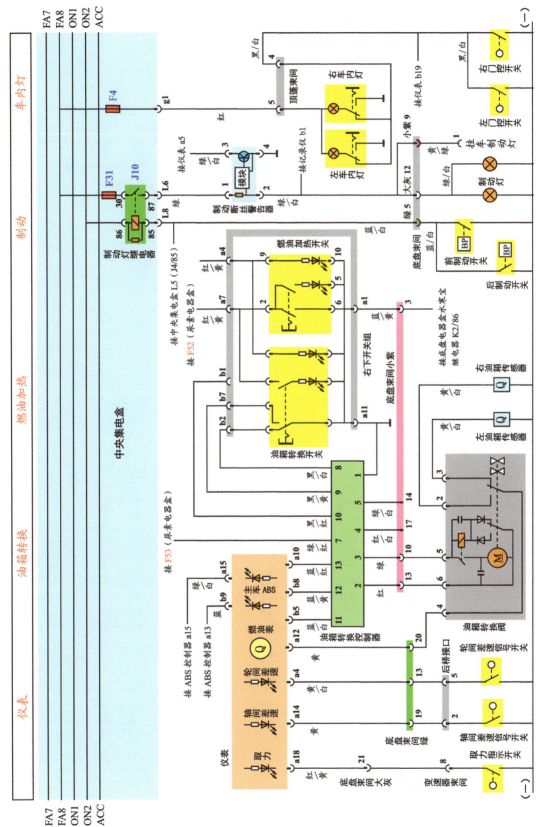

图6-5 解放悍V潍柴自主国四电喷汽车电路原理图（续）

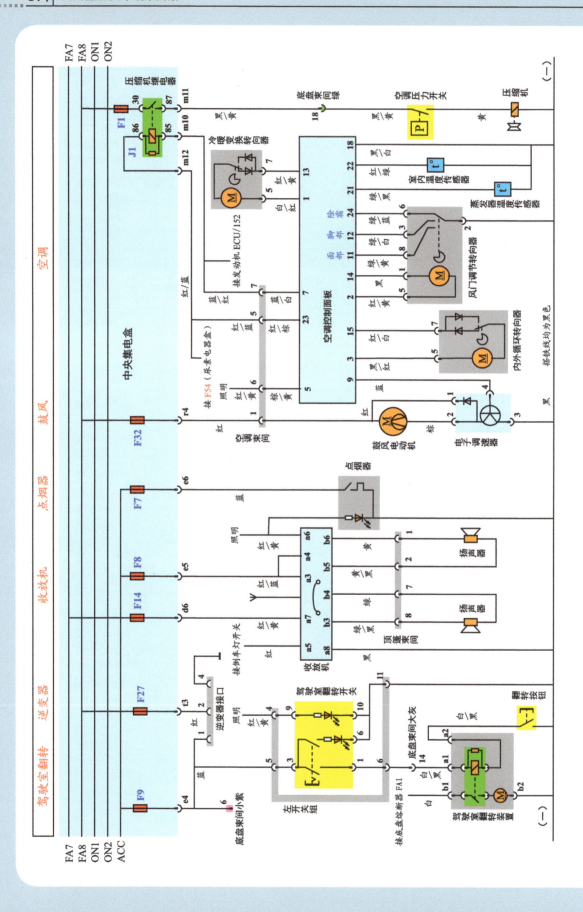

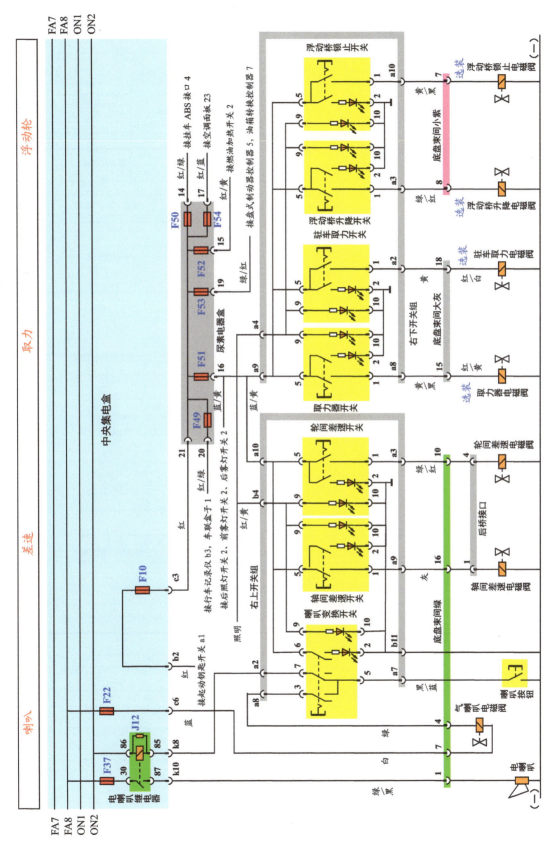

图6-5 解放悍V潍柴自主国四电喷汽车电路原理图（续）

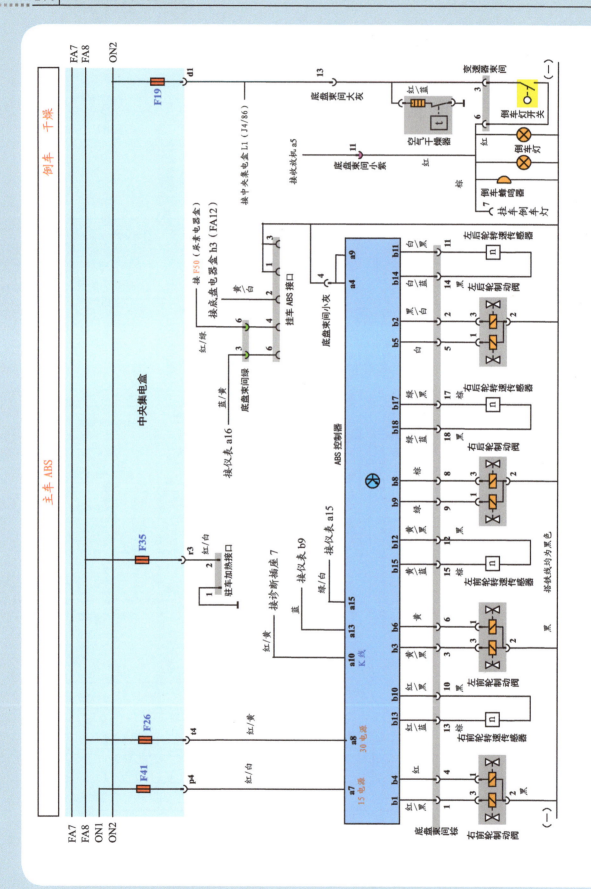

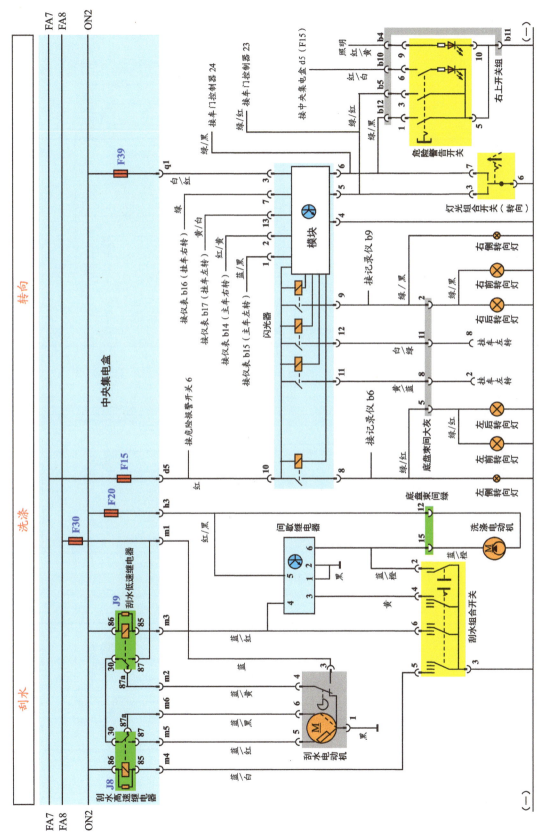

图6-5 解放悍V潍柴自主国四电喷汽车电路原理图（续）

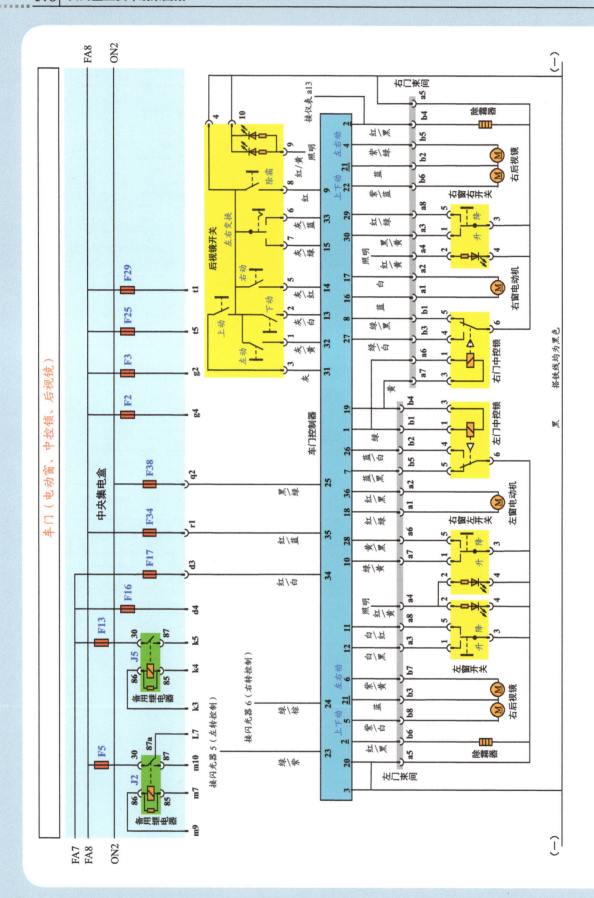

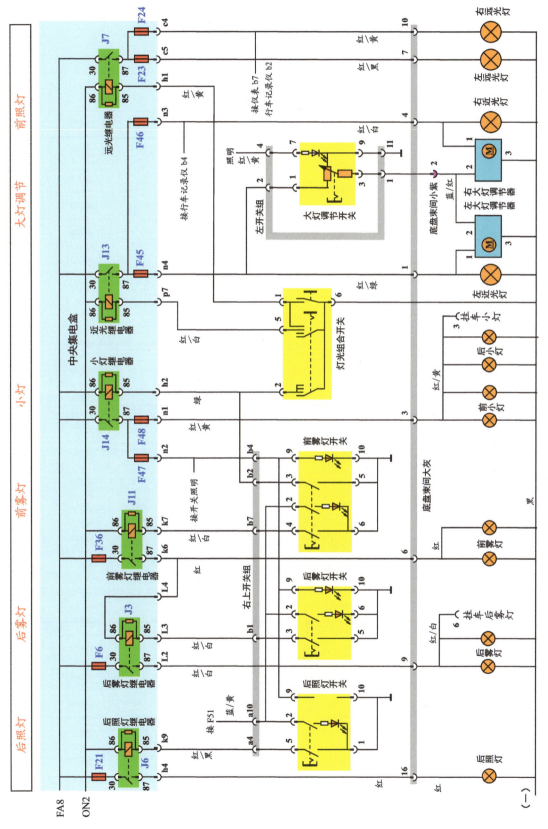

图6-5 解放悍V潍柴自主国四电喷汽车电路原理图（续）

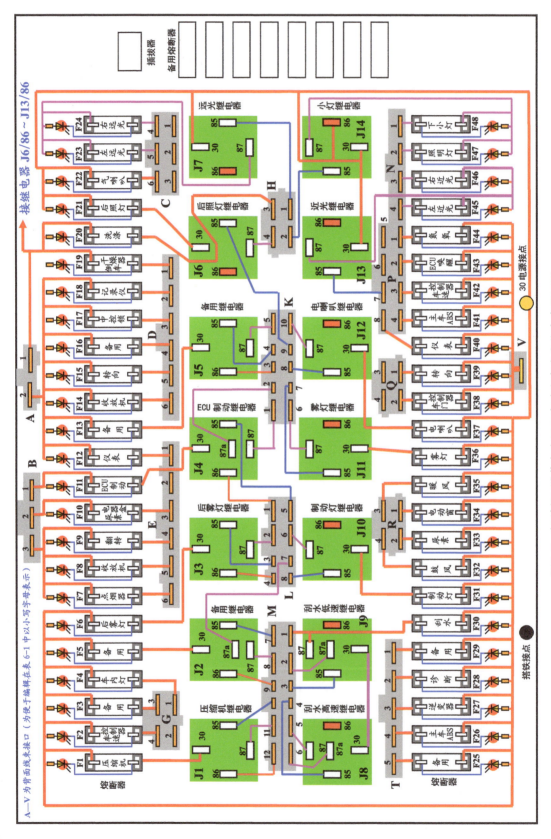

图6-6 解放悍V潍柴自主国四电喷汽车中央集电盒原理图

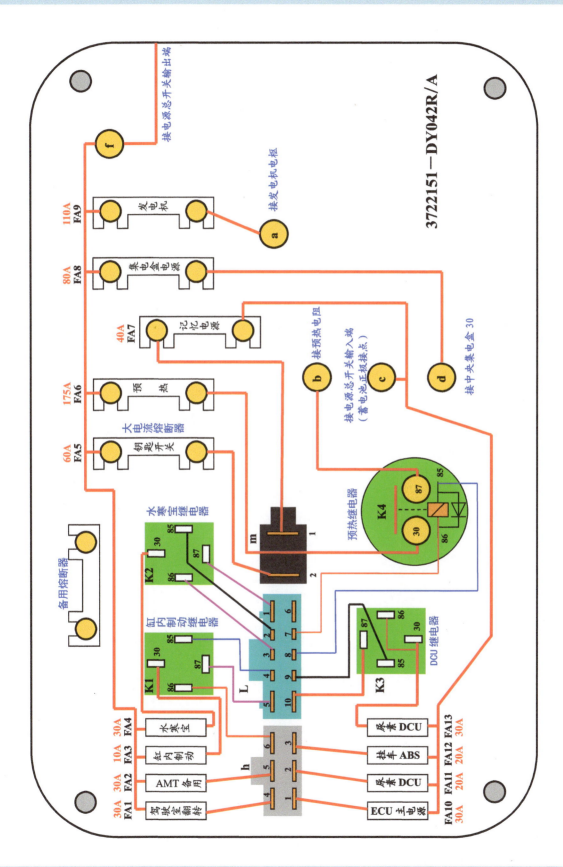

图6-7 解放悍V潍柴自主国四电喷汽车底盘电器盒原理图

七、解放龙 V 锡柴电装国四电喷牵引车

　　型号为 CA4085PK2E4A80，由一汽解放青岛汽车有限公司生产，发动机型号为锡柴电装 CA4DLD—17E4R。线束布局图见图 7-1，线束剖析表见表 7-1，电路原理图见图 7-2，中央集电盒原理图见图 7-3、图 7-4。

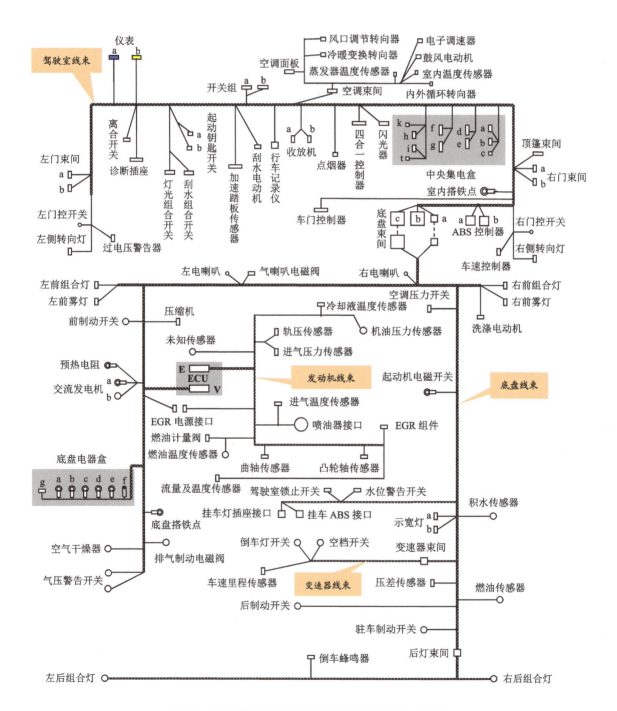

图 7-1　解放龙 V 锡柴电装国四电喷牵引车线束布局图

表7-1　解放龙V锡柴电装国四电喷牵引车线束剖析表

名称		内容	名称		内容
左侧转向灯	1	0.75 绿/红 闪光器 1		8	0.5 红 中央集电盒 h1（主继电器 J14/5）
	2	0.75 黑 搭铁		9	0.5 绿/白 车速控制器 5（信号）
左门控开关		0.5 黑/白 仪表 b19，顶篷束间 4，记录仪 4		12	0.5 黄 底盘束间 c32（燃油传感器）
				14	0.75 黄 底盘束间 c23（轴间差速指示）
过电压警告器	1	0.5 黑/绿 中央集电盒 i1（F16）		15	0.5 绿/白 — ABS 控制器 a15
	2	0.5 黑 搭铁		16	0.5 蓝/黄 — 底盘束间 c44（挂车 ABS）
左门束间 a	1	1.0 红/绿 / 车门控制器 18（升/降）		17	0.5 白/蓝 底盘束间 c67（ECU/V25，排放指示）
		— 左门内接左窗电动机		18	0.5 红/黄 底盘束间 c12（取力指示开关）
	2	1.0 红/黑 / 车门控制器 36（升/降）		19	0.5 绿/黑 底盘束间 c14（气压报警开关）
		— 左门内接左窗电动机		20	0.5 绿/黑 底盘束间 c30（空气滤清备用）
	3	0.5 白/黑 车门控制器 12（左窗升控制）		22	0.75 黑 底盘束间 c81（车速里程负电）
		— 左门内接左开关组		23	0.5 黄蓝 记录仪 5（车速信号）
	4	0.5 红/黄 中央集电盒 f1（J12/5，小灯）	仪表 b	1	0.5 蓝/黑 底盘束间 c63（ECU/V28，排气制动指示）
		— 左门内接左开关组（照明）		2	0.75 蓝/黄 — 底盘束间 c33（备用）
	5	0.5 黑 搭铁		3	0.5 黑/绿 底盘束间 c65（ECU/V7，预热）
		— 左门内接左开关组（搭铁）		7	0.5 红/黄 中央集电盒 a6（远光指示）
	6	0.5 黄/黑 车门控制器 28（右窗降控制）		10	0.5 白 底盘束间 c83（车速里程电源）
		— 左门内接左开关组		12	0.75 红/绿 中央集电盒 e10（F5，ON 电源）
	7	0.5 绿/黄 车门控制器 10（右窗升控制）		13	0.75 红/白 中央集电盒 f12（F35，记忆电源）
		— 左门内接左开关组		14	0.5 绿/黑 闪光器 3（右转指示）
	8	0.5 白/红 车门控制器 11（左窗降控制）		15	0.5 绿/红 闪光器 1（左转指示）
		— 左门内接左开关组		18	0.5 绿/黑 底盘束间 c15（驾驶室锁止开关）
左门束间 b	1	0.75 绿 / 车门控制器 1（开锁/闭锁）		19	0.5 黑/白 左、门控开关
		— 左门内接左中控锁		21	0.75 黑 搭铁
	2	0.5 蓝/白 — 车门控制器 26		22	0.5 红/黄 中央集电盒 f1（J12/5，小灯）
	3	0.75 蓝 / 车门控制器 21（公共端）		24	0.5 蓝/黄 — 底盘束间 c80（ECU/V37），诊断插座 3（通信 CAN）
		— 左门内接左后视镜（左动上动/右动下动）		25	0.5 蓝/黑 — 底盘束间 c79（ECU/V17），诊断插座 11（通信 CAN）
	4	0.75 黄 / 车门控制器 19（开锁/闭锁）		26	0.75 黑 搭铁
		— 左门内接左中控锁	离合开关	1	0.5 蓝 底盘束间 c62（ECU/V55）
	5	0.5 蓝/黑 — 车门控制器 7		2	0.5 红 中央集电盒 h1（主继电器 J14/5）
	6	0.75 红/黑 车门控制器 2	诊断插座	3	0.5 蓝/黄 — ABS 控制器 a3，仪表 b24，底盘束间 c80（ECU/V37，CAN）
		— 左门内接左后视镜（加热除霜）		4	0.75 黑 搭铁
	7	0.75 紫/黄 / 车门控制器 6		5	0.75 黑 搭铁
		— 左门内接左后视镜（左动/右动）		6	0.5 绿/黄 — 底盘束间 c91（ECU/V36，CAN）
	8	0.75 紫/白 / 车门控制器 5		7	0.5 白/绿 — ABS 控制器 a10，底盘束间 c92（ECU/V77，CAN）
		— 左门内接左后视镜（上动/下动）		11	0.5 蓝/黑 — ABS 控制器 a1，仪表 b25，底盘束间 c79（ECU/V17，CAN）
仪表 a	1	0.5 白/红 底盘束间 c25（充电 D+）		14	0.5 绿/黑 — 底盘束间 c90（ECU/V16，CAN）
	2	0.5 黄 四合一控制器 7（水位）		16	0.5 红 中央集电盒 d6（F26）
	3	0.5 绿 底盘束间 c17（驻车制动开关）			
	4	0.75 黄/白 底盘束间 c24（轮间差速指示）			
	6	0.5 绿/黄 底盘束间 c78（ECU/V9，故障灯）			
	7	0.75 蓝 底盘束间 c31（油中积水传感器）			

(续)

名　称	内　容
起动钥匙开关	a1　3.0 白/红　　ON ⊕→中央集电盒 c（F1～F8 上、F19 左、F20 右、F21 下） a2　3.0 红　⊕→底盘束间 a2（FA5） b1　0.75 黑/黄　⊕→底盘束间 c27（ECU/V12，起动继电器） b2　2.5 蓝/黑　ACC ⊕→中央集电盒 g11（F11～F12 上、F13 左、F14 右）
灯光组合开关（灯光、转向）	1　0.5 红/黄　⊕→中央集电盒 d3、d4（左远光继电器 J10/1，右远光继电器 J11/1） 2　0.5 绿　⊕→中央集电盒 f2（小灯继电器 J12/1） 3　0.5 黄/红　⊕→闪光器 4（左转控制） 5　0.5 红/白　⊕→中央集电盒 h5（近光继电器 J4/1） 6　0.75 黑　搭铁 7　0.5 黄/黑　⊕→闪光器 5（右转控制）
刮水组合开关（刮水、排气制动、喇叭）	1　0.5 红　⊕→中央集电盒 h1（主继电器 J14/5） 2　0.5 蓝/黄　⊕→四合一控制器 11，底盘束间 c28（洗涤电动机） 3　0.5 黑　搭铁 4　0.5 黄　⊕→四合一控制器 5（间歇控制） 5　0.5 蓝/白　⊕→中央集电盒 e9（刮水高速继电器 J2/1，高速控制） 6　0.5 蓝/红　⊕→中央集电盒 d1（刮水低速继电器 J1/1，低速控制） 9　0.5 蓝　⊕→底盘束间 c73（ECU/V56，排气制动请求） 13　0.5 黑/蓝　⊕→开关组束间 b7（喇叭变换开关）
加速踏板传感器	1　0.75 红　⊕→底盘束间 c84（ECU/V50，油门 1 电源） 2　0.75 黄　⊕→底盘束间 c85（ECU/V47，油门 1 信号） 3　0.75 白　⊕→底盘束间 c86（ECU/V45，油门 1 负电） 4　0.75 白/绿　⊕→底盘束间 c76（ECU/V65，油门 2 负电） 5　0.75 黄/绿　⊕→底盘束间 c75（ECU/V67，油门 2 信号） 6　0.75 红/绿　⊕→底盘束间 c74（ECU/V51，油门 2 电源）
刮水电动机	1　0.75 黑　搭铁 3　0.75 蓝　⊕→中央集电盒 e6（F20） 4　0.75 蓝/黄 ⊕/⊖ 中央集电盒 b4（刮水低速继电器 J1/4，复位时/复位后） 5　0.75 蓝/红　⊕→中央集电盒 a8（刮水高速继

名　称	内　容
	电器 J2/5，高速） 6　0.75 蓝/黑　⊕→中央集电盒 a7（刮水高速继电器 J2/4，低速）
开关组 a	1　0.75 红/白　⊕→底盘束间 c41（后雾灯） 2　0.5 绿　⊕→中央集电盒 f2（小灯继电器 J12/1） 4　0.5 红/黄　⊕→中央集电盒 f1（J12/5，小灯） 5　0.5 黄/黑　⊕→闪光器 5（右转控制） 6　0.5 红　⊕→中央集电盒 h4（雾灯继电器 J13/5） 7　0.5 红/白　⊕→中央集电盒 f3（雾灯继电器 J13/1） 11　0.5 黑　搭铁 12　0.5 黄/红　⊕→闪光器 4（左转控制） 1　0.75 红/白　⊕→后雾灯开关 9 2　0.75 绿　⊕→前雾灯开关 7（小灯控制） 4　0.5 红/黄　照明 ⊕→危险警告开关 1，前雾灯开关 1，后雾灯开关 1，喇叭变换开关 1 5　0.5 黄/黑　⊕→危险警告开关 9（右转控制） 6　0.75 红　⊕→后雾灯开关 5 7　0.75 红/黄　⊕→前雾灯开关 8（前雾灯控制） 11　0.75 黑　搭铁 12　0.5 黄/红　⊕→危险警告开关 7（左转控制）
开关组 b	2　0.75 蓝　⊕→中央集电盒 i7（喇叭继电器 J7/1） 7　0.75 黑/蓝　⊕→刮水组合开关 13（喇叭按钮） 8　0.75 绿　⊕→底盘束间 c18（气喇叭电磁阀） 9　0.75 红/白　─ 底盘束间 c48（备用） 10　1.0 蓝/黄　⊕→中央集电盒 e2（f7） 2　0.75 蓝　⊕→喇叭变换开关 3（电喇叭控制） 7　0.75 黑/蓝　⊕→喇叭变换开关 5 8　0.5 绿　⊕→喇叭变换开关 7（气喇叭控制） 10　0.75 蓝/黄　⊕→危险警告开关 6，前雾灯开关 10，喇叭变换开关 6
危险警告开关	1　0.75 红/黄　⊕→开关组 a4（J12/5，照明） 2　0.75 黑　搭铁 5　0.75 黑　搭铁 6　0.75 蓝/黄　显示灯　⊕→开关组 b10（F7） 7　0.5 黄/红　⊕→开关组 a12（闪光器 4，左转控制） 9　0.5 黄/黑　⊕→开关组 a5（闪光器 5，右转控制）
前雾灯开关	1　0.75 红/黄　⊕→开关组 a4（J12/5，照明） 2　0.75 黑　搭铁 5　0.75 黑　搭铁 6　0.75 黑　搭铁 7　0.75 绿　⊕→开关组 a2（中央集电盒 f2，小灯继电器 J12/1） 8　0.75 红/黄　⊕→开关组 a7（中央集电盒 f3，前雾灯继电器 J13/1） 10　0.75 蓝/黄　显示灯　⊕→开关组 b10（F7）

名　称	内　容	名　称	内　容
后雾灯开关	1　0.75 红/黄 ⏚ 开关组 a4（J12/5，照明） 2　0.75 黑　搭铁 5　0.75 红 ← 开关组 a6（中央集电盒 h4，雾灯继电器 J13/5） 9　0.75 红/白 → 开关组 a1（后雾灯） 10　0.75 黑　搭铁		2　0.5 蓝/红 ← 中央集电盒 d2（刮水低速继电器 J1/1） 5　0.5 黄 → 刮水组合开关 4（间歇控制） 7　0.5 黄 ← 仪表 a2（水位） 8　0.75 白/红 ⏚ 中央集电盒 b3（F19） 9　1.5 黑　搭铁 10　0.5 红 → 底盘束间 c10（水位报警开关） 11　0.5 蓝/黄 → 刮水组合开关 2（间歇洗涤） 12　0.5 黄/绿 — 底盘束间 c43（备用）
喇叭变换开关	1　0.75 红/黄 ⏚ 开关组 a4（J12/5，照明） 2　0.75 黑　搭铁 3　0.75 蓝 → 开关组 b2（中央集电盒 i7，喇叭继电器 J7/1） 5　0.75 黑/蓝 → 开关组 b7（喇叭按钮） 6　0.75 蓝/黄　显示灯 ⏚ 开关组 b10（F7） 7　0.5 绿 ← 开关组 b8（气喇叭电磁阀） 10　0.75 黑　搭铁	闪光器	1　1.0 绿/红 ⏚ 左侧转向灯 1，仪表 b15，记录仪 6，底盘束间 c4、c6 2　1.5 红/白 ⏚ 中央集电盒 h3（F40） 3　1.0 绿/黑 ⏚ 仪表 b14，记录仪 9，右侧转向灯 1，底盘束间 c3、c5 4　0.5 黄/红 → 灯光组合开关 3，开关组 a12（危险警告开关 7），车门控制器 23 5　0.5 黄/黑 → 灯光组合开关 7，开关组 a5（危险警告开关 9），车门控制器 24 6　0.75 白/红 ⏚ 中央集电盒 b3（F19）
行车记录仪	（简称"记录仪"） 1　0.5 绿 ⏚ 中央集电盒 g4（制动灯） 2　0.5 红/黄 ⏚ 中央集电盒 a6（右远光） 3　0.5 红/绿 ⏚ 中央集电盒 e10（F5） 4　0.5 黑/白 → 左、右门控开关 5　0.5 黄/蓝 ⏛ 仪表 a23（车速信号） 6　0.5 绿/红　闪光器 1（左转） 7　0.5 黑　搭铁 8　0.5 红/白　中央集电盒 f12（F35） 9　0.5 绿/黑 ⏚ 闪光器 3（右转）	中央集电盒 a	1　2.5 红/蓝 ⏚ 车门控制器 34、35 　　— 中央集电盒内接熔断器 F25 5　0.75 红/黄 ⏚ 中央集电盒 e3（ECU 制动继电器 J3/2），底盘束间 c20（气喇叭电磁阀） 　　— 中央集电盒内接熔断器 F27 6　1.5 红/黄 ⏚ 仪表 b7，记录仪 2，底盘束间 c1（右远光） 　　— 中央集电盒内接右远光继电器 J10/5 7　0.75 蓝/黑 ⏚ 刮水电动机 6（低速） 　　— 中央集电盒内接刮水高速继电器 J2/4 8　0.75 蓝/红 ⏚ 刮水电动机 5（高速） 　　— 中央集电盒内接刮水高速继电器 J2/5
收放机	a3　0.75 白/黑 ⏚ 中央集电盒 g8（F11，ON 电源） a6　0.5 红/黄 ⏚ 中央集电盒 f1（J12/5，小灯） a7　0.75 红 ⏚ 中央集电盒 f5（F36，记忆电源） a8　0.75 黑　搭铁 b3　0.5 绿/黑 ⏜ 顶篷束间 8 b4　0.5 绿 ⏜ 顶篷束间 7 b5　0.5 黄/黑 ⏜ 顶篷束间 2 b6　0.5 黄 ⏜ 顶篷束间 1	中央集电盒 b	1　1.0 红/白 ⏚ ABS 控制器 a7 　　— 中央集电盒内接熔断器 F1 2　0.75 红 ⏚ 底盘束间 c35（ECU/V13、V33，唤醒电源） 　　— 中央集电盒内接熔断器 F2 3　0.75 白/红 ⏚ 闪光器 6，四合一控制器 8 　　— 中央集电盒内接熔断器 F19 4　0.75 蓝/黄 ⏚/ ← 刮水电动机 4（复位时复位后） 　　— 中央集电盒内接刮水低速继电器 J1/4
鼓风空调束间	1　2.0 红 ⏚ 中央集电盒 i6（F18） 2　2.0 黑　搭铁 4　0.75 黑　搭铁 5　0.75 红/蓝 ⏚ 中央集电盒 i2（F17） 6　0.5 红/黄 ⏚ 中央集电盒 f1（J12/5，小灯） 7　0.5 蓝/红 → 中央集电盒 g2（压缩机继电器 J5/2）	中央集电盒 c	3.0 白/红 ⏚ 起动钥匙开关 a1（ON 档） 　— 中央集电盒内接 F1~F8 上，F19 左，F20 右，F21 下
点烟器	1　2.0 黑　搭铁 2　1.5 蓝 ⏚ 中央集电盒 g10（F19） 　　0.5 红/黄 ⏚ 中央集电盒 f1（J12/5，小灯）		
四合一控制器	1　0.5 绿/黑 → 底盘束间 c14（气压警告开关）		

名称	内容		名称	内容
中央集电盒 d 				— 中央集电盒内接压缩机继电器 J5/1
	1	0.5 蓝/红 → 刮水组合开关 6		7　1.5 红/黑 → 底盘束间 c2（左远光）
		— 中央集电盒内接刮水低速继电器 J1/1		— 中央集电盒内接左远光继电器 J11/5
	2	0.5 蓝/红 → 四合一控制器 1		9　0.5 红 → 顶篷束间 5（车内灯）
		— 中央集电盒内接刮水低速继电器 J1/1		— 中央集电盒内接熔断器 F32
	3	0.5 红/黄 → 灯光组合开关 1		12　0.75 红/白 → 仪表 b13，记录仪 8
		— 中央集电盒内接右远光继电器 J10/1		— 中央集电盒内接熔断器 F35
	4	0.5 红/黄 → 灯光组合开关 1	中央集电盒 g 	
		— 中央集电盒内接左远光继电器 J11/1		1　0.75 黑/黄 → 底盘束间 c39（空调压力开关）
	5	2.5 黄 → ABS 控制器 a8		— 中央集电盒内接压缩机继电器 J5/5
		— 中央集电盒内接熔断器 F29		2　0.5 蓝/红 → 空调束间 7
	6	0.5 红 → 诊断插座 16		— 中央集电盒内接压缩机继电器 J5/2
		— 中央集电盒内接熔断器 F26		3　1.0 红/绿 → 底盘束间 c8（右近光）
中央集电盒 e				— 中央集电盒内接熔断器 F10
	1	0.5 白/绿 → 底盘束间 c61（ECU/V75）		4　0.75 绿 → 底盘束间 c19（制动灯），记录仪 1
		— 中央集电盒内接 ECU 制动继电器 J3/5		— 中央集电盒内接制动灯继电器 J6/5
	2	1.0 蓝/黄 → 开关组 b10（开关显示灯电源）		5　0.75 蓝/红 → 底盘束间 c37（电源电磁开关）
		— 中央集电盒内接熔断器 F7		— 中央集电盒内接熔断器 F14
	3	1.0 红/黄 → 中央集电盒 a5（F27）		8　0.75 白/黑 → 收放机 a3
		— 中央集电盒内接 ECU 制动继电器 J3/2		— 中央集电盒内接熔断器 F11
	4	0.5 蓝/白 → 底盘束间 c16（制动开关）		9　1.0 红/白 → 底盘束间 c7（左近光）
		—中央集电盒内接 ECU 制动继电器 J3/1		— 中央集电盒内接熔断器 F9
	5	1.0 黄/绿 → 车速控制器 3，车门控制器 25		10　1.5 蓝 → 点烟器 2
		— 中央集电盒内接熔断器 F8		— 中央集电盒内接熔断器 F13
	6	0.75 蓝 → 刮水电动机 3		11　2.5 蓝/黑 → 起动钥匙开关 b2（ACC 档）
		— 中央集电盒内接熔断器 F20		— 中央集电盒内接熔断器 F11～F14
	8	1.0 红/蓝 → 底盘束间 c13（倒车灯开关）	中央集电盒 h	
		— 中央集电盒内接熔断器 F6		1　2.5 红 → 仪表 a8，离合开关 2，刮水组合开关
	9	0.5 蓝/白 → 刮水组合开关 5		1（排气制动开关），底盘束间 c51（ECU/V1、
		— 中央集电盒内接刮水高速继电器 J2/1		V18、V21、V38、V58、V78）
	10	0.75 红/绿 → 仪表 b12（ON 电源），记录仪 3		—中央集电盒内接 ECU 主继电器 J14/5
		— 中央集电盒内接熔断器 F5		2　0.75 黑/白 → 底盘束间 c100（ECU/V3、V33）
	11	0.75 红/蓝 → 底盘束间 c36（电源电磁开关）		—中央集电盒内接 ECU 主继电器 J14/1
		— 中央集电盒内接熔断器 F3		3　1.5 红/白 → 闪光器 2
	13	0.5 蓝 → 底盘束间 c29（洗涤电源）		— 中央集电盒内接熔断器 F40
		— 中央集电盒内接熔断器 F20		4　1.5 红 → 开关组 a6（后雾灯开关），底盘
中央集电盒 f 				束间 c94（前雾灯）
	1	1.0 红/黄 → 左门束间 a4，仪表 b22，开关组 a4，收放机 a6，点烟器，空调束间 6，顶篷束间 14，右门束间 a4，底盘束间 c99		— 中央集电盒内接雾灯继电器 J13/5
				5　0.5 红/白 → 灯光组合开关 5
		— 中央集电盒内接小灯继电器 J12/5		— 中央集电盒内接近光继电器 J4/1
	2	0.5 绿 → 灯光组合开关 2，开关组 a2（前雾灯开关）	中央集电盒 i	
				1　1.0 黑/绿 → 过电压警告器 1，底盘束间 c38
		— 中央集电盒内接小灯继电器 J12/1		（空气干燥器）
	3	0.5 红/白 → 开关组 a7（前雾灯开关）		— 中央集电盒内接熔断器 F16
		— 中央集电盒内接雾灯继电器 J13/1		2　0.75 红/蓝 → 空调束间 5
	5	0.75 红 → 收放机 a7		— 中央集电盒内接熔断器 F17
		— 中央集电盒内接熔断器 F36		5　1.0 绿/黑 → 底盘束间 c40（电喇叭）
	6	1.5 红 ← 中央集电盒 i6（F18）		— 中央集电盒内接电喇叭继电器 J7/5
				6　2.0 红 → 空调束间 1，中央集电盒 f6（J5/1）

(续)

名　称	内　容	名　称	内　容
	— 中央集电盒内接熔断器 F18		2　0.75 蓝 ⇥/ ⊕ 车门控制器 21（公共端）
	7　0.75 蓝 ⇥ 开关组 b2（喇叭变换开关）		— 右门内接右后视镜（左上动/右动下动）
	— 中央集电盒内接喇叭继电器 J7/1		3　0.5 绿/白 — 车门控制器 27
	8　0.5 蓝/白 ⇥ 底盘束间 c16（制动开关）		4　0.75 红/黑 ⊕ 车门控制器 2
	— 中央集电盒内接制动灯继电器 J6/1		— 右门内接右后视镜（加热除霜）
中央集电盒 k	4.0 红 ⇤ 底盘束间 a2（底盘熔断器 FA5）		5　0.75 紫/绿 ⊕/ ⇥ 车门控制器 4
	— 中央集电盒内接熔断器 F25～F26 下、F29 下、F31～F32 下、F34～F36 下、F38～F40 下		— 右门内接右后视镜（左动/右动）
			6　0.75 紫/蓝 ⊕/ ⇥ 车门控制器 22
中央集电盒 t	4.0 白 ⇤ ⊕ 底盘束间 a1（底盘熔断器 FA4）		— 右门内接右后视镜（上动/下动）
	— 中央集电盒内接熔断器 F16 左、F17～F18 右、F22～F24 上、F27～F28 上、F30 上、F33 上、F37 上、近光继电器 J4/2、3	室内搭铁点	3.0 黑　搭铁
		车门控制器	1　0.75 绿 ⊕/ ⇤ 左门束间 b1（左门中控锁）, 右门束间 a6（右门中控锁）
顶篷束间	1　0.5 黄 ∩ 收放机 b6		2　0.75 红/黑　除霜 ⊕ ⇥ 右门束间 b4，左门束间 b6
	— 顶篷处接扬声器		3　1.5 黑　搭铁
	2　0.5 黄/黑 ∩ 收放机 b5		4　0.75 紫/绿 ⊕/ ⇤ 右门束间 b5（左动/右动）
	— 顶篷处接扬声器		5　0.75 紫/白 ⊕/ ⇤ 右门束间 b8（上动/下动）
	4　0.5 黑/白 ⇥ 左、右门控开关		6　0.75 紫/黄 ⊕/ ⇤ 右门束间 b7（左动/右动）
	— 顶篷处接车内灯		7　0.5 蓝/黑 — 左门束间 b5
	5　0.5 红 ⊕ 中央集电盒 f9（F32）		8　0.5 绿/黑 — 右门束间 b1
	— 顶篷处接车内灯		10　0.5 绿/黄 ⇥ 左门束间 a7（右窗升控制）
	6　0.75 黑　搭铁		11　0.5 白/红 ⇥ 左门束间 a8（左窗降控制）
	7　0.5 绿 ∩ 收放机 b4		12　0.5 白/黑 ⇥ 左门束间 a3（左窗升控制）
	— 顶篷处接扬声器		16　1.0 蓝 ⇥/ ⊕ 右门束间 a1（右窗、升/降）
	8　0.5 绿/黑 ∩ 收放机 b3		17　1.0 白 ⊕/ ⇤ 右门束间 a2（右窗、升/降）
	— 顶篷处接扬声器		18　1.0 红/绿 ⊕/ ⇤ 右门束间 a1（升/降）
	14　0.5 红/黄 ⊕ 中央集电盒 f1（小灯继电器 J12/5）		19　0.75 黄 ⇥/ ⇤ 左门束间 b4（左门中控锁）, 右门束间 a7（右门中控锁）
	— 顶篷处接示高灯		20　1.0 黑　搭铁
右门束间 a	1　1.0 蓝 ⇥/ ⊕ 车门控制器 16（升/降）		21　0.75 蓝 ⇥/ ⊕ 左门束间 b3（左后视镜公共端），右门束间 b2（右后视镜公共端）
	— 右门内接右窗电动机		22　0.75 紫/蓝 ⊕/ ⇤ 右门束间 b6（上动/下动）
	2　1.0 白 ⊕/ ⇥ 车门控制器 17（升/降）		23　0.5 黄/红　闪光器 4
	— 右门内接右窗电动机		24　0.5 黄/黑 ⇥ 闪光器 5
	3　0.5 黑/黄 ⇤ 车门控制器 30		25　0.75 黄/绿 ⊕ 中央集电盒 e5（F8）
	— 右门内接右门开关组（右窗升控制）		26　0.5 蓝/白 — 左门束间 b2
	4　0.5 红/黄 ⊕中央集电盒 f1（小灯继电器 J12/5）		27　0.5 绿/白 — 右门束间 b3
	— 右门内接右门开关组（照明）		28　0.5 黄/黑 ⇥ 右门束间 a6（右窗降控制）
	5　0.75 黑　搭铁		29　0.5 绿/绿 ⇥ 右门束间 a8（右窗降控制）
	6　0.75 绿 ⊕/ ⇥ 车门控制器 1（开锁/闭锁）		30　0.5 黑/黄 ⇥ 右门束间 a3（右窗升控制）
	— 右门内接右门中控锁		34　2.5 红/蓝 ⇤ 中央集电盒 a1（F25）
	7　0.75 黄 ⇥/ ⊕ 车门控制器 19（开锁/闭锁）		35　2.5 红/蓝 ⇤ 中央集电盒 a1（F25）
	— 右门内接右门中控锁		36　1.0 红/黑 ⊕/ ⇥ 左门束间 a2（升/降）
	8　0.5 红/绿 ⇥ 车门控制器 29	右门控开关	
	— 右门内接右门开关组（右窗降控制）		0.5 黑/白 ⇥ ⇥ 仪表 b19，顶篷束间 4，记录仪 4
右门束间 b			
	1　0.5 绿/黑 — 车门控制器 8		

(续)

名称		内容
右侧转向灯	1	0.75 绿/黑 ⏣ 闪光器 3
	2	0.75 黑　搭铁
车速控制器	2	0.5 绿 ⏣ 底盘束间 c82（车速里程信号）
	3	0.75 黄/绿 ⏣ 中央集电盒 e5（F8）
	5	0.5 绿/白 ⏣ 仪表 a9
	6	0.75 黑　搭铁
ABS 控制器 a	1	0.5 蓝/黑 — 诊断插座 11，底盘束间 c79
	3	0.5 蓝/黄 — 诊断插座 3，底盘束间 c80
	4	2.5 黑　搭铁
	7	1.0 红/白 ⏣ 中央集电盒 b1（F1）
	8	2.5 黄 ⏣ 中央集电盒 d5（F29）
	9	2.5 黑　搭铁
	10	0.5 白/绿 — 诊断插座 7（K 线）
	15	0.5 绿/白 — 仪表 a15
ABS 控制器 b 	1	1.5 红/黑 ⏣ 底盘束间 b78（右前轮阀加压）
	2	1.5 白 ⏣ 底盘束间 b66（左后轮阀加压）
	3	1.5 黄/黑 ⏣ 底盘束间 b72（左前轮阀加压）
	4	1.5 红 ⏣ 底盘束间 b77（右前轮阀泄压）
	5	1.5 黑 ⏣ 底盘束间 b65（左后轮阀泄压）
	6	1.5 黄 ⏣ 底盘束间 b71（左前轮阀泄压）
	8	1.5 绿 ⏣ 底盘束间 b64（右后轮阀加压）
	9	1.5 棕 ⏣ 底盘束间 b70（右后轮阀泄压）
	10	0.75 红/蓝 ⏢ 底盘束间 b76（右前轮转速）
	11	0.75 白/蓝 ⏢ 底盘束间 b63（左后轮转速）
	12	0.75 黄/蓝 ⏢ 底盘束间 b69（左前轮转速）
	13	0.75 红/黑 ⏢ 底盘束间 b75（右前轮转速）
	14	0.75 白/黑 ⏢ 底盘束间 b62（左后轮转速）
	15	0.75 黄/黑 ⏢ 底盘束间 b68（左前轮转速）
	17	0.75 绿/白 ⏢ 底盘束间 b61（右后轮转速）
	18	0.75 绿/黑 ⏢ 底盘束间 b67（右后轮转速）
底盘束间 a （插头为驾驶室线束，插座为底盘线束）	1	4.0 白 ⏣ 中央集电盒 t（熔断器 F16 左，F22~F24 上，F27~F28 上，F30 上，F33 上，F37 上，近光继电器 J4/2、3）
	2	4.0 红 ⏣ 起动钥匙开关 a2，中央集电盒 k（熔断器 F25~F26 下，F29 下，F31~F32、下 F34~F36 下，F38~F40 下）
底盘束间 b （插座为驾驶室线束，插头为底盘线束）	1	4.0 白 ⏣ 底盘电器盒 b（底盘熔断器 FA4）
	2	4.0 红 ⏣ 底盘电器盒 a（底盘熔断器 FA5）
	41	2.5 黑　搭铁
	61	0.75 绿/白 ⏢ ABS 控制器 b17（右后轮转速）
	62	0.75 白/黑 ⏢ ABS 控制器 b14（左后轮转速）
	63	0.75 白/蓝 ⏢ ABS 控制器 b11（左后转速）

名称		内容
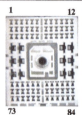	64	1.5 绿 ⏣ ABS 控制器 b8（右后轮阀加压）
	65	1.5 黑/白 ⏣ ABS 控制器 b5（左后轮阀泄压）
	66	1.5 白 ⏣ ABS 控制器 b2（左后轮阀加压）
	67	0.75 绿/黑 ⏢ ABS 控制器 b18（右后轮转速）
	68	0.75 黄/黑 ⏢ ABS 控制器 b15（左前轮转速）
	69	0.75 黄/蓝 ⏢ ABS 控制器 b12（左前轮转速）
	70	1.5 棕 ⏣ ABS 控制器 b9（右后轮阀泄压）
	71	1.5 黄 ⏣ ABS 控制器 b6（左前轮阀泄压）
	72	1.5 黄/黑 ⏣ ABS 控制器 b3（左前轮阀加压）
	75	0.75 红/黑 ⏢ ABS 控制器 b13（右前轮转速）
	76	0.75 红/蓝 ⏢ ABS 控制器 b10（右前轮转速）
	77	1.5 红 ⏣ ABS 控制器 b4（右前轮阀泄压）
	78	1.5 红/黑 ⏣ ABS 控制器 b1（右前轮阀加压）
	41	2.5 黑 ⏣ 左前轮电磁阀 2，右前轮电磁阀 2，左后轮电磁阀 2，右后轮电磁阀 2
	61	0.75 棕 ⏢ 右前轮传感器 1
	62	0.75 黑 ⏢ 左后轮传感器 2
	63	0.75 棕 ⏢ 左前轮传感器 1
	64	1.5 棕 ⏣ 右后轮电磁阀 3（加压）
	65	1.5 蓝 ⏣ 左后轮电磁阀 1（泄压）
	66	1.5 棕 ⏣ 左后轮电磁阀 3（加压）
	67	0.75 黑 ⏢ 右后轮传感器 2
	68	0.75 黑 ⏢ 右前轮传感器 2
	69	0.75 棕 ⏢ 右后轮传感器 1
	70	1.5 蓝 ⏣ 右后轮电磁阀 1（泄压）
	71	1.5 蓝 ⏣ 左前轮电磁阀 1（泄压）
	72	1.5 棕 ⏣ 左前轮电磁阀 3（加压）
	75	0.75 黑 ⏢ 左前轮传感器 2
	76	0.75 棕 ⏢ 右前轮传感器 1
	77	1.5 蓝 ⏣ 右前轮电磁阀 1（泄压）
	78	1.5 棕 ⏣ 右前轮电磁阀 3（加压）
左前轮电磁阀	1	1.5 蓝 ⏣ 底盘束间 b71（泄压）
	2	1.5 黑 ⏣ 底盘束间 b41
	3	1.5 棕 ⏣ 底盘束间 b72（加压）
左前轮传感器	1	0.75 棕 ⏢ 底盘束间 b69
	2	0.75 黑 ⏢ 底盘束间 b68
左后轮电磁阀	1	1.5 蓝 ⏣ 底盘束间 b65（泄压）
	2	1.5 黑 ⏣ 底盘束间 b41
	3	1.5 棕 ⏣ 底盘束间 b66（加压）
左后轮传感器	1	0.75 棕 ⏢ 底盘束间 b63
	2	0.75 黑 ⏢ 底盘束间 b62
右前轮电磁阀	1	1.5 蓝 ⏣ 底盘束间 b77（泄压）
	2	1.5 黑 ⏣ 底盘束间 b41
	3	1.5 棕 ⏣ 底盘束间 b78（加压）

(续)

名称		内容	名称		内容
右前轮传感器	1	0.75 棕 底盘束间 b76		38	关ACC供电)
	2	0.75 黑 底盘束间 b75			1.0 黑/绿 中央集电盒 i1（F16，空气干燥及积水供电）
右后轮电磁阀	1	1.5 蓝 底盘束间 b70（泄压）		39	0.75 黑/黄 中央集电盒 g1（压缩机继电器 J5/5）
	2	1.5 黑 底盘束间 b41		40	1.0 绿/黑 中央集电盒 i5（喇叭继电器 J7/5）
	3	1.5 棕 底盘束间 b64（加压）		41	0.75 红/白 开关组 a1（后雾灯开关）
右后轮传感器	1	0.75 棕 底盘束间 b61		43	0.5 黄/绿 — 四合一控制器 12（备用）
	2	0.75 黑 底盘束间 b67		44	0.5 蓝/黄 — 仪表 a16（挂车 ABS）
底盘束间 c （插座为驾驶室线束，插头为底盘线束）	1	1.5 红/黄 中央集电盒 a6（右远光继电器 J10/5）		48	0.75 红/白 — 开关组 b9（备用）
				49	2.5 黑 搭铁
	2	1.5 红/黑 中央集电盒 f7（左远光继电器 J11/5）		50	2.5 黑 搭铁
				51	3.0 红 中央集电盒 h1（ECU 主继电器 J14/5）
	3	1.0 绿/黑 闪光器 3（挂车右转）		61	0.5 白/绿 中央集电盒 e1（ECU 制动继电器 J3/5）
	4	1.0 绿/红 闪光器 1（挂车左转）			
	5	1.0 红/黑 闪光器 3（主车右转）		62	0.5 蓝 离合开关 1
	6	1.0 红/红 闪光器 1（主车左转）		63	0.5 蓝/黑 仪表 b1（排气制动指示）
	7	1.0 红/白 中央集电盒 g9（F9，左近光）		65	0.5 黑/绿 仪表 b3（预热指示）
	8	1.0 红/绿 中央集电盒 g3（F10，右近光）		67	0.5 白/蓝 仪表 a17（排放指示）
	10	0.5 红 四合一控制器 10（水位信号）		73	0.5 蓝 刮水组合开关 9（排气制动请求）
	12	0.5 红/黄 仪表 a18（取力信号）		74	0.75 红/绿 加速踏板传感器 6（油门 2 电源）
	13	1.0 红/蓝 中央集电盒 e8（F6，倒车）			
	14	0.5 绿/黑 仪表 a19（气压报警，四合一控制器 1）		75	0.75 黄/绿 加速踏板传感器 5（油门 2 信号）
				76	0.75 白/绿 加速踏板传感器 4（油门 2 负电）
	15	0.5 黑/绿 仪表 b18（驾驶室锁止信号）			
	16	0.5 蓝/白 中央继电器 e4（ECU 制动继电器 J3/1），中央集电盒 i8（制动灯继电器 J6/1）		78	0.75 绿/黄 仪表 a6（故障指示）
				79	0.5 蓝/黑 通信 CAN — 诊断插座 11，仪表 b25，ABS 控制器 a1
	17	0.5 绿 仪表 a3（驻车制动）			
	18	0.75 绿 开关组 b8（喇叭变换开关）		80	0.5 蓝/黄 通信 CAN — 诊断插座 3，仪表 b24，ABS 控制器 a3
	19	0.75 绿 中央集电盒 g4（制动灯继电器 J6/5）			
				81	0.75 黑 仪表 a22（车速里程负电）
	20	0.75 红/黄 中央集电盒 a5（F27，气喇叭）		82	0.5 绿 车速控制器 2（车速里程信号）
	23	0.75 黄 仪表 a14（轴间差速指示备用）		83	0.5 白 仪表 b10（车速里程电源）
	24	0.75 黄/白 仪表 a4（轮间差速指示备用）		84	0.75 红 加速踏板传感器 1（油门 1 电源）
	25	0.5 白/红 仪表 a1（充电 D+）		85	0.75 黄 加速踏板传感器 2（油门 1 信号）
	27	0.75 黑/黄 起动钥匙开关 2（起动）		86	0.75 白 加速踏板传感器 3（油门 1 负电）
	28	0.75 蓝/黄 刮水组合开关 2（洗涤）			
	29	0.5 蓝 中央集电盒 e13（F20，洗涤供电）		90	0.5 绿/黑 — 诊断插座 14（诊断刷写 CAN）
	30	0.5 绿/黑 仪表 a20（空气滤清备用）		91	0.5 绿/黄 — 诊断插座 6（诊断刷写 CAN）
	31	0.75 绿 仪表 a7（油中积水）		92	0.5 白/绿 — 诊断插座 7（K 线）
	32	0.5 黄 仪表 a12（燃油）		93	1.0 黑 搭铁
	33	0.75 蓝/黄 — 仪表 b2（备用）		94	1.5 红 中央集电盒 h4（雾灯继电器 J13/5）
	35	0.75 红 中央集电盒 b2（F2，ECU 唤醒电源）		99	1.0 红/黄 中央集电盒 f1（小灯继电器 J12/5）
				100	0.75 黑/白 中央集电盒 h2（ECU 主继电器 J14/1）
	36	0.75 红/蓝 中央集电盒 e11（F3，电源电磁开关 ON 供电）			
				1	1.5 红/黄 右前组合灯 4（右远光）
	37	0.75 蓝 中央集电盒 g5（F14，电源电磁开			

(续)

名称	内容	名称	内容
	2 1.5 红/黑 ⊕→ 左前组合灯 4（左远光）		73 0.5 蓝 ⊕→ ECU/V56（排气制动请求）
	3 1.0 白/绿 ⊕→ 挂车灯插座接口 8（挂车右转）		74 0.75 红/绿 ←ECU/V51（油门 2 电源）
	4 1.0 黄/蓝 ⊕→ 挂车灯插座接口 2（挂车左转）		75 0.75 黄/绿 ←ECU/V67（油门 2 信号）
	5 0.75 绿/黑 ⊕→ 右前组合灯 2（主车右转），后灯束间 2		76 1.0 白/绿 →ECU/V65（油门 2 负电）
	6 0.75 绿/红 ⊕→ 左前组合灯 2（主车左转），后灯束间 1		78 0.5 绿/黄 →ECU/V9（故障指示）
			79 0.5 蓝/黑 — ECU/V17（通信 CAN）
			80 0.5 蓝/黄 — ECU/V37（通信 CAN）
	7 1.0 红/白 ⊕→ 右前组合灯 1（右近光）		81 0.75 黑 ←变速器束间 7（车速里程负电）
	8 1.0 红/绿 ⊕→ 左前组合灯 1（左近光）		82 0.75 绿 变速器束间 5（车速里程信号）
	10 0.5 红 →水位警告开关 1		83 0.75 白 变速器束间 4（车速里程电源）
	12 0.5 红/黄 →变速器束间 8（取力信号备用）		84 0.75 红 ECU/V50（油门 1 电源）
	13 1.0 红/蓝 →变速器束间 3（倒车开关），挂车 ABS 接口 2		85 0.75 黄 ←ECU/V47（油门 1 信号）
			86 0.75 白 →ECU/V45（油门 1 负电）
	14 0.5 绿/黑 →气压警告开关 1		90 0.5 绿/黑 — ECU/V16（诊断刷写 CAN）
	15 0.5 绿/黑 →驾驶室锁止开关 1		91 0.5 绿/黄 — ECU/V36（诊断刷写 CAN）
	16 0.5 蓝/白 →前制动开关 1，后制动开关 1		92 0.5 绿 — ECU/V77（K 线）
	17 0.5 绿 →驻车制动开关 1		93 1.0 黑 搭铁
	18 0.75 绿 →气喇叭电磁阀 2		94 1.5 红 ⊕→ 左、右前雾灯 1
	19 0.75 绿/白 ⊕→ 挂车灯插座接口 1（挂车制动），后灯束间 3（制动灯）		99 1.0 红/黄 小灯 ⊕→ 左、右前组合灯 3，挂车灯插座接口 3，示宽灯 1，后灯束间 4
	20 0.75 白 →气喇叭电磁阀 1		100 0.75 黑/白 →ECU/V3、V23（主继电器控制）
	25 0.75 白/红 →交流发电机 b1（充电 D+）	右前雾灯	
	27 0.75 黑/黄 →底盘电器盒 f5（起动继电器），ECU/V12		1 1.0 红 ⊕→ 底盘束间 c94
			2 0.75 黑 搭铁
	28 0.5 蓝/黄 ←洗涤电动机 1	右前组合灯	
	29 0.5 蓝 →洗涤电动机 2		1 1.0 红/白 ⊕→ 底盘束间 c7（近光）
	31 0.75 绿 →积水传感器 2		2 1.0 绿/黑 ⊕→ 底盘束间 c5（右转）
	32 0.5 黄 →燃油传感器 2		3 1.0 红/黄 ⊕→ 底盘束间 c99（小灯）
	35 0.75 红 ⊕→ ECU/V13、V33（唤醒电源）		4 1.5 红/黄 ⊕→ 底盘束间 c1（远光）
	36 0.75 红/蓝 →底盘电器盒 f6（电源电磁开关 ON 供电）		6 1.5 黑 搭铁
	37 0.75 蓝 ⊕→ 底盘电器盒 f3（电源电磁开关 ACC 供电）	洗涤电动机	
			1 0.5 蓝/黄 →底盘束间 c28
	38 0.75 黑/绿 →油中积水传感器 3，空气干燥器 1		2 0.75 蓝 ⊕→ 底盘束间 c29（F20）
	39 0.75 黑/黄 →空调压力开关 2	空调压力开关	
	40 0.75 绿/黑 →左、右电喇叭		1 1.0 黄 ⊕→ 压缩机 1
	41 1.0 红/白 →挂车灯插座接口 6（后雾灯）		2 1.0 黑/黄 ←底盘束间 c39
	44 0.5 蓝/黄 — 挂车 ABS 接口 3	右电喇叭	
	49 2.5 黑 搭铁		0.75 绿/黑 ⊕←底盘束间 c40
	50 2.5 黑 搭铁	左电喇叭	
	51 3.0 红 ⊕→ ECU/V1、V18、V21、V38、V58、V78，变速器束间 1（空挡开关），EGR 电源接口 1，排气制动电磁阀 1		0.75 绿/黑 ⊕←底盘束间 c40
		气喇叭电磁阀	
			1 0.75 白 ⊕→底盘束间 c20（F27）
			2 0.75 绿 →底盘束间 c18
	61 0.5 白/绿 ⊕→ ECU/V75（制动信号）	左前组合灯	
	62 0.5 蓝/红 ⊕→ ECU/V55（离合信号）		1 1.0 红/绿 ⊕→底盘束间 c8（近光）
	63 0.5 蓝/黑 →ECU/V28（排气制动指示）		2 0.75 绿/红 ⊕→底盘束间 c6（左转）
	65 0.5 黑/绿 →ECU/V7（预热指示）		3 1.0 红/黄 ⊕→底盘束间 c99（小灯）
	67 0.5 白/蓝 →ECU/V25（排放指示）		4 1.5 红/黑 ⊕→底盘束间 c2（远光）
			6 1.5 黑 搭铁

(续)

名称		内容	名称		内容
左前雾灯	1	1.0 红 ⏚ 底盘束间 c94		50	0.75 红 ⟲ 底盘束间 c84（油门 1 电源）
	2	1.0 黑 搭铁		51	0.75 红/绿 ⟲ 底盘束间 c74（油门 2 电源）
前制动开关	1	0.5 蓝/白 ⟲ 底盘束间 c16		55	0.5 蓝/红 ⏚ 底盘束间 c62（离合信号）
	2	0.75 黑 搭铁		56	0.5 蓝 ⏚ 底盘束间 c73（排气制动请求）
压缩机	1	1.0 黄 ⏚ 空调压力开关 1		58	1.0 红 ⏚ 底盘束间 c51（主继电器输出）
	2	1.0 黑 搭铁		59	0.75 黑 搭铁
交流发电机	a	6.0 白/红 ⊕ 底盘电器盒 e（FA1）		60	0.75 黑 搭铁
	b	0.75 白/红 ⟲ 底盘束间 c25（充电前）		65	0.75 白/绿 ⟲ 底盘束间 c76（油门 2 负电）
预热电阻		5.0 黄 ⏚ 底盘电器盒 d		66	0.5 黑 ⟲ 压差传感器 2（负电）
EGR 电源接口	1	0.75 红 ⏚ 底盘束间 c51（主继电器输出）		67	0.75 黄/绿 ⟲ 底盘束间 c75（油门 2 信号）
	2	0.75 黑 搭铁		71	0.5 红/黄 ⟲ 压差传感器 1（5V+）
	1	1.0 红 ⊕ EGR 组件 1		75	0.5 白/绿 ⟲ 底盘束间 c61（制动信号）
	2	1.0 红 ⟲ EGR 组件 2（搭铁）		77	0.5 绿 — 底盘束间 c92（诊断 K 线）
发动机 ECU/V（简称"ECU/V"）				78	0.75 红 ⏚ 底盘束间 c51（主继电器输出）
	1	1.0 红 ⏚ 底盘束间 c51（主继电器输出）		79	0.75 黑 搭铁
	2	0.75 黑/白 ⟲ 底盘束间 c100（主继电器控制）		80	0.75 黑 搭铁
	4	0.75 绿/黑 ⟲ 排气制动电磁阀 2	发动机 ECU/E（简称"ECU/E"）		
	5	0.75 白/黄 ⟲ 底盘电器盒 f1（起动继电器）		2	0.5 红 — EGR 组件 3（CAN3-L）
	7	0.5 黑/绿 ⟲ 底盘束间 c65（预热指示）		3	0.5 灰/红 ⟲ 机油压力传感器 2（负电）
	9	0.5 绿/黄 ⟲ 底盘束间 c78（故障指示）		4	0.5 黄/绿 ⟲ 流量及温度传感器 4（流量负电）
	11	0.5 黑/黄 ⏚ 变速器束间 2（空档开关）		5	0.5 黑/黄 ⟲ 冷却液温度传感器 2（负电），燃油温度传感器 1
	12	1.0 黑/黄 ⏚ 底盘束间 c27（钥匙起动信号）		6	0.5 蓝 — 曲轴传感器屏蔽线
	13	0.75 红 ⏚ 底盘束间 c35（F2，唤醒电源）		8	0.5 绿 ⟲ 凸轮轴传感器 1（信号）
	16	0.5 绿/黑 — 底盘束间 c90（诊断刷写 CAN）		9	0.5 蓝 ⟲ 曲轴传感器 1
	17	0.5 蓝/黑 — 底盘束间 c79（通信 CAN）		12	0.5 蓝/绿 ⟲ 流量及温度传感器 5（空气流量信号）
	18	0.75 红 ⏚ 底盘束间 c51（主继电器输出）		13	0.5 蓝 ⟲ 轨压传感器 2（信号）
	20	0.75 黑 搭铁		14	0.5 蓝/白 ⟲ 进气压力传感器 2（压力信号）
	21	1.0 红 ⏚ 底盘束间 c51（主继电器输出）		15	0.5 灰 ⟲ 冷却液温度传感器 1
	23	0.75 黑/白 ⟲ 底盘束间 c100（主继电器控制）		20	0.5 黑 — 未知传感器 2
	24	0.75 红/蓝 ⏚ 底盘电器盒 f4（预热控制）		22	0.5 棕 — EGR 组件 4（CAN3-H）
	25	0.5 白/蓝 ⟲ 底盘束间 c67（排放指示）		23	0.5 灰/绿 ⟲ 进气压力传感器 1（负电），进气温度传感器 1
	28	0.5 蓝/黑 ⟲ 底盘束间 c63（排气制动指示）		24	0.5 黄 ⟲ 流量及温度传感器 2（温度负电）
	33	0.75 红 ⏚ 底盘束间 c35（F2，唤醒电源）		25	0.5 黑 ⟲ 轨压传感器 1（负电）
	36	0.5 绿/黄 — 底盘束间 c91（诊断刷写 CAN）		27	0.5 白 ⟲ 凸轮轴传感器 2（负电）
	37	0.5 蓝/黄 — 底盘束间 c80（通信 CAN）		28	0.5 红 ⟲ 凸轮轴传感器 3（5V+）
	38	1.0 红 ⏚ 底盘束间 c51（主继电器输出）		29	0.5 灰 ⟲ 曲轴传感器 2
	39	0.75 黑 搭铁		32	0.5 黄 ⟲ 轨压传感器 2（信号）
	40	0.75 黑 搭铁		33	0.5 灰/红 ⟲ 燃油温度传感器 2（信号）
	45	0.75 白 ⟲ 底盘束间 c86（油门 1 负电）		34	0.5 绿/黄 ⟲ 进气温度传感器 2（信号）
	47	0.75 黄 ⟲ 底盘束间 c85（油门 1 信号）		35	0.5 红 ⟲ 机油压力传感器 3（信号）
	49	0.5 绿/白 ⟲ 压差传感器 3（信号）		37	0.5 蓝 ⟲ 流量及温度传感器 1（温度信号）
				41	1.0 黄 ⟲ 喷油器接口 3（2 缸驱动）
				42	1.0 红 ⟲ 喷油器接口 9（3 缸驱动）
				43	1.0 蓝 ⟲ 喷油器接口 4、12（2、3 缸公共端）
				45	1.0 红/蓝 ⟲ 喷油器接口 13（4 缸驱动）
				46	1.0 黑/白 ⟲ 喷油器接口 1（1 缸驱动）

(续)

名　称		内　容	名　称		内　容
	47	1.0 绿/红 噴油器接口 2、14（1、4 缸公共端）	燃油计量阀	1	0.5 红/黑 ECU/E51、E71
	48	0.5 棕 进气压力传感器 3（5V+）		2	0.5 灰 ECU/E52、E72
	51	0.5 红/黑 燃油计量阀 1	燃油温度传感器		
	52	0.5 灰 燃油计量阀 2		1	0.5 黑/黄 ECU/E5（负电）
	61	1.0 黄 喷油器接口 3（2 缸驱动）		2	0.5 灰/红 ECU/E33（信号）
	62	1.0 红 喷油器接口 9（3 缸驱动）	曲轴传感器		
	63	1.0 蓝 喷油器接口 4、12（2、3 缸公共端）		1	0.5 蓝 ECU/E9
	65	1.0 红/蓝 喷油器接口 13（4 缸驱动）		2	0.5 灰 ECU/E29
	66	1.0 黑/白 喷油器接口 1（1 缸驱动）	凸轮轴传感器		
	67	1.0 绿/红 喷油器接口 2、14（1、4 缸公共端）		1	0.5 绿 ECU/E8（信号）
				2	0.5 白 ECU/E27（负电）
	68	0.5 白 5V+ 机油压力传感器 1，轨压传感器 3		3	0.5 红 ECU/E28（5V+）
			EGR 组件		
	69	0.5 红 流量及温度传感器 3（流量 12V+）		1	1.0 红 EGR 电源接口 1（主继电器输出）
	71	0.5 红/黑 燃油计量阀 1		2	1.0 白 EGR 电源接口 2（搭铁）
	72	0.5 灰 燃油计量阀 2		3	0.5 红 — ECU/E2（CAN3－L）
	77	0.5 红 — 未知传感器 1		4	0.5 棕 — ECU/E22（CAN3－H）
机油压力传感器			流量及温度传感器		
	1	0.5 白 ECU/E68（5V+）		1	0.5 蓝 ECU/E37（环境温度信号）
	2	0.5 灰/红 ECU/E3（负电）		2	0.5 黄 ECU/E24（环境温度负电）
	3	0.5 红 ECU/E35（信号）		3	0.5 红 ECU/E69（12V）
冷却液温度传感器				4	0.5 黄/绿 ECU/E4（流量负电）
	1	0.5 灰 ECU/E15（信号）		5	0.5 蓝/绿 ECU/E12（流量信号）
	2	0.5 黑/黄 ECU/E5（负电）	底盘电器盒		
进气压力传感器				a	4.0 红 底盘束间 a2，挂车 ABS 接口 1
	1	0.5 灰/绿 ECU/E23（负电）		—	底盘电器盒内接大熔断器 FA5
	2	0.5 蓝/白 ECU/E14（信号）		b	4.0 白 底盘束间 a1
	3	0.5 棕/黑 ECU/E48（5V+）		—	底盘电器盒内接大熔断器 FA4
轨压传感器				c	5.0 白/黄 起动电磁开关
	1	0.5 黑 ECU/E25（负电）		—	底盘电器盒内接起动继电器（输出）
	2	0.5 蓝 ECU/E13、E32（信号）		d	5.0 黄 预热电阻
	3	0.5 白 ECU/E68（5V+）		—	底盘电器盒内接预热继电器（输出）
未知传感器				e	6.0 白/红 交流发电机 a
	1	0.5 红 — ECU/E77		—	底盘电器盒内接大熔断器 FA1
	2	0.5 黑 — ECU/E20		f1	0.75 白/黄 ECU/V5（起动）
进气温度传感器			f	—	底盘电器盒内接起动继电器（线圈低端）
	1	0.5 灰/绿 ECU/E23（负电）		f2	0.5 黑 搭铁
	2	0.5 绿/黄 ECU/E34（信号）		—	底盘电器盒内接预热继电器（线圈低端）
喷油器接口				f3	0.75 蓝 底盘束间 c37（F14）
	1	1.0 黑/白 ECU/E46、E66（1 缸驱动）		—	底盘电器盒内接电源电磁开关（ACC 输入）
	2	1.0 绿/红 ECU/E47、E67（1 缸）		f4	0.75 红/蓝 ECU/V24
	3	1.0 黄 ECU/E41、E61（2 缸驱动）		—	底盘电器盒内接预热继电器（线圈高端）
	4	1.0 蓝 ECU/E43、E63（2 缸）		f5	0.75 黑/黄 底盘束间 c27（起动）
	9	1.0 红 ECU/E42、E62（3 缸驱动）		—	底盘电器盒内接起动继电器（线圈高端）
	12	1.0 蓝 ECU/E43、E63（3 缸）		f6	0.75 红/蓝 底盘束间 c36（F3）
	13	1.0 红/蓝 ECU/E45、E65（4 缸驱动）		—	底盘电器盒内接电源电磁开关（ON 输入）
	14	1.0 绿/红 ECU/E47、E67（4 缸）	底盘搭铁点		
					5.0 黑

(续)

名　称	内　容	名　称	内　容
排气制动电磁阀 	1　0.75 红 ⏚ 底盘束间 c51（主继电器输入） 2　0.75 绿/黑 ⏚ ECU/V4		7　0.75 黑 ⏚ 底盘束间 c81（车速里程负电） 8　0.5 红/黄 ⏚ 底盘束间 c12（仪表，取力备用） 1　1.0 黄 ⏚ 空档开关 1 2　0.75 蓝 ⏚ 空档开关 2 3　0.75 蓝 ⏚ 倒车灯开关 1 4　0.75 白 ⏚ 车速里程传感器 1 5　0.75 绿 ⏚ 车速里程传感器 3 6　0.75 红 ⏚ 倒车灯开关 2 7　0.75 黑 ⏚ 车速里程传感器 2
空气干燥器 	1　0.75 黑/绿 ⏚ 底盘束间 c38（F16） 2　0.75 黑　搭铁	空档开关 	1　1.0 黄 ⏚ 变速器束间 1（主继电器 J14/5） 2　0.75 蓝 ⏚ 变速器束间 2（ECU/V11）
气压警告开关　（两个） 	1　0.5 绿/黑 ⏚ 底盘束间 c14（仪表 a19） 2　0.5 黑　搭铁	倒车灯开关 	1　0.75 蓝 ⏚ 变速器束间 3（F6） 2　0.75 红 ⏚ 变速器束间 6（倒车灯）
起动电磁开关 	5.0 白/黄 ⏚ 底盘电器盒 c（起动继电器）	车速里程传感器 	1　0.75 白 ⏚ 变速器束间 4（车速里程电源） 2　0.75 黑 ⏚ 变速器束间 7 3　0.75 绿 ⏚ 变速器束间 5
驾驶室锁止开关 	1　0.5 绿/黑 ⏚ 底盘束间 c15（仪表 b18） 2　0.75 黑　搭铁	压差传感器 	1　0.5 红/黄 ⏚ ECU/V71（5V+） 2　0.5 黑 ⏚ ECU/V66（负电） 3　0.5 绿/白 ⏚ ECU/V49（信号）
水位警告开关 	1　0.5 红 ⏚ 底盘束间 c10（四合一控制器） 3　0.5 黑　搭铁	燃油传感器 	1　0.5 黑　搭铁 2　0.5 黄 ⏚ 底盘束间 c32（仪表 a12）
挂车灯插座接口 	1　0.75 绿/白 ⏚ 底盘束间 c19（制动） 2　1.0 黄/蓝 ⏚ 底盘束间 c4（右转） 3　1.0 红/黄 ⏚ 底盘束间 c99（小灯） 4　1.0 黑　搭铁 6　1.0 红/白 ⏚ 底盘束间 c41（后雾灯） 7　0.75 红 ⏚ 变速器束间 6（倒车灯） 8　1.0 白/绿 ⏚ 底盘束间 c3（左转）	后制动开关 	1　0.5 蓝/黄 ⏚ 底盘束间 c16 2　0.5 黑　搭铁
挂车 ABS 接口 	1　2.5 红 ⏚ 底盘电器盒 a（FA5） 2　1.0 红/蓝 ⏚ 底盘束间 c13（F6） 3　0.5 蓝/黄 — 底盘束间 c45（仪表 a16） 4　2.5 黑　搭铁 5　2.5 黑　搭铁	驻车制动开关 	1　0.5 绿 ⏚ 底盘束间 c17（仪表 a3） 2　0.5 黑　搭铁
油中积水传感器 	1　黑　搭铁 2　0.75 绿 ⏚ 底盘束间 c31（仪表 a7） 3　0.75 黑/绿 ⏚ 底盘束间 c38（F16）	后灯束间	1　0.75 绿/红 ⏚ 底盘束间 c6（左转） 2　0.75 绿/黑 ⏚ 底盘束间 c5（右转） 3　0.75 绿/白 ⏚ 底盘束间 c19（制动） 4　0.75 红/黄 ⏚ 底盘束间 c99（小灯） 5　0.75 红 ⏚ 变速器束间 6（倒车） 6　0.75 黑　搭铁
示宽灯　（两个） 	1　0.75 红/黄 ⏚ 底盘束间 c99 2　0.75 黑　搭铁		
变速器束间　（插座为底盘线束，插头为变速器线束） 	1　0.5 红 ⏚ 底盘束间 c51（主继电器 J14/5） 2　0.5 黑/黄 ⏚ ECU/V11 3　0.75 红/蓝 ⏚ 底盘束间 c13（F6） 4　0.75 白 ⏚ 底盘束间 c83（车速里程电源） 5　0.75 绿 ⏚ 底盘束间 c82（车速里程信号） 6　5.0 红 ⏚ 挂车灯插座接口 7, 后灯束间 5		

注：后灯线束略

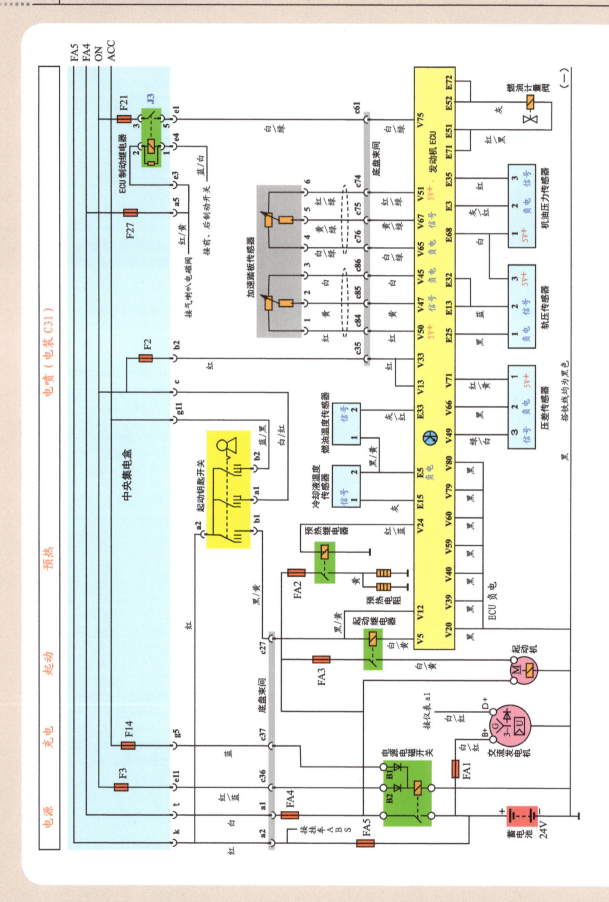

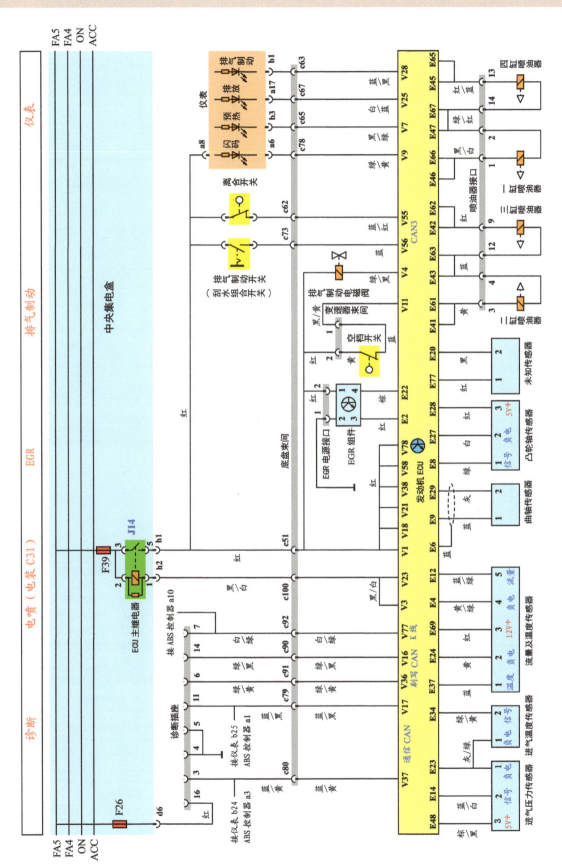

图7-2 解放龙V锡柴电装国四电喷牵引车电路原理图

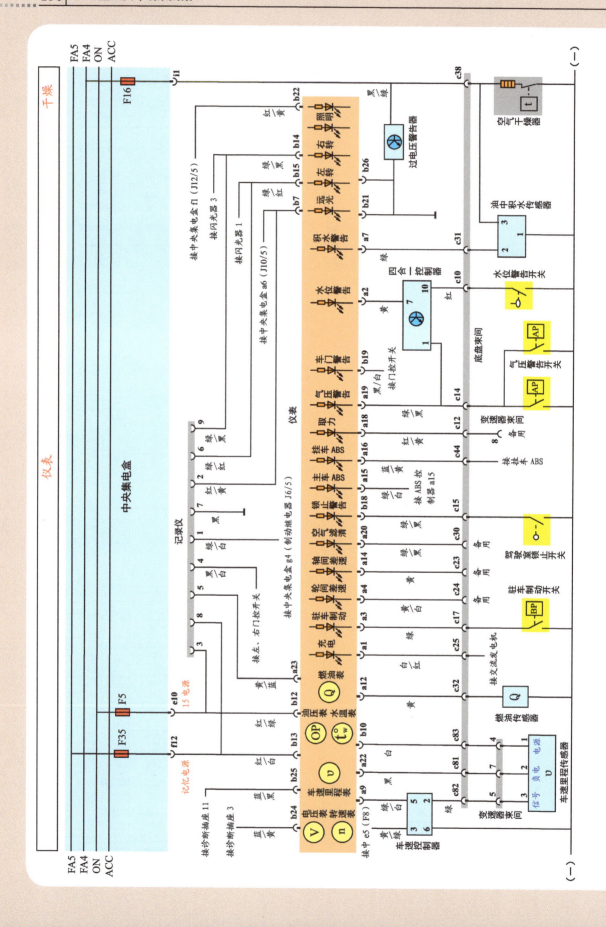

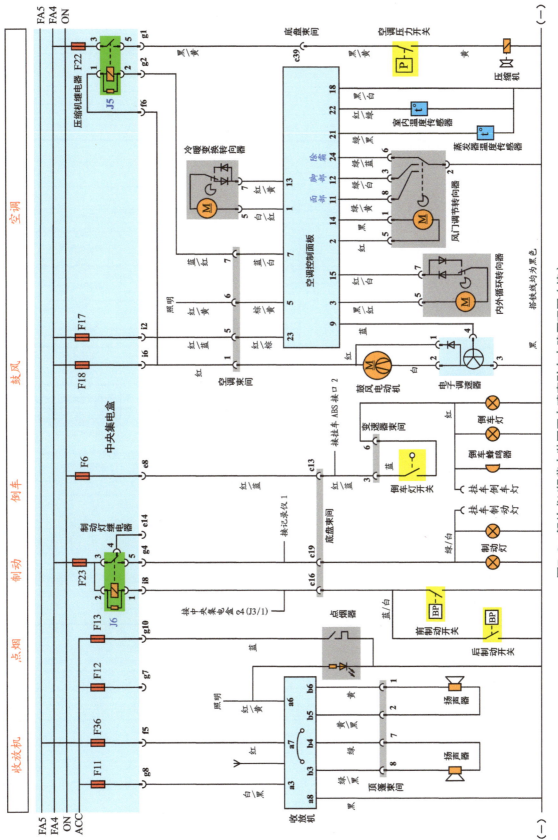

图7-2 解放龙V锡柴电装国四电喷牵引车电路原理图（续）

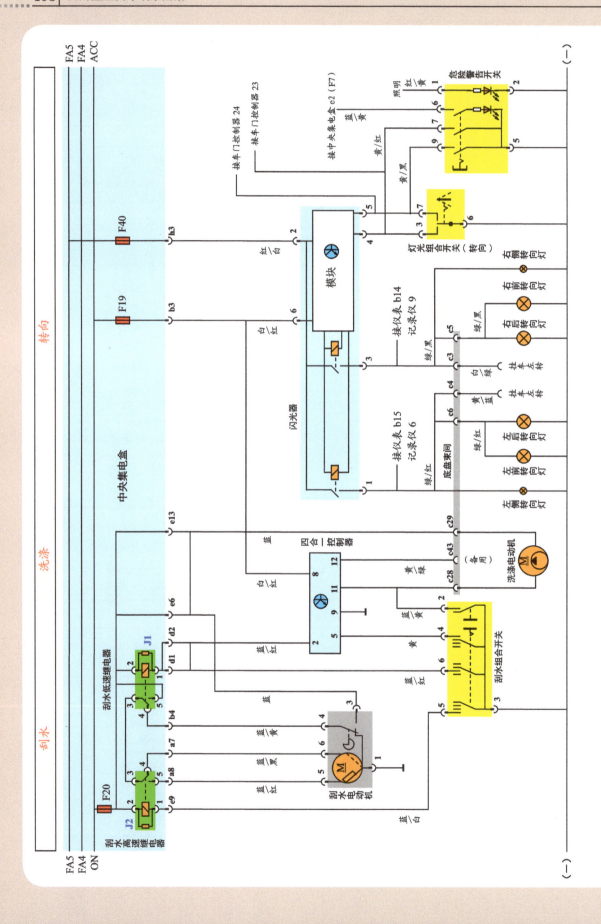

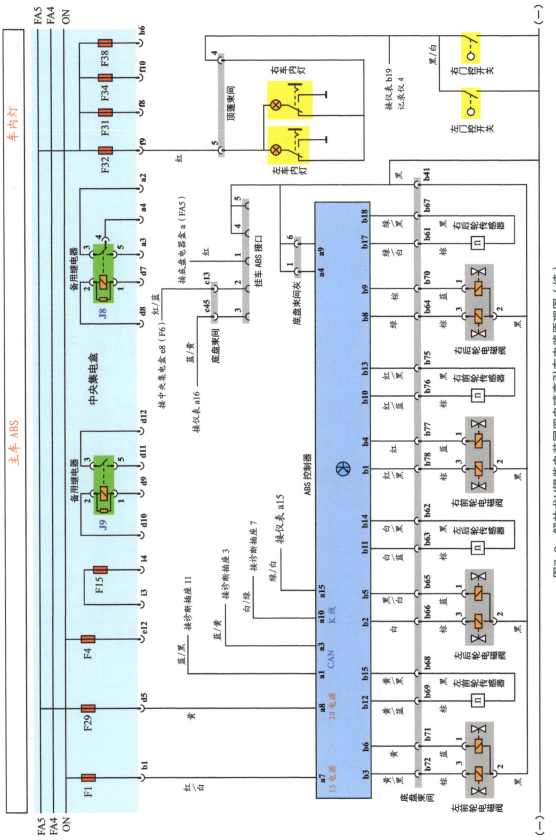

图7-2 解放龙V锡柴电装国四电喷牵引车电路原理图（续）

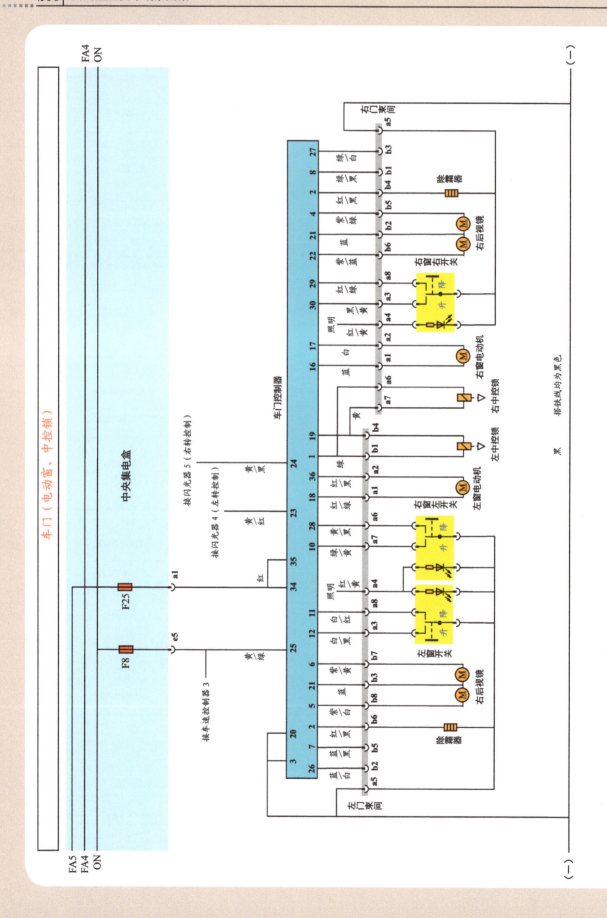

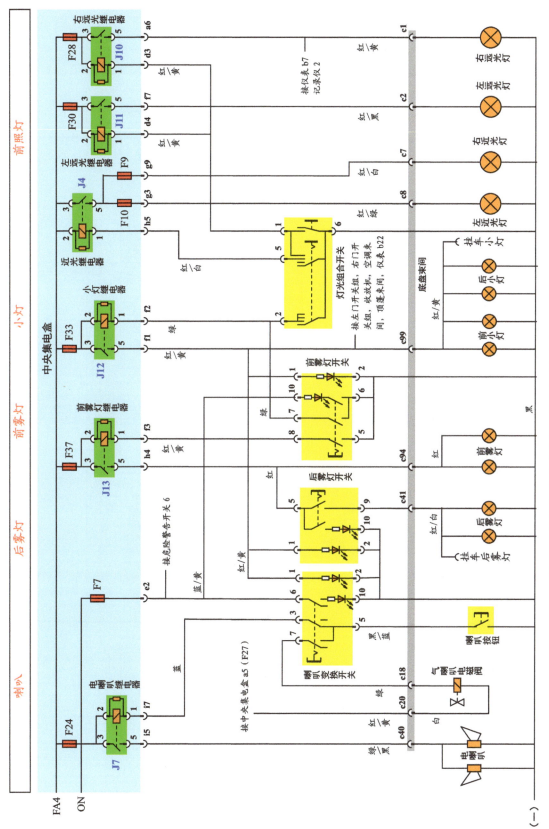

图7-2 解放龙V锡柴电装国四电喷牵引车电路原理图（续）

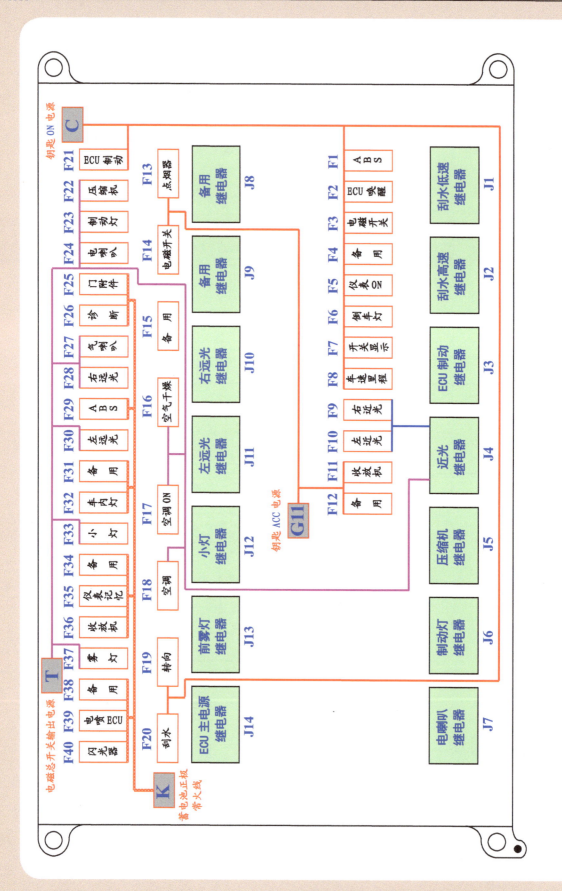

图7-3 解放龙V锡柴电装国四电喷牵引车中央集电盒原理图（正面）

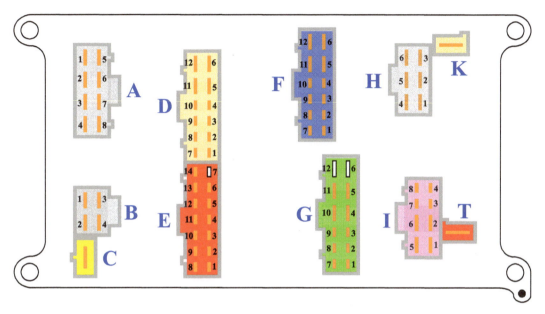

图7-4 解放龙V锡柴电装国四电喷牵引车中央集电盒原理图（背面）